LA ORGANIZACIÓN IMPULSADA POR VALORES

LIBERANDO EL POTENCIAL HUMANO PARA MAXIMIZAR RENDIMIENTO Y BENEFICIOS.

RICHARD BARRETT

Derechos reservados © 2016 Richard Barrett.

Todos los derechos reservados. Ninguna parte de este libro puede ser reproducida por cualquier medio, gráfico, electrónico o mecánico, incluyendo fotocopias, grabación o por cualquier sistema de almacenamiento y recuperación de información sin el permiso por escrito del editor excepto en el caso de citas breves en artículos y reseñas críticas.

ISBN: 978-1-3264-5384-8 (sc)
ISBN: 978-1-4834-4464-2 (e)

Debido a la naturaleza dinámica de Internet, cualquier dirección web o enlace contenido en este libro puede haber cambiado desde su publicación y puede que ya no sea válido. Las opiniones expresadas en esta obra son exclusivamente del autor y no reflejan necesariamente las opiniones del editor quien, por este medio, renuncia a cualquier responsabilidad sobre ellas.

Las personas que aparecen en las imágenes de archivo proporcionadas por Thinkstock son modelos. Este tipo de imágenes se utilizan únicamente con fines ilustrativos. Ciertas imágenes de archivo © Thinkstock.

Lulu Publishing Services rev. date: 09/28/2016

CONTENIDO

Lista de figuras viii
Lista de tablas.. xi
Reconocimientos xiii
Prólogo de la edición en español... xvii
Prólogo de la edición en inglés..xxi
Introducción xxv

Parte I
Comprendiendo los valores 1

1 Impulsada por valores... 3
2 El impacto de los valores en el Rendimiento....................... 29
3 Lo que quieren los empleados 50
4 El sistema de cambio integral 69

Parte II
Mapeando los valores organizacionales 93

5 El modelo 95
6 Las herramientas de transformación cultural.................... 115
7 Dos estudios de caso longitudinales................................... 131
8 Más casos de estudio 159

Parte III
Diagnosticando los valores de liderazgo 181

9   El rendimiento de los líderes 183
10 Midiendo el rendimiento de los líderes 198
11 Casos de estudio de liderazgo 206
12 El líder-coach 218

Parte IV
Alineación estructural 231

13 Seleccionando los Valores guía preconizados por la organización 233
14 La democracia de la organización 253
15 Incorporando la cultura 265
16 La organización del siglo XXI 277
    Anexo 1: Las siete etapas de desarrollo psicológico 282
    Anexo 2: Los seis modos de toma de decisiones 288
    Anexo 3: El ejercicio de valores, creencias y conductas 297
    Anexo 4: Las 40 compañías que cotizan en bolsa consideradas las mejores para trabajar en América del Norte 299
    Anexo 5: Empresas que enamoran (Firms of Endearment) . 301
    Anexo 6: Empresas que sobresalen (Good to Great) 303
    Anexo 7: La cantidad de energía disponible en una organización 304
    Anexo 8: El Proceso de "Los Cuatro Para qué" 306
    Anexo 9: Guía para escoger los valores y desarrollar las declaraciones de Misión y Visión ... 314
    Anexo 10: Ejercicio: la matriz de la confianza 320
    Anexo 11: Un breve repaso de los orígenes del modelo de Siete Niveles de Consciencia 324
    Anexo 12: Definir la consciencia 332
    Anexo 13: Lista de las Herramientas de Transformación Cultural (CTT©) para mapear los valores de las organizaciones 335

Anexo 14: Utilizando el BNS (Cuadro de mando Integrado) para desarrollar un cuerpo de indicadores estratégicos 337
Anexo 15: CVA tablas y diagramas de datos 342
Anexo 16: Breve descripción de los principales esquemas desadaptativos 345
Anexo 17: El proceso de auto-coaching para la Maestría Personal 349
Anexo 18: Herramientas para mapear los valores de individuos y de líderes 362
Anexo 19: Diagramas de datos y tablas, IVA, LVA y LDR ...364

Index 367

FIGURAS

1.1 Proporción de personas de diferentes segmentos de edad en el Reino Unido que seleccionaron la amistad como uno de sus diez principales valores personales......4
1.2 Proporción de personas de diferentes segmentos de edad en el Reino Unido que seleccionan la honestidad como uno de sus diez principales valores personales. 5
1.3 Las relaciones entre necesidades, valores, pensamientos y acciones 25
2.1 Implicación (Engagement) de los empleados versus Entropía Cultural. 33
2.2 Crecimiento del precio de las acciones de las 40 Mejores Empresas para trabajar en América. Período Julio 2002–2012 comparadas con la evolución de las acciones de empresas del índice S&P 500. 38
2.3 Crecimiento del precio de la acción de 18 Empresas que Enamoran entre Julio 2002-2012, comparadas con S&P 500 42
2.4 Crecimiento en el precio de las acciones de diez empresas Good to Great entre Julio 2002-2012 comparadas con S&P500. 43
3.1 *Proporción de la población de UK que opera desde los tres tipos de mente en distintos grupos de edad.* 56
4.1 *Relación del impacto de los indicadores* 70
4.2 *Cadena Causal de Indicadores.* 71

4.3. Los cuatro cuadrantes de los sistemas humanos 72
4.4 Cuatro condiciones para el cambio de todo el sistema. 74
4.5 El proceso de cambio cultural en la organización 76
4. 6 El proceso de Cambio de todo el sistema 80
7.1: Ingreso per cápita (100.000 US$) 136
7.2 Entropía cultural 136
7.3 Alineación de la misión 137
7.4: Diagrama de datos para 2012 138
7.5 Cuadro de mando Integrado BNS 139
7.6 Ingresos per cápita 143
7.7 Entropía cultural 143
7.8 Alineación de la Misión 144
7.9 Diagrama de valores 145
7.10 Comparación de los diagramas de valores
    personales en los estudios de caso 1 y 2 148
7.11 Comparación de la distribución de valores personales. 148
7.12 Tipos de mente por grupo directivo 150
7.13 BNS Cuadro de mando integrado 151
7.14 Tasas de participación 156
8.1 Distribución de las evaluaciones de entropía
    cultural clasificadas por rango (2007-2011) 161
8.2 Distribución de los valores en la cultura actual y
    en el BNS para culturas de baja (≤10%) y alta (≥41%) entropía. 162
8.3 Una organización con alta entropía 166
8.4 Diagrama de distribución de los valores. 167
8.5 Distribución de valores positivos 168
8.6 Los cinco saltos más importantes en los votos por valor. 170
8.7 Comparación de valores de la cultura actual. 172
8.8 Comparación de la entropía cultural entre 2007 y 2011. 173
8.9 Comparación de la distribución de valores
    positivos por nivel de consciencia entre 2007 y 2011. 173
8.10 Comparación de valores coincidentes PV/CC y CC/DC 174
8.11 Valores personales del personal de la Compañía A
    y la Compañía B. 176
8.12 Cultura actual de la Empresa A y la empresa B. 176
8.13 Cultura deseada de la empresa A y la empresa B. 177

10.1 Valores asociados con niveles bajos y altos de entropía personal. 203
11.1 Organización con baja entropía 207
11.2 Organización con alta entropía 207
11.3 Líder con baja entropía personal 209
11.4 LVA Distribución de la entropía personal en un líder con baja entropía. 210
11.5 LVA: líder con alta entropía. 211
11.6 Distribución de la entropía personal de un líder con elevada entropía. 212
11.7 IVA: *Viviendo en una cultura tóxica* 213
11.8 IVA: Enraizarse en las necesidades básicas del negocio. 215
A10.1 *La matriz de la confianza* 320
A11.1 El Modelo de Siete Niveles de Conciencia. 325
A12.1 Modelo de Siete Niveles de Conciencia 333

TABLAS

1.1 Niveles de necesidad 7
1.2 Necesidades Básicas y de Crecimiento 9
1.3 Características de las personas Full Spectrum 11
3.1 Acciones y oportunidades que las organizaciones deben proporcionar para satisfacer el espectro completo de necesidades de sus empleados 51
3.2 Niveles de complejidad de puestos de trabajo y motivaciones humanas 60
5.1 *Siete Niveles de Consciencia Personal* 96
5.2 Siete niveles de consciencia organizacional 101
6.1 *Valores/Comportamientos en función de los niveles de consciencia* 120
6.2 *Asignación de Valores/comportamientos según el tipo de valor* ... 122
6.3 Categorías del Cuadro de Mando Integrado (BNS) 123
7.1 *Indicadores culturales del CVA* 132
7.2 Indicadores Clave de Desempeño (KPI) 135
7.3 Salto en los valores 140
7.4 Indicadores clave (KPIs) 142
7.5 Saltos de valores 153
7.6 Saltos de valores por niveles de gestión 153
7.7 Entropía cultural por nivel 154
7.8 *Análisis de los valores adoptados por la organización* 155
8.1 Implicaciones asociadas a diferentes niveles de entropía cultural 160

8.2 Distribución de los valores potencialmente limitantes por nivel en el rango más elevado de entropía cultural 164
8.3 Distribución de valores en las categorías del BNS en rangos de entropía medios y altos 164
8.4 Tipos de valores en organizaciones con baja y alta entropía 165
8.5 Tabla de saltos en los valores 169
10.1 Implicaciones asociadas a los diferentes rangos de entropía personal. 201
13.1 Valores de Harley Davidson 235
13.2 Valores de Google 236
13.3 Necesidades de la organización 237
13.4 Necesidades de los empleados 238
A2.1 Modos de toma de decisiones y niveles de consciencia 288
A3.1 Ejercicio de valores, creencias y conductas 298
A8.1 *Esquema general del proceso de los "Cuatro Para Qué"* 306
A8.2 *Declaraciones de Misión y Visión de Barrett Values Centre* 308
A8.3 El primer "¿Para qué?" 310
A8.4 El segundo "¿Para qué?" 310
A8.5 El tercer "¿Para qué?" 311
A8.6 El cuarto "¿Para qué?" 311
A11.1 De Maslow a Barrett 324
A13.1 CTT instrumentos de evaluación para mapear y gestionar los valores de las organizaciones. 335
A15.1 *Diagramas y tablas incluidos en el informe CVA* 342
A17.1 Etapas para la gestión de los miedos conscientes e inconscientes. 349
A17.2 Ejemplos de sentimientos generados por la mente-cuerpo, la mente-egoica y la mente-alma 354
A17.3 Declaraciones de creencias 359
A18.1 CTT instrumentos de diagnóstico para mapear y gestionar los valores de los individuos y de los líderes. 362
A19.1 Diagramas y tablas incluidos en los informes de evaluación IVA, LVA y LDR 364

RECONOCIMIENTOS

Tras 15 años utilizando el Modelo de Siete Niveles de Conciencia y las Herramientas de Transformación Cultural para medir, mapear y monitorizar los valores de los individuos y de todo tipo de grupos y estructuras (equipos, organizaciones, comunidades y naciones), estoy convencido de que cuando los líderes se comprometen con el cambio, la información que el modelo y las herramientas le proporcionan puede facilitar una transformación profunda personal y cultural. No soy el único que lo cree. Desde 1997, más de 4.000 consultores y agentes de cambio en más de 50 países han aprendido a utilizar los modelos y herramientas que describo en este libro. Muchos de estos consultores han construido despachos de consultoría exitosos ofreciendo estas herramientas, junto con su experiencia para el cambio en la gestión, a sus clientes. Muchos de esos agentes de cambio han guiado con éxito a sus organizaciones hacia niveles más elevados de desempeño utilizando estas herramientas para sustentar la evolución cultural de sus organizaciones.

Agradezco a estos consultores y agentes de cambio la maravillosa relación personal que compartimos y su apoyo y feedback constante en el desarrollo continuo de las herramientas, así como su generosidad en compartir la evolución de las mejores prácticas en transformación cultural, muchas de las cuales forman parte de este libro.

Agradezco al maravilloso equipo de personas de Barrett Values Centre (BVC) por su compromiso con la evolución de la consciencia humana, y estoy en deuda con nuestros partner/trainers por difundir el mensaje, por ayudarnos a mejorar constantemente nuestras formaciones, y por proporcionar un soporte continuo a nuevos usuarios del modelo y las herramientas.

En particular, me gustaría agradecer a los siguientes Partners/Trainers:

MaryJane Bullen, John Cambell, Sally-Anne Cotton, Melissa Dean, Beatrice Dewandre, Lisa Doig, Rita Haque, Tom Hatton, Hector Infer, Adolfo Jarrin, Niran Jiang, Sallie Lee, Sander Mahieu, Ellen Miller, Melanie Moeller, Chris Monk, Karen Muller, Helen Jane Nelson, Else Nollet, Hein Reitsma, Hugo Smith-Meyer, Dirk Spangenberg, Susan Spargo, Johan Spruyt, Takao Suzuki, Guy Tunnicliff, Helen Urwin, Pleuntje Van Meer y Cindy Vanover.

También me gustaría expresar mi agradecimiento a los miembros antiguos y actuales del equipo BVC: Mark Brooks, Jessica Brown, Allyn Chambliss, Catherine Clothier, Phil Clothier (CEO), Nathan Egge, Tor Eneroth, Christopher Gomez, Tyler Kim, Hannah Lee, Ella Long, Patrick McGuire, Ed Manning, Ashley Munday, Sara Olsen, Jenny Quinn, Emma Riley, Joan Shafer, Brittney Stauffer y Mark Tucker.

Una enorme expresión de gratitud también para algunos de nuestros usuarios desde hace tanto tiempo, por su apoyo y su ánimo, mientras nos ayudan a afinar y ajustar las actuales Herramientas de Transformación Cultural, a desarrollar nuevas herramientas y contribuir a nuestra investigación. Entre estas personas se incluyen: Tom Brady, David Carter, Goren Garberg, David Gebler, Peter Paul Gerbrands, Per Hellsten, Annalise Jennings, Mark Lelliott, Judith Mills, Erik Muten, Tom Rausch, Johan Ryd, Sonia Stojanovic, Jim Ware y Cindy Wigglesworth.

A lo largo de los años, muchos otros líderes, consultores y agentes internos de cambio han apoyado enormemente nuestro trabajo. Entre ellos se incluyen Giovanna D'Alessio, Ane Araujo, Marcel van der Avert, Don Beck, Susan Beck, Gita Bellin, Tom Boardman, Jan Boethius, Anel Bosman, Hendrik Jan Bot, Caio Brisolla, Mike Brown, Rinaldo Brutico, Mike Budden, Ruth Butikofer, Sylvana Caloni, Martina Cinicola, Tess O'Kane Cope, John Counihan, Keith Cox, Bernardo Teixeira Diniz, Gary Dobkins, Uwie Dwitya, Vania Faria, Traci Fenton, Christine Feuk, Marc Gafni, Gwendoline Gerbrands, Kiran Gulrajani, Chris Hagen, Debbie Henderson, Vincent Ho, Elske Hooglugt, Gabriela Infer, Llewellyn de

Jager, Bjarni Jónsson, Lena Langlet, Heinrich Langner, Hervé Lefèvre, John McFarlane, John Mackey, Rob Mallick, Odino Marcondes, Ted Marusarz, Sylvana Mello, Peter Merry, Beth Michaels, Michelle Miller, Karen Muller, Ahmad el Nashar, Marianna van Niekerk, Dov Seidman, John Smith, Marcello Palazzi, Lui Pangiarella, Adam Perry, Mark Rock-Perring, Niven Postma, Michael Rennie, Lelani Robertson, Arsenio Rogriguez, Rosanna Roos, Rich Ruhmann, Angela Ryan, Marie Ryd, Martin Sande, Shubhro Sen, Yevgeny Sinyakov, Raj Sisodia, Patrik Somers, Hubert St. Onge, Takao Suzuki, Robert Taen, Marilyn Taylor, Steve Trevino, Daniel Truran, Sharon Venn, Eric de Vries, Katherine Wainwright, Bernd Wanner, Andreas Welther, John Whitmore, Ella Zhang, Roberto Ziemer y Shirley Zinn.

La lista completa es mucho más larga. Simplemente no tengo espacio suficiente para incluir a todo el mundo. Estoy seguro de que he olvidado a algunas personas que también merecen ser mencionados: a vosotros, os envío mis disculpas.

Por último, pero no menos importante, deseo agradecer a mi compañera, Christa Schreiber, por su apoyo práctico, emocional e intelectual. Como experimentada psicóloga clínica, ha sido fundamental su ayuda a la hora de afinar cuidadosamente mis ideas acerca de los conceptos de transformación personal incluidos en este libro.

PRÓLOGO DE LA EDICIÓN EN ESPAÑOL

Querido lector, creemos que un poco de *Story Telling* te permitirá aproximarte a la obra de Richard Barrett y al legado que aporta a través de la Comunidad Global CTT,
Cultural Transformation Tools.

Soy Hector Infer, Socio Fundador de Transform Action y Partner de Barrett Values Centre.

Mi esposa Francis y yo, conocimos a Richard Barrett, en 1997, en la Conferencia Internacional "Business & Conciousness" en Puerto Vallarta, México.

Conectamos instantáneamente con la pasión de Richard y nos sentimos inspirados por las "Historias de éxito "de emprendedores de todo el mundo, que estaban "rompiendo moldes del management convencional" para construir empresas impulsadas por valores.

Más tarde, en 1999, asistimos al curso de Certificación CTT Parte 1 y 2, que Richard y Joan Shafer impartían en Waynesville, Carolina del Norte.

Gracias a esta formación, nos dimos cuenta de la utilidad práctica del Modelo y de la manera en que las Herramientas CTT podían impulsar los procesos de desarrollo del talento individual y colectivo en las organizaciones, en el sistema educativo, en las comunidades y en los países.

Desde mi experiencia profesional, implementando procesos de Cambio Cultural - en empresas de Latinoamérica y España – he constatado que el método CTT hace comprensibles y gestionables los procesos de cambio aportando sentido y propósito a la contribución de los Líderes y los Equipos en sus organizaciones, esta última característica es algo esencial para crear organizaciones impulsadas por valores.

Desde la experiencia del equipo de *Transform Action*, hemos comprobado que el Modelo y las Herramientas CTT aportan coherencia a los procesos de Cambio y permiten actualizar los **Modelos de Pensamiento y Acción** de Líderes y Equipos.

En el año 2000, editamos la primera versión en español del libro "Liberando el Alma de las Empresas".

En el año 2001, aplicamos el primer diagnóstico de Valores Nacionales, en Argentina, con la Metodología CTT, bajo el patrocinio del Programa de Naciones Unidas para el Desarrollo.

Desde el año 2002, impartimos la Certificación CTT, para directivos de organizaciones, coaches, facilitadores y consultores de gestión del talento, Cultura e innovación de organizaciones de España y Latinoamérica, formando alrededor de 400 profesionales.

Desde *Transform Action*, seguimos empleando aplicaciones del Modelo CTT en Proyectos de Transformación Cultural, que integran Cambio Cultural y mejora de resultados; esto nos ha permitido empoderar a miles de personas con aplicaciones del Modelo CTT.

En el año 2011, publicamos la segunda edición en español de *Liberando el Alma de las Empresas*, en España.

En el año 2014, publicamos **Get Connected** un Manual de Ejercicios y Dinámicas que permiten crear Equipos Impulsados por Valores, en coautoría con Tor Eneroth, Phil Clothier, Pleuntje Van Meer y Niran Jiang.

En el año 2015, estamos presentando las ediciones en español de *Get Connected* y la *Organización Impulsada por Valores*. Y también hemos reeditado por tercera vez "Liberando el Alma de las Empresas"

En el año 2016, seguiremos generando – entre todos - recursos metodológicos para contribuir a la creación de organizaciones impulsadas por Valores.

¡Juntos podemos crear un mundo mejor!

Querido lector, si sientes que tu misión personal es contribuir a crear Equipos, Organizaciones, Escuelas, Universidades, Comunidades y Países impulsados por valores, te invitamos a formar parte de la Comunidad Global CTT.

¡La lectura de este libro es nuestra sugerencia como primer paso en ese camino!

La Organización impulsada por Valores y *Get Connected*, son los libros de texto que empleamos en la Certificación Internacional CTT.

Un agradecimiento muy especial al equipo que ha hecho posible la realización de esta versión en español: Marta Martínez Arellano, Juan Pablo Páez Núñez y Gabriela Infer Arrom.

Gracias a Richard, por integrar tu creatividad con la experiencia y los aprendizajes del CTT Network, para dejar este legado a las nuevas generaciones.

Héctor Infer

PRÓLOGO DE LA EDICIÓN EN INGLÉS

La idea de este libro surgió de una interacción con mi editor. En 2011, Routledge, quien recientemente había comprado los derechos de publicación de dos de mis libros anteriores, *Liberating the Corporate Soul* (1998) y *Building a Values-Driven Organisation* (2006), sugirió que tal vez yo deseara actualizar estos títulos con nuevas ediciones. Yo estuve de acuerdo. Sin embargo, dado que *La organización impulsada por Valores* era básicamente una actualización y expansión de *Liberando el Alma de las Empresas*, sugerí que deberíamos pensar en combinar las nuevas ediciones de los dos libros en uno sólo y en actualizar el material con las nuevas investigaciones que se habían llevado a cabo desde la publicación de *Building a Values-Driven Organisation,* en 2006.

Mientras le dábamos vueltas al nuevo libro y a un posible título, me resultó evidente que este proyecto podía ser mucho más que una actualización de los dos libros previos: podía convertirse en un proyecto que me permitiera crear un manual básico y perdurable para los líderes, agentes de cambio y consultores acerca de cómo construir una organización impulsada por valores.

Me sentí inspirado por esta idea. Era un reto que me permitiría incorporar una cantidad significativa de nuevo material de investigación relevante sobre valores, liderazgo y cultura, y también me permitiría incorporar material de algunos de mis libros más recientes, *The New Leadership Paradigm* publicado en 2011, *Love, Fear and the Destiny of Nations (Vol. 1)* publicado en 2012, y *What My Soul Told Me*, también publicado en 2012. Con este pensamiento en la cabeza, me puse a escribir este libro excitado y entusiasmado.

Cuatro mantras

Al inicio de este proyecto me di cuenta de que había varios principios básicos que había establecido en mis libros anteriores y que sería importante incorporarlos a este libro. Estos principios, o mantras, como me gusta denominarlo, conforman la base filosófica de todos mis escritos sobre cultura organizativa, desempeño y liderazgo. Los cuatro mantras son:

- El capital cultural es la nueva frontera de la ventaja competitiva.
- Las organizaciones no se transforman, las personas sí.
- La transformación de la organización comienza con la transformación personal de los líderes.
- Es importante medir: sea lo que sea lo que midas (es decir, enfoques tu atención con una periodicidad regular) tiende a mejorar.

Con respecto a este último mantra, lo que quiero destacar es que cuando mides y mapeas los valores de una organización de forma regular, y actúas sobre los resultados no sólo podrás ver el cambio en los valores y comportamientos, sino que asistirás también a un cambio en la cultura de la organización. El cambio que observarás será de naturaleza evolutiva: de un foco en los niveles más bajos de consciencia organizacional, a un enfoque en una consciencia organizacional de espectro completo, en la que todos los niveles de conciencia se ven completamente reflejados en la forma en que opera la organización.

Esto mismo es verdad para las personas. Cuando una persona recibe un feedback regular acerca de cómo se está relacionando con los demás, y cómo puede mejorar su desempeño, tiende a modificar sus valores y comportamientos, evolucionando eventualmente hacia una consciencia personal de espectro completo.

Las personas y las organizaciones de espectro completo, no son sólo las más exitosas sino también las más resilientes. Tienen éxito porque han desarrollado la capacidad de responder de forma apropiada a todas las situaciones de la vida. La competencia principal que impulsa a los individuos y líderes de las organizaciones hacia una consciencia de espectro completo es el compromiso: el compromiso de llegar a ser todo lo que puedes llegar a ser como individuo y como organización; el compromiso de plenitud personal y organizacional.

Las preguntas centrales

Las dos preguntas fundamentales que deseo abordar en este libro son "¿Cuál es el origen de nuestro compromiso?" y "¿Cómo crean los líderes las condiciones que dan lugar a elevados niveles de compromiso en sus empleados?" Si no puede esperar para conocer la respuesta a estas preguntas, le sugiero que eche un vistazo al capítulo 16. Si puede esperar, vaya leyendo…

Construir un alto nivel de compromiso es importante porque crea implicación del empleado, y la implicación del empleado incrementa el desempeño y lleva al éxito. Cuanto más implicadas estén las personas en su trabajo, más éxito tendrá la organización.

La parte I de este libro presenta las evidencias que sostienen esta afirmación y establece los cuatro criterios necesarios para incrementar la implicación de los empleados. Estos cuatro criterios son:

- Alineación en valores;
- Alineación en la misión;
- Alineación personal; y
- Alineación estructural.

La parte II del libro se centra en las herramientas de diagnóstico que proporcionan la información que necesita trabajar hacia la satisfacción de los dos primeros criterios: la alineación en valores y la alineación en la misión de los empleados con su organización. La parte III del libro se centra en las herramientas de diagnóstico que proporcionan la información necesaria para trabajar en el cumplimiento del tercer criterio: la alineación personal de los líderes, directivos y supervisores de una organización. La parte IV se centra en el cuarto criterio: la alineación estructural: cómo incorporar los valores y comportamientos que generan altos niveles de implicación de los trabajadores en el tejido cultural de la organización.

INTRODUCCIÓN

Las organizaciones impulsadas por valores son las más exitosas del planeta. Tal vez pienses que esta afirmación suena atrevida: realmente ES una afirmación atrevida, y ¡es cierta!

Lo que te prometo es que, para cuando llegues al final de este libro, no sólo habrás comprendido por qué las organizaciones impulsadas por valores son las más exitosas del planeta, sino que habrás comprendido también qué pasos debes dar para: a) crear una organización impulsada por valores; y b) asegurarte de que tu organización continuará cosechando las recompensas de ser una organización impulsada por valores durante mucho tiempo. Déjame explicarte por qué creo que las organizaciones impulsadas por valores son las más exitosas del planeta.

El florecimiento de la democracia

En este punto de nuestra historia colectiva como humanidad, estamos asistiendo a un cambio sin precedentes en los valores humanos. Millones de personas por todo el mundo reclaman que se les escuche, no sólo con respecto a la forma en la que son gobernadas nuestras naciones, sino también en la forma en la que se gestionan las organizaciones. Desean equidad, ecuanimidad, apertura y transparencia; desean ser responsables y asumir la responsabilidad en sus propias vidas; desean confiar y ser tenidos por confiables. También desean trabajar en organizaciones consideradas éticas y que hacen lo correcto a ojos de la sociedad. Desean sentirse orgullosos de la organización para la que trabajan.

Hoy, más que en ningún otro momento de nuestra historia, hay más gente que desea comprometerse y ser consultada en la elección de los valores que están siendo utilizados para gobernar sus vidas. Y si te has "individualizado" –si has alcanzado el estadío en tu desarrollo psicológico en el que buscas la libertad y la independencia–, desearás vivir en una nación y trabajar en una organización que crea en los principios de la democracia –en una nación y una organización que abrace la equidad, la ecuanimidad, la apertura y la transparencia y que asuma su propia responsabilidad.

Durante los últimos seis años, WorldBlu[1], una organización que acredita a empleadores que se rigen por principios democráticos, ha atraído para su causa a cientos de organizaciones. Estoy orgulloso de decir que mi propia organización, Barrett Values Centre, consiguió acceder a la lista Workblue en su primer intento, en 2012. Algunas de las empresas más conocidas han sido acreditadas por WorldBlu, entre ellas Zappos.com, HCL Technologies, New Belgium Brewery, DaVita, Great Harvest Bread Company y la WD-40 Company.

Si crees que los principios democráticos sólo pueden implementarse en empresas pequeñas, debo decirte que entre las organizaciones incluidas en la lista Workblue 2012, incluía, con respecto a su tamaño, desde empresas con cinco trabajadores a empresas con 90.000. En la nota de prensa que anunciaba la lista de empresas acreditadas en 2012, Traci Fenton, la fundadora de Worldblue, hace la siguiente afirmación:

"Hemos evolucionado desde la Era Industrial, un periodo de nuestra historia centrado en la manufactura, en el que puede decirse que funcionaba el modelo de negocio de orden y control, hacia una nueva Era Democrática, una era de transparencia sin precedentes que permite un comportamiento (ethos) que devuelve el "poder a la persona" de una forma que jamás se ha visto con anterioridad. Esta nueva Era democrática requiere que los negocios y sus líderes se abran a una forma de operar completamente nueva, a un sistema basado en la libertad, alejado del trasnochado modelo de miedo y control. Cuando escogemos de forma consciente diseñar nuestros lugares de trabajo utilizando la libertad como base, en lugar del miedo y el control, liberamos la grandeza de las personas, construimos organizaciones de categoría mundial y cambiamos el mundo para mejor."[2]

Evolución de la consciencia humana

Se mire donde se mire, con independencia de hacia qué parte del mundo, se puede observar esta evolución de la consciencia. Hace cincuenta años estábamos resignados a vivir y trabajar en estructuras jerárquicas gobernadas de forma autoritaria. Estábamos agradecidos de contar con un trabajo y con unos ingresos suficientes para satisfacer las necesidades de nuestras familias. Hoy, esto no nos basta.

El crecimiento sin precedentes en ingresos y prosperidad de las últimas cuatro décadas ha generado una nueva clase media global, que ha conseguido satisfacer sus necesidades básicas y ahora busca satisfacer sus necesidades de crecimiento. Desean libertad y equidad, y desean asumir la responsabilidad de su propio futuro, desean adoptar valores democráticos en todos y cada uno de los aspectos de sus vidas.

Las organizaciones que reconocen esta evolución de conciencia, nutren el desarrollo psicológico de sus empleados a través de la creación de una cultura que prescinde del control, la jerarquía, el estatus y el miedo, y promueve la libertad, la equidad, la asunción de la responsabilidad personal, la igualdad, la apertura, la transparencia y la confianza.[3] Al enfocarse en la evolución de la conciencia de sus empleados, en construir sus habilidades, nutrir sus talentos y apoyarles en su proceso de individuación (a encontrar su libertad y autonomía) y autoactualización o autorrealización (encontrar su pasión y su propósito), estas organizaciones están atrayendo a las personas con más talento.

Cada vez está más claro que para tener éxito en el siglo veintiuno, individualmente como profesional o colectivamente como organización, es imprescindible diferenciarse no por lo que haces, sino por *quién eres* y por *cómo deseas hacer lo que haces*.

> En esta economía global interconectada, a las organizaciones y a los individuos les resulta cada vez más difícil tener éxito basándose solamente en lo que pueden producir, o en los servicios que pueden proporcionar...

> Si haces algo nuevo (o mejor, más rápido y/o más barato),
> la competencia consigue rápidamente hacerlo aún mejor
> y entregarlo a un precio similar o incluso menor. [4]

Por tanto, en el siglo veintiuno, la calidad, el precio, la velocidad y el servicio ya no serán suficientes para garantizar el éxito: necesitaremos también operar con integridad, y permanecer 100 % enfocados en construir un futuro sostenible para nuestros empleados, nuestros clientes, las comunidades en las que operemos y para la sociedad en general.

Predigo que en el siglo veintiuno, la carrera de la rata se verá reemplazada por la carrera de los valores.

Si deseas tener éxito en los negocios en la era en la que entramos ahora mismo, tus valores deben resultar evidentes en cada una de las decisiones que adoptes y en cada una de las acciones que acometas. Es más, tu comportamiento debe alinearse con tus valores: debes ser considerado coherente, al hacer lo que predicas y operar con integridad. Esto es importante, no sólo para construir la predilección por tu sociedad –el fondo de comercio de tu sociedad– sino que también es importante para construir la resiliencia en tu organización.

Resiliencia y predilección

Para ser sostenible en el siglo veintiuno, las organizaciones necesitan fortalecer su resiliencia e incrementar la predilección social.

Rosabeth Moss Kanter, profesora de la Harvard Business School y presidenta de la Harvard University Advanced Leadership Initiative, cree que poner el foco en los valores y la cultura permite a una organización alcanzar estos dos objetivos.[5]

> Frente a la turbulencia y el cambio, la cultura y los valores se convierten en la principal fuente de continuidad y coherencia, de renovación y sostenibilidad. Los líderes deben ser constructores de instituciones, impregnar la organización de un significado que inspira el hoy y garantiza el mañana. Deben encontrar el propósito

subyacente y un sólido conjunto de valores que les sirvan de base para la toma de decisiones a largo plazo incluso en medio de la vorágine. Deben encontrar un propósito común y unos valores universales que unan a personas tremendamente diversas, al mismo tiempo que permiten a las identidades individuales expresarse y florecer. De hecho, el énfasis en el propósito y los valores ayuda a los líderes a sostener y facilitar redes que se auto-organizan y que pueden responder con rapidez al cambio, porque comparten la comprensión de lo que hay que hacer.[6]

La razón por la cual los líderes y las organizaciones necesitan adoptar y vivir los valores que atesoran en lo más profundo de su consciencia es porque es la forma de generar confianza. La confianza construye cohesión interna y predilección externa. Sólo cuando construimos la confianza podemos consolidar relaciones llenas de significado en el interior de nuestras organizaciones, y desarrollar conexiones empáticas con los grupos de interés fuera de nuestra organización.

En su libro *Trust: La Confianza* Francis Fukuyama afirma:

Una de las lecciones más importantes que podemos aprender de la vida económica es que el bienestar de una nación, al igual que su capacidad de competir, están condicionadas por una característica social única y omnipresente: el nivel de confianza inherente en una sociedad.[7]

Continúa diciendo:

La desconfianza extendida en una sociedad… impone un tipo de impuesto sobre todas las formas de actividad económica, un impuesto que las sociedades con altas tasas de confianza no tienen que pagar.[8]

El impuesto al que hace referencia Fukuyama, yo lo llamo "entropía cultural". La entropía cultural[9] es el grado de disfuncionalidad en una organización o en la estructura de cualquier grupo humano (comunidad o nación) que se genera a través de las acciones de líderes basadas en el miedo y en el propio interés. Conforme crece la entropía, el nivel de confianza y de cohesión interna decrecen. Para ganar confianza, los líderes deben operar con autenticidad y vivir con integridad. Deben demostrar que se preocupan por su gente y por el bien común.

En algún punto del pasado remoto, nuestros antepasados evolutivos aprendieron a evaluar a cada nueva persona con la que entraban en contacto como amigo o enemigo potencial. Está programado en nuestro ADN como mecanismo de supervivencia. Lo hacemos todavía hoy en día, automáticamente, sin siquiera pensarlo. En consecuencia, lo primero que deseas saber, cuando entablas una relación con otra persona o con un grupo, como una organización, es: ¿puedo confiar en esta persona o en los líderes de la organización con la que deseo involucrarme? Intuitivamente comprendemos que nuestro bienestar, seguridad y supervivencia futuras pueden depender del juicio que hagamos acerca del carácter de esta persona o del carácter de los líderes de la organización.

Cuando trabajas en una organización, el nivel de confianza que tienes en tu supervisor, el directivo al que reportas o el líder del grupo no influye sólo en lo abierto, cándido u honesto que seas o te muestres, sino que influye también en el desempeño de la organización. Cuando sospechamos de alguien, no le revelamos nuestros pensamientos más personales. Nos reservamos las cosas; te reservas tentativamente tus opiniones y te parapetas tras las ideas que compartes. Evitamos conectar y cooperar con las personas en las que no confiamos.

En *La velocidad de la confianza*, Stephen Covey dice:

> La confianza siempre afecta a los resultados: a la velocidad y al coste. Cuando la confianza sube, la velocidad también sube y los costes decrecen. Cuando la confianza decrece, la velocidad también decrece y los costes suben.[10]

Watson Wyatt, una empresa global de capital humano, subrayó la importancia financiera de crear una cultura de alta confianza en su informe de investigación WorkUSA de 2002.

> El retorno total del trienio a los accionistas es significativamente superior en empresas con altos niveles de confianza, con vínculos claros entre trabajos y objetivos, en las que los empleados creen que la empresa gestiona bien el cambio.... Sólo el 39 por ciento de los empleados en las empresas de EEUU confían en sus directivos más antiguos. Además, el porcentaje de los empleados que dicen que confían en el trabajo que están haciendo sus directivos descendió en cinco puntos entre 2000 y 2002, alcanzando el 45 %.[11]

Bill George un profesor de la Harvard Business School y antiguo jefe ejecutivo de Medtronic, la empresa líder en tecnología médica en el mundo, afirma:

> Lo que me preocupa es la gran cantidad de poderosos líderes empresariales que cedieron a la presión del mercado de valores a cambio de ganancias personales. Perdieron de vista su Norte Verdadero y pusieron sus empresas en riesgo al enfocarse en trampas y botines de liderazgo en lugar de construir sus organizaciones para el largo plazo... El resultado fue la ruptura de la confianza de los empleados, clientes y accionistas... En los negocios la confianza lo es todo.[12]

Los líderes construyen confianza cuando viven alineados con autenticidad a sus más profundos valores humanos. Si desea tener éxito en el siglo veintiuno, necesitará convertirse en un miembro en el que nuestra sociedad global confía, y deberá convertirse en un líder impulsado por valores.[13] Deberá hacerlo no sólo para conseguir una ventaja sobre sus competidores, sino para proteger las inversiones que haga en su empresa y para construir la resiliencia de ésta.

David Gebler, un reconocido experto en el ámbito de la cultura y su cumplimiento, piensa que las culturas creadas por nuestros líderes pueden constituir un significativo factor de riesgo para el éxito de una empresa.[14] La verdad de esta aseveración se ha puesto en evidencia en los últimos años gracias a los escándalos y los subsiguientes fracasos de Enron, Tyco International, WorldCom y algunas otras organizaciones. Estos escándalos, que han costado a los inversores billones de dólares y han destruido los derechos de jubilación de miles de personas, han sacudido la confianza pública en los mercados de valores. En todos estos escándalos corporativos, los valores de los líderes y de las culturas que se habían creado, se encontraban en la raíz de todos los fracasos.

Más recientemente la falta de autoridad moral mostrada por los directivos de algunos bancos, han llevado a duras sanciones y a una fuga de los clientes hacia bancos más éticos. Las empresas que no están prestando atención a la forma en la que hacen las cosas están siendo castigadas por las autoridades y por los consumidores. En palabras de Dov Seidman, una autoridad en la conducta ética de las organizaciones y autor de *"Por qué la manera en que hacemos las cosas significa tanto"*:

> Lo que más importa y te diferencia de los demás ya no es *qué* haces, sino *cómo* haces lo que haces. La ventaja sostenible y el éxito duradero –tanto para las empresas como para las personas que trabajan para ellas- se encuentra ahora en el ámbito del cómo, la nueva frontera de la conducta.[15]

Un lapsus en la integridad moral o la incapacidad de vivir de acuerdo con reglas aceptables de moralidad pueden tener un impacto significativo en las líneas de su balance o incluso peor, contribuir al fracaso de su organización.

Lo que esto significa es que sus valores no son tan sólo el campo de juego de la ventaja competitiva, sino que son una condición *sine qua non* del liderazgo efectivo: *quién eres y qué defiendes se vuelve tan importante como la calidad de los productos y servicios que vendes.* Como líder de una organización, cortejas el desastre financiero si tu y tu equipo no operáis con los más elevados niveles de integridad ética. Los líderes que no prestan la atención más estricta a los valores y a la cultura de su organización son una carga.

Cómo líder y administrador de tu organización, es de tu incumbencia desplegar los más elevados niveles de liderazgo ético y asegurarte de que tu equipo directivo y cada uno de tus empleados hacen lo mismo. Los lapsus en ética han costado a las empresas billones de dólares en las últimas décadas y, en algunos casos, como Barings Bank, llevaron a la ruina de la compañía.

Barings era el banco mercantil más antiguo de Londres hasta su colapso en 1995. Uno de los empleados del banco, Nick Leeson, perdió 1,3 billones de US$ especulando principalmente con contratos de futuros. Debido a la ausencia de supervisión y a una falta de valores éticos, Leeson fue capaz de hacer lo que parecían pequeños trapicheos en el mercado de arbitraje de futuros en Barings Futures Singapore y cubrir sus descubiertos informando de estas pérdidas como ganancias al Barings en Londres a través de cuentas corruptas.

Fue capaz de salirse con la suya porque Leeson tenía un doble cargo, actuaba a la vez como encargado de parqué para los negocios de Barings ante el Intercambio Monetario Internacional de Singapur (SIMEX) y como jefe de operaciones de liquidación. Normalmente dos empleados distintos deberían haber desempeñado estas posiciones. De este modo, Leeson era capaz de operar sin que nadie le supervisara desde Londres.

Tras el colapso, diversos observadores, incluido el propio Leeson, echaron gran parte de la culpa a las deficientes prácticas internas de auditoría y gestión del riesgo del banco. En *88888 La Cuenta Secreta (Rogue Trader)* Leeson afirma: "la gente de Barings en Londres eran tan sabelotodo que nadie se arriesgaba a hacer una pregunta estúpida para que te hicieran parecer un tonto delante de todos los demás."[16]

Un memorando interno, fechado en 1993, advertía a las oficinas centrales de Londres del peligro de permitir a Leeson desempeñar ambos cargos de trader y de jefe de liquidaciones. "Corremos el peligro de montar un sistema que se demostrará desastroso". No se hizo nada al respecto.

En enero de 1995, SIMEX expresó su preocupación al banco sobre los manejos de Leeson, pero en vano, porque el banco le transfirió 1 billón de dólares para que continuara con sus transacciones. Un informe de las autoridades de Singapur sobre el colapso contempla con incredulidad las protestas de los superiores de Leeson –a todos ellos se les obligó a dimitir- de que no sabían nada de las actividades corruptas de Leeson. El problema en Barings Bank era un problema de cultura. Y el problema comenzaba en la cima.

Lo que los líderes de Barigns Bank no consiguieron hacer es seguir el consejo que dan Tom Peters y Robert H. Waterman Jr. en su bestseller atemporal, *"En busca de la excelencia: lecciones de las empresas mejor gestionadas de los Estados Unidos"*, publicado en 1982. Peters y Waterman afirman: "Clarificar el sistema de valores e insuflarle vida son las mayores contribuciones que puede hacer un líder".[17] ¡Esto es igual de cierto e incluso más importante hoy en día que cuando Peters y Waterman escribieron estas palabras hace más de tres décadas!

Navegando en la complejidad y conviviendo con la incertidumbre

Además de comprometerse con los beneficios que se devengan de *nutrir la individuación y la auto-actualización de sus empleados* y de *crear cohesión interna y predilección externa*, una estructura de gestión basada en valores le ayudará a clarificar sus procesos de toma de decisiones cuando se enfrente a situaciones complejas que jamás antes había experimentado. También le ayudarán a navegar atravesando la incertidumbre.

El mundo es un lugar inmensamente diferente del que era hace 50 años. El cambio climático global, el terrorismo, las guerras y conflictos internos, el crimen internacional, la corrupción, el tráfico de drogas, las pandemias y las crisis de deuda soberanas están haciendo de este mundo un lugar para hacer negocios mucho más difícil de lo que ha sido nunca.

Cada año, casi sin excepción, todos y cada uno de los sectores del negocio se vuelven más complejos. Junto con el incremento en la complejidad, estamos también experimentando un incremento de la incertidumbre. Las economías que emergen rápidamente, como Brasil, Rusia, India y China, están cambiando la cara de los negocios internacionales. La competencia se incrementa en todo el mundo y al mismo tiempo crece nuestra interdependencia. Sabiendo lo que tenemos que hacer y cómo navegar con éxito en este panorama económico y de negocios de cambio frenético, es cada vez más difícil y estresante.

Ya no podemos apoyarnos en las creencias que hemos acumulado basándonos en nuestras experiencias pasadas para tomar decisiones sobre el futuro. Estamos viviendo un nuevo mundo. Necesitamos una nueva forma de hacer negocios: un nuevo sistema que nos guíe y que llegue al corazón de lo que significa preservar la vida humana e incrementar el bienestar de las personas. Necesitamos permitir que nuestros más profundos valores humanos, dicten y guíen nuestras decisiones.[18]

El negocio como salvación

La complejidad y la incertidumbre de nuestro mundo moderno se ven exacerbados por el hecho de que los asuntos más importantes a los que nos enfrentamos son globales, pero las estructuras que tenemos para hacerles frente son nacionales. No existe una estructura de gestión global que regule el mundo.[19] En el mundo de la política internacional no hay consenso acerca de qué debemos hacer sobre los asuntos cotidianos globales. Las naciones más poderosas del mundo siguen enfocándose sobre su propio interés; no se puede confiar en ellas para trabajar por el bien común global.

Yo creo que tenemos que volvernos hacia los negocios si deseamos crear un futuro sostenible para la humanidad. Para mí esta afirmación de Willis Harman, co-fundador de la World Business Academy, suena cada año más veraz:

> El mundo de los negocios se ha convertido en la institución más poderosa del planeta. La institución dominante en cualquier sociedad debe asumir la responsabilidad sobre la totalidad. Pero en los negocios no existe esa tradición. Es un nuevo papel, no demasiado bien comprendido o aceptado. De este modo los negocios deben adoptar una tradición que jamás han tenido a lo largo de toda la historia del capitalismo: compartir su responsabilidad

sobre la totalidad. Cada decisión que se adopta, cada acción que se lleva a cabo, debe contemplarse a la luz de dicha responsabilidad. [20]

Nuestros líderes empresariales no son tan sólo líderes empresariales, son también, junto con sus familias, ciudadanos de nuestra sociedad global: son parte de nuestra humanidad común. El futuro que están creando nuestros líderes, a través de las decisiones que adoptan hoy, será el futuro que heredarán sus hijos y los hijos de sus hijos. Para tomar las decisiones adecuadas, ellos, y todos y cada uno de nosotros, debemos preocuparnos del futuro de nuestros hijos y nietos. Es el momento de incluir la equidad intergeneracional en la agenda de todo el mundo.

> Piénselo de esta manera: ha sido invitado a una cena con otras personas. La mitad de las personas no se presentan porque están viajando en un coche que se avería. Entretanto, da comienzo la cena. La comida es deliciosa. Todo el mundo se come su parte, pero siguen hambrientos. No saben qué les ha pasado a los demás invitados. De modo que deciden pasárselo bien, divertirse, y terminarse toda la comida. Entonces llega el resto de los invitados… Cuatro horas tarde. No queda comida. Los invitados que han llegado tarde están muy hambrientos, pero no hay nada para comer.
> Piense en esos "otros invitados" como las generaciones futuras, y piense en la "comida" como los recursos naturales del mundo (minerales y ecológicos). Eso le dará una idea del significado de la equidad intergeneracional, igualdad o justicia intergeneracional, tal como se la conoce a veces. [21]

Tomar decisiones que tengan en cuenta las necesidades de las generaciones futuras no es una idea nueva. En 1987 el Informe Brundtland, comisionado por la Asamblea General de la ONU, proporcionó unas estrategias de desarrollo a largo plazo para conseguir un desarrollo ecológico sostenible. La Comisión Brundtland definió el desarrollo sostenible de la siguiente manera: "Desarrollo sostenible es el desarrollo que satisface las necesidades del presente sin comprometer la capacidad de las generaciones futuras de satisfacer sus propias necesidades." Si nos remontamos en la historia, encontramos que la Constitución de la Nación Iroquesa en Norte América contenía la cláusula siguiente:

> En todas sus deliberaciones en el Consejo Confederado, en todos sus esfuerzos por hacer la ley, en todas sus actas oficiales, el propio interés deberá ser relegado al olvido. No ensombrezca su carga con las advertencias de los sobrinos y sobrinas si le reprenden por cualquier error o defecto que pudiere realizar, regrese en cambio al sendero de la Gran Ley, que es justa y recta. Procure y busque el bienestar de todas las personas y tenga siempre en mente no sólo el presente, sino también a las generaciones futuras, incluso a aquellos cuyos rostros se encuentren todavía bajo el manto de la tierra: los no nacidos de la Nación futura.[22]

Al expandir nuestro sentido de identidad de este modo, al preocuparnos por las generaciones futuras y vernos a nosotros mismos como miembros de nuestra sociedad global, conseguimos que se expanda nuestra consciencia también. Empezamos a darnos cuenta de que sólo podemos considerarnos exitosos si cada uno de nosotros con el que nos identificamos tiene éxito. Para hacerlo hay que desplazar la motivación y el foco del "yo" al "nosotros".

Del "yo" al "nosotros"

Tengo claro que nuestra sociedad moderna y el mundo de los negocios en particular, están sufriendo porque hay demasiados líderes enfocados en su propio interés. Necesitamos un nuevo paradigma de liderazgo: un desplazamiento del foco del "yo" al "nosotros"; del *"qué hay aquí para mí"* a *"qué es mejor para el bien común"*; y de *"ser el mejor del mundo"* a ser *"el mejor para el mundo"*.[23]

El primer desplazamiento del "yo" al "nosotros" requiere que nuestros líderes pongan el interés de sus organizaciones por delante de su propio interés. En *"Empresas que sobresalen"* (*Good to Great*),[24] Jim Collins clasifica a estas personas como líderes de nivel 5. Lo que les distingue de otros líderes es cómo canalizan sus necesidades del ego hacia el exterior desde sí mismos alineándolos con un objetivo mayor de construir una gran compañía. No es que estos líderes no tengan ego o interés personal: de hecho, son increíblemente ambiciosos, pero su ambición es en primer lugar, y el más importante, la institución, no ellos mismos. Ellos se identifican con la organización y con cada empleado. Cuando te identificas con algo o alguien te preocupas por eso, o por esas personas.

La incapacidad de los líderes empresariales de hacer este primer desplazamiento del "Yo" al "nosotros" es el único y más importante inhibidor de un desempeño sostenible en una compañía. Los líderes impulsados por su propio ego, pueden ser carismáticos, pero también tienen una tremenda responsabilidad para con sus organizaciones. Su enfoque en su propio interés siempre se producirá en última instancia a expensas del éxito de la organización.

El segundo desplazamiento del "yo" al "nosotros" exige que los líderes empresariales adopten no sólo el interés de sus organizaciones, sino los intereses de sus colaboradores, con los que han establecido alianzas estratégicas de negocio, así como que adopten los intereses de la comunidad local en la que operan. Tener colaboradores en los que apoyarse mutuamente construye una resiliencia mutua; preocuparse por el bienestar y la sostenibilidad de las comunidades locales en las que operas conlleva la predilección social.

El tercer cambio o desplazamiento del "yo" al "nosotros" implica no sólo apoyar los intereses de sus colaboradores de negocio y de las comunidades locales en las que operas, sino también apoyar los intereses de todos los grupos de interés: empleados, proveedores, clientes y accionistas, así como los intereses de nuestra sociedad global. Da igual en qué punto o momento, cuando alguien "toque" tu negocio, debes mostrar que te preocupas por sus necesidades. Este concepto de preocuparse de todos los grupos de interés se encuentra en el corazón del creciente interés del capitalismo consciente. Discutiremos con más detalle los beneficios derivados de este enfoque en el capítulo 2.

Cada uno de estos cambios o desplazamientos del "yo" al "nosotros" exige que el líder y el equipo de liderazgo, expandan su sentido de identidad para incluir a todos los grupos de interés de la organización. Expandir su sentido de identidad de esta manera es sinónimo de expandir su nivel de consciencia.

En el siglo veintiuno los líderes empresariales necesitarán que sus grupos de interés vean que se preocupan no sólo por ellos, sino también que se preocupan por los pobres, los desfavorecidos y la ecología del entorno en el que viven y de la que dependen para sobrevivir. En resumidas cuentas, usted necesitará que le vean como alguien que se preocupa por todo aquel que "toque" su empresa, todo aquel que forme parte de nuestra sociedad... por toda la humanidad y por el sistema que sustenta nuestra vida como colectivo.

Nuestros líderes empresariales necesitan enfrentarse al hecho de que los negocios se han convertido en una subsidiaria, propiedad total de la sociedad y la sociedad a su vez se ha convertido en subsidiaria propiedad del entorno (el planeta Tierra). Si perdemos nuestro entorno y los sistemas de sustento de nuestra vida, nuestra sociedad perecerá. Si perdemos nuestra sociedad, perderemos nuestra economía y nuestros negocios también perecerán.

Conclusiones

En este punto de nuestra historia humana, llevar una vida impulsada por valores no es sólo un imperativo social, sino también un imperativo personal para millones de personas alrededor del mundo que en la actualidad están alcanzado su individuación y avanzando hacia su auto-actualización. Estas personas no son sólo potencialmente las más exitosas del planeta, sino que también son las más inteligentes, las más creativas y una vez han fundado una organización en la que puedan encontrar y cumplir su propósito vital, serán los empleados más entusiastas y comprometidos que puedas encontrar. Es exactamente la gente que deseas tener en tu organización si vas a incrementar tu capacidad de sobrevivir y prosperar.

Para tener éxito en la carrera de los valores, los valores que adopte tu organización no sólo deben alinearse con los valores que viven y a los que aspiran tus empleados, sino que también deben alinearse con los valores de las sociedades en las que operas.

No caigas en la trampa en la que caen tantos líderes, que creen que son ellos los que tienen que escoger los valores de la organización. Todas las personas de la organización deben involucrarse en la selección de los valores adoptados por la organización. Si eres el líder de tu organización, tendrás la elección final, pero la corta lista de valores sobre los que escoges, deben ser los que hayan adoptado la mayor parte de la población de empleados. Sin esta participación e interacción con los empleados, los valores no serán plenamente adoptados y no podrán ser vividos o compartidos.

Los valores que escojas para tu organización deben guiar tu proceso de toma de decisiones: tanto en lo que haces como en la forma en la que lo haces. Deben impregnar cualquier política, sistema y proceso de tu organización y deben gobernar por completo la forma en la que se comporta tu organización. Deben estar incrustados en tus estructuras de incentivos y recompensas. Debes interiorizar la carrera de los valores promoviendo a aquellos que son un ejemplo de los valores de la organización.

Tu organización no llegará a ser una organización impulsada por valores si operas con una cultura de miedo. El miedo mina la confianza, destruye la cohesión interna y evita que las personas se individúen y auto-actualicen. Debes eliminar el miedo de tu organización si deseas participar en la carrera de los valores.

Resumen

Estos son los principales puntos del Prefacio:

1. Hay cuatro razones principales por las que la gente está prestando mayor atención a los valores: el florecimiento de la democracia, la evolución de la consciencia humana, la necesidad

de construir resiliencia y preferencia y la necesidad de navegar en una creciente complejidad.
2. Debido al incremento de la prosperidad global, millones de personas en todo el mundo han sido capaces de satisfacer sus necesidades básicas y están despertando ahora a su orden superior de necesidades. Buscan vivir en naciones y trabajar en organizaciones que abracen los principios democráticos, tales como libertad (autonomía), equidad, responsabilidad personal, igualdad, apertura y transparencia.
3. En el siglo veintiuno, la carrera de la rata será reemplazada por la carrera de los valores.
4. Necesitamos un nuevo paradigma del liderazgo: en forma de desplazamiento del "yo" al "nosotros"; del *"qué hay aquí para mí"* a *"qué es mejor para el bien común"*; y de *"ser el mejor del mundo"* a ser *"el mejor para el mundo"*.
5. Los negocios se han convertido en una subsidiaria, propiedad total de la sociedad y la sociedad a su vez se ha convertido en subsidiaria propiedad del entorno (el planeta Tierra). Si perdemos nuestro entorno y los sistemas de sustento de nuestra vida, nuestra sociedad perecerá. Si perdemos nuestra sociedad, perderemos nuestra economía y nuestros negocios también perecerán.

Notas

[1] www.worldblu.com/ (último acceso 3 Junio 2013).
[2] Traci Fenton, Inspiring Democracy in the Workplace: From Fear-Based to Freedom-Centered Organizations, *Leader to Leader Magazine*, Spring, 2012.
[3] La parte 2 de mi libro, *Love, Fear and the Destiny of Nations: The Impact of the Evolution of Human Consciousness on World Affairs*, describe en detalle esos siete valores, que son los valores necesarios para construir una democracia de alta confianza (véanse las páginas 195–302).

[4] Dov Seidman, *How: Why How We Do Anything Means Everything* (New York: John Wiley & Sons), 2011, p. xiii. *"How. Por qué CÓMO hacemos las cosas significa tanto"* (Ed. Aguilar, 2013)

[5] http://blogs.hbr.org/kanter/2010/06/ten-essentials-for-getting-val.html (último acceso 28 de marzo de 2013).

[6] "Imaginando el futuro del liderazgo," *Harvard Business View Blog*, http://blogs.hbr.org/imagining-the-future-of-leadership/2010/05/adding-values-to-valuations-in.html (último acceso 28 de marzo de 2013).

[7] Francis Fukuyama, *Trust: The Social Virtues and the Creation of Prosperity* (New York: Free Press Paperbacks), 1995, p. 7. *Trust: Confianza. Las virtudes sociales y la capacidad de generar prosperidad* (Atlántida, 1996)

[8] Francis Fukuyama, *Trust: The Social Virtues and the Creation of Prosperity* (New York: Free Press Paperbacks), 1995. *Trust: Confianza. Las virtudes sociales y la capacidad de generar prosperidad* (Atlántida, 1996)

[9] Para una explicación más detallada de la entropía cultural y cómo medirla, véase el capítulo 6.

[10] Stephen M.R. Covey, *The Speed of Trust: The One Thing That Changes Everything* (New York: Free Press), 2006, p. 13. *La velocidad de la confianza: el valor que lo cambia todo* (Paidós, 2007)

[11] www.watsonwyatt.com/research/printable.asp?id=w-557 (último acceso 28 de marzo de 2013).

[12] Bill George, *True North: Discover Your Authentic Leadership* (San Francisco: Jossey-Bass), 2007. *El auténtico Norte* (LID Editorial Empresarial, S.L.; Edición: 1 2009)

[13] Richard Barrett, *The New Leadership Paradigm* (Asheville, NC: Fulfilling Books), 2011.

[14] Intercambio de emails entre el autor y David Gebler, Febrero de 2010.

[15] Dov Seidman, *How: Why How We Do Anything Means Everything* (New York: John Wiley & Sons), 2011. *How. Por qué CÓMO hacemos las cosas significa tanto"* (Ed. Aguilar, 2013)

[16] Nicholas William Leeson, *Rogue Trader* (London: Warner Books), 1996. *88888 La cuenta Secreta* (Sudamericana, Argentina, 1996 –Francés)

[17] Tom Peters y Robert H. Waterman, Jr., *In Search of Excellence: Lessons from America's Best-Run Companies* (London: Profile Books), 2004, p. 291. First published by Harper & Row, 1982. *En busca de la excelencia: lecciones de las empresas mejor gestionadas de los Estados Unidos.* (Ediciones Folio, 2008)

[18] Las principales diferencias entre las decisiones basadas en las creencias y las decisiones basadas en los valores se explican en el capítulo siguiente.

[19] Richard Barrett, *Love, Fear and the Destiny of Nations: The Impact of the Evolution of Human Consciousness on World Affairs* (Bath: Fulfilling Books), 2012.

[20] Willis Harman, *New Business of Business: Taking Responsibility for a Positive Global Future* (with Maya Porter).

[21] Richard Barrett, *The New Leadership Paradigm* (Asheville, NC: Fulfilling Books), 2011, pp. 268–269.

[22] www.constitution.org/cons/iroquois.htm (último acceso 19 de junio de 2013).

[23] Richard Barrett, *The New Leadership Paradigm* (Asheville, NC: Fulfilling Books), 2011.

[24] Jim Collins, *Good to Great* (New York: HarperCollins), 2001. "*Empresas que sobresalen: por qué unas sí pueden mejorar la rentabilidad y otras no*" (Norma S Editorial, 2002

PARTE I

Comprendiendo los valores

Cada compañía excelente que estudiamos es muy clara al comunicar lo que representa, y se toma en serio el proceso de declarar sus valores. De hecho, nos preguntamos si realmente es posible ser una empresa excelente sin tener claridad sobre los valores y sin tener el tipo correcto de valores para sus diferentes grupos de interés.

Tom Peters and Robert H. Waterman, Jr., *En busca de la excelencia*

El objetivo de la primera parte de este libro es proporcionar al lector una idea clara de por qué los valores son tan importantes, el papel que juegan en nuestras vidas y lo que significa ser una organización impulsada por valores.

1

Impulsada por valores

¿Qué significa esto?

Para entender por qué las organizaciones impulsadas por valores tienen tanto éxito, primero debemos comprender lo que significa funcionar "impulsado por valores". Para ello, tenemos que saber qué son los valores, de dónde vienen y cómo la toma de decisiones basada en valores es diferente de otras formas de toma de decisiones.

¿Qué son los valores?

Según los sociólogos "valores" son: "Los ideales y las costumbres de una sociedad hacia los cuales las personas tienen alta consideración." Yo prefiero definir los valores de una manera más pragmática: "Los valores son un método abreviado de describir lo que es importante para nosotros, individual o colectivamente (como organización, comunidad o nación) en un momento dado en el tiempo". Son "abreviaturas", porque los conceptos que los valores representan, por lo general se pueden describir en una sola palabra o una frase corta. Por ejemplo, la honestidad, la transparencia, la compasión, la perspectiva a largo plazo y los derechos humanos pueden ser considerados como valores. Los valores son universales: trascienden contextos. Los comportamientos, por el contrario, se describen generalmente de una manera más larga y dependen del contexto. Por ejemplo, los comportamientos asociados con la honestidad, dependiendo del contexto, pueden ser: (a) decir siempre la verdad, (b) nunca decir una mentira o (c) la ausencia de engaño o fraude.

Lo que yo también sugiero es que, debido a que nuestros valores representan lo que es importante para nosotros en un momento dado en el tiempo, no son fijos. Los valores que son importantes para usted en este momento particular de su vida son un reflejo de las necesidades que está experimentando en estos momentos, bajo sus condiciones de vida actuales. Ejemplos de cómo las prioridades acerca de los valores cambian con la edad se muestran en las figuras 1.1 y 1.2.

La Figura 1.1 muestra la proporción de personas de diferentes segmentos de edad que viven en el Reino Unido, que selecciona la amistad como uno de sus diez valores personales clave.[1] En este gráfico se puede observar que la amistad es una prioridad importante para los jóvenes, que disminuye al envejecer. Una de las explicaciones para esto podría ser que cuando estamos solteros, tenemos una mayor necesidad de compañía que cuando nos casamos y tenemos familia.

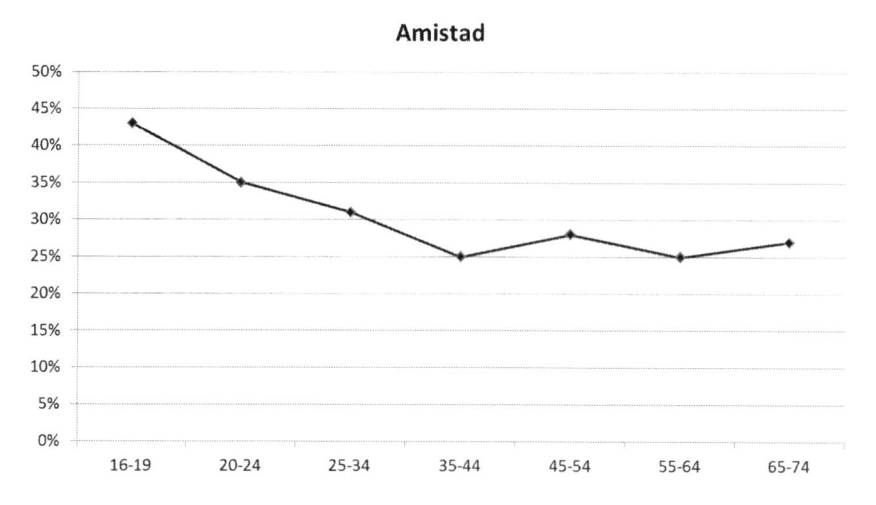

Figura 1.1 Proporción de personas de diferentes segmentos de edad en el Reino Unido que seleccionaron la amistad como uno de sus diez principales valores personales.

La Figura 1.2 muestra la proporción de personas de diferentes segmentos de edad que viven en el Reino Unido, que seleccionan la honestidad como uno de sus diez valores personales clave. Se puede ver

La organización impulsada por Valores

en este gráfico que la honestidad adquiere cada vez mayor importancia a medida que la gente envejece y que se hace un poco menos prioritaria para las personas de mayor edad. Esto no significa necesariamente que las personas mayores sean menos honestas que las personas de mediana edad, sino que simplemente las personas mayores tienen necesidades más urgentes, lo cual puede provocar que la honestidad pase a un orden de prioridad inferior.

Honestidad

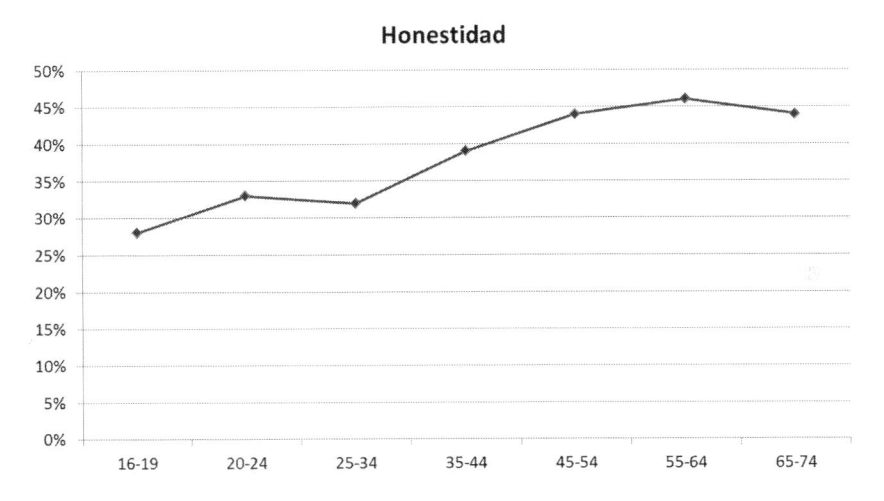

Figura 1.2 Proporción de personas de diferentes segmentos de edad en el Reino Unido que seleccionan la honestidad como uno de sus diez principales valores personales.

No todos nuestros valores cambian a medida que envejecemos. Hay algunos valores que apreciamos a lo largo de toda nuestra vida. Por ejemplo, algunas personas siempre tienen la honestidad como uno de sus valores fundamentales. Otros, como muestra la Figura 1.2, le dan más importancia a la honestidad una vez llegan a la edad madura. Ellos empiezan a reconocer que la honestidad es un componente importante de la integridad y la integridad comporta muchos beneficios; entre los cuales, funcionar como catalizador de la confianza. La confianza facilita las interacciones personales y profesionales ayudándonos a satisfacer nuestras necesidades con mayor rapidez. Tan pronto como la gente reconoce esto, la honestidad empieza a ascender en la clasificación de valores prioritarios.

Puede que le resulte útil pensar acerca de cuáles de sus valores no cambian con el tiempo (valores centrales o clave) y anotarlos. Además, puede pensar en cómo han cambiado algunos de sus valores con el tiempo y cómo han llegado a ser menos importantes o más importantes para usted dependiendo de las circunstancias de su vida; escríbalos también. Es importante recordar que: *sus valores son siempre un reflejo de lo que usted considera que son sus necesidades.*

¿Qué son las necesidades?

Una necesidad es algo que se quiere conseguir, tener o experimentar que usted cree que va a aliviar su sufrimiento o angustia, y que le va a hacer sentirse más feliz o estar más alineado con quién es. La existencia humana experimenta tres niveles de necesidades.

Soy muy consciente de que los tres niveles de necesidad que se muestran en la Tabla 1.1 son una simplificación extrema de los matices que existen entre necesidades, deseos y anhelos. La distinción que he hecho, entre las necesidades no satisfechas que nos hacen estar ansiosos y temerosos y las necesidades no satisfechas que se parecen más a los deseos, es importante. Voy a explicar por qué.

> Las ansiedades y los temores que experimentan nuestros líderes, gerentes y supervisores con respecto a la consecución de sus necesidades insatisfechas, en particular sus necesidades emocionales insatisfechas, son la principal fuente de las disfunciones que encontramos en nuestras organizaciones. También son la principal fuente de las disfunciones que encontramos en nuestras propias vidas.

Voy a explorar este tema con mayor detalle al hablar sobre el papel y el impacto del líder en una organización, en la Parte III de este libro. Por ahora, vamos a centrarnos simplemente en nuestras necesidades humanas y en cómo se relacionan con nuestros valores.

Tabla 1.1 Niveles de necesidad

Niveles de necesidad	Descripción
Algo que no tienes y sientes que es imprescindible tenerlo	Algo que consideras importante y que si lo tuvieras, te sentirías menos ansioso y estresado
Algo de lo que no tienes suficiente y sientes que es imperioso incrementarlo	Algo que consideras importante y que si lo tuvieras en mayor cantidad te sentirías menos ansioso y estresado
Algo que desearías tener y que no representa una necesidad inmediata	Algo que no tienes, que crees que te haría más feliz o te mejoraría la vida de alguna manera en el futuro

Necesidades básicas y necesidades de crecimiento

Uno de los primeros investigadores en vincular las necesidades, los valores y las motivaciones humanas fue Abraham Maslow. Maslow (1908-1970), que fue un filósofo y uno de los portavoces más importantes de la psicología humanista y positiva, identificó dos tipos básicos de necesidades humanas:

- Las Necesidades Básicas - también conocidas como necesidades de subsistencia - nos motivan por carencia.
- Las Necesidades de Crecimiento - también conocidos como necesidades del "ser"- nos motivan por abundancia.

Una necesidad básica alude a algo que es importante tener o incrementar, para sentirse seguro, feliz y cómodo en tu entorno físico y social.

Una necesidad de crecimiento es algo que te gustaría tener con el fin de experimentar una sensación de alineamiento interno – sentir paz contigo mismo - y alcanzar un sentimiento de realización por la contribución que estás haciendo en el mundo.

Te sientes ansioso y temeroso cuando eres incapaz de satisfacer tus necesidades básicas, pero una vez que lo logras, ya no les prestas mucha atención. La razón por la que te sientes ansioso o temeroso cuando no se satisfacen las necesidades básicas, se debe a que necesitas ser capaz de satisfacer estas necesidades para asegurar tu bienestar fisiológico y emocional (al sentirte seguro, apreciado y admirado).

Cuando eres capaz de satisfacer tus necesidades de crecimiento, éstas no desaparecen, no se extinguen como motivadores, porque generan niveles más profundos de ilusión y compromiso. La razón por la que sigues motivado para satisfacer tus necesidades de crecimiento, se debe a que te permiten ser más plenamente quien eres. Satisfacer estas necesidades es una parte integral del proceso de auto-realización.[2]

Maslow describe la relación entre nuestras necesidades básicas y de crecimiento de la siguiente manera: "la naturaleza superior del hombre se sustenta en su naturaleza inferior, que es el cimiento de su existencia... La mejor manera de desarrollar esta naturaleza superior es satisfacer y gratificar la naturaleza inferior primero."[3]

La tabla 1.2 identifica tres tipos de necesidades básicas: Supervivencia, Relaciones y Autoestima y cuatro tipos de necesidades de crecimiento: Transformación, Cohesión Interna, Marcar la Diferencia y Servicio. Las necesidades básicas aparecen en la parte inferior de la tabla y las necesidades de crecimiento aparecen en la parte superior de la tabla. Una breve explicación de los comportamientos asociados a cada etapa de la evolución psicológica se presenta en la tercera columna de la Tabla 1.2

La organización impulsada por Valores

Tabla 1.2 Necesidades Básicas y de Crecimiento[4]

Tipo de necesidad	Niveles Evolutivos	Comportamientos asociados
NECESIDADES DE CRECIMIENTO (necesidades del ser que nos motivan por abundancia)	Servicio	Satisfacer tu necesidad de dejar un legado. Haber vivido una vida con sentido y dejar un legado que será recordado.
	Cohesión Externa (Marcar la diferencia)	Satisfacer tu necesidad de actualizar tu propósito contribuyendo al bienestar del mundo que te rodea e influyendo positivamente en los demás.
	Cohesión interna	Satisfacer tu necesidad de autenticidad y de encontrar un propósito con significado superior para tu vida, abrazando una causa.
	Transformación	Satisfacer tu necesidad de autonomía, libertad e independencia. Ser auténtico, romper moldes para actuar con libertad e independencia.
NECESIDADES BÁSICAS (necesidades de subsistencia que nos motivan por carencia)	Auto-estima	Satisfacer tu necesidad emocional de ser reconocido y valorado por los demás por tus habilidades, talentos o cualidades. Resultar fiable y competente para los demás.
	Relaciones	Satisfacer tu necesidad emocional de pertenencia, protección y conexión. Ser apreciado por los demás, lograr conexión, afiliación y pertenencia.
	Supervivencia	Satisfacer tus necesidades fisiológicas de seguridad: para seguir con vida y mantener el cuerpo saludable.

Las tres necesidades básicas y las cuatro necesidades de crecimiento representan etapas distintas en nuestra evolución psicológica. Si no somos capaces de satisfacer nuestras necesidades en una etapa concreta, permaneceremos en esa fase hasta que podamos satisfacerlas o superar los miedos que nos impiden satisfacer dichas necesidades.

Por ejemplo: puedes estar en un puesto de trabajo bien remunerado pero que encuentras poco satisfactorio con respecto a tu realización personal. Lo que te gustaría hacer es activar tu pasión y desplegar tu vocación en un puesto tal vez no tan bien pagado, pero que tenga mayor sentido para ti... Pero... una reducción significativa de los ingresos puede activar tus temores acerca de tu estabilidad financiera y tu supervivencia. Si permites que estos temores determinen tus decisiones y tus acciones, no serás capaz de pasar a la siguiente etapa de tu evolución personal: satisfacer tu necesidad de encontrar un trabajo que tenga sentido para ti.

Comenzamos nuestra vida en la primera etapa evolutiva: como bebés, estamos inconscientemente programados por nuestro ADN para valorar la supervivencia. Hacemos todo lo posible para que nuestras necesidades de supervivencia sean satisfechas. Como niños pequeños, valoramos la seguridad y el amor. Cultivamos amistades y construimos relaciones para sentirnos seguros y amados. Como adolescentes, valoramos el reconocimiento: queremos sobresalir o ser los mejores en algo para que la gente nos admire. Queremos sentir nuestro propio valor, nuestra autoestima. Como adultos jóvenes, valoramos la aventura y tener la oportunidad de salir adelante en el mundo: queremos libertad, autonomía e igualdad. Como adultos más maduros, queremos que nuestras vidas tengan un sentido: queremos encontrar un trabajo alineado con las cosas que nos apasionan. Una vez que hemos encontrado nuestra vocación, queremos "marcar la diferencia". Buscamos otras personas con las que podamos colaborar para aumentar el impacto y la contribución que podemos dejar en el mundo. Una vez que hayamos experimentado la alegría que comporta marcar la diferencia, querremos llevar una vida de servicio desinteresado. Querremos dejar un legado a través del cual la gente pueda recordarnos.

Las Personas Full Spectrum

Cuando alguien ha alcanzado maestría en la satisfacción de sus necesidades básicas y sus necesidades de crecimiento, yo lo llamo "Full Spectrum". La Tabla 1.3 muestra algunas de las características de las personas "Full Spectrum"
Abraham Maslow describió a estas personas como "especímenes humanos sanos."

Tabla 1.3 Características de las personas Full Spectrum[5]

Más clara y eficiente percepción de la realidad.
Aumento de la objetividad, del desapego y de la trascendencia del yo.
Recuperación de la creatividad,
Carácter democrático.
Autonomía y singularidad.
Capacidad de amar.
Mayor espontaneidad y expresividad; Presencia plena y vivacidad.

Para Marc Gafni, un filósofo espiritual y Director del Centro para la Espiritualidad Mundial, uno de los atributos clave de las personas Full Spectrum, es que están deseosos de comprometerse plenamente con su propio sentido de singularidad. El deseo de responder a la llamada de tu "Ser Único" personal, no como una expresión de ego, sino como característica de tu propia esencia, comienza a mostrarse cuando te enfocas en tus necesidades de cohesión interna y de marcar la diferencia. Tu "Ser Único" interior es el lugar desde el que descubres y conectas con el propósito más profundo de tu vida. En el nivel de servicio, una persona "Full Spectrum" se siente llamada a trabajar en la creación de un mundo en el que cada ser humano pueda crecer y desarrollarse para poder vivir la historia de su propio "Ser Único". Al comprometerte con tu ser único (contigo mismo), estás llamado a vivir una vida impulsada por tus valores, tu propósito y tu sentido de misión.

A medida que despliegas y actualizas tu "ser único", creces para comprender que tu existencia personal y tu ser son totalmente singulares, valiosos y necesarios en el mundo. Empiezas a reconocer que el mundo está desesperadamente necesitado de tus dones únicos y extraordinarios. Tu capacidad de mostrar esos dones dependerá de tu habilidad para liberarte de las creencias limitantes y las nociones falsas sobre quién eres, y en su lugar, identificarte con tu origen y con el gran servicio que ofreces al mundo. Cuando eres capaz de identificarte con tu Ser Único y con tus dones únicos, tu vida se llena de sentido y significado.[6]

De acuerdo con Marc, el concepto del "Ser Único" también se aplica a las organizaciones. Cuando una organización tiene una perspectiva única en el mundo, no trata de imitar a sus competidores; bien al contrario, se vuelca hacia adentro para entender sus propuestas únicas y distintivas de servicios o productos y se enfoca en aportarlas al mundo. Cuando esta singularidad es entendida y aceptada por todos sus empleados, la organización cambia rápidamente y pasa de sobrevivir a prosperar. Esas propuestas únicas de valor encapsulan la energía que guía y dirige el negocio "desde y hacia" la abundancia.

Desde esta visión, la organización "Full Spectrum" despliega un conjunto particular de mecanismos para obtener una comprensión profunda de las necesidades de mercado y los valores de sus clientes y grupos de interés. Esto, a su vez, abre a la organización nuevas oportunidades de aportar sus dotes únicas en formas que sirvan a los más altos intereses de todas las partes involucradas.

Por último, hay que decir que hay una conexión directa entre el "Ser Único" del líder y el "Ser Único" de la organización. Los líderes Full Spectrum, que operan desde su "Ser Único" lo manifiestan generando negocios únicos y diferenciales. Y los valores implícitos y explícitos en el "Ser Único" del líder con frecuencia se convertirán en los valores de la empresa.

Las necesidades en las que nos enfocamos

La cantidad de atención que le damos a la satisfacción de un conjunto específico de necesidades como nuestra supervivencia, nuestras relaciones o las necesidades de autoestima, depende de tres factores principales: la etapa que hemos alcanzado en nuestra evolución psicológica, las circunstancias de la vida en las que nacimos o las que estamos experimentando en la actualidad, así como la situación en la que nos encontramos en un momento específico en el tiempo.

Desarrollo psicológico

El punto que quiero enfatizar con respecto a nuestro desarrollo psicológico, es que cada etapa se asocia con unas necesidades específicas y por lo tanto da lugar a una selección de valores diferentes. A medida que crecemos y nos desarrollamos, nuestros valores cambian de acuerdo con nuestras cambiantes necesidades. El anexo 1 proporciona una explicación detallada de las necesidades psicológicas en las diferentes etapas de nuestra vida.

A medida que avanzamos a través de las diferentes etapas de nuestra vida, sobre todo en nuestro entorno de trabajo, vemos cómo nuestros valores van cambiando gradualmente. Como niños, valoramos la seguridad (nivel de supervivencia) y la protección (nivel de relación); como adolescentes y adultos jóvenes, valoramos el buen aspecto y el reconocimiento (nivel de autoestima); como personas solteras con una carrera, valoramos la autonomía y el aprendizaje continuo (nivel de transformación); como jefes de equipo o supervisores valoramos la confianza (nivel de cohesión interna); como un profesional experimentado y maduro, valoramos marcar la diferencia (nivel de cohesión externa), y como un líder o sabio anciano valoramos dejar un legado (nivel de servicio).

Es importante comprender este aspecto ya que los valores de las personas son un reflejo de las necesidades desde las que están operando y esas necesidades denotan el nivel de desarrollo que han alcanzado en su propio proceso evolutivo. Desde esta perspectiva, a medida que vas progresando en tu proceso evolutivo, te darás cuenta de que cambian algunos de tus valores porque se te han activado necesidades nuevas o adicionales que no tenías con anterioridad. Asimismo, también te darás cuenta de que tus prioridades con relación a los valores también cambian para dar respuesta a "un nuevo escenario vital".

Richard Barrett

Valores que dependen de las circunstancias de la vida

Para entender cómo nuestras circunstancias en la vida afectan a nuestros valores, vamos a comparar dos individuos diferentes. Supongamos que uno de ellos nació en una familia adinerada y educada en una rica democracia liberal, y el otro nació en una remota comunidad campesina pobre en un país gobernado por militares: un régimen autoritario. La persona de la rica democracia liberal dará por garantizados los valores de salud y seguridad (nivel de supervivencia), y la libertad y la igualdad (nivel de transformación). Esta persona se enfocará más en los valores de orden superior, tales como la equidad, la apertura, la transparencia y la confianza (nivel de cohesión interna). Mientras tanto, el individuo que vive en un pobre y autoritario régimen tendrá una necesidad diaria de supervivencia, seguridad y de salud. Sólo cuando esta persona sienta que es capaz de satisfacer estas necesidades, dirigirá su atención a la libertad y la igualdad, y sólo cuando disponga de libertad e igualdad, se centrará en la equidad, la apertura, la transparencia y la confianza.

Percibí con enorme claridad este orden jerárquico de valores / necesidades hace poco, cuando estaba viendo un reportaje de la BBC sobre El Cairo, en Egipto. Los egipcios acababan de elegir presidente a Mohamed Morsi. Se había establecido la libertad y ellos, de forma espontánea, se centraban en el valor democrático inmediatamente superior: la igualdad. La noticia trataba sobre los grupos de hombres que patrullaban las calles de El Cairo para castigar a cualquiera que encontraran acosando a mujeres. Mientras tanto, la policía, que siempre había hecho la vista gorda ante el acoso sexual, se limitaba a observar. Después de haber establecido la libertad, la gente de El Cairo sentía un impulso urgente de abrazar la igualdad. Sólo unas semanas más tarde, unos días después de darse a conocer la nueva Constitución, la cuestión de la igualdad volvió a surgir. Las mujeres protestaron en las calles porque la frase sobre garantizarles la igualdad en el borrador del proyecto de Constitución se había retirado. Después de haber establecido la libertad, las mujeres de Egipto luchaban por la igualdad.

Valores situacionales

Para entender cómo la situación en la que te encuentras afecta a tus valores, supongamos que después de varios años de trabajo, con un sueldo que te permitió vivir cómodamente, de repente te encuentras sin trabajo, y con pocas perspectivas de encontrar uno nuevo. Comenzarás de inmediato a dar mucho más énfasis al valor de la estabilidad financiera (necesidad de supervivencia) de lo que habías hecho en el pasado. O si, como persona soltera, te mudas de tu casa a una nueva zona, a una distancia considerable de tu vivienda actual, seguramente darás mucha más importancia al valor de la amistad (necesidad de relaciones).

Hace cuatro años, cuando salí de mi casa en los EE.UU. para cuidar de mi anciana madre en el Reino Unido, me encontré solo: vivía en una ciudad donde no conocía a casi nadie. En consecuencia, me encontré dando mucha más importancia a los valores de la familia y la amistad (nivel de relaciones). Cosas que había dado por sentado en mi vida en los EE.UU., de repente se convirtieron en importantes para mí, ya que me faltaban.

Como me preocupaba por mi madre, que en ese momento estaba postrada en una cama, me di cuenta de otro cambio. Me encontré experimentando un nivel profundo de compasión. Este despertar a la compasión me acompaña desde entonces. Hace ya más de dos años que mi madre murió y cada vez que veo a una anciana en la calle, me encuentro pensando, ¿qué puedo hacer para ayudar a esta mujer? La compasión está viva en mí ahora, por el año que pasé al cuidado de mi madre en su último año de vida.

Motivación, felicidad y necesidades

La razón por la que centramos nuestra atención en la satisfacción de nuestras necesidades básicas es porque queremos sentirnos seguros, respetados y apreciados. Esto es intrínseco a nuestra naturaleza. Hay algo específico que nos impide sentirnos felices: nuestros miedos. Te sientes seguro, protegido, respetado y apreciado cuando eres capaz de satisfacer tus necesidades de subsistencia, pero te sientes ansioso o temeroso cuando se te impide satisfacer estas necesidades o cuando la satisfacción de estas necesidades está en peligro: cuando se pierde un trabajo, cuando se pierde un amigo, un socio o un compañero cercano, o cuando sientes que la gente no te respeta.

> La felicidad es el sentimiento (una reacción emocional) que se experimenta cuando una persona es capaz de dejar de lado la ansiedad o el miedo por no ser capaz de cumplir con una o varias de sus necesidades de subsistencia o cuando se recuerda una experiencia del pasado en que se sintió apoyada y sus necesidades fueron satisfechas de una manera amorosa.

Se siente felicidad cuando un ser querido regresa a casa sano y salvo de un largo viaje; cuando se pasa un examen importante; cuando se obtiene un feedback positivo de alguien a quién se respeta, y es posible que se sienta felicidad cuando se consigue un coche o una casa nueva o más grande, o el último teléfono móvil u ordenador. También se siente felicidad cuando una situación que está experimentando actualmente activa la memoria de un tiempo en que se sintió amado y cuidado.

El problema de la felicidad es que por lo general es de corta duración. Una vez liberada la ansiedad o el miedo de no poder conseguir tu deseo, obtener o experimentar lo que necesitas, vuelves rápidamente de nuevo a tu forma normal de ser.

Las personas que son normalmente optimistas, no suelen estar obsesionados por tratar de satisfacer sus necesidades. Están contentos y felices con lo que tienen y son capaces de adaptarse a lo que la vida les aporta. Su experiencia de vida es que siempre han sido capaces de satisfacer sus necesidades. Por lo tanto están condicionados a ser optimistas. Por otro lado, las personas que normalmente son pesimistas, consideran que tienen muchas necesidades insatisfechas. Su experiencia de vida es que nunca han sido capaces de satisfacer sus necesidades. Por lo tanto están condicionados a ser pesimistas.

Entusiasmo, alegría y necesidades

La capacidad para satisfacer las necesidades de crecimiento genera un sentimiento más profundo que la felicidad, y consecuentemente un nivel más profundo de motivación y compromiso con la satisfacción de esas necesidades. Experimentas alegría y entusiasmo cuando eres capaz de satisfacer tus necesidades de crecimiento, porque estás descubriendo quién eres realmente - estás descubriendo tu auténtico yo y encontrando un sentido para tu vida.

Si bien el torrente de felicidad que experimentamos cuando somos capaces de satisfacer cualquiera de nuestras necesidades de subsistencia, se disipa con rapidez y volvemos a operar desde nuestra disposición habitual, que se encuentra en algún lugar entre el pesimismo y el miedo - en un extremo de la escala - y el optimismo y la esperanza -en el otro extremo de la escala-; lo que experimentamos cuando somos capaces de satisfacer necesidades de crecimiento es alegría. Cuando la alegría se disipa deja tras de sí una sensación de satisfacción. La alegría y la satisfacción que sentimos surgen de un sentimiento interno de alineamiento o del sentimiento de realización personal, que se traducen en entusiasmo.

La clave para experimentar alegría y entusiasmo en forma frecuente, estriba en encontrar un sentido de propósito para nuestra vida, un propósito que le de sentido a nuestra vida personal, laboral y social. Tener un propósito superior que le de sentido y significado a nuestra vida aumenta el bienestar general, produce satisfacción y mejora la salud mental y física. También mejora la resiliencia y la autoestima y disminuye las posibilidades de depresión.[7]

En un estudio reciente[8], a 400 estadounidenses de 18 a 78 años se les preguntó si pensaban que sus vidas eran plenas y/o felices. Al analizar sus respuestas y actitudes con respecto al significado de su vida, la felicidad y muchas otras variables como el estrés, los patrones de gasto y tener hijos, los investigadores encontraron que los atributos de una vida plena y una vida feliz tienen algunas coincidencias pero presentan ciertos aspectos realmente muy diferentes.

Una vida feliz, estaría asociada a la satisfacción de las propias necesidades, una vida con sentido y significado se asocia con aprovechar y expresar nuestra verdadera naturaleza y contribuir a que *los demás* puedan satisfacer sus necesidades. Mientras que la felicidad te hace sentir bien, implicarse en actividades que le den sentido a la vida a veces puede hacer que te sientas mal: porque puede incrementar el estrés, la preocupación y la ansiedad[9.] Tener hijos, por ejemplo, se asocia a una vida con sentido, pero puede hacernos menos felices, porque requiere preocupación y sacrificio. De manera similar, hacer horas extras en la oficina para conseguir acabar un trabajo puede implicar un sacrificio, pero lo haces porque crees que estás haciendo una contribución a una causa más grande que tu persona, lo cual da sentido a tu vida.

Desde esta perspectiva, la clave para fortalecer la implicación de los empleados es ayudar a las personas de tu organización a satisfacer sus necesidades de subsistencia y facilitar que encuentren aquello que da sentido y significado sus vidas. Una vez hayan encontrado su propósito vital, es importante alinear su propósito personal con el propósito de la organización, asignándoles un puesto de trabajo que esté alineado con lo que les apasiona. Al hacer esto, estaremos dando a nuestros empleados un sentido de significado y de realización personal en su entorno de trabajo.

En resumen, la compensación que recibe el empleado a cambio de satisfacer sus necesidades de subsistencia, le hacen feliz al aliviar sus temores. Sin embargo, la felicidad que siente es por lo general de corta duración. Por otro lado, la compensación que se obtiene a cambio de poder satisfacer las necesidades de crecimiento es mucho más profunda y más duradera. Aporta un sentido de significado y relevancia a su vida.

Por lo tanto, nuestra capacidad de experimentar felicidad, alegría y realización personal depende de:

1. La etapa que hayamos alcanzado en nuestro proceso evolutivo (desarrollo psicológico): el potencial de incremento de la alegría y satisfacción crecen significativamente cuando llegamos a una etapa evolutiva en que comenzamos a centrarnos en nuestras necesidades de crecimiento y en encontrar significado y propósito en nuestra vida.

2. La medida en que los entornos en los que vivimos y trabajamos, sean capaces de ayudarnos a satisfacer nuestras necesidades de subsistencia y facilitarnos la satisfacción de nuestras necesidades de crecimiento.

Generando lealtad y compromiso

Este hallazgo tiene implicaciones significativas para las organizaciones. Si usted desea tener una fuerza de trabajo leal, comprometida y creativa en su organización, necesita asegurarse de que sus empleados sean capaces de satisfacer sus necesidades de subsistencia, y proporcionarles oportunidades para que puedan satisfacer sus necesidades de crecimiento. Es necesario apoyar el desarrollo psicológico de sus empleados mediante la implantación de estructuras, políticas, sistemas y procedimientos que les faciliten hacerse cargo de sus familias, entablar amistad con gente con la que trabajan, destacar en lo que saben hacer mejor, incentivar y cultivar su autonomía, encontrar su auténtico yo, sentido y propósito a su vida, disponer de oportunidades de marcar la diferencia y, si es posible, dejar un legado positivo. Este es el verdadero significado de "Crear una organización impulsada por valores".

Las organizaciones impulsadas por valores potencian aquellos valores que se alinean con las necesidades que tienen los empleados en cada uno de los 7 niveles de evolución personal. Cuando esto sucede, las organizaciones experimentan un alto nivel de compromiso por parte de los empleados, pues éstos se sienten comprometidos con la organización porque les permite satisfacer plenamente sus necesidades existenciales de subsistencia y crecimiento personal.

Valores versus creencias

El cambio de consciencia del que hablé en el prólogo de este libro, que está causando a millones de personas de todo el mundo su individuación y auto-actualización, normalmente viene acompañado por un cambio en la forma de tomar decisiones: estamos pasando de tomar decisiones impulsadas por creencias a tomar decisiones impulsadas por valores[10]

Las principales diferencias entre usar las creencias y usar los valores para tomar decisiones son las siguientes:

1. Las creencias son contextuales y culturales, mientras que los valores son universales: trascienden los contextos, porque surgen de la experiencia vital del ser humano. Las creencias, por otro lado, surgen de las experiencias que tenemos en situaciones específicas y se refieren únicamente a esas situaciones. Sólo se aplican en el contexto en el que aprendimos esa creencia.
2. Las creencias son hipótesis que creemos que son ciertas: pueden ser verdad, o pueden no ser ciertas. Simplemente no lo sabemos. Pueden conducir a resultados positivos o puede que no. Asumen que las relaciones causales del pasado que nos llevaron a adoptar dicha creencia, también se cumplirán en el futuro. En un mundo que cambia tan rápidamente esto puede no ser cierto. Sabemos por otro lado que los valores positivos crean experiencias beneficiosas. Siempre lo han hecho y siempre lo van a hacer en el futuro. ¿Por qué? Porque nos permiten satisfacer nuestras necesidades humanas: apoyan nuestra supervivencia individual y colectiva, y nos ayudan a mejorar las condiciones sociales en las que vivimos. Los valores positivos generan conexión con los demás y nos ayudan a crear el futuro que queremos experimentar. Las creencias (sobre todo las culturales y religiosas), por otra parte, facilitan la separación. Por ejemplo, si se reúne a un grupo de religiosos de diferentes confesiones religiosas en torno a una mesa, va a ser muy difícil que lleguen a un acuerdo sobre sus creencias. Donde se quedan atascados es en sus ideologías. Sin embargo, si se les pregunta cuáles son sus valores, es muy probable que rápidamente logren el consenso. Lo mismo puede decirse de los políticos de diferentes partidos políticos; probablemente comparten valores similares, pero sus creencias pueden ser muy diferentes.

Si deseas explorar y comprender la diferencia entre valores y creencias, te sugiero que visites www.valuescentre.com/pva y completes la encuesta gratuita de valores personales. Después de acceder al sitio Web, escribe tu dirección de correo electrónico (para recibir los resultados) y completar la encuesta de cinco minutos. Una vez que hayas recibido tu informe, completa el ejercicio de valores, creencias y comportamientos que está al final del informe. Si no tienes acceso a Internet, o si deseas utilizar este ejercicio en grupo, puedes ver una versión más corta de este ejercicio en el Anexo 3.

Si haces el ejercicio de valores, creencias y comportamientos en una situación familiar o de grupo, te darás cuenta de que cuando la gente comparte y discute sus valores, el nivel de energía en la habitación cambia. La gente se empieza a mostrar más animada y emocionada. Una vez que han comenzado a compartir, es difícil conseguir que lo dejen de hacer. Cuando hayan terminado (entre 10 a 15 minutos) pide a los participantes que respondan a las siguientes preguntas:

- ¿Qué sintieron al compartir sus valores con otras personas?
- ¿Qué sintieron al escuchar a las otras personas del grupo compartir sus valores?

Las respuestas obtenidas son siempre similares. A algunas personas les da miedo compartir sus valores, a otras personas les resulta energizante y casi todo el mundo siente una fuerte sensación de conexión con las personas con las que han compartido porque descubren que comparten valores similares. Esta es la razón por la cual las personas se animan y emocionan cuando hacen este ejercicio: sienten que conectan a un nivel más profundo con las personas con las que comparten sus valores. No es sólo el hecho de que compartan los mismos valores lo que crea la sensación de conexión, sino la apertura y la vulnerabilidad al compartirlos lo que genera esa conexión. Es por ello por lo que algunas personas sienten miedo al hacer este ejercicio. Nunca han compartido algo tan íntimo con personas que no conocían. Compartir con terceros lo que es importante para nosotros genera confianza. Cuando compartimos nuestros valores hacemos un ejercicio de celebración de nuestra capacidad humana de conectar.

La razón por la que el intercambio mutuo de valores fomenta la confianza se debe a que nuestros valores humanos positivos - conocidos como virtudes - son compartidos por todos los seres humanos. Una virtud es un rasgo positivo o una cualidad que se considera moralmente excelente. Las virtudes son universalmente reconocidas como generadoras de bienestar individual y colectivo.

Valores Potencialmente Limitantes

Los valores pueden ser positivos o potencialmente limitantes (negativos). Ejemplos de valores personales positivos son la honestidad, la integridad y la confianza. Ejemplos de valores organizacionales positivos son el trabajo en equipo, la creatividad y la estabilidad financiera. Tomar decisiones basándonos en nuestros valores positivos, nos hace sentir a gusto con nosotros mismos, con otras personas de nuestro entorno más cercano y con nuestro entorno social más amplio. Estas decisiones nos conectan con los demás y nos invitan a celebrar la vida.

Algunos ejemplos de valores personales potencialmente limitantes son el control, la culpa y el estatus. Ejemplos de valores organizacionales potencialmente limitantes incluyen la jerarquía, la burocracia y el enfoque a corto plazo. Algunas personas muestran conductas de control, culpar o manipulación frente a otras personas porque consciente o inconscientemente creen que al comportarse de esta manera serán capaces de satisfacer sus propias necesidades de subsistencia.

Nuestros valores potencialmente limitantes surgen de creencias limitantes que alimentan temores profundos acerca de sentirnos incapaces de cubrir algunas o todas nuestras necesidades de subsistencia. Por ejemplo: desde la creencia limitante "no se puede confiar en los demás", vamos a tratar de controlar todo en nuestra vida. Desde la creencia limitante "no soy aceptado o no pertenezco a algún grupo/colectivo", vamos a culpar a otros cuando las cosas vayan mal para evitar castigos y seguir siendo del agrado de las figuras de autoridad en su vida. Desde la creencia limitante "no soy lo suficientemente bueno para esto", vamos a tratar de ser más astutos o ganarles la partida a otros - utilizando el poder - para llegar antes a la cima.

A diferencia de los Valores Positivos que nos conectan y surgen de nuestros corazones, los valores potencialmente limitantes nos separan y surgen de nuestros miedos. Lo que olvidamos cuando dejamos que nuestros valores potencialmente limitantes manejen nuestro comportamiento es que, en última instancia, llega a ser contraproducente para lo que queremos lograr... y distanciamos a la gente de nuestra causa. Esto se debe a que los valores potencialmente limitantes siempre se centran en nuestro propio interés personal. Cuando dejamos que nuestros valores potencialmente limitantes guíen nuestra toma de decisiones, enviamos a las otras personas el mensaje de que nos preocupamos más por nosotros mismos que por los demás.

El "quid de la cuestión" con respecto a los valores potencialmente limitantes es que son *potencialmente limitantes*. Tal vez puedan satisfacer nuestra necesidad inmediata de *sentirnos a gusto con nosotros mismos* - satisfaciendo nuestras propias necesidades en el corto plazo- pero al hacerlo, crean discordancia y conflicto con las personas de nuestro entorno más cercano, y en función del alcance de las decisiones que tomemos, pueden crear también discordia y conflictos con la gente de nuestro entorno empresarial o medio social más amplio.

Cuanto más arriba se mueva en la jerarquía de autoridad en una organización o en la sociedad, mayor será su potencial para crear discordia y conflicto si deja que sus valores potencialmente limitantes dicten sus decisiones y acciones. Este hecho es evidente cuando se reconoce el impacto negativo que Hitler tuvo en la vida de las personas de Alemania y Europa y el impacto positivo que tuvo Gandhi en la vida de las personas de la India.[11]

Los seres humanos somos básicamente seres sociales: dependemos unos de otros para nuestra supervivencia, progreso y éxito, individual y colectivo. Cuando una persona en un grupo se centra en sus propias necesidades o en su éxito personal, más que en las necesidades o en el éxito del grupo, la discordia y el conflicto se disparan, y el grupo se vuelve disfuncional y no será capaz de alcanzar su pleno potencial.

Cuando las personas, especialmente los líderes, operan sólo desde el propio interés, no sólo comprometen su propio bienestar futuro, sino que también ponen en peligro el bienestar de la organización, grupo, comunidad o nación a la que pertenecen. El hundimiento de sociedades como Enron, Tyco International y WorldCom es un ejemplo de este hecho.

El término que he acuñado para describir este tipo de conductas (comportamientos impulsados por nuestros valores potencialmente limitantes) es "entropía personal."

Entropía Personal es la cantidad de energía impulsada por el miedo que una persona expresa en sus interacciones del día a día con otras personas.

La energía generada por el miedo surge de las creencias basadas en temores tanto conscientes como subconscientes (creencias limitantes) que tienen las personas acerca de satisfacer sus necesidades de subsistencia.

- Las creencias limitantes del Nivel 1 Supervivencia provienen de *no tener suficiente de lo que se necesita para sentirse seguro y protegido*. Estas creencias dan lugar a valores potencialmente limitantes como el control, la manipulación, la codicia y el exceso de cautela.
- Las creencias limitantes del Nivel 2 Relaciones provienen de *no sentirse amado lo suficiente como para sentirse aceptado y protegido*. Estas creencias dan lugar a valores potencialmente limitantes como buscar culpables, lealtad personal por encima del interés común, ser apreciado por todos y jugar a la política interna.
- Las creencias limitantes del Nivel 3 Autoestima provienen de pensar que *no eres lo suficientemente bueno para generar reconocimiento y admiración en las figuras de autoridad en tu vida o entre tus compañeros*. Estas creencias dan lugar a valores potencialmente limitantes como búsqueda de estatus, la búsqueda de poder, la arrogancia y cuidar las apariencias.

En los próximos capítulos voy a mostrar cómo se mide la entropía personal, cómo se relaciona con la entropía cultural (la cantidad de energía y comportamientos impulsados por el miedo que aparece en un equipo, una organización, una comunidad o una nación), y el impacto que la entropía personal y cultural tienen sobre la Implicación (Engagement), el Desempeño y los Resultados de una organización.

Conclusiones

Cada persona y cada organización toman cientos de decisiones cada día. Las decisiones que tomamos son un reflejo de nuestros valores y creencias, y siempre están dirigidas hacia un propósito específico. El propósito al que se dirigen es a la satisfacción de nuestras necesidades individuales o colectivas (organizacionales). Cuando usamos nuestros valores positivos, aquellos con los que celebramos la vida para tomar decisiones, creamos conexión y confianza. Cuando usamos nuestros valores potencialmente limitantes (negativos) para tomar decisiones - aquellos que reflejan nuestros temores subconscientes - generamos separación y desconfianza.

Las necesidades prioritarias de la gente, que están determinados por el lugar dónde se encuentran en su proceso evolutivo, por sus circunstancias de vida y por la situación que viven actualmente, son las impulsoras de sus valores. Su capacidad para obtener, poseer o experimentar lo que ellos valoran, junto con sus creencias subconscientes basadas en el miedo, dirigen sus pensamientos, sentimientos y emociones. Sus pensamientos, sentimientos y emociones determinarán sus acciones y comportamientos. La figura 1.3 muestra estas relaciones.

```
┌─────────────────────┐
│  Comportamientos y  │
│      Acciones       │
└─────────────────────┘
           ⇧
┌─────────────────────┐
│    Pensamientos,    │
│    Sentimientos y   │
│      Emociones      │
└─────────────────────┘
           ⇧
┌─────────────────────┐
│  Valores y Creencias│
└─────────────────────┘
           ⇧
┌─────────────────────┐
│      Necesidades    │
└─────────────────────┘
```

Figura 1.3 Las relaciones entre necesidades, valores, pensamientos y acciones

En cada interacción que tengas con otras personas, si quieres dar una respuesta adecuada a sus peticiones o demandas, primero debes comprender cuáles son las necesidades insatisfechas que tienen - lo que valoran -. Las herramientas de evaluación de valores, que describiré en el capítulo 6, te permitirán descubrir e identificar lo que la gente valora, cuáles son las prioridades de sus valores y cuáles sus necesidades insatisfechas más urgentes.

Resumen

Estos son los principales puntos del capítulo 1:

1. Los valores son un método abreviado de describir lo que es importante para nosotros.
2. Tus valores son el reflejo de tus necesidades.
3. Una necesidad es algo que quieres conseguir, tener o experimentar y que crees que permitirá aliviar tu sufrimiento o angustia, o que te hará sentir más feliz o estar más alineado con quién eres realmente.
4. Abraham Maslow identificó dos tipos básicos de necesidades: necesidades de subsistencia o básicas y necesidades de crecimiento o del ser.
5. Nos sentimos ansiosos o temerosos si no se satisfacen nuestras necesidades básicas o de subsistencia.
6. Cuando somos capaces de satisfacer nuestras necesidades básicas o de subsistencia, ya no les damos más importancia.
7. Cuando somos capaces de satisfacer nuestras necesidades de crecimiento, éstas no desaparecen sino que generan niveles más profundos de motivación y compromiso.
8. Alguien que ha aprendido a dominar la satisfacción de sus necesidades básicas y sus necesidades de crecimiento, se denomina persona de espectro completo ("Full Spectrum").
9. La cantidad de atención que prestamos a la satisfacción de un conjunto específico de necesidades depende de tres factores principales: (1) la etapa que hemos alcanzado en nuestro proceso evolutivo, (2) las circunstancias de la vida en las que se crió o

que actualmente está experimentando y (3) la situación en que se encuentra en un momento específico en el tiempo.
10. La felicidad es la sensación que se experimenta cuando se es capaz de dejar de lado la ansiedad o el temor acerca de no ser capaz de satisfacer necesidades de subsistencia.
11. La capacidad de satisfacer las necesidades de crecimiento genera un sentimiento más profundo que la felicidad, y por lo tanto un nivel más profundo de motivación y compromiso.
12. Si quieres tener una fuerza de trabajo fiel, comprometida y creativa en tu organización, deberás asegurarte de que tus empleados sean capaces de satisfacer sus necesidades de subsistencia y deberás también proporcionarles programas y oportunidades que les permitan satisfacer sus necesidades de crecimiento.
13. Gente de todo el mundo está cambiando su patrón de toma de decisiones, pasando de un modelo basado en creencias a un modelo basado en valores.
14. Compartir tus valores con otras personas, genera confianza.
15. Los valores pueden ser positivos o potencialmente limitantes.
16. Los valores potencialmente limitantes surgen de temores profundos asociados a no ser capaz de satisfacer nuestras necesidades de subsistencia.
17. Cuando dejamos que nuestros valores potencialmente limitantes guíen nuestra toma de decisiones, enviamos un mensaje al resto de personas de que nos preocupamos más por nosotros mismos que por ellos.
18. Cuando una persona en un grupo se centra más en su éxito que en el éxito del grupo, se generan discordancia y conflicto; el grupo se vuelve disfuncional y no será capaz de alcanzar su pleno potencial.
19. Cuando las personas, especialmente los líderes, operan desde el puro interés propio, no sólo comprometen su propio bienestar futuro, sino que también ponen en peligro el bienestar del equipo, la organización, grupo, comunidad o nación a la que pertenecen.

Notas

1. Datos obtenidos de la Encuesta Nacional de Valores del Reino Unido, llevada a cabo en octubre de 2012.
2. Kurt Goldstein, un psiquiatra y pionero en neuropsicología moderna, fue el primero en utilizar el término "auto-realización" para describir la fuerza impulsora en los organismos que actualiza al máximo la realización de las capacidades personales. Abraham Maslow utilizó más adelante el término, no como una fuerza motriz, sino como el deseo de los seres humanos de ser más y mejor de lo que uno es y llegar a desplegar todo lo que uno es capaz de llegar a ser, mediante la plena realización del potencial individual. La auto-realización impulsa el crecimiento personal desde la propia motivación.
3. Abraham Maslow, *Hacia una psicología del ser*, segunda edición (Nueva York: Van Nostrand Reinhold), 1968, p. 173.
4. Este cuadro constituye la base del modelo de los Siete Niveles de Conciencia, que se describe en detalle en el capítulo 5. La derivación de este modelo desde la jerarquía de necesidades de Maslow se presenta en el Anexo 3.
5. Maslow, *Hacia una psicología del ser*, p. 157.
6. Marc Gafni, *Su Ser Único: El Camino radical hacia la Iluminación Personal* (Tucson: Editores Integral), 2012.
7. Esfahani Emily Smith, H*ay más en la vida que ser feliz*, The Atlantic, enero de 2013.
8. Ray Baumeister, Kathleen Vohs, Jennifer Aaker y Emily Garbinsky, *Algunas diferencias clave entre una vida feliz y una vida con sentido*, Diario de la Psicología Positiva (publicación en 2013).
9. Ibíd.
10. Hay seis modos de toma de decisiones a disposición de seres humanos: instintos, creencias subconscientes, creencias conscientes, valores, intuición e inspiración. Estos se describen en el Anexo 2.
11. Para una discusión más detallada sobre los valores potencialmente limitantes de estos dos líderes y cómo surgieron, ver las páginas 59-65 de *Love, Fear and the Destiny of Nations (Volume 1): The Impact of the Evolution of Human Consciousness on World Affairs,* por Richard Barrett.

2

El impacto de los valores en el Rendimiento

En el prólogo de este libro, hice la audaz afirmación de que las organizaciones impulsadas por valores son las organizaciones más exitosas del planeta. En este capítulo, voy a empezar a fundamentar esta afirmación reuniendo información de diversas fuentes para mostrar la manera en la que los valores ayudan a las empresas a atraer y retener a gente creativa y con talento, y a generar un impacto positivo en su desempeño financiero.

Las tres fuentes principales de datos que voy a utilizar son:

- Los beneficios financieros de una selección de *las mejores empresas para trabajar en Estados Unidos* en comparación con el S&P 500 en un período de diez años desde 2002 hasta 2.012.[1]
- Los beneficios financieros de una selección de las empresas identificadas por Sisodia, Wolfe y Seth en *Empresas que Enamoran* (Firms of Endearment) en comparación con el S&P 500 en un período de diez años de 2002 a 2012.
- La rentabilidad financiera de las empresas identificadas por Jim Collins en *Empresas que sobresalen* en comparación con el S&P 500 en un período de diez años desde 2002 hasta 2012.

También me referiré a otros estudios y resultados de investigaciones que relacionan mejoras en el rendimiento financiero con mejoras en la cultura, foco en los valores o un mayor enfoque en la participación y compromiso del empleado. En capítulos posteriores, daré más pruebas, de organizaciones grandes y pequeñas, del impacto que un foco en valores tiene en su crecimiento, su productividad y sus resultados.

La entropía cultural y la Implicación del personal

Antes de explorar la relación entre rendimiento financiero y valores, quiero definir dos términos que voy a utilizar con frecuencia en este capítulo y en el resto de este libro Implicación del empleado y entropía cultural.

La Implicación de los empleados

La Implicación de los empleados es una medida del grado de conexión emocional e involucración intelectual que tienen los empleados con una organización. Esto tiene un impacto directo en el entusiasmo y compromiso con el que desarrollan su trabajo. Los empleados implicados dedican un alto nivel de energía[2] adicional a lo que están haciendo. Están dispuestos a hacer un esfuerzo adicional para conseguir acabar un trabajo a tiempo y con frecuencia presentan sugerencias acerca de cómo mejorar los resultados. Quieren que la empresa tenga éxito y quieren sentirse orgullosos de ser parte de ese éxito. Los empleados "no implicados", por contra, realmente no se preocupan por la empresa. Ellos hacen lo que su trabajo requiere de ellos y nada más. Los empleados "desimplicados" dañan la rentabilidad de una organización a través de actividades subversivas y actitudes hostiles hacia su trabajo y sus gerentes.

En el best-seller de todos los tiempos, *En busca de la excelencia: Lecciones de las Empresas mejor gestionadas de Estados Unidos*, Tom Peters y Robert Waterman lo afirman de esta manera:

> Supongamos que nos preguntan por un consejo global para los directivos, una verdad que podamos extraer de la investigación a todas las empresas excelentes. Podríamos sentirnos tentados a responder: "Averigüe su sistema de valores. Decida qué es importante para su empresa. ¿Qué hace su compañía para generar orgullo en su gente? Imagínate dentro diez o veinte años en el

La organización impulsada por Valores

futuro: ¿qué cosas te harían sentir satisfacción cuando miraras hacia atrás?"[3]

De acuerdo con Daniel Pink, autor de *Drive: La sorprendente verdad acerca de lo que nos motiva*[4], hay tres factores que por encima de todos los demás, generan implicación: la autonomía, el desafío y el propósito.

Autonomía es la libertad de tomar decisiones sobre cómo, dónde, cuándo y con quién trabajamos. Investigadores de la Universidad de Cornell descubrieron que las empresas que ofrecen a sus empleados autonomía, crecieron cuatro veces más rápido que las empresas orientadas al control y tenían un tercio de su cifra de rotación de personal.[5]

Desafío, el deseo de ser más y mejor en algo que es importante. Un estudio de 11.000 científicos e ingenieros industriales, encontró que el deseo de desafío intelectual – esto es el deseo de dominar algo nuevo y atractivo - era el indicador más fiable para predecir la productividad.[6]

Propósito; la gente más profundamente motivada liga sus deseos a una causa más grande que ellos mismos. Un equipo de la Universidad de Rochester investigó factores de éxito de sus egresados, tanto de aquellos que tenían "motivaciones extrínsecas", convertirse en ricos o lograr alcanzar la fama (objetivos materiales), como de los que tenían "motivaciones intrínsecas", ayudar a otros a mejorar sus vidas, aprender y seguir desarrollándose (objetivos de propósito). Descubrieron que los que tenían objetivos de propósito y los estaban alcanzando, tenían mayores niveles de satisfacción y bienestar subjetivo que cuando estaban en la universidad. Por el contrario, los que tenían objetivos materiales y los estaban alcanzando, tenían niveles de satisfacción, autoestima y afecto más bajos o al mismo nivel que cuando estaban en la universidad. Aunque alcanzaran sus objetivos, no se sentían más felices. Por el contrario, mostraron incrementos en su ansiedad, niveles de depresión y otros indicadores negativos.[7]

Basado en esta extensa investigación sobre lo que motiva a la gente, Pink sugiere la siguiente fórmula para crear una fuerza de trabajo implicada;

> Las recompensas básicas deben ser suficientes. Es decir… la remuneración básica debería ser adecuada y

> justa, sobre todo en comparación con las personas que hacen un trabajo similar en organizaciones similares. Su organización debe ser un lugar agradable para trabajar. Y la gente... debe de tener autonomía, debe de tener la oportunidad de dominar algún tema, y sus tareas diarias deben estar relacionadas con un propósito superior. Si estos elementos están asegurados, la mejor estrategia es proporcionar un sentido de urgencia y de importancia, y dejar que las cosas sucedan.[8]

Lo que está describiendo Pink aquí son las condiciones requeridas para crear una fuerza de trabajo altamente implicada. Las condiciones que llevan a tener una fuerza de trabajo "desimplicada" son las contrarias: retribución injusta, beneficios por debajo de lo normal, un clima de miedo y estrés, estructuras jerárquicas de control, procedimientos burocráticos y directivos autoritarios que controlan y manipulan a su personal. Estas son las condiciones que generan entropía cultural.

Entropía Cultural

La entropía cultural[9] es una medida de la cantidad de energía consumida en hacer tareas innecesarias o improductivas en el trabajo, la cantidad de conflictos, fricciones y frustración que los empleados experimentan en las actividades de su día a día y que impiden tanto a ellos como a la organización un nivel de rendimiento superior. La principal fuente de entropía cultural en una organización son las acciones y comportamientos impulsados por el miedo de sus líderes, gerentes y supervisores.

Cuando los líderes, gerentes y supervisores están ansiosos y temerosos (cuando tienen necesidades insatisfechas de subsistencia e incurren en conductas disfuncionales como el control excesivo, la manipulación, culpar a los demás, competir con otras personas y equipos de su organización, etc.) la entropía cultural aumenta y la Implicación (conexión emocional e involucración intelectual) del empleado disminuye. Por el contrario, cuando los líderes, gerentes y supervisores tienen comportamientos de apoyo y confianza hacia su gente y la organización anima a sus empleados a asumir responsabilidad por su trabajo, permitiéndoles de manera libre tomar iniciativas que impulsen el desempeño, la entropía cultural disminuye y la Implicación del personal aumenta.

El gráfico siguiente (Figura 2.1) muestra la relación entre entropía cultural y participación de los empleados en 163 organizaciones en Australia y Nueva Zelanda en un proyecto de investigación realizado por el Barrett Values Centre y Hewitt Associates en junio de 2008. Los resultados de este análisis muestran que la entropía cultural y la Implicación de los empleados están inversamente relacionados (correlación alta): las empresas con baja entropía cultural tienen empleados con Alta Implicación y las empresas con alta entropía cultural tienen bajo nivel de Implicación del empleado.

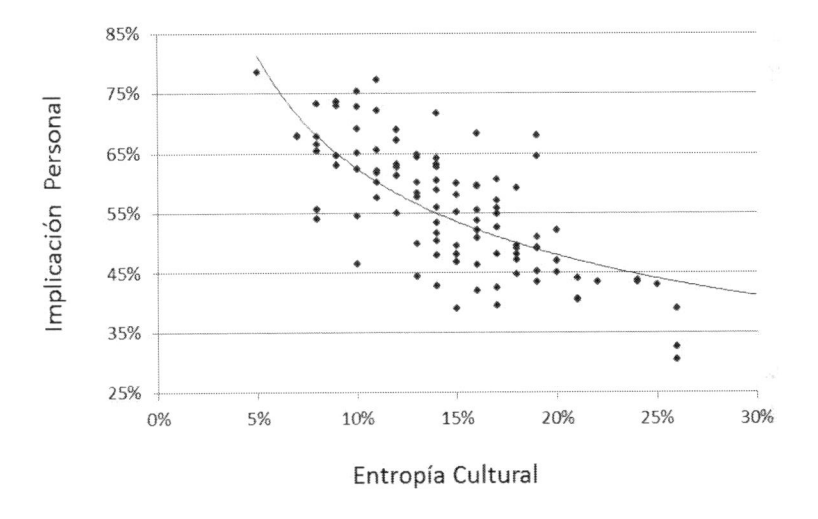

Figura 2.1 Implicación (Engagement) de los empleados versus Entropía Cultural.

En las organizaciones con alta entropía cultural, los líderes, gerentes y supervisores se centran en satisfacer su propio interés (sus necesidades). En las organizaciones con baja entropía cultural, los líderes, gerentes y supervisores se centran en contribuir al interés común, es decir, en satisfacer *las necesidades de sus empleados, las necesidades de los clientes, las necesidades de los inversores y las necesidades de la gente de las comunidades en donde operan*. Al centrarse en las necesidades de todas las partes interesadas en la organización (stakeholders), generan un alto nivel de implicación del personal, atención al cliente, interés de los inversores y prestigio y crédito social.

Implicación del personal y resultados

Gallup, una empresa de investigación y consultoría de gestión del rendimiento, ha demostrado que las organizaciones con empleados con Alta Implicación tienen hasta 3,9 veces más de crecimiento en su beneficio por acción en comparación con organizaciones con empleados con Baja Implicación en el mismo sector.[10] Los grupos de trabajo con Alta Implicación son más productivos, rentables y orientados a clientes y tienen mayores tasas de retención, menores ratios de incidentes de seguridad y menos absentismo que los grupos de trabajo con Baja Implicación.

Según Gallup, en 2008, el 29% de los empleados en los EE.UU. estaban activamente "Implicados" con sus puestos de trabajo, el 55 % estaban "No Implicados" y el 16 por ciento estaban activamente "Desimplicados".[11] Este nivel de desconexión emocional y falta de involucración intelectual (71 por ciento), supone un coste para las compañías estadounidenses de aproximadamente 17.500 US$ por empleado.[12] Esto significaría para la fuerza laboral de EE.UU. en su conjunto, un coste de 2.6 billones de US$ por año.[13]

Gallup concluye en su investigación que:

> En las mejores organizaciones, la Implicación del personal es mucho más que una iniciativa de Recursos Humanos, es la base estratégica sobre la que se generan los negocios. Incrementar la Implicación de los empleados se correlaciona directamente con un impacto positivo en los indicadores clave de resultado del negocio. Las empresas con mejores resultados saben que una estrategia de mejora de la Implicación del personal ligada a la consecución de los objetivos corporativos ayudará a mejorar su posición en el mercado[14]

El trabajo sobre la Implicación del Personal de Gallup se basa en más de 30 años de investigación del comportamiento y la participación de más de 17 millones de empleados.

Otra firma global de consultoría de recursos humanos, AON Hewitt, averiguó que las empresas con altos niveles de Implicación del Personal (65 por ciento o más) superan sus resultados en el mercado de valores, obteniendo un retorno para el accionista de un 22 por ciento más que la media. Por el contrario, empresas con Baja Implicación del Personal (45 por ciento o menos) obtuvieron un retorno para el accionista un 28 por ciento inferior a la media. [15]

En base a su investigación con más de 7.000 organizaciones, AON Hewitt estima que un empleado "Desimplicado" cuesta a una organización un promedio de 10.000 US$ en beneficios al año; por ello, organizaciones con Alta Implicación del Personal son un 78% más productivas y un 40% más rentables."[16]

También descubrieron que en la crisis económica más reciente (2008), las organizaciones con altas puntuaciones de Implicación eran más resilientes que las empresas con bajas puntuaciones de Implicación.

> Las organizaciones "Full Spectrum" se focalizan en el largo plazo, mantienen una propuesta de valor consistente para el empleado y un conjunto claro de valores. En lugar de hacer cambios a gran escala las mejores organizaciones refinan y ajustan sus programas. Gestionan el cambio de manera que es consistente con sus valores y alineada con sus objetivos estratégicos. Sus líderes son accesibles y comparten información de manera continua para reducir la incertidumbre y el estrés de los empleados... aprovechan la información basada en la experiencia de los empleados para tomar sus decisiones... y cuentan con la participación de múltiples partes interesadas (stakeholders) para tomar sus decisiones. [17]

La investigación llevada a cabo por el gigante del comercio minorista del Reino Unido Marks and Spencer muestra que en un período de cuatro años las tiendas que han incrementado la Implicación del Personal han generado 62 millones de libras esterlinas más en ventas anuales que las tiendas donde ha bajado. La investigación en Salisbury, otro gigante minorista del Reino Unido, reflejó una clara relación entre los resultados en ventas y los niveles más altos de Implicación del Personal: altos niveles de Implicación produjeron hasta un 15 por ciento del crecimiento anual de una tienda. RSA, una compañía global de seguros, demostró que las unidades de negocio con mayores niveles de Implicación del Personal tenían un 35% menos de tiempo de inactividad entre llamadas.[18]

En su informe de 2012, el Grupo para la Implicación de la Fuerza de Trabajo del Reino Unido, identificó cuatro factores impulsores de la Implicación del Personal:[19]

- **Liderazgo cercano que empodera,** aportando una clara visión estratégica de la organización, de dónde se viene y hacia dónde va.
- **Directivos que favorecen el compromiso y la participación**, que aportan foco a sus equipos, les dan la oportunidad de asumir responsabilidades, aprovechan su talento y les facilitan la satisfacción de sus necesidades de crecimiento.
- A los empleados de toda la organización se les deja **expresar su opinión bien para reforzar o cuestionar las opiniones existentes**. Los empleados se consideran fundamentales para la definición de soluciones.
- **Hay integridad organizacional**, es decir, los valores que se han declarado (y están "colgados en la pared" o en la Web) se reflejan en las conductas diarias de los Líderes, Gerentes y Supervisores. No hay una brecha entre lo que se dice y lo que se hace.

Los resultados proporcionados por un grupo de trabajo de Towers Watson demostraron que sólo el 27 por ciento de los empleados en el Reino Unido están "altamente implicados."[20] Este enorme déficit de Implicación del Personal tiene un impacto significativo en la productividad del Reino Unido en cifras: la producción por hora en el Reino Unido fue de 15 puntos por debajo de la media del resto de los países industrializados del G-7 en 2011. Sobre una base de producción por trabajador, la productividad en el Reino Unido era 20 puntos más baja que en el resto de los países del G7.[21]

El informe del Equipo de Trabajo llega a la siguiente conclusión:

Liberar el potencial de una fuerza de trabajo, incrementando su Implicación contribuye a reducir los costes asociados con la enfermedad, el absentismo, la rotación de personal, los errores de producción, los accidentes y los procesos ineficientes. Esta acción, también contribuye a mejorar la productividad, la satisfacción del cliente, la retención de clientes y la innovación. Cualquiera de estos mecanismos es capaz de aportar beneficios sustanciales en los resultados de las organizaciones. La cuestión de cómo llevarlo a cabo sigue sin respuesta, ya que esto dependerá de las circunstancias específicas de cada organización, pero la evidencia en este informe sugiere que el mejor lugar para buscar respuestas reside en sus propios empleados.[22]

Centrarse en el empleado

Una vez establecido que existen fuertes vínculos entre la Implicación del Personal, la entropía cultural y los resultados, ahora vamos a centrar nuestra atención en los beneficios financieros que pueden ser generados por una fuerza de trabajo con Alta Implicación.

Mi primer punto de referencia es la revista Fortune y sus "100 mejores empresas para trabajar." Esta encuesta, que selecciona las mejores empresas para trabajar en Estados Unidos, se lleva a cabo por el Great Place to Work Institute.

Dos tercios de la puntuación final de cada compañía en este estudio se basan en las respuestas a la encuesta del Instituto "Trust Index" (índice de confianza), la cual se envía a una muestra aleatoria de empleados. La encuesta hace preguntas relacionadas con sus actitudes respecto de la credibilidad de los directivos, la satisfacción en los puestos de trabajo y el nivel general de camaradería que existe en la organización. El otro tercio de la puntuación final se basa en las respuestas de la empresa a una auditoría del Instituto de Cultura, que incluye preguntas detalladas acerca de los programas de compensación y beneficios salariales, y una serie de preguntas abiertas acerca de las prácticas de contratación, comunicación, capacitación, programas de reconocimiento y esfuerzos para la diversidad.

Con el fin de evaluar el desempeño financiero de las mejores empresas para trabajar (en Estados Unidos), medí el crecimiento de la cotización de la acción en bolsa de las 40[23] mejores compañías para trabajar en el período de julio 2002 a julio 2012 y comparé los resultado con el crecimiento de la cotización de las acciones del S&P 500 durante el mismo período. Los resultados se muestran en la Figura 2.2.

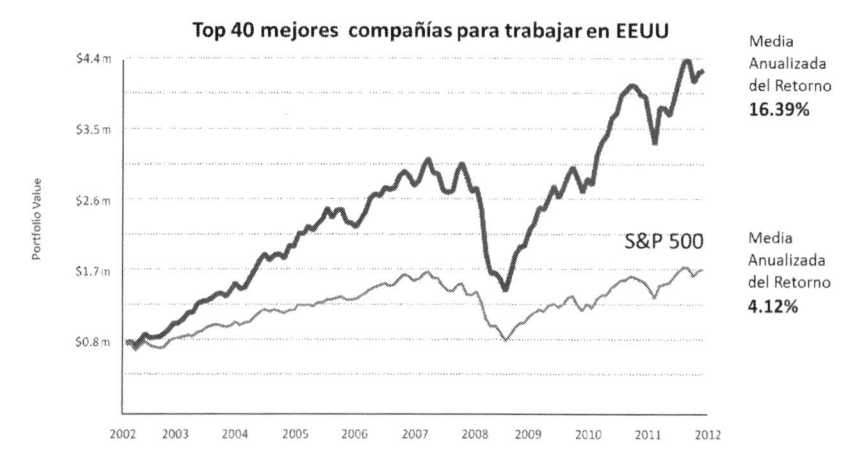

Figura 2.2 Crecimiento del precio de las acciones de las 40 Mejores Empresas para trabajar en América. Período Julio 2002–2012 comparadas con la evolución de las acciones de empresas del índice S&P 500.

Una inversión de 25.000 US$ en cada una de las 40 Mejores Empresas para Trabajar (inversión total de 1 millón de US$) durante este período de diez años habría dado una rentabilidad media anual del 16,39 por ciento, en comparación con el 4,12 por ciento en el S&P 500. No sólo las acciones tuvieron un mejor comportamiento que el S&P 500 durante este periodo de diez años, también mostraron bastante más capacidad de recuperación después de la crisis económica mundial de 2008. Recuperaron su valor pre-crisis en poco más de un año, mientras que las 500 empresas del S&P tardaron tres años para recuperar su valor previo. Creo que el destacado desempeño financiero de estas empresas "centradas en sus empleados", subraya la importancia que la Implicación del Personal tiene para el éxito de una empresa.

La organización impulsada por Valores

Esto nos lleva directamente a la pregunta: ¿qué prácticas específicas realizan las compañías "centradas en sus empleados" que les permiten mantener este alto rendimiento?

Un informe realizado por el Boston Consulting Group (BCG) y la Federación Mundial de Federaciones de Personas del Management (WFPMF) publicado en 2012 aporta algunas respuestas a esta pregunta. [24] BCG y el WFPMF compararon las prácticas de Recursos Humanos de empresas de alto rendimiento (entendidas como las empresas que estuvieron en la lista de las 100 mejores empresas para trabajar en Estados Unidos durante tres años o más), con las de empresas de más bajos resultados en 22 áreas clave de Gestión Humana, y llegaron a la siguiente conclusión:

> Las empresas de alto rendimiento consistentemente hicieron más [en las 22 áreas clave] que sus colegas de bajo rendimiento, en ciertas áreas clave, sus esfuerzos realmente destacaron. En concreto, en seis áreas en particular, la correlación entre las capacidades y el desempeño económico fue sorprendente:

- Reclutamiento
- Entrada de nuevas personas y retención de los empleados
- Gestión del talento
- Gestión de atributos de "marca interna"
- Gestión del desempeño y recompensas
- Desarrollo del liderazgo

Por ejemplo, las empresas que se enfocaron en mejorar el reclutamiento obtuvieron 3,5 veces más de crecimiento de ingresos y de 2,0 veces el margen de beneficios que sus colegas. Mediante la gestión del talento, las empresas de alto rendimiento obtuvieron más del doble del crecimiento de ingresos y del margen de beneficio que las menos capaces. Y las empresas que gestionan de manera excelente el desarrollo del liderazgo experimentaron 2,1 veces el crecimiento de los ingresos y de 1,8 veces del margen de beneficios. [25]

Se desprende de los informes, estudios e investigaciones citadas anteriormente que el cuidado de las necesidades de los trabajadores (sus necesidades básicas y de crecimiento) se correlaciona significativamente con el éxito financiero. Sin embargo, no olvidemos que la Implicación del Personal también tiene una fuerte correlación con la entropía cultural; por lo tanto, preocuparse por las necesidades de los empleados es importante, aunque no es suficiente, también se debe de crear una cultura de alta confianza que inspire a los empleados para estar presentes al 100% en su trabajo. También se debe trabajar con los líderes de la organización, los gerentes y los supervisores para reducir su nivel de entropía personal.

Si, como hemos visto, el cuidado de las necesidades de los empleados y la calidad de su experiencia laboral en la empresa son factores cruciales para la generación de un sólido rendimiento financiero, ¿qué ocurre con el cuidado de las necesidades de otros grupos de interés (stakeholders)? ¿Cómo afectan tales acciones al rendimiento financiero de las empresas?

Centrarse en los grupos de interés (stakeholders)

Raj Sisodia, David Wolfe y Jagdish Sheth proporcionan una respuesta a esta pregunta en su libro *Empresas que Enamoran: Cómo las empresas excelentes a nivel mundial crean mayores beneficios, impulsados por su pasión y un propósito superior.*[26]

Este libro sobre un cambio de paradigma empresarial, compara los resultados financieros de las empresas "Good to Great" identificadas por Jim Collins[27] con empresas que adoptan los principios del capitalismo consciente: empresas gestionadas por valores, con un propósito superior, con orientación a stakeholders, liderazgo consciente y cultura consciente. Ver el recuadro 2.1.

Recuadro 2.1 Los principios del capitalismo consciente

El capitalismo consciente es una filosofía basada en la creencia de que una forma más compleja de capitalismo está emergiendo y tiene potencial para mejorar el rendimiento corporativo, potenciando simultáneamente la calidad de vida de miles de millones de personas. El movimiento del capitalismo consciente reta a los dirigentes empresariales a repensar la razón de la existencia misma de las organizaciones y a revisar el papel que desempeñan sus empresas en nuestra moderna sociedad global e interdependiente.

- *Gestionadas por valores*: Las Empresas que Enamoran viven por y se sustentan en sus valores.
- *Propósito superior*: Las Empresas que Enamoran tienen un propósito que va más allá de la maximización del beneficio.
- *Orientación a las partes interesadas*: Las Empresas que Enamoran toman en consideración el impacto que sus decisiones tienen sobre todos sus grupos de interés (empleados, clientes, socios, proveedores, inversionistas, la comunidad local y la sociedad en general).
- *Liderazgo consciente*: Las Empresas que Enamoran emplean líderes conscientes que actúan desde una visión holística. Consideran a sus empresas como parte de un complejo ecosistema social interdependiente con múltiples grupos. Ven el beneficio como uno de los propósitos importantes de la empresa, pero no el único. Buscan enfoques creativos y sinérgicos ganar-ganar que generan valor para todas las partes interesadas.
- *Cultura consciente*: Las Empresas que Enamoran están dirigidas democráticamente, dando a los empleados la libertad de organizarse en la forma que mejor sirve a la empresa. Están comprometidos con una ciudadanía corporativa ejemplar, y adoptan el concepto del liderazgo de servicio. Los autores de *Empresas que Enamoran* lo expresan así "Si hay una sola característica que pueda describir a las Empresas que Enamoran es que poseen un alma humanista."

La Figura 2.3 muestra una comparación del incremento del precio de las acciones de dieciocho de las treinta[28] *Empresas que Enamoran* identificadas por Sisodia, Wolfe y Seth, que cotizan en bolsa en América del Norte, con el S&P 500. Una inversión de 25.000 US$ en cada una de estas dieciocho empresas durante un período de diez años, con final en agosto de 2012, hubiera obtenido un retorno promedio anual del 13,10 por ciento. Al igual que las mejores empresas para trabajar, las *Empresas que Enamoran* superaron al S&P500 y también mostraron bastante más capacidad de recuperación en volver a su valor pre-crisis tras la crisis económica mundial de 2008.

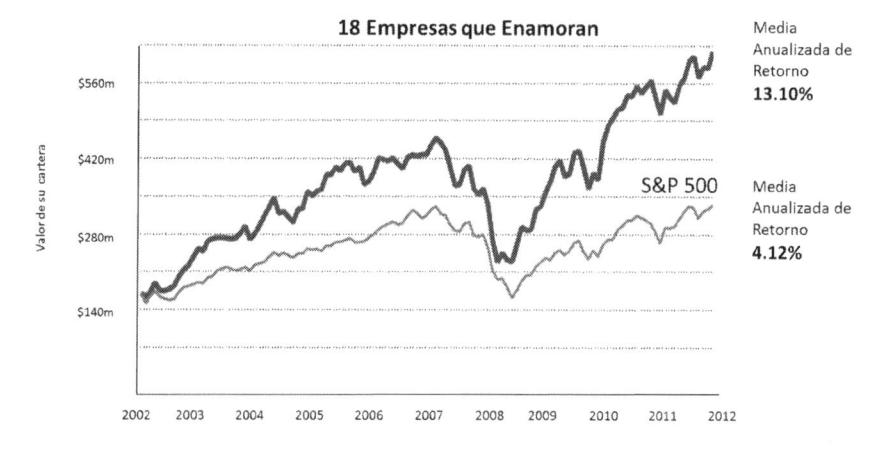

Figura 2.3 Crecimiento del precio de la acción de 18 Empresas que Enamoran entre Julio 2002-2012, comparadas con S&P 500

Finalmente, la Figura 2.4 muestra una comparación del incremento del precio de las acciones de diez de las 11[29] empresas *Good to Great* identificadas por Jim Collins en su libro del mismo nombre. Desde la publicación del libro, una de las compañías quebró (Circuit City), una estuvo involucrada en un escándalo financiero (Fannie Mae) y otra recibió un rescate de 25 mil millones dólares del gobierno de Estados Unidos (Wells Fargo). Una inversión de 25.000 US$ en cada una de los diez empresas *Good to Great* durante un período de diez años, con final en agosto de 2012, hubiera obtenido una rentabilidad anualizada promedio del 5,32 por ciento, sólo un poco mejor que el S & P 500.

La organización impulsada por Valores

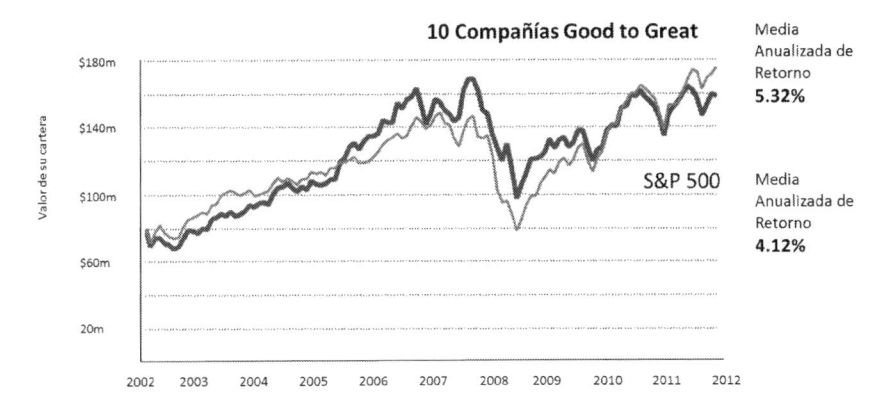

Figura 2.4 Crecimiento en el precio de las acciones de diez empresas Good to Great entre Julio 2002-2012 comparadas con S&P500.

Está claro a partir de una comparación de las figuras 2.2, 2.3 y 2.4 que las muestras de las empresas tomadas de *Las Mejores Empresas para Trabajar* y de las *Empresas que Enamoran,* han sido mucho más exitosas en el largo plazo que las empresas *Good to Great*. De hecho, el desempeño de las empresas *Good to Great* no ha sido mucho mejor que el S & P 500.

Es interesante observar que sólo hay cuatro empresas que cotizan en bolsa que comparten la distinción de ser una de las empresas top 40 de las *100 mejores empresas para trabajar* y también ser *Empresas que Enamoran.*

Estas empresas son:

- Amazon.com, Inc.
- Google Inc.
- Starbucks Corporation
- Whole Foods Markets, Inc.

Todos los fundadores de estas organizaciones fueron incluidos entre los 12 principales emprendedores de nuestro tiempo por la revista Fortune en 2012. Jeff Bezos de Amazon ocupó el cuarto lugar, Larry Page y Sergey Brin de Google el quinto lugar, Howard Schultz, de Starbucks el sexto, y John Mackey de Whole Foods Markets ocupó el octavo lugar.

La cultura se come a la estrategia para desayunar

Creo que es importante señalar antes de concluir este capítulo que está claro para mí a partir de las evidencias que he presentado, que la investigación de Jim Collins no llegó al fondo de la cuestión: la identificación de los factores que crean valor organizativo a largo plazo para los inversores. Creo que el error que cometió fue centrarse demasiado en la exploración de *estrategias para el éxito*, en lugar de explorar las *culturas para el éxito*. Creo que esta conclusión no invalida la investigación de Collins en lo más mínimo, sino que simplemente pone de manifiesto que las siete características que identificó en las llamadas empresas *Good to Great* (véase el recuadro 2.2), por si solas, no son suficientes para consolidar el éxito a largo plazo. Centrarse en las necesidades de los empleados y en la cultura de la empresa es mucho más importante.

Recuadro 2.2 Las siete características de las empresas *Good to Great*

- **Liderazgo de Nivel 5**: tienen líderes tranquilos y modestos. Personas que tenían una " paradójica mezcla " de humildad y voluntad profesional.
- *Primero quién, después qué*: Los líderes pusieron la máxima prioridad en rodearse de gente excelente. En lugar de centrarse en la visión o la estrategia, emplearon la mayoría de su tiempo en "subir a la gente adecuada al autobús y dejar a las personas equivocadas fuera del autobús."
- *Confrontar los hechos brutales*: Enfrentarse a las peores evidencias de tu situación, manteniendo una fe inquebrantable en que puedes superarlos.
- *Concepto del erizo*: encontraron algo que podían hacer mejor que cualquier otra compañía en el mundo. Aun cuando ello significase abandonar la parte medular de su idea de negocio y pasar a otra cosa, mantuvieron este noble principio.
- *Cultura de disciplina*: desarrollaron una cultura de empresa donde los empleados estaban tan comprometidos con los valores fundamentales de la empresa, que no eran necesarias normas disciplinarias.

- ***Aceleradores de la tecnología***: utilizaron tecnología para apoyar sus valores fundamentales, no como fuerza motora de la empresa.
- ***El volante***: El proceso que utilizaban para incorporar mejoras era gradual, no revolucionario. Se parecía a "empujar sin descanso un pesado volante gigante en una dirección, giro tras giro, hasta dar con un punto de avance y más allá."

Creo que Peter Drucker[30] tenía razón cuando dijo que "la cultura se come a la estrategia para desayunar." También estoy de acuerdo con esta publicación en Internet de Luther Johnson: "No importa cuán ambiciosa y de largo alcance sea la visión de un líder o lo brillante que sea la estrategia, pues ésta no se realizará si no se apoya en la cultura de la organización."[31]

Cuando realmente llegas al "quid de la cuestión" - lo que crea valor duradero para los inversores - no puedes dejar de llegar a la conclusión de que la cultura lo es todo!

La cultura impulsa el rendimiento a través de la liberación del potencial humano.

La cultura de una organización se define por los valores que viven los líderes, gerentes y supervisores, no necesariamente por los valores declarados, que "están en la web o en la pared" o los que la organización dice que quiere tener, sino por los valores que se demuestran en las interacciones cotidianas entre líderes, directivos y empleados y entre los empleados y los clientes y proveedores. Yo creo que cuando seleccionas los valores correctos, y dejas que guíen tus decisiones, tendrás muchas más posibilidades de implementar tu estrategia .

No me malinterpreten, no estoy diciendo que la estrategia no es importante: es de vital importancia. Lo que *estoy diciendo* es que no importa lo buena que sea una estrategia para su negocio, pues a menos que tenga una cultura coherente que fomente el compromiso y la participación de los empleados, puede que le resulte difícil de implementar esa estrategia, aunque sea maravillosa.

Conclusiones

La conclusión a la que he llegado basándome en los resultados de la investigación que se presenta en este capítulo, es que si se quiere construir una organización de alto rendimiento con altos retornos financieros, necesitará centrarse en la satisfacción de las necesidades de todos sus grupos de interés, especialmente de las necesidades de sus empleados -sus necesidades básicas y sus necesidades de crecimiento- y en las cosas que valoran en su vida.

Los resultados financieros de las empresas que cotizan en bolsa de *Las Mejores Empresas para Trabajar en América del Norte* (empresas que se preocupan por sus empleados) y las empresas que cotizan en bolsa de *Empresas que Enamoran* (empresas que se preocupan por todos sus grupos de interés) que se presentan en este capítulo muestran que no sólo tienen mayores retornos financieros que el S&P 500, sino que se mostraron más resilientes para capear la crisis económica de 2008.

Resumen

Estos son los principales puntos del capítulo 2:

1. Hay dos factores que influyen de manera significativa en el desempeño organizacional: la Implicación del Personal y la entropía cultural.
2. La Implicación de los empleados mide el nivel de compromiso y el grado de participación emocional e intelectual que los empleados muestran hacia la organización.
3. La entropía cultural mide la cantidad de energía que se consume haciendo actividades y trabajos innecesarios o improductivos en una organización.
4. La implicación del personal y la entropía cultural están inversamente correlacionadas.
5. Una baja entropía conlleva una Alta Implicación y una alta entropía asegura una Baja Implicación del empleado.

6. Las organizaciones que se centran en las necesidades de sus empleados y de sus grupos de interés son significativamente más exitosas y resilientes que otras organizaciones.

Notas

[1] El S&P 500 o el Standard & Poor 500 es un índice bursátil basado en los precios de las acciones de las 500 compañías más importantes que cotizan en la bolsa Americana. Es uno de los índices más seguidos y muchos lo consideran la mejor representación de la economía de EE.UU.

[2] Energía discrecional es la energía que los empleados optan por dedicar a su trabajo por encima y más allá de la cantidad normal de energía que precisarían para el cumplimiento estricto de sus tareas o de lo estipulado en su contrato laboral.

[3] Tom Peters and Robert H. Waterman, Jr., *In Search of Excellence: Lessons from America's Best-Run Companies* (London: Profile Books), 2004, p. 279. Publicado por Harper & Row, 1982.

[4] Daniel H. Pink, *Drive: The Surprising Truth about What Motivates Us* (New York: River Head Books), 2009.

[5] Ibíd., p. 90.

[6] Ibíd., p. 91.

[7] Ibíd., p. 143.

[8] Ibíd., p. 66.

[9] Para una descripción completa de la entropía cultural y cómo medirla ver Capítulo 6.

[10] Implicación-Engagement de los empleados: What's Your Engagement Ratio, Gallup Consulting (PDF).

[11] http://hrcases.wordpress.com/tag/gallup-survey/ (última consulta 28 de marzo de 2013).

[12] www.engagementisnotenough.com/pdfs/Cost_of_Engagement.pdf (última consulta 28 de marzo de 2013).

[13] Suponemos que hay 150 millones de personas de fuerza laboral en EE.UU..

14. http://hrcases.wordpress.com/tag/gallup-survey/ (última consulta el 28 de marzo de 2013).
15. *Trends in Global Employee Engagement*, AON Hewitt, 2011, www.aon.com/attachments/thought-leadership/Trends_Global_Employee_Engagement_Final.pdf (última consulta el 4 de Abril de 2013).
16. La incertidumbre de la economía provoca una recesión en la Implicación del Personal: cómo las principales organizaciones siguen prosperando, AON Hewitt, Hewitt Engagement Recession Article HBR, www.aon.com.au/australia/attachments/human-capital-consulting/Hewitt_Engagement_Recession_Article_HBR.pdf (última consulta el 4 de Abril de 2013).
17. Íbid.
18. Bruce Rayton, *Employee Engagement Task Force "Nailing the Evidence" Workgroup* (Bath: University of Bath School of Management), 2012, pp. iii–iv.
19. Ibíd., p.1.
20. Ibíd., p. 4.
21. Ibíd., p. ii.
22. Ibíd., p. 26.
23. Ver el anexo 4 para tener la lista de estas compañías.
24. Strack Rainer, Jean-Michel Cave, Carsten von der Linden, Horacio Quirós y Pieter Haen, *Realizing the Value of People Management: From Capability to Profitability*, 2 de Agosto de 2012, www.bcgperspectives.com/content/articles/people_management_human_resources_leadership_from_capability_to_profitability/ (última consulta, 4 de abril de 2012).
25. Ibíd.
26. Raj Sisodia, David Wolfe y Jagdish Sheth, *Firms of Endearment: How World-class Companies Profit from Passion and Purpose* (Upper Saddle River, NJ: Wharton School Publishing), 2007.
27. Jim Collins, *Good to Great* (New York: HarperCollins), 2001.
28. Ver el anexo 5 para tener la lista completa de las compañías *Firms of Endearment*.
29. Ver el anexo 6 para tener la lista completa de las compañías *Good to Great* y aquellas que ya no cotizan.

[30] Peter Drucker fue uno de los pensadores y escritores más conocidos e influyentes en el campo de la teoría y la práctica del *Management* en el siglo XX.
[31] Ver www.relationaldynamicsinstitute.com/ (última consulta 28 de marzo de 2013), escrito por lutherjohnson en Culture Applications. .

3

Lo que quieren los empleados

En el último capítulo, presenté una serie de datos para mostrar que las organizaciones con excelentes resultados financieros se centran específicamente en satisfacer las necesidades de sus empleados. Cuando se satisfacen las necesidades de los empleados, y los empleados se sientan alineados con la misión, visión y valores de la organización, responden con altos niveles de Implicación: vienen a trabajar con entusiasmo y compromiso y están dispuestos a hacer un esfuerzo adicional para apoyar a la organización en sus retos.

Ahora la cuestión que quiero abordar es: ¿qué tienen que hacer las organizaciones para crear una fuerza de trabajo altamente motivada en la que los empleados estén dispuestos a dedicar una cantidad significativa de su energía discrecional, así como su compromiso y creatividad, a hacer que la organización tenga éxito?

Creo que la investigación presentada por Daniel Pink en *Drive: La sorprendente verdad acerca de lo que nos motiva,* apunta en la dirección correcta.

Una retribución básica que sea suficiente y justa (que satisface algunas de las necesidades básicas de los trabajadores); un ambiente de trabajo agradable (que satisface algunas de las necesidades de relación de los empleados); la libertad para tomar decisiones y autonomía (que satisface algunas de las necesidades de transformación de los empleados); oportunidades para ser un experto: aprender y sobresalir en algún campo de *expertise* (que satisface algunas de las necesidades de autoestima de los empleados), y realizar un trabajo que se alinee con

La organización impulsada por Valores

un propósito más elevado (que satisface algunas de las necesidades de cohesión interna de los empleados). En otras palabras, la investigación de Pink nos orienta hacia las siete clases de necesidades humanas básicas y de crecimiento, presentes en la Tabla 1.2.

Por lo tanto, la respuesta a la pregunta, ¿qué tienen que hacer las organizaciones para crear una fuerza de trabajo altamente motivada?, es la siguiente: deben identificar las necesidades que motivan a sus empleados (lo que valoran) y crear una cultura que se ocupe de satisfacer esas necesidades.

La tabla 3.1, que se basa en la tabla 1.2, proporciona una lista completa de las acciones y oportunidades en las que deben centrarse las organizaciones para atender las necesidades de los empleados en todos los niveles de su desarrollo psicológico. También figuran en este cuadro los sentimientos y experiencias asociados con la satisfacción de las necesidades para cada nivel de desarrollo.

Tabla 3.1 Acciones y oportunidades que las organizaciones deben proporcionar para satisfacer el espectro completo de necesidades de sus empleados

Nivel de desarrollo		*Causa de felicidad/ alegría*	*Acciones y oportunidades*
7	Servicio	Llevar una vida de servicio desinteresado por el bien de la humanidad.	Oportunidades de servir a los demás y/o de cuidar del bienestar de los ecosistemas que sustentan la vida en la Tierra.
6	Contribuir a un mundo mejor Cohesión Externa (Marcar la diferencia)	Hacer realidad su sentido de propósito al colaborar con otras personas para contribuir a un mundo mejor.	Oportunidades para mejorar su contribución mediante la colaboración con otras personas que comparten los mismos valores y tienen un propósito similar.

51

5	Cohesión interna	Descubrir su auténtico yo y encontrar un sentido y propósito más grande y más ambicioso que satisfacer sus propias necesidades.	Oportunidades para el crecimiento y el desarrollo personal, para ayudarles en la búsqueda de su propósito de vida y en alinearlo con su trabajo diario.
4	Transformación	Experimentar una sensación de libertad, autonomía y responsabilidad de asumir retos que pongan a prueba sus capacidades	Oportunidades para desarrollar sus habilidades al ser considerado responsable de proyectos o procesos de importancia para sí mismo y / o para su organización.
3	Auto-estima	Resultar fiable y competente para aquellos que respetas	Oportunidades para aprender y crecer profesionalmente con apoyo frecuente, feedback y coaching.
2	Relaciones	Sentirse aceptado, apreciado y querido por su familia, amigos o compañeros de trabajo.	Oportunidades para trabajar en un ambiente agradable donde la gente se respeta y se preocupa por los demás.
1	Supervivencia	Sentirse seguro y protegido, y ser capaz de satisfacer sus necesidades materiales en el hogar y en el lugar de trabajo	Un entorno de trabajo seguro y un salario y beneficios sociales que sean suficientes para atender las necesidades de los trabajadores y de sus familias.

Es importante reconocer que no todos los empleados son iguales: diferentes empleados tendrán diferentes necesidades (quieren y valoran cosas diferentes) en función de los niveles de conciencia desde los que están operando. Los niveles de conciencia desde los que operan en un momento dado en el tiempo, dependerán de tres factores: el nivel de desarrollo psicológico del empleado, las circunstancias generales de la vida de los empleados, y los retos concretos que el empleado esté experimentando en su vida.

Tres tipos de mente

En *Inmunidad para cambiar* Robert Kegan y Lahey Lisa Laskow identifican tres fases de desarrollo psicológico adulto: la mente socializadora, la mente auto-creadora y la mente auto-transformadora.[1] Estas son tres formas diferentes de ver el mundo que reflejan las necesidades y motivaciones de las personas, su capacidad para manejar la complejidad, y la manera en la que responden a los cambios. A medida que crecemos y nos desarrollamos psicológicamente, y siempre que no tengamos importantes creencias limitantes conscientes o subconscientes sobre la satisfacción de nuestras necesidades de subsistencia, gradualmente evolucionamos desde operar con una mente socializadora, a una mente auto-creadora, y finalmente a operar con una mente transformadora. Cada paso representa un crecimiento en la consciencia en nuestro proceso de desarrollo personal. Las siguientes descripciones de estos tres tipos de mente se basan en mi interpretación personal de los conceptos de Kegan y Lahey.

La *mente socializadora* es una mente dependiente. La forma en la que una mente socializadora responde a una situación o a un desafío, está fuertemente influenciada por lo que cree que los demás esperan y por cómo puede satisfacer sus necesidades de supervivencia, de relaciones y de autoestima. La mente socializadora prefiere que le den instrucciones y que le digan qué hacer. Aquellos que operan con una mente socializadora no es probable que deseen ejercer una posición de liderazgo, pues el nivel de responsabilidad que tendrán que soportar será demasiado estresante o exigente para lo que están dispuestos a dar. Las personas con este tipo de mente tienden a pensar en su trabajo como en un salario a cambio de una función. Están motivados por los incentivos que les permitan satisfacer sus necesidades básicas de dinero, amistad y reconocimiento. Cuando se cumplen estas necesidades se sienten felices, pero no se comprometen de manera significativa. Rápidamente abandonan el barco si encuentran otra organización que les da más de lo que están buscando. Prefieren tareas simples y menos complejas que pueden dominar con facilidad. El foco de la mente socializadora tiende a estar en las necesidades relacionadas con las tres primeras etapas del desarrollo –sentirse seguro, aceptado, querido y respetado, reconocido por sus habilidades y talentos.

La mente auto-creadora es una mente independiente. La mente auto-creadora responde a una situación, a un desafío o a una oportunidad tratando de promover su punto de vista. La mente auto-creadora quiere asumir su responsabilidad y tomar la iniciativa, pero quiere hacerlo a su manera. Aquellos que operan con una mente auto-creadora estarán dispuestos a asumir un papel de liderazgo. Ellos lo verán como una posibilidad de colmar sus ambiciones y metas. Las personas con mente auto-creadora pueden chocar con otras personas que también operen con una mente auto-creadora y que tengan diferentes puntos de vista sobre cómo deben hacerse las cosas. Las personas con este tipo de mente tienden a pensar en su trabajo desde la perspectiva de carrera profesional personal. Están motivados por la posibilidad de satisfacer sus necesidades de crecimiento: situaciones desafiantes que les conducen a progresar y trabajos que tienen sentido para ellos. Cuando se cumplen estas necesidades, los empleados sienten un fuerte sentimiento de compromiso e implicación. Sin embargo, si la emoción y los desafíos que buscan desaparecen durante un período de tiempo, buscarán nuevas oportunidades para avanzar en sus carreras. Les gusta realizar tareas complejas que requieran aprovechar su creatividad y su capacidad de innovación. El foco de una mente auto-creadora tiende a estar en las necesidades asociadas a la cuarta y quinta etapas de desarrollo: búsqueda de libertad y autonomía, y de un sentido de propósito en la vida.

La mente auto-transformadora es una mente interdependiente. La mente auto-transformadora responde a una situación, a un desafío o a una oportunidad mediante la búsqueda de más información para encontrar la mejor manera de avanzar. La mente auto-transformadora no es prisionera de sus creencias, programas o punto de vista. Está abierta a los pensamientos y las ideas de los demás y puede integrarlas en una visión del mundo más inclusiva. Las personas con mente auto-transformadora tienden a pensar en su trabajo como una misión o propósito. Son muy adecuadas para el manejo de situaciones complejas. Están motivados por la posibilidad de satisfacer sus necesidades de crecimiento: contribuir a mejorar el mundo, y dejar un legado, sirviendo a la humanidad o al planeta. Cuando se cumplen estas necesidades, las personas experimentan sus mayores niveles de compromiso e implicación. Están preparados para lidiar con la burocracia, y no harán caso al politiqueo interno, pues les motiva la posibilidad de contribuir a crear un mundo mejor. Aportan claridad a la complejidad y se sienten a gusto con la incertidumbre. El foco de la mente auto-transformadora tiende a centrarse en las necesidades asociadas a la sexta y séptima etapas de desarrollo: dejar una huella en el mundo, y el servicio desinteresado a los demás.

El cambio de un tipo de mente al siguiente no es algo que se pueda enseñar: tiene que ser asumido y nutrido por cada individuo. Algunas personas invierten toda una vida en el desarrollo de una mente auto-transformadora. Otras llegan más rápidamente. Muchos no llegan nunca. Evolucionamos de una mente socializadora a una mente auto-creadora en la medida en que somos capaces de superar nuestras ansiedades y miedos, independizarnos y tener confianza en nuestra capacidad para sobrevivir y prosperar por nosotros mismos. Evolucionamos de una mente auto-creadora a una mente auto-transformadora en la medida en que nos podemos desvincular de los resultados que creemos que necesitamos obtener para satisfacer nuestras necesidades, auto-realizarnos y estar abiertos a otras perspectivas. Esta forma de ser requiere estar abierto a nuevos enfoques y maneras de hacer las cosas y sentirse a gusto con la incertidumbre.

La figura 3.1, recoge los resultados de una encuesta a 4000 ciudadanos del Reino Unido,[2] muestra la proporción de personas de diferentes grupos de edad cuyos diez valores más importantes están alineados con los valores asociados a estos tres tipos de mente. La proporción de los valores asociados con una mente socializadora alcanza un máximo en el grupo de edad de 20 a 24 y luego, como era de esperar, disminuye gradualmente con la edad y madurez. La proporción de los valores asociados a la mente auto-creadora y a la mente auto-transformadora está en su punto más bajo en el grupo de edad de 20-24 y luego, gradualmente, aumenta con la edad y madurez. Cabe esperar que estas tendencias se amplíen en personas de niveles de educación superiores, en aquellos que suelen tener un mayor nivel de independencia, individuación y autorrealización.

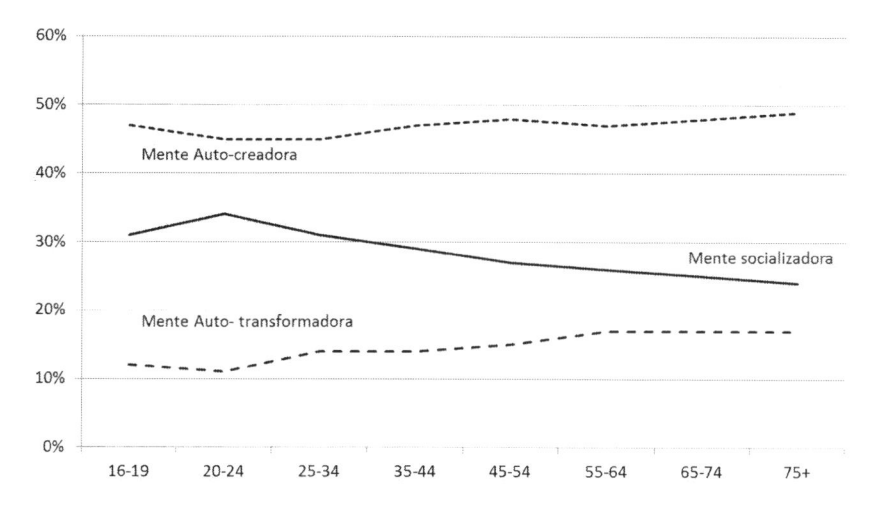

Figura 3.1 Proporción de la población de UK que opera desde los tres tipos de mente en distintos grupos de edad.

Dos grandes estudios[3,4] realizados sobre personas de clase media, profesionales con educación universitaria en los EE.UU., mostraron que el 58 por ciento estaban operando con mentes socializadoras, el 36 por ciento estaban operando con una mente auto-creadora y sólo el 6 por ciento estaban operando con la mente auto-transformadora.[5]

Otra investigación realizada por Robert Kegan le llegó a la siguiente conclusión:

> La complejidad es realmente un asunto sobre la relación entre las complejas demandas y acuerdos del mundo que nos rodea y la propia complejidad de nuestra mente. Cuando vemos esta relación [en este punto concreto del tiempo en la historia] descubrimos una brecha: nuestra complejidad mental, va a la zaga de la complejidad que el mundo demanda.[6]

En mi opinión, Kegan plantea un punto importante. Para satisfacer las necesidades de liderazgo del mundo complejo en el que vivimos, tenemos que encontrar la manera de acelerar la capacidad humana de manejar la complejidad mediante la aceleración del desarrollo humano. *El Nuevo Paradigma de Liderazgo* (libro, página Web y módulos de aprendizaje)[7] es mi intento de apoyar esta aceleración, haciendo un programa de desarrollo de liderazgo de alto nivel, al alcance de todo el mundo a un modesto coste.[8] Las personas que no pueden pagar los módulos de aprendizaje descargables de *liderarse a uno mismo, liderar un equipo, liderar una organización* y *liderar la sociedad*, pueden, previa solicitud, recibir estos documentos de forma gratuita. Mi libro *What My Soul Told Me: A Practical Guide to Soul Activation* toca el tema de liderarse a uno mismo y lo conduce a un nivel más profundo, proporcionando orientación sobre cómo vivir una vida impulsada por valores y con sentido de propósito.[9]

Si bien clasificar a las personas en diferentes tipos de mente puede resultar útil en algunas situaciones, por ejemplo, en la selección de personas para promocionarlas a puestos de trabajo que requieren un pensamiento más complejo, considero que se necesita un enfoque alternativo cuando se trabaja con grupos de personas, como equipos, organizaciones, comunidades o naciones. El enfoque que sugiero es mapear los valores del grupo en el modelo de los siete niveles de consciencia y, a partir de esos resultados, determinar la proporción de valores del grupo que se corresponden con los tres tipos de mente. Creo que este enfoque es útil cuando un gobierno o una organización está tratando de determinar cuáles son las prioridades en la que centrarse con el fin de satisfacer las necesidades de las personas. En el capítulo 7 se muestran estudios de caso prácticos que ejemplifican este enfoque. En el capítulo 13 se aplica este enfoque a la elección de valores con los que se identifican las personas, buscando aquellos que inspiren a diferentes niveles de empleados.

Richard Barrett

Desarrollo humano y cambio

Cada uno de los tres tipos de mente identificadas por Kegan responde al cambio de diferentes maneras. Las personas que operan con una mente socializadora tienden a estar alerta y preocupados por todo lo que sucede a su alrededor e implique un cambio, pues prefieren la estabilidad y el statu quo. En términos generales, las personas que trabajan con la mente socializadora tienden a concentrarse en sus necesidades básicas (supervivencia, relaciones y autoestima) y se ponen ansiosos y temerosos si consideran que la satisfacción de estas necesidades se ve amenazada de alguna manera. La mente socializadora tiende a filtrar todo aquello que está sintiendo en su entorno exterior a través de sus creencias basadas en el miedo. Las personas con mentes socializadoras quieren proteger lo que tienen y pueden ver el cambio como una amenaza potencial para su capacidad de continuar satisfaciendo sus necesidades. Los planes de reorganización o los recortes afectan de manera significativa los niveles de estrés de este tipo de trabajadores.

Las personas que operan desde una mente auto-creadora están abiertas a los cambios y dan la bienvenida a las oportunidades que el cambio pueda traer. Interpretan lo que está sucediendo a su alrededor a través del filtro de la "oportunidad personal": cómo pueden utilizar el cambio para promover sus proyectos y carreras. Siempre y cuando sus necesidades básicas hayan sido satisfechas, las personas que trabajan con la mente auto-creadora tienden a concentrarse en sus necesidades de transformación, y, en cierta medida, en sus necesidades personales de cohesión interna.

Las personas que operan con una mentalidad de auto-transformación tienden a ver el cambio como parte del normal discurrir del ciclo de la vida. Ellos interpretan lo que está sucediendo a su alrededor a través del filtro de la "visión global": cómo pueden utilizar la nueva información para promover la misión o el propósito que persiguen. Siempre y cuando sus necesidades básicas y las necesidades de crecimiento de primer orden hayan sido satisfechas, las personas que cuenten con mentes auto-transformadoras tienden a concentrarse en contribuir a crear un mundo mejor y dar servicio desinteresado a los demás

A partir de la comprensión de estas premisas, es evidente que la respuesta a la pregunta, "qué tienen que hacer las organizaciones para crear una fuerza de trabajo altamente motivada", depende en gran medida del tipo de mentes que se necesitan para llevar a cabo el negocio central de la organización. Esto a su vez depende del nivel de complejidad que se requiere en el trabajo.

Las organizaciones que emplean una gran cantidad de mano de obra, comercio al por menor o servicios personales con trabajos de baja complejidad - por lo general requieren personas que estén operando desde la mente socializadora – por lo que deben poner el énfasis en la satisfacción de las necesidades básicas de sus empleados. Las organizaciones que emplean una gran cantidad de trabajadores con conocimientos técnicos o investigadores para realizar trabajos de nivel medio de complejidad - por lo general requieren personas que están operando desde la mente auto creadora - deben poner el énfasis en satisfacer las necesidades de crecimiento de primer orden de sus empleados (transformación y cohesión interna). Por último, las organizaciones que emplean a asesores profesionales altamente cualificados en trabajos que afectan a la estrategia de la empresa, la forma en que funciona nuestra sociedad o a las relaciones internacionales, deberían de prestar atención a la satisfacción de las necesidades de crecimiento de segundo orden de sus empleados (cohesión interna, marcar la diferencia en el mundo y servicio desinteresado a los demás).

Desarrollo humano y complejidad

En *Liderazgo Ejecutivo: una guía práctica para la gestión de la complejidad*,[10] Elliott Jaques, un psicólogo organizacional nacido en Canadá, sugiere que debemos igualar el nivel de complejidad cognitiva (desarrollo psicológico) de una persona con el nivel de complejidad de la tarea que tiene que llevar a cabo. Jaques define siete niveles de complejidad del puesto a desempeñar que se relacionan más o menos con los siete niveles de desarrollo psicológico.[11]

La Tabla 3.2 muestra los siete niveles de la complejidad del trabajo de Jaques (complejidad del puesto), tanto para el sector público como para el privado y mi interpretación de lo que la gente está buscando (las necesidades que les motivan) en cada nivel de desarrollo. Los tres primeros niveles corresponden a las necesidades de las personas que operan desde la mente socializadora. Los siguientes dos niveles corresponden a las necesidades de las personas que operan desde la mente auto-creativa, y los dos niveles superiores corresponden a las necesidades de las personas que operan desde la mente auto-transformadora.

Tabla 3.2 Niveles de complejidad de puestos de trabajo y motivaciones humanas

Nivel de desarrollo		Puesto sector privado	Puesto sector Público	Qué buscan las personas
7	Servicio	Presidente/CEO	Presidente/ Primer ministro	Oportunidades para servir a la humanidad y/u ocuparse del bienestar de los ecosistemas que sustentan la vida en la tierra
6	Contribuir a crear un mundo mejor	Presidente ejecutivo	Ministro	Oportunidades de apoyar e incrementar tu contribución a través de la colaboración con terceros –particulares o grupos- que comparten los mismos valores, tienen un propósito parecido y quieren contribuir a marcar su diferencia en el mundo.

La organización impulsada por Valores

5	Cohesión interna	Vice -presidente	Director general	Oportunidades para el crecimiento y desarrollo personal que te ayude a encontrar tu propósito de vida y alinearlo con tu trabajo en el día a día
4	Transformación	Director de Departamento	Director jefe	Oportunidades para desarrollar la maestría de tus habilidades personales y explorar tus dotes y talentos asumiendo la responsabilidad de proyectos o procesos con significado para ti y tu organización
3	Autoestima	Gerente Unidad	Director	Oportunidades para aprender y crecer profesionalmente con apoyo frecuente, feedback y coaching.
2	Relaciones	Gerente sección mando intermedio	Director adjunto	Un ambiente de trabajo agradable, donde las personas se respetan y cuidan de los demás.

| 1 | Supervivencia | Operador u operario | Administrativo, oficinista | Un entorno de trabajo seguro y un salario y beneficios sociales que sean suficientes para atender las necesidades de los trabajadores y de sus familias. |

Basándonos en la asignación de funciones partir los niveles de desarrollo que se muestran en la Tabla 3.2, los operadores u operarios y/o administrativos y oficinistas necesitan ser expertos en la labor básica medular de la organización. Un gerente de sección o el director adjunto del responsable de un equipo de trabajo, tiene que ser experto en gestionar relaciones para obtener el máximo rendimiento de sus trabajadores. Un gerente de unidad o un director deben haber dominado la gestión de relaciones y tener confianza y seguridad en sí mismos en las tareas que se le pide gestionar. Un director de departamento o director jefe deben de haber dominado la gestión de relaciones, tener confianza y seguridad en sí mismos acerca de las tareas que se les pide que gestionen, y estar dispuestos a asumir situaciones difíciles así como a responsabilizarse de los resultados.

Un vicepresidente o director general deben, además, garantizar que las personas bajo su responsabilidad – reportes directos – comparten y operan con los mismos valores, y están remando en la misma dirección (tienen un sentido de misión compartida y comparten una visión del futuro que están tratando de crear).

Un vicepresidente ejecutivo o ministro debe, además, garantizar que todos los vicepresidentes que reportan a él actúan como uno solo, y cooperan unos con otros para contribuir al bienestar de toda la organización.

Por último, el presidente / CEO / Primer Ministro deben, además, asegurarse de que todo lo que se hace provee beneficios de valor añadido para todas las partes interesadas (Stakeholders) y se focaliza en el futuro a largo plazo de la organización.

Cuando las personas crecen y se desarrollan, es natural que busquen roles que coincidan con el creciente nivel de complejidad de sus mentes. Al pasar de operar desde una mente socializadora a una mente auto-creadora deseará asumir más responsabilidad y considerarse responsable de sus resultados. Al pasar de una operar con una mente auto-creadora a una mente auto-transformadora querrá desempeñar un papel o función desde el que pueda hacer una contribución de mayor envergadura en el campo en el que trabaja y también a la sociedad.

Lo que este debate sobre los niveles de desarrollo, la complejidad y las funciones o puestos de trabajo sugiere, es que si está trabajando en una organización grande, la mejor manera de asegurarse de tener un equipo de alto rendimiento y altamente comprometido e ilusionado (Engaged) es colocar a las personas en roles que se correspondan con su nivel de desarrollo psicológico: no promover a las personas a puestos de más alta complejidad hasta que su mente pueda manejar ese nivel de complejidad; y, al mismo tiempo, preocuparse y abordar el espectro total (full spectrum) de necesidades humanas, desde la remuneración y beneficios sociales en un extremo del espectro (para satisfacer las necesidades de supervivencia de las personas) hasta servir a la humanidad en el otro extremo del espectro (para satisfacer las necesidades de servicio de las personas).

Alineamiento o Alineación

Usted sabe cuándo ha tenido éxito en hacer frente a las necesidades de los empleados, cuando tiene un alto nivel de compromiso e ilusión (Engagement) del personal. Hay dos dimensiones principales en el compromiso y la ilusión (Engagement): compromiso e ilusión emocional y compromiso e ilusión intelectual.

La implicación (Engagement) emocional es principalmente una función del alineamiento de valores.

Todo el mundo, sin importar en qué etapa se halle en su desarrollo personal, es capaz de sentir el alineamiento de sus valores con la cultura de su organización. Cuando los valores que realmente vive la organización se encuentran alineados con los valores de los empleados, en el nivel de desarrollo personal que hayan alcanzado, se producirá el alineamiento de valores.

La implicación (Engagement) intelectual es principalmente una función del alineamiento de la misión.

Hay dos niveles de alineamiento de la misión: el primero ocurre cuando se siente que la organización se encuentra operacionalmente en el camino correcto, y el segundo se produce cuando la persona es capaz de pasar sus días trabajando en lo que le apasiona - un tema o asunto , o en un puesto que cautiva su atención.

Todo el mundo, sin importar en qué etapa de su desarrollo personal se encuentre, es capaz de experimentar la primera etapa de alineamiento de la misión – sentir que la organización está haciendo las cosas correctas - pero para experimentar la segunda etapa - trabajar en lo que le apasiona - debe de haber alcanzado un nivel de desarrollo personal de cohesión interna; debe haber encontrado su propósito personal o su vocación, y, además, debe haber tenido la oportunidad de pasar la mayor parte de su tiempo trabajando en lo que le apasiona [12]. Cuando usted puede hacer esto, y dispone de los recursos que necesita para contribuir a mejorar el mundo marcando la diferencia, experimentará el más altos nivel de alineación con su misión. Estará expresando y expandiendo el Propósito de su alma.

Se puede sentir un fuerte sentido de alineamiento con la misión sin sentir necesariamente un fuerte alineamiento con los valores, especialmente cuando se trabaja para una gran organización burocrática, jerárquica, donde haya altos niveles de entropía cultural. Este fue mi caso cuando yo trabajaba en el Banco Mundial. Pasé por alto la falta de alineamiento con los valores durante muchos años (debido principalmente a la burocracia y al politiqueo interno), porque mi trabajo sí me ofrecía la oportunidad de experimentar un fuerte sentido de alineamiento con la misión. Sentí en ese momento que la organización estaba en el camino correcto y que yo tenía los recursos que necesitaba para contribuir con mi trabajo a marcar una diferencia para crear un mundo mejor.

También se puede sentir un fuerte sentido de alineamiento con los valores sin sentir necesariamente un fuerte alineamiento con la misión; te gusta el sueldo, los beneficios sociales y la gente, y consigues utilizar tus habilidades en el trabajo del día a día, pero lo que te piden hacer no te supone un reto que te impulse a crecer y desarrollarte o satisfacer tus necesidades de crecimiento más elevadas: no te permite contribuir con tu trabajo a marcar una diferencia para un mundo mejor y no consigues ver una relación directa entre tu trabajo y la misión y visión de la organización. Esta no es la situación ideal para quien opera desde la mente auto-creadora o mente auto-transformadora. Sin embargo, para alguien que opera con una mente socializadora, puede funcionar muy bien.

Conclusiones

De todo lo anterior podemos concluir que lo que los empleados quieren es trabajar en una organización que se ocupe de sus necesidades básicas y, en función del nivel de su desarrollo psicológico, que también se ocupe de sus necesidades de crecimiento de mayor rango.

Por lo tanto, para construir una organización de alto desempeño tendrá que crear una cultura que:

- se encargue de las necesidades básicas de los trabajadores y sus familias;
- proporcione un alto nivel de compromiso e ilusión (Engagement) emocional a los empleados (alineamiento de valores);
- proporcione un alto nivel de compromiso e ilusión (Engagement) intelectual de los empleados (alineamiento de la misión);
- proporcione un bajo nivel de entropía cultural.

Cuando sea capaz de hacer esto, será capaz de aumentar el compromiso y la participación (Engagement) de los empleados y de aprovechar su energía discrecional. La energía discrecional aparece en el lugar de trabajo bien como voluntad de hacer un esfuerzo extra, más allá del llamado deber, o como una voluntad por parte de los empleados de aportar a su puesto de trabajo sus ideas creativas para mejorarlo.

En *Una empresa y sus creencias*, Thomas J. Watson, Jr., ex presidente de IBM, dice lo siguiente acerca de la energía discrecional:

> Creo que la verdadera diferencia entre el éxito y el fracaso en una compañía puede con frecuencia remontarse a la pregunta de hasta qué punto la organización extrae la energía positiva y el talento de su gente. ¿Qué hacer para ayudar a que las personas encuentren una causa común los unos con los otros? Y ¿cómo se puede sostener esta causa y sentido de dirección común de una generación a la siguiente? [13]

En el anexo 7 se presenta una breve discusión y una fórmula para la comprensión de la relación entre la cantidad de valor añadido y energía discrecional que su organización puede aprovechar y el nivel de entropía cultural que experimenta su organización.

Resumen

Estos son los principales puntos del capítulo 3:

1. La fuente de toda motivación y felicidad es la satisfacción de nuestras necesidades.
2. Los niveles de conciencia desde los que operamos son un reflejo de las necesidades / motivaciones que ocupan un lugar prominente en nuestras mentes.
3. Hay tres amplias fases en el desarrollo humano que representan diferentes formas de estar en el mundo: la mente socializadora, la mente auto-creadora y la mente auto-transformadora.
4. La mente socializadora es una mente dependiente, la mente auto-creadora es una mente independiente, y la mente auto-transformadora es una mente interdependiente.
5. Las personas que operan desde la mente socializadora tienden a estar atentos y preocupados por todo lo que está sucediendo a su alrededor que implica cambio: prefieren la estabilidad y el status quo.

6. Las personas que operan desde una mente auto-creadora están abiertos a los cambios y dan la bienvenida a las oportunidades que los cambios pueden traer.
7. Las personas que operan desde la mente auto-transformadora tienden a ver el cambio como parte del flujo normal y corriente de la vida.
8. La mejor manera de asegurarse de que tiene un equipo de alto rendimiento y altamente comprometido e involucrado (Engaged) es: (a) colocar a las personas en los roles que corresponden a su nivel de desarrollo psicológico, y (b) preocuparse y abordar todo el espectro de las necesidades de empleado.

Notas

[1] Robert Kegan y Lisa Laskow Lahey, *Immunity to Change* (Boston, MA: Harvard Business School Publishing), 2009, pp. 16-21.

[2] Encuesta de Valores Nacional del Reino Unido llevada a cabo en octubre de 2012, www.valuescentre.com/uploads/2013-01-23/UK%20National%20Values%20Values%20Assessment%20Report%20-%20Jan%2024th%202013.pdf (último acceso 4 de abril 2013).

[3] Robert Kegan, *In Over Our Heads* (Cambridge, MA: Harvard University Press), 1994; Desbordados. Cómo afrontar las exigencias psicológicas de la vida actual (Biblioteca de Psicología, 2003)

[4] William Torbert, *Managing the Corporate Dream* (Homewood, IL: Dow-Jones), 1987.

[5] Robert Kegan, *In Over Our Heads* (Cambridge, MA: Harvard University Press), 1994, pp. 27-28. Desbordados. Cómo afrontar las exigencias psicológicas de la vida actual (Biblioteca de Psicología, 2003)

[6] Ibid., p. 30 del original inglés.

[7] Richard Barrett, *The New Leadership Paradigm* (Asheville, NC: Fulfilling Books), 2011.

[8] Programa de desarrollo de liderazgo global con módulos de aprendizaje para *liderarse a uno mismo, liderar a otros, liderar una*

[9] *organización y liderar la sociedad* a los que se pueden acceder y descargarse visitando www.newleadershipparadigm.com (último acceso el 28 de marzo de 2013).

[9] Richard Barrett, *What My Soul Told Me: A Practical Guide to Soul Activation* (Bath: Fulfilling Books), 2012.

[10] Elliott Jaques and Stephen D. Clement. *Executive Leadership: A Practical Guide to Managing Complexity* (Malden, MA: Blackwell Business), 1991.

[11] La correlación es mía, no de Jaques'.

[12] Para una perspectiva espiritual acerca de la alineacionen valores y la alineación de la misión le recomiendo que lea *What My Soul Told Me: A Practical Guide to Soul Activation*.

[13] Thomas J. Watson, Jr., *A Business and Its Beliefs* (New York: McGraw-Hill), 2003. primera edición de 1963.

4

El sistema de cambio integral

Con el fin de construir y mantener una organización impulsada por valores, tendrá que saber cómo iniciar e impulsar el cambio: *no ver el cambio como un proyecto*, sino *como un proceso en construcción*. Tendrá que aprender a *manejar los valores* de su organización de la misma forma que gestiona las cuentas de la sociedad: midiendo de forma periódica los indicadores clave de rendimiento, y haciendo ajustes en función de los resultados. La principal diferencia será que los cambios que realice serán cambios culturales en lugar de cambios operativos; cambios que aumentan la implicación del empleado, al reducir la entropía cultural y aumentar la alineación con los valores y la misión de la organización.

Midiendo el desempeño

Con el fin de evaluar cómo está llevando a cabo la gestión de valores o el proceso de cambio, necesitará identificar algunos indicadores clave de rendimiento (KPIs). Tres son los tipos de indicadores que debe utilizar:

- *Indicadores de proceso* miden factores que se relacionan con la entrega de productos y servicios: productividad, eficiencia, calidad, etc.

- *Indicadores de resultado*: miden factores que se relacionan con objetivos o metas: ingresos, ventas, fidelización, nuevos clientes, cuota de mercado, rotación de personal, etc.
- *Indicadores causales o inductores*: Como su nombre indica, miden factores que impactan en los indicadores de proceso y de resultado. Los tres principales indicadores causales son entropía cultural, alineación de valores y alineación de la misión, todos ellos son factores que influyen en la implicación del empleado.

Los indicadores de proceso y de resultado son indicadores tangibles: pueden ser fácilmente medidos y determinados. Los indicadores causales son indicadores intangibles: no se miden o se determinan fácilmente. Las herramientas de transformación cultural, que voy a comentar en las partes II y III de este libro, proporcionan una forma de medir los indicadores causales. Han sido diseñados para hacer tangible lo intangible y visible lo invisible.

La capacidad de medir los intangibles tiene una importancia significativa, porque cuando usted es capaz de medir los indicadores causales, llega a la raíz de los problemas que están afectando a los indicadores de proceso y resultado. En otras palabras, los indicadores causales nos pueden acercar más y mejor a las palancas que necesita ajustar para mejorar sus indicadores de proceso y resultado. Los indicadores causales inicialmente impactan en los indicadores de proceso que, a su vez, impactan en los indicadores de resultado tal como se muestra en la Figura 4.1. Por ejemplo, el nivel de entropía cultural (disfunción interna) afecta a la productividad, que a su vez influye en los resultados financieros.

Figura 4.1 Relación del impacto de los indicadores

Como veremos en la Parte III de este libro, los tres indicadores causales - entropía cultural, alineación de valores y alineación de la misión- están condicionados por tres factores: el nivel de desarrollo

La organización impulsada por Valores

psicológico del líder, el nivel de *entropía personal* de los actuales líderes, gerentes y supervisores, y el legado institucional de la *entropía personal* de los líderes del pasado tal como se transmite a través de los sistemas, estructuras, procesos, políticas, procedimientos e incentivos heredados en la estructura organizacional. Esta cadena causal más profunda se muestra en la Figura 4.2. Las casillas sombreadas representan los indicadores causales que se miden con las herramientas de transformación cultural CTT (Cultural Transformation Tools).

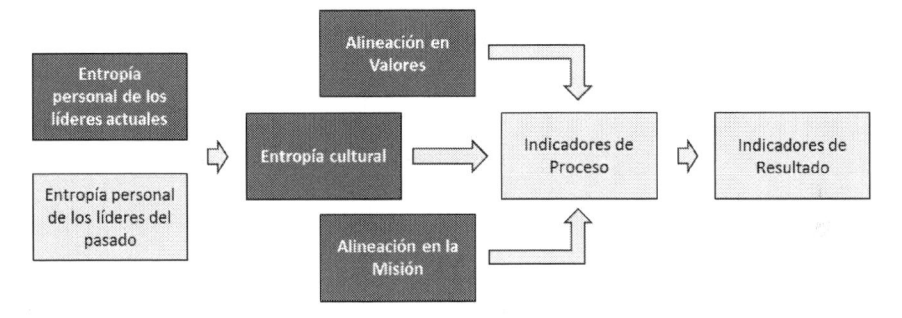

Figura 4.2 Cadena Causal de Indicadores.

Las principales herramientas para la medición de la entropía cultural de la organización y el nivel de alineación de valores y alineación de la misión, son la Evaluación de Valores culturales (CVA en sus siglas en inglés) y la Evaluación de grupos pequeños (SGA) o la Evaluación de organizaciones pequeñas (SOA). El uso de estas herramientas se explica con detalle en la Parte II.

Las principales herramientas para medir la entropía personal de los actuales líderes, gerentes y supervisores son la Evaluación de los Valores del Liderazgo (LVA) y el Informe sobre el Desarrollo del Liderazgo (LDR). El uso de estas herramientas se explica con detalle en la Parte III.

Foco: el Sistema como un Todo

Dado que todos los aspectos de una organización están interconectados (los resultados se ven influenciados por la cultura, la cultura está influida por los valores y los comportamientos, y los comportamientos están influenciados por las motivaciones, y en cierta medida por los incentivos), es importante que cualquier proceso de cambio en la gestión o proceso de cambio cultural afecte a todo el sistema, no sólo a una parte. Puedo explicar mejor lo que se entiende por sistema de cambio integral[1] haciendo referencia a la figura 4.3.

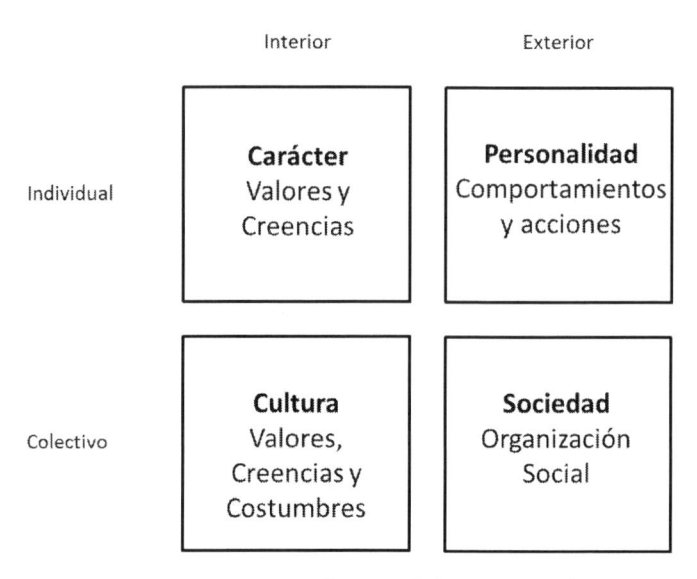

	Interior	Exterior
Individual	**Carácter** Valores y Creencias	**Personalidad** Comportamientos y acciones
Colectivo	**Cultura** Valores, Creencias y Costumbres	**Sociedad** Organización Social

Figura 4.3. Los cuatro cuadrantes de los sistemas humanos

Los cuatro cuadrantes de esta figura representan las cuatro perspectivas que se pueden adoptar para abordar un sistema humano, bien sea una organización, una comunidad o una nación.[2]

Las cuatro perspectivas son:

- *Carácter*: el punto de vista desde el interior de un individuo (valores personales y creencias - cuadrante superior izquierdo).
- *Personalidad*: el punto de vista desde el exterior de una persona (acciones y comportamientos personales - cuadrante superior derecho)
- *Cultura:* el punto de vista desde el interior de un colectivo (valores y creencias culturales -cuadrante inferior izquierdo)
- *Sociedad*: El punto de vista desde el exterior de un colectivo (estructuras sociales, sistemas, procesos, acciones y comportamientos - cuadrante inferior derecho).

Los dos cuadrantes de la izquierda representan los intangibles: las cosas que son difíciles de medir. Los dos cuadrantes de la derecha representan los tangibles: lo que es relativamente fácil de medir. Si usted toma un iceberg como una metáfora, lo que está por encima de la línea de flotación son las cosas que puede ver: lo tangible; lo que se encuentra debajo de la línea de flotación son las cosas que no se pueden ver: los intangibles. Si por ejemplo se toma como metáfora un árbol, lo qué se esconde bajo tierra sostiene la vida de lo que está por encima del suelo. Las raíces son invisibles, y el tronco y las ramas, que dependen de la salud de las raíces, son visibles. En el caso de las personas, lo que los sostiene y mantiene sanos son sus valores y creencias, lo invisible. Lo que es visible son sus acciones y comportamientos.

En un entorno organizativo, los valores, las creencias (cuadrante superior izquierdo) y los comportamientos (cuadrante superior derecho) del líder y del grupo de liderazgo (líderes, gerentes y supervisores) influyen significativamente en los valores y las creencias de las unidades, departamentos y equipos que forman parte del colectivo (el cuadrante inferior izquierdo) y los valores y creencias de este colectivo influyen en los comportamientos del colectivo (cuadrante inferior derecho). En otras palabras, la cultura de una organización es el reflejo de los valores y creencias (consciencia) de su/s líder/es.

Para ser más precisos, la cultura de una organización (los valores y creencias) es un reflejo de los valores y creencias de los actuales líderes y del legado institucional de los valores y creencias de los líderes del pasado, que se reflejan en las estructuras, políticas, los procedimientos y los incentivos de la organización: los aspectos visibles y tangibles de la cultura.

El cambio de cultura

Para llevar a cabo con éxito un cambio o un proceso de cambio cultural, se deben cumplir cuatro condiciones. Estas se muestran en la Figura 4.4.

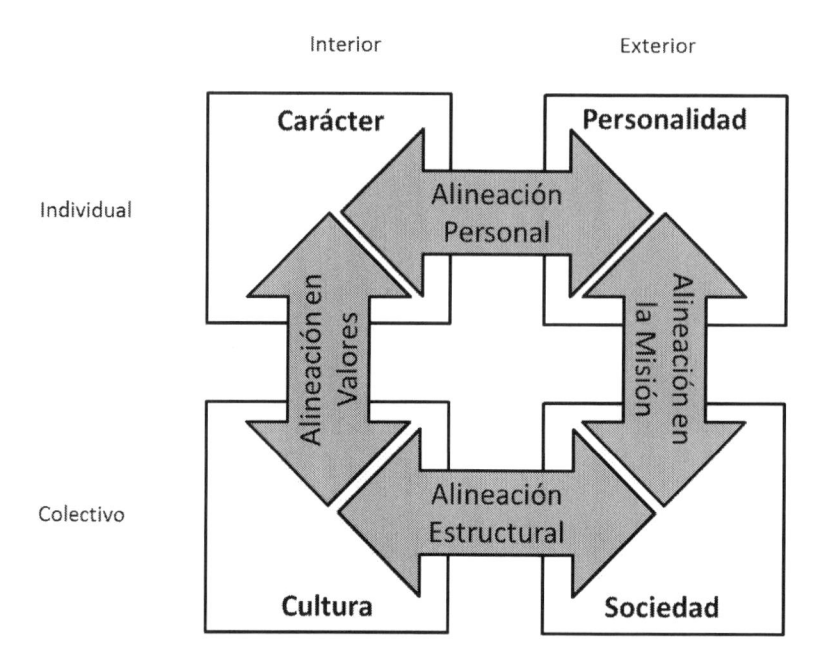

Figura 4.4 Cuatro condiciones para el cambio de todo el sistema.

A continuación se describen las cuatro condiciones:

- *Alineación personal*: debe haber una alineación entre los valores y las creencias de las personas y sus palabras, acciones y comportamientos. Esto es particularmente importante en lo que respecta a los líderes, gerentes y supervisores. Los líderes, gerentes y supervisores deben ser auténticos y actuar en coherencia con lo que dicen. Si ellos dicen una cosa y hacen otra, no generarán confianza en la organización.
- *Alineación estructural*: debe existir una alineación entre los valores y las creencias declarados por la organización (tal como se expresan en los documentos escritos de valores que la guían,

La organización impulsada por Valores

su visión y misión), y los comportamientos de la organización reflejados en sus estructuras, políticas, procedimientos e incentivos de la organización. En otras palabras, la organización, como un todo, también debe actuar en coherencia con lo que dice.

- *Alineación de valores*: debe existir una alineación entre los valores personales de los empleados y los valores reales que expresa la organización. Los empleados necesitan sentirse en la organización como en su casa para que puedan estar totalmente presentes en su trabajo. No debe haber miedo. Tiene que haber un sentido de autonomía, igualdad, equidad, deben sentirse responsables y apreciar apertura, transparencia y confianza.[3]
- *Alineación de la Misión*: debe haber una alineación entre el Propósito o la vocación de los empleados y el papel y las funciones que se les pide realizar. El nivel de complejidad del trabajo también debe estar en consonancia con el nivel de desarrollo personal de cada empleado, y los empleados deben sentir que la organización está en el camino correcto.

El proceso de cambio cultural

El cambio cultural en las organizaciones requiere un cambio en los valores y creencias de los líderes, gerentes y supervisores (véase la Figura 4.5). Cuando los valores y creencias de los líderes, gerentes y supervisores cambian (1), sus acciones y comportamientos cambian también (2). Esto, a su vez, conduce a un cambio en los valores y las creencias de la cultura de la organización (3), lo cual conduce a un cambio en las acciones y comportamientos de la organización (4).

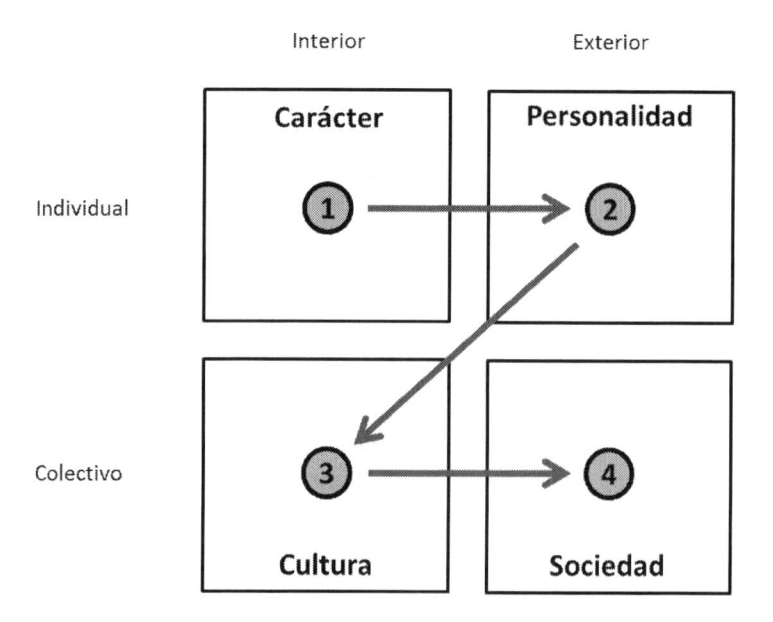

```
                    Interior              Exterior

                ┌──────────────┐   ┌──────────────┐
                │   Carácter   │   │ Personalidad │
                │              │   │              │
  Individual    │      ①──────────────▶ ②        │
                │               ╲  │              │
                │                ╲ │              │
                └──────────────┘  ╲└──────────────┘
                                   ╲
                ┌──────────────┐    ╲┌──────────────┐
                │              │    ▼│              │
  Colectivo     │      ③──────────────▶ ④         │
                │              │    │              │
                │   Cultura    │    │   Sociedad   │
                └──────────────┘    └──────────────┘
```

Figura 4.5 El proceso de cambio cultural en la organización

Lo que estoy diciendo en realidad es que la cultura de una organización es un reflejo del nivel de desarrollo personal (consciencia) del líder/es. Del mismo modo, la cultura de un departamento es un reflejo del nivel de desarrollo personal (consciencia) del director del departamento, y la cultura de un equipo es un reflejo del nivel de desarrollo personal (consciencia) del líder del equipo.

Cuando el líder de una organización con una cultura fuerte, positiva y de alto rendimiento se retira, se sustituye generalmente por alguien que se promueve desde dentro de la organización. Esto se hace con el fin de preservar la cultura. Las organizaciones que tienen culturas débiles, negativas y de bajo rendimiento suelen reemplazar sus líderes con alguien de fuera de la organización. El nuevo líder viene con nuevos valores y creencias, y crea una cultura nueva.

La medida en la que el nuevo líder sea capaz de hacer esto, depende en gran medida de la fuerza de su carácter y personalidad, el compromiso que exista con la misión de la organización, y el poder de la visión relativa al futuro de la misma. Si el nuevo líder es débil en cualquiera de estas áreas, seguramente no podrá tener una influencia apreciable sobre la cultura, sobre todo si el legado institucional de los líderes del pasado

La organización impulsada por Valores

está profundamente arraigado en los sistemas, procesos e incentivos de la organización. Algunos nuevos líderes de instituciones no tienen la energía o el valor de abordar un proceso de cambio de todo el sistema, sobre todo cuando saben que su mandato como jefes de la organización se limita a un período de tiempo específico.

Implicación de los empleados

Como se comentó en el capítulo anterior, además del nivel de entropía cultural, hay otros dos factores que tienen un impacto significativo en la implicación de los empleados: la alineación de los valores y de la misión. Las dos flechas verticales en la Figura 4.4. Estos dos factores están profundamente influenciados por la alineación personal de los líderes y la alineación estructural de la organización. Las dos flechas horizontales en la figura 4.4.

Dado que los valores de la organización y la forma en que ésta se gestiona son un reflejo de los valores y creencias de los actuales dirigentes *unidos al* legado de los líderes del pasado, si usted quiere construir una organización impulsada por valores, los líderes tienen que cambiar su forma de operar (cambiar sus valores, creencias y comportamientos, centrándose en su talentos[4] personales y pasar a un nivel superior de consciencia personal) o debe de cambiar a los líderes. Además, debe asegurarse de que las estructuras, las políticas, los procedimientos y los incentivos de la organización reflejen los valores de la organización y los valores y necesidades de los empleados (alineación estructural).

La entropía Cultural

El nivel de entropía cultural que se vive en una organización está directamente relacionado con el nivel de maestría personal y el nivel de consciencia personal del actual líder/es y con el legado de los líderes del pasado. La energía basada en el miedo que despliegan los líderes actuales (entropía personal) y la energía basada en el miedo que trasluce a través de las estructuras, políticas, procedimientos e incentivos de la organización (legado de los líderes del pasado) son la fuente de toda la entropía cultural en su organización.

En otras palabras, si se quiere reducir la entropía cultural y mejorar la implicación de los empleados de la organización, es necesario mejorar el nivel de alineación personal de los actuales líderes, gerentes y supervisores (reducir su nivel de entropía personal) y al mismo tiempo, cambiar las estructuras, políticas, procedimientos e incentivos de la organización para alinearlos con los valores de la organización y los valores y necesidades de los empleados. Las maneras de reducir la entropía personal de los líderes y la entropía cultural de la organización se abordan en la Parte III de este libro.

En última instancia, cuando se toma todo en consideración, hay que centrarse en tres factores fundamentales si se quiere construir una organización de alto rendimiento, basada en valores: *la alineación personal de los líderes, gerentes y supervisores, la alineación estructural de la organización y la alineación de los valores y la misión de los empleados.* El objetivo clave de todas estas intervenciones es aumentar el nivel de implicación de los empleados.

El proceso de cambio integral del sistema

Visión general

El cambio integral del sistema consiste en abordar las cuatro condiciones que se muestran en la Figura 4.4 – alineación personal, alineación estructural, alineación de los valores y la misión- y gestionar las causas de la entropía cultural de todo el sistema.

El punto de partida es averiguar lo que funciona y lo que no funciona en la organización. Esto implica la realización de un diagnóstico cultural (Evaluación de los Valores culturales o CVA) para toda la organización, incluyendo datos de cada unidad de negocio, departamento y equipo, así como las categorías demográficas clave para toda la organización, como el sexo y la edad. Los resultados de la evaluación le permitirán identificar el nivel de entropía cultural, alineación de los valores y alineación de la misión de forma global para toda la organización, y también para

La organización impulsada por Valores

cada una de las unidades de negocio, departamentos y equipos. Los resultados también proporcionan una hoja de ruta para el cambio.

El cambio debe producirse en dos niveles: en el nivel de la organización en su conjunto, y en el nivel de las unidades, departamentos y equipos que tienen los niveles de entropía cultural más altos y los niveles de alineación de valores y de la misión más bajos. Comparar el nivel de entropía cultural, la alineación de valores y la alineación de la misión en cada unidad de negocio, departamento y equipo, permite elaborar un "ranking" o clasificación de lo "mejor" y "peor". Las unidades, departamentos y equipos con los niveles más altos de entropía cultural y los niveles más bajos de alineación de valores y misión serán los que necesitan más atención.

Esto implicará trabajar con los líderes de estas unidades, departamentos y equipos en su maestría personal para reducir su nivel de entropía personal, reduciendo así el nivel de entropía cultural que están generando en sus unidades, departamentos y equipos.

En la parte II de este libro se presentan casos de estudio que muestran cómo los resultados de las evaluaciones de los valores culturales (CVA o diagnósticos culturales) se utilizan para formular recomendaciones de mejora del desempeño de una organización. En la parte III se presentan casos de estudio que muestran cómo los resultados de las evaluaciones de los valores de liderazgo (LVA o diagnósticos de valores de los líderes) sirven para formular recomendaciones de mejora del desempeño de los líderes.

El proceso

El proceso de cambio de la cultura de todo el sistema se puede dividir en nueve etapas. Estas se muestran en la Figura 4.6 y se describen a continuación en los siguientes párrafos. Las primeras cinco etapas se aplican a las organizaciones que no han participado en un programa de cambio cultural en los últimos años. Las últimas cinco etapas representan el ciclo de retroalimentación anual que permite a las organizaciones gestionar su cultura y valores de manera continua.

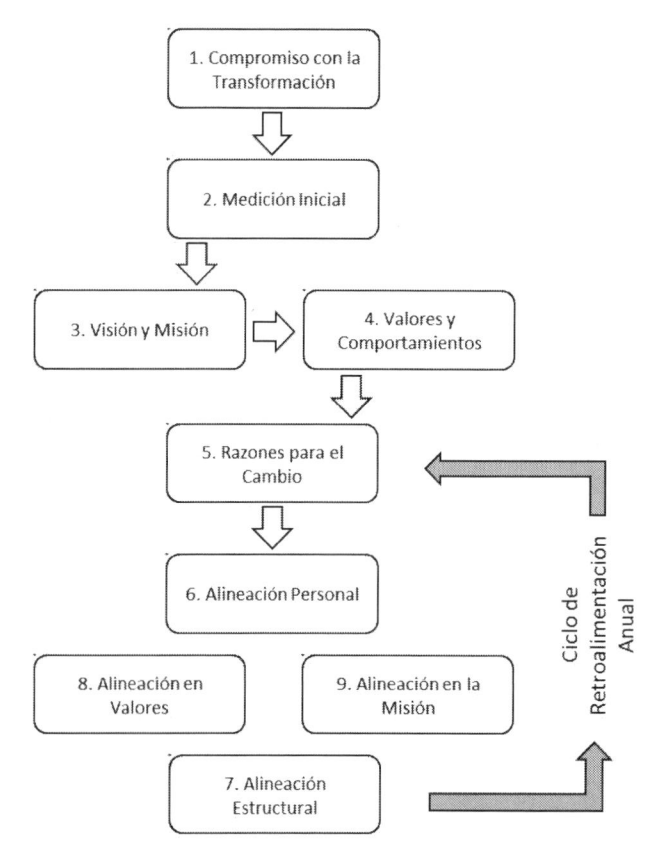

```
    ┌─────────────────────────┐
    │ 1. Compromiso con la    │
    │    Transformación       │
    └───────────┬─────────────┘
                ▼
    ┌─────────────────────────┐
    │ 2. Medición Inicial     │
    └───────────┬─────────────┘
                ▼
┌──────────────────┐    ┌──────────────────┐
│ 3. Visión y Misión│──▶│ 4. Valores y     │
│                  │    │   Comportamientos│
└──────────────────┘    └─────────┬────────┘
                                  ▼
                    ┌─────────────────────────┐
                    │ 5. Razones para el      │◀──────┐
                    │    Cambio               │       │
                    └───────────┬─────────────┘       │
                                ▼                    │
                    ┌─────────────────────────┐      Ciclo de
                    │ 6. Alineación Personal  │   Retroalimentación
                    └─────────────────────────┘        Anual
    ┌──────────────────┐    ┌──────────────────┐      │
    │ 8. Alineación en │    │ 9. Alineación en │      │
    │    Valores       │    │    la Misión     │      │
    └──────────────────┘    └──────────────────┘      │
                    ┌─────────────────────────┐       │
                    │ 7. Alineación           │───────┘
                    │    Estructural          │
                    └─────────────────────────┘
```

Figura 4. 6 El proceso de Cambio de todo el sistema

El bucle de retroalimentación anual implica la realización de evaluaciones de los valores culturales y evaluaciones de los valores de liderazgo, para identificar los cambios que hay que hacer, y luego implementar dichos cambios. Los cambios que realice deberían dar lugar a una disminución en la entropía cultural, y un aumento en la implicación de los empleados (alineación de valores y misión). También deberían dar lugar a una mejora de los indicadores de proceso y de resultados. Cada año, deben correlacionarse los cambios en los indicadores causales (entropía cultural, alineación de valores y alineación de la misión) con los cambios en los indicadores de proceso y de resultados, tal y como se muestra en los casos de estudio incluidos en el Capítulo 7.

Por lo general no es necesario revisar la visión, la misión y los valores guía de la organización cada año. Sin embargo, durante un período de tres a cuatro años es posible que observe que los cambios en los resultados de las evaluaciones de los valores culturales indican una modificación en los valores de los empleados y ello le lleve a considerar la revisión de su visión, misión y valores. En mi propia empresa, durante un período de 15 años, hemos considerado conveniente en dos ocasiones cambiar uno de nuestros valores. Nunca hemos considerado necesario cambiar nuestra visión y misión.

Etapa 1: El compromiso con la transformación

El cambio integral del sistema comienza con el compromiso personal del líder y el equipo de liderazgo con el proceso de cambio. Sin este compromiso no tiene sentido acometer el cambio. Es importante que ellos comprendan, que al establecer este compromiso, el líder y todo el equipo de liderazgo pueden necesitar centrarse en su propia transformación personal, en particular aquellos que estén al frente de unidades o departamentos que muestran altos niveles de entropía cultural.

La condición *sine qua non* de un cambio de cultura es: para mejorar la cultura de una organización, los líderes deben cambiar o se deben cambiar a los líderes.

La transformación organizacional comienza con la transformación personal de los líderes. Si no hay un compromiso por parte del líder y su equipo de liderazgo con el cambio en sus propios valores y comportamientos, será inútil embarcarse en cualquier proceso de cambio integral del sistema.

Además, el líder de la organización debe asumir el proceso como propio e involucrarse personalmente en la iniciativa. El equipo de liderazgo debe apoyar plenamente al líder en este trabajo. El proceso de transformación cultural no es algo que se pueda delegar, ni se puede poner en manos de un equipo de consultores. Los consultores pueden ayudar a guiar el proceso, pero no deben estar a cargo del trabajo. No se trata de un proyecto: se trata de un proceso. El trabajo con la cultura es algo que la organización debe hacer por sí misma, y es permanente: jamás se termina. La cultura tiene que ser gestionada y la manera de gestionar la cultura es a través de los valores.

Al inicio del proceso de transformación cultural, será importante, si el líder no lo ha hecho ya, seleccionar personalmente a su equipo de liderazgo. Como Jim Collins dice en *Good to Great*, *embarcar a la gente adecuada en el equipo de liderazgo y sentarlos en los asientos correctos es extremadamente importante*.[5]

Es bastante habitual que haya una o dos personas en el equipo de liderazgo que no estén dispuestos a comprometerse con su transformación personal. Ellos están felices de que otros lo hagan, pero no están interesados en hacerlo para sí mismos. Tendrán que decidir en este punto si quieren subir o bajar del autobús. No hay espacio en el autobús para personas que no estén dispuestas a participar y a comprometerse con el proceso. Por lo general, en este momento, los reticentes comienzan a buscar otro empleo. Es importante que el líder tenga en cuenta que esto puede suceder y esté dispuesto a seguir adelante a pesar de que puede perder algunas de las mejores piezas de su equipo.

Etapa 2: Medición inicial

Después de que el líder y el equipo de liderazgo se hayan comprometido personalmente con el proceso de cambio, se puede proceder a la realización de una Evaluación de Valores culturales (CVA) de la organización y a crear, al mismo tiempo, un cuadro de mando de desempeño de la organización, incluyendo indicadores de proceso como la productividad, la eficiencia y la calidad; indicadores de resultados tales como ganancias, ingresos y participación de mercado, e indicadores causales como la entropía cultural, la alineación de valores y la alineación de la misión, que se obtienen de los resultados del CVA. El objetivo del cuadro de mando es desarrollar un conjunto de indicadores de base desde los que medir el progreso y el impacto del proceso de cambio de todo el sistema año a año. Este es también el mejor momento para hacer un ejercicio de clarificación de los valores. Esto implica la creación de *focus groups* en toda la organización para alcanzar una comprensión más profunda del impacto y de los comportamientos asociados con los valores positivos y los valores potencialmente limitantes que aparecen en los resultados de la evaluación de valores culturales (CVA). Las instrucciones para la realización de un ejercicio de clarificación de los valores se proporcionan en el Capítulo 6.

Etapa 3: Visión y misión

Después de haber completado las mediciones iniciales, el siguiente paso es revisar o redefinir hacia dónde va la organización. Es el momento de desarrollar una visión y una misión internas y externas de la organización. Una metodología para hacer esto, que se conoce como El Proceso de "Los Cuatro Para qué", se describe en el anexo 8.

En organizaciones grandes y medianas es al equipo directivo al que le corresponde establecer la visión y la misión. Esta tarea no se puede delegar. Los reportes directos del equipo directivo (es decir los miembros del equipo de cada directivo) y una muestra representativa del resto del equipo directivo deben ser también consultados, una vez que el equipo que lidera la empresa haya esbozado los primeros borradores de las declaraciones de misión y visión. Las declaraciones de visión y misión deben ser cortas, inspiradoras y sencillas de recordar. El objetivo de las declaraciones de misión y visión es enfocar y dirigir la organización de forma que todo el mundo trabaje para conseguir las mismas metas. En las organizaciones pequeñas, siempre que sea manejable, tiene sentido implicar al mayor número posible de personas al establecer la visión y la misión. En el anexo 9 se proporcionan pautas para el desarrollo de las declaraciones de misión y visión.

Etapa 4: Valores y Comportamientos

Además de desarrollar una visión y misión para la organización, también será importante definir los valores que la organización desea adoptar como guía en su toma de decisiones. Estos son conocidos como Valores Guía. Véase el Anexo 9. Los resultados del CVA serán útiles en este sentido, ya que pondrán de relieve qué valores son más importantes para los empleados en sus vidas personales así como los valores deseados en la cultura de la empresa. En la medida de lo posible, todos los empleados deben participar en este proceso. Los valores deben ser palabras únicas o pequeñas frases sencillas de memorizar que apoyen la visión y la misión. Normalmente, no debería haber más de cinco valores: cuatro es ideal. Preferiblemente, los valores deben ser repartidos en múltiples niveles de conciencia con al menos un valor en los niveles cuatro y cinco. Algunas organizaciones que trabajan con el modelo Barrett prefieren elegir siete valores: uno en cada uno de los siete niveles de consciencia. A otras organizaciones les gusta organizar sus valores en función de su importancia. Lo importante de este ejercicio es que los valores se puedan recordar fácilmente; esto puede ser difícil si se escoge un gran número de valores. La necesidad de clasificar por importancia sus valores se vuelve relevante cuando se tienen más de cuatro valores. Más información acerca de las consideraciones a tener en cuenta en la selección de los valores centrales se proporciona en el capítulo 13.

El propósito de los valores Guía es proporcionar un conjunto de principios comunes que definen cómo debe interactuar entre sí la gente en la organización y con el mundo exterior.

Una vez que los valores Guía hayan sido elegidos, es deseable desarrollar dos o tres declaraciones de comportamiento para cada valor. Para determinar qué declaraciones de comportamiento son apropiadas para cada valor, se puede usar una técnica, como por ejemplo el diálogo apreciativo.[6]

El propósito de desarrollar declaraciones de comportamiento es doble:

- Dar claridad a lo que significa cada valor Guía en el contexto de las operaciones del día a día de la organización, para que se pueda reconocer el valor en acción.
- Proporcionar una forma de evaluar el desempeño de ejecutivos y empleados: medir el grado en que los líderes, gerentes y supervisores, así como otros empleados están viviendo los valores de la organización.

Debido a que los comportamientos son siempre contextuales, no es inusual que diferentes comportamientos sean utilizados para los mismos valores Guía en diferentes partes de la organización. Las declaraciones de comportamiento deben ser cortas, fáciles de recordar, en una sola frase describen las acciones que apoyan el valor Guía al que representan, y deben ser apropiadas para el contexto de cada unidad de trabajo. Por ejemplo, el valor "confianza" en la planta productiva de una fábrica puede enfocarse en comportamientos basados en competencias, mientras que la "confianza" en un departamento de ventas o de contabilidad puede poner enfocarse en comportamientos basados en el carácter de la persona.

Juntos, los valores y comportamientos, y la visión y misión, deben definir el carácter único y la personalidad diferencial de la organización, los niveles de consciencia desde los que opera, y las principales características de la marca. El propósito último de definir la visión, la misión, los valores y los comportamientos de una organización es generar una cultura de alta confianza, la capacidad de acción colectiva y un sentido de cohesión interna.

El proceso de construcción de la cohesión interna debe comenzar con el equipo de liderazgo. El equipo de liderazgo puede ser considerado como un fractal cultural de toda la organización. Si la cohesión interna no está presente en el equipo de liderazgo, no existirá cohesión interna en el resto de la organización. La única manera de construir cohesión interna en un equipo de liderazgo es crear un clima de confianza. Para ello es necesario que los líderes pasen tiempo de calidad juntos y se conozcan entre sí más allá de un nivel superficial. Puede utilizar el ejercicio de la Matriz de la confianza, que se describe en el anexo 10, muy útil en este sentido.

Etapa 5: Razones para el cambio

En cualquier proceso de cambio significativo o adaptación cultural debe existir un claro entendimiento entre los implicados acerca de por qué se llevan a cabo los cambios propuestos. Tanto si usted está involucrado en un proyecto de cambio de una sola vez o lleva a cabo un ajuste cultural anual (ejercicio de gestión de valores), los resultados de las evaluaciones de los valores culturales (CVA) le dirigirán a lo que hay que hacer para mejorar sus procesos y resultados. Los cambios que se proponen deben ser comunicados con claridad a todo el mundo, junto con los beneficios que se espera que traigan esos cambios.

Cuando los cambios que se proponen se basan en los resultados de una evaluación de los valores culturales (CVA) en la que ha participado un gran número de empleados, los cambios son usualmente bienvenidos. La Evaluación de Valores Culturales (CVA) hace de voz de los empleados. Proporciona una forma para que los empleados comuniquen directamente a los líderes de la organización lo que creen que funciona y lo que no funciona, lo que es importante para ellos y las necesidades que tienen y que no se están cumpliendo.

Las organizaciones que utilizan la Evaluación de Valores Culturales (CVA) de manera regular, han visto que el número de empleados que hace la encuesta cada año aumenta a medida que los empleados se dan cuenta de que los líderes de la organización no sólo toman nota de lo que dicen, sino que también toman medidas que abordan sus necesidades. Cuando esto sucede los resultados de la Evaluación de Valores Culturales normalmente muestran año a año una disminución de la entropía cultural y/o un aumento en la alineación de valores y en la alineación de la misión (véase el Capítulo 7 con dos estudios de caso relativos a la gestión de los valores que abarcan siete u ocho años).

Etapa 6: Alineación personal

La alineación Personal debe comenzar por el equipo de liderazgo. Como se muestra en la Figura 4.5, cuando los líderes se transforman - logran un mayor nivel de maestría personal o adoptan un nivel más alto de valores - su comportamiento cambia, y conforme cambia su comportamiento, cambia la cultura.

Para ello, es importante que todos los miembros del equipo de liderazgo y del grupo de liderazgo de segundo nivel obtengan feedback de sus colegas sobre hasta qué punto sus valores y comportamientos apoyan o limitan la cultura organizacional deseada. Una forma de hacer esto para todos los miembros del equipo de liderazgo y del grupo de liderazgo de segundo nivel, es llevar a cabo una evaluación de Valores de Liderazgo (LVA). El feedback de esta evaluación debe incluir una sesión de coaching para apoyar al líder en la reducción de su nivel de entropía personal y cambiar su foco hacia los niveles superiores de consciencia, ayudándole a encontrar un propósito, colaborar con otros para marcar la diferencia, y para dejar un legado positivo. Esto implicará el desarrollo de su empatía, sus habilidades de compasión y aprovechar su intuición e inspiración.

Después de que el equipo de liderazgo se haya embarcado en el proceso de alineación personal, los reportes directos del equipo de liderazgo deberían seguir su ejemplo. Con el tiempo, todos los miembros de la organización que son líderes, gerentes o supervisores, deben

La organización impulsada por Valores

participar en algún tipo de proceso de feedback LVA que les permita crecer, desarrollarse y mejorar su rendimiento. La parte III de este libro está dedicada al tema de la alineación personal.

Etapa 7: Alineación estructural

El propósito del proceso de alineación estructural es reconfigurar las estructuras, políticas, procedimientos e incentivos de la organización para que reflejen plenamente los valores Guía *y* la visión y la misión de la organización. Para que el cambio ocurra, los valores Guía deben convertirse en algo omnipresente en el plano institucional. En las organizaciones grandes, el proceso de adaptación estructural puede tardar hasta dos a tres años en ponerse en práctica. En las organizaciones más pequeñas se puede hacer en menos de un año. La responsabilidad de esto suele recaer en la función de recursos humanos. La parte IV de este libro está dedicada al tema de la alineación estructural.

Etapa 8: Alineación de Valores

Para vivir realmente los valores Guía de la organización, todos en la organización tienen que saber cuáles son esos valores, y cómo los valores se relacionan con el rol o el puesto que están desempeñando en la organización. Esto se comunica a través de un taller de alineación de valores.

Como ya se ha dicho, diferentes comportamientos pueden estar asociados con el mismo valor, dependiendo de las funciones que una determinada unidad, departamento o equipo realiza. Es útil, como parte del proceso de alineación de valores, que los empleados definan los comportamientos de su unidad durante el taller de alineación de valores. Una vez que los empleados de una unidad en particular han acordado una serie de comportamientos, deben comprometerse individual y colectivamente con ellos, y ser responsables de apoyarse unos a otros para vivir las conductas acordadas.

El propósito de alineación de valores es inculcar los valores y comportamientos escogidos de la organización en los ejecutivos y empleados. Además del contenido informativo, los talleres de alineación de valores deben dar a los participantes la oportunidad de explorar sus propios valores y de entender y practicar el concepto de la toma de decisiones basada en valores. La Evaluación de los valores personales (PVA), que se puede encontrar en www.valuescentre.com / PVA, se puede utilizar como parte del proceso de clarificación de los valores personales.

Etapa 9: Alineación de la Misión

Al igual que todos los miembros de la organización debe de tener en cuenta y alinearse con los valores Guía y los comportamientos escogidos de la organización, también deben tener en cuenta y estar alineados con la visión y la misión. Esto se comunica a través de un taller de alineación de la misión. El propósito de un taller de alineación de la misión es hacer que todos tengan la misma comprensión de la misión y visión de la organización.

Además del contenido informativo, el taller de alineación de la misión debe dar a los empleados la oportunidad de explorar su propio propósito o misión, para ver si el papel o función que están desempeñando actualmente encaja con sus habilidades y talentos, y se alinea con su pasión. El taller también debería permitir a los empleados obtener una clara relación entre el trabajo que hacen cada día y la misión o visión de la organización. Cada empleado tiene que saber cómo su quehacer diario contribuye al éxito de la organización. La parte II de este libro está dedicada al tema de la alineación de la misión y la alineación de los valores.

Errores frecuentes

Los cuatro errores más frecuentes en los programas de cambio de cultura son:

Olvidarse de llevar a cabo la alineación estructural: este paso - la reorganización de la estructura y los incentivos - es el que se pasa por alto con más frecuencia, se ejecuta mal o se olvida en las iniciativas de transformación cultural.

Muchas organizaciones ponen una gran cantidad de energía y recursos en programas de alineación personal o desarrollo personal

La organización impulsada por Valores

para sus ejecutivos, sin hacer nada en cuanto a la alineación estructural. Esto sólo sirve para agravar el nivel de descontento y desilusión en ejecutivos y empleados. Cuando los ejecutivos y empleados regresan de los programas de maestría y desarrollo personal, por lo general vuelven con una mayor consciencia personal sobre cómo deben interactuar con sus colegas y se desilusionan rápidamente cuando se dan cuenta de que, aunque ellos han cambiado, la organización no. Las nuevas conductas que han aprendido no son practicadas por sus superiores y tampoco son recompensadas.

Foco único en la formación de equipos: otro error frecuente que las empresas cometen es invertir en la formación y construcción de equipos sin centrarse con anterioridad en la alineación personal. Esto limita considerablemente las posibilidades de éxito: sin autoconocimiento y consciencia personal, el impacto de un ejercicio de trabajo en equipo puede no perdurar. Para obtener el máximo impacto, la alineación personal (aprender a liderarse a uno mismo) debe preceder a la formación de equipos. Esto se aplica particularmente al equipo de liderazgo de mayor rango, donde muy a menudo se encuentran la mayoría de las disfunciones. Aprender a liderarse a uno mismo es un requisito previo para liderar a los demás.[7]

Falta de adaptación del proceso de transformación: Los agentes de cambio y los consultores con frecuencia cometen el error de utilizar programas de alineación personal o de trabajo en equipo que no han sido adaptados a las necesidades específicas de la organización, unidad, departamento o equipo con el que están trabajando. Al llevar a cabo una Evaluación Cultural de Valores (CVA), una evaluación de grupo pequeño (SGA) o una Evaluación de Organización Pequeña (SOA) se puede saber inmediatamente, qué problemas es necesario abordar y qué temas deben contemplar los programas de formación de alineación personal y de equipos. Además me gustaría también sugerir que se utilice el ejercicio de la Matriz de confianza descrita en el Anexo 10, para empezar a trabajar los temas que el equipo necesita mejorar.

Falta de competencias internas para la gestión de valores/cultura: el cambio integral del sistema es un trabajo interno y un proceso continuo: Tiene que ser gestionado y facilitado por personas que estén capacitadas. No puede ser responsabilidad de los consultores, pero éstos pueden guiarlo: son individuos con experiencia, capaces de transferir sus conocimientos y habilidades a aquellas personas de la organización que se responsabilizan de la gestión de los valores y la cultura. En organizaciones grandes, es particularmente importante la formación de las personas de toda la organización en el uso del modelo de los siete niveles de la consciencia y en las herramientas de transformación cultural (CTT). Estas personas, una vez capacitadas, se convierten en embajadores culturales de la organización y practicantes de la cultura, conocidos también como líderes del cambio o de la cultura (véase el capítulo 15).

Conclusiones

Con el fin de construir una organización de alto desempeño, basada en valores, que genere un alto nivel de implicación en los empleados (alineación en los valores y de misión) y bajos niveles de entropía cultural, se tendrá que desarrollar un proceso de cambio cultural que se contemple tanto la alineación personal de los líderes como a la alineación estructural de la organización.

Este trabajo no debe enfocarse como un proyecto: debe ser considerado como un proceso continuo de gestión en valores que se convierte a través de la medición en algo profundamente arraigado en la organización. Utilizando la Evaluación de los valores culturales (CVA) y la evaluación de los valores de liderazgo (LVA) una vez al año, usted será capaz de controlar el nivel de entropía cultural, el nivel de alineación de los valores y la alineación de la misión, y el nivel de entropía personal de los líderes, gerentes y supervisores. También debe supervisar y revisar el nivel de alineación estructural cada año, después de haber examinado los resultados de la Evaluación anual de los valores culturales (CVA).

Llevar a cabo una evaluación anual de Valores culturales permite determinar las necesidades personales de sus empleados, y controlar el grado en que se sienten alineados con la cultura de la organización (alineación de valores), y la medida en que sienten que la organización está en el buen camino (alineación de la misión). Todos estos indicadores, junto con el nivel de entropía cultural, permiten evaluar el nivel de implicación de los empleados.

Resumen

Estos son los puntos principales del capítulo 4:

1. Para ser eficaz, toda gestión del cambio o proceso de transformación cultural debe focalizarse en todo el sistema, no sólo en parte de él.
2. Con el fin de implementar con éxito un proceso de transformación cultural, deben cumplirse cuatro condiciones: alineación personal, alineación estructural, alineación de los valores y alineación de la misión.
3. Alineación Personal: debe existir una alineación entre los valores y las creencias de los individuos y sus palabras, acciones y comportamientos. Esto es particularmente importante para los líderes, gerentes y supervisores.
4. Alineación estructural: debe existir una alineación entre los valores declarados y los comportamientos de la organización, ya que éstos se reflejan en las estructuras, políticas, procedimientos e incentivos de la organización.
5. Alineación de Valores: debe existir una alineación entre los valores personales de los empleados y los valores vividos por la organización. Es importante que todos los empleados se sientan a gusto en la organización y puedan aportar todos los aspectos de su identidad en su trabajo.
6. Alineación de la Misión: los empleados necesitan sentir que la organización está en el camino correcto. También deben sentir que existe alineación entre su propósito o vocación y el rol, función o puesto de trabajo así como con las obligaciones que se les pide realizar.
7. La cultura de una organización es un reflejo del nivel de desarrollo personal (consciencia) del líder/es.
8. La energía basada en el miedo exhibida por los líderes actuales y pasados es la fuente de entropía cultural de la organización.
9. Con el fin de construir una organización de alto desempeño basada en valores, se tendrá que desarrollar un proceso continuo interno de gestión de los valores.

10. Los tres factores principales en los que debe centrarse si se quiere construir una organización impulsada por valores son: la alineación personal de los líderes, gerentes y supervisores, la alineación estructural de la organización y la alineación de los valores y la misión de los empleados.

Notas

[1] El concepto de cambio integral del sistema descrito en este libro se basa en la obra de Ken Wilber.
[2] Ken Wilber, *Breve Historia de todas las Cosas* (Ed. Kairós), (Pág. 71 de la edición inglesa de la Editorial Shambhala, 1996)
[3] Estos siete valores representan etapas distintas en el desarrollo de la democracia. Para una discusión completa de estos valores, lea la segunda parte de Richard Barrett, *Love, Fear and the Destiny of Nations: The Impact of the Evolution of Human Consciousness on World Affairs* (Bath: Fulfilling Books), pp. 195-285.
[4] Maestría personal: el proceso por el cual traemos nuestros miedos subconscientes a nuestra conciencia y a través de esta toma de conciencia, aprendemos a manejar las emociones asociadas a ellos. Ver Richard Barrett, *The New Leadership Paradigm* (Asheville, NC: Fulfilling Books), pp. 151-190.
[5] Jim Collins, *Empresas que Sobresalen (Ed. Deusto)*.
[6] Indagación Apreciativa (AI) es un proceso o filosofía para involucrar a los individuos en un diálogo que se centra en la renovación y el cambio. Ver *The New Leadership Paradigm*, pp. 456-457.
[7] Estos temas se tratan ampliamente en mi libro, *The New Leadership Paradigm*.

PARTE II

Mapeando los valores organizacionales

El propósito de la Parte II de este libro es proporcionar al lector una comprensión clara de cómo mapear, medir y monitorizar los valores de una organización, y cómo utilizar los resultados para reducir la entropía cultural y aumentar el nivel de alineación de los valores y de la misión.

Como recordará del Capítulo 4, Figura 4.4 (abajo), hay cuatro condiciones necesarias para el cambio integral de todo el sistema. Esta parte del libro se centra en dos de estas condiciones: el alineamiento de los valores y el alineamiento de la misión.

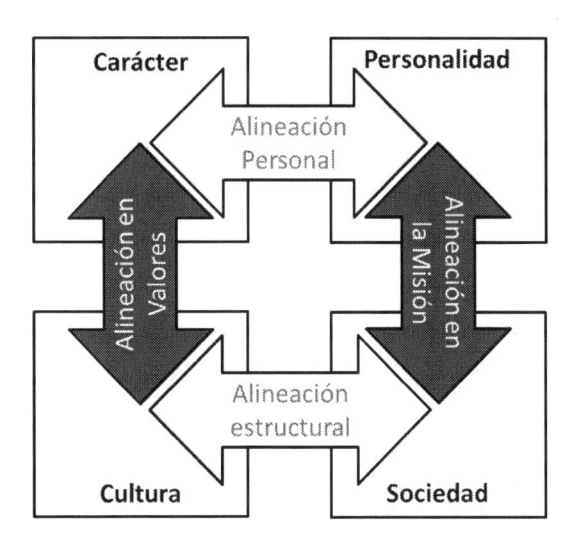

5

El modelo

Las herramientas de transformación cultural, que voy a describir en detalle en los dos capítulos siguientes de este libro, se basan en el modelo de los Siete Niveles de Conciencia, que fue desarrollado en 1996-7. El modelo de Siete Niveles de Conciencia se basa en la jerarquía de necesidades[1] de Abraham Maslow y se alinea con las siete etapas del desarrollo psicológico humano. El modelo de los Siete Niveles de Conciencia se aplica a todas las personas y todas las estructuras de grupos humanos - organizaciones, instituciones, comunidades, naciones, etc. En el anexo 11 se describen los orígenes y el desarrollo del modelo, y el anexo 12 define qué es la consciencia y cómo funciona en nuestras vidas. A continuación se describen los siete niveles de consciencia personal y consciencia organizacional.

Los siete niveles de consciencia personal

Como se indicó anteriormente, cada nivel de necesidades humanas se asocia con valores específicos. Conforme las personas crecen y se desarrollan, sus valores cambian de acuerdo a sus necesidades. Lo que valoramos es un reflejo de las necesidades relacionadas con el nivel de conciencia desde el que operamos en ese momento, unido a las necesidades insatisfechas que no hemos resuelto desde niveles anteriores de desarrollo. La gama completa de necesidades humanas se muestra en la Tabla 5.1, junto con los niveles de conciencia en el que se producen y las tareas de desarrollo asociadas.

Tabla 5.1 Siete Niveles de Consciencia Personal

	Niveles de Consciencia	Necesidades y Acciones	Labores de Desarrollo
7	Servicio	Dedicar tu vida al servicio desinteresado, buscando tu propósito y el bienestar de la humanidad.	*Servicio*: cumples tu destino con tu contribución al mundo.
6	Dejar una huella	Actualizar tu sentido de propósito a través de la colaboración con otros, para dejar una huella mayor en el mundo de la que pudieras dejar en solitario.	*Integración:* alinearte con otros que comparten el mismo propósito o visión para crear un mundo mejor.
5	Abrazar una causa – Cohesión interna	Descubrir tu auténtico Yo y encontrar un sentido a tu vida alineándote con tu Pasión y Propósito, construyendo la visión del futuro que deseas crear.	*Auto-Actualización (auto-realización):* alinearte por completo con lo que eres de modo que puedas llegar a ser todo aquello que puedas llegar a ser para honrar tu potencial.
4	Transformación	Explorar quién eres y satisfacer tu necesidad de autonomía, libertad e independencia a través del desarrollo de tus dones y talentos, únicos e irrepetibles en ti.	*Individuación*: dejar ir todos los aspectos que te condicionan, tanto culturales como personales, que ya no te sirven o que no representan realmente tu verdadera naturaleza.

3	Autoestima	Satisfacer tu necesidad de sentirte bien contigo mismo a través de dirigir tu vida, sentirte orgulloso del modo en que lo haces y sentir el reconocimiento de los demás.	*Diferenciación:* Separarte de la "masa" perfeccionando tus talentos y destacando en aquello que haces mejor.
2	Relaciones	Satisfacer tu necesidad de pertenencia, de sentirte amado y respetado por tu familia, amigos y colegas.	*Adaptarse: mantenerse a salvo y ser leal a tu familia, parientes y cultura.*
1	Supervivencia	Satisfacer tus necesidades fisiológicas de supervivencia.	*Sobrevivir: seguir vivo y mantenerse sano*

Las tareas de desarrollo representan las motivaciones asociadas a cada etapa del desarrollo psicológico (véase el anexo 1). No todo el mundo llega a las etapas superiores de desarrollo. Muchas personas no llegan mucho más allá de la etapa de diferenciación (nivel 3 de consciencia) y permanecen atrincherados en el condicionamiento cultural que vivieron durante su infancia. La educación, el aprendizaje continuo y los viajes nos ayudan a ir más allá de esta etapa. Cuando aprendemos más, e interactuamos con personas que se han criado en otras culturas, comenzamos a ver que la nuestra no es la única forma de ver el mundo. Vemos que otras culturas ven el mundo de manera diferente. Esto nos lleva a cuestionar nuestra manera de ver el mundo. Esto, a su vez, nos lleva a la fase de desarrollo centrada en la individuación, en la que comenzamos a formular nuestra propia visión única del mundo basándonos en nuestras experiencias personales, y empezamos a pasar de la dependencia a la independencia. Comenzamos a dejar de lado nuestras creencias culturales y nos centramos en valores humanos universales.

El foco de los tres primeros niveles de conciencia se centra en la satisfacción de las necesidades del ego.[2] Estos incluyen la necesidad de supervivencia fisiológica, la necesidad de seguridad física y emocional (amor y pertenencia) y la necesidad emocional de autoestima. Estas necesidades motivan por carencia.

El foco del cuarto nivel es la transformación. Aquí es donde se aprende a dejar de lado los miedos conscientes e inconscientes que tenemos sobre nuestra supervivencia física, las relaciones y las necesidades de autoestima, y empezamos a acercarnos a nuestro auténtico yo, buscando la libertad y asumir la responsabilidad de nuestras vidas. En este nivel prestamos una atención primaria a nuestras necesidades mentales.

El objetivo de los tres niveles superiores de conciencia es la satisfacción de las necesidades del alma.[3,4] Estas incluyen la necesidad de encontrar un sentido a nuestra vida, la necesidad de contribuir a un mundo mejor y la necesidad de servir. Estas son nuestras necesidades espirituales, y motivan por abundancia.

Las personas que se centran *exclusivamente* en la satisfacción de sus necesidades más bajas, tienden a vivir una vida de límites estrechos, con poco mundo, y pueden verse excesivamente preocupados por satisfacer los temores conscientes y subconscientes del ego. Los miedos del ego nos llevan a creer que no tenemos suficiente para cubrir nuestras necesidades básicas. En consecuencia, nunca estamos totalmente contentos, ya sea porque: (a) no tenemos suficiente dinero o seguridad, (b) no tenemos suficientes amistades y/o amor, o (c) no se nos reconoce o no se nos reconoce lo suficiente.

Si usted creció sin que se cumplieran una, algunas o todas estas necesidades básicas, es muy posible que se encuentre tratando de colmar estas necesidades en su vida adulta. Esto le puede hacer llevar una vida basada en la dependencia. Se convierte en dependiente de otros para su supervivencia y seguridad, amor y amistad, su autoestima o sentido de valor personal. Sólo al soltar los miedos subconscientes y conscientes del ego que nos mantienen en esta alta dependencia, se alcanza la libertad para perseguir de verdad nuestras necesidades de crecimiento.

Las personas que se centran *exclusivamente* en la satisfacción de las necesidades más elevadas tienden a carecer de las habilidades necesarias para actuar con eficacia en el mundo real y físico. Pueden ser ineficaces y poco prácticos cuando se trata de cuidar de sus necesidades básicas. Se describe a estas personas como personas que "no tienen los pies en la tierra", poco "enraizadas" Para tener éxito en el mundo necesitas aprender cómo dominar la satisfacción de todas sus necesidades para poder operar desde la consciencia de "espectro completo" (*full spectrum*).

La Maestría en el manejo de las necesidades personales

Alcanzar la Maestría sobre sus necesidades de nivel 1 implica desarrollar las habilidades y capacidades necesarias para garantizar su supervivencia física, incluyendo su capacidad de mantener un trabajo y ganarse la vida. La Maestría sobre las necesidades de nivel 2 se alcanza a través del desarrollo de las habilidades para las relaciones interpersonales que le permiten llevarse bien con la gente, y sentirse seguro y amado. La Maestría sobre las necesidades de nivel 3 se alcanza mediante el cuidado y desarrollo de sus habilidades y talentos para sentirse bien consigo mismo. La Maestría sobre el nivel 4 de necesidades de aprendizaje, la obtendrá cuando aprenda a liberar los miedos subconscientes y conscientes que tiene acerca de que se cumplan sus necesidades básicas (niveles 1 a 3) y desarrolle el sentido de libertad, autonomía e independencia. La Maestría sobre las necesidades de nivel 5 se alcanza al descubrir su propósito personal para la existencia, aquello que le apasiona y el trabajo que ama desempeñar. Alcanzará la Maestría sobre las necesidades de su nivel 6 cuando sea capaz de materializar su propósito de contribuir a un mundo mejor. Alcanzará la Maestría sobre las necesidades de nivel 7 cuando su contribución a un mundo mejor se convierta en una forma de vida y cuando abrace por completo el concepto de servicio desinteresado.

Las personas más exitosas son aquellas que desarrollan el espectro completo de su consciencia (full spectrum) y son capaces de materializar su maestría sobre las necesidades asociadas a cada nivel de consciencia. De este modo son capaces de responder y adaptarse adecuadamente a todos los retos que la vida les depara.

La maestría exitosa sobre cada etapa de desarrollo, implica dos acciones: en primer lugar, tomar consciencia de la necesidad emergente, y, en segundo lugar, desarrollar las habilidades necesarias para satisfacer esa necesidad. Solemos ser conscientes de las necesidades y valores del nivel de consciencia desde el que está operando, así como de las necesidades y valores de los niveles de consciencia anteriores, por los que los ya ha transitado, pero no somos conscientes de las necesidades y valores de los niveles siguientes y subsiguientes de la consciencia. Esto hace que sea difícil desarrollar un profundo sentido de conexión con la gente que está operando desde un nivel de consciencia al que todavía no hemos llegado, ya que estamos operando en diferentes niveles psicológicos con diferentes valores. El sentido de camaradería es diferente, comparado con el que sentimos con personas que están en nuestro mismo nivel de consciencia y tienen valores similares a nosotros. También es difícil desarrollar un profundo sentido de conexión con la gente que está operando desde un nivel de consciencia más bajo, y por el que ya hemos pasado. Es posible sentir una conexión humana con estas personas, pero no compartimos los mismos intereses. Será capaz de entender lo que les motiva, pero puede que ellos no sean capaces de entender lo que a usted le motiva.

Antes de que se dé cuenta de una necesidad emergente en un nuevo nivel de consciencia, será inconscientemente incompetente en ese nuevo nivel. Usted no sabe que no sabe. Cuando usted tome conciencia de una nueva necesidad en un nuevo nivel de consciencia, generalmente no sabrá como satisfacerla, y entonces será ya conscientemente incompetente. Usted ya sabe que no sabe. A medida que aprenda las habilidades que son necesarias para satisfacer sus necesidades en el nuevo nivel de conciencia, llegará a ser conscientemente competente, es decir, ya sabrá qué hacer para satisfacer esa necesidad, pero debe de pararse a pensar en qué debe hacer cada vez que esa nueva necesidad surge. Finalmente, cuando ya haya desarrollado gran habilidad en satisfacer las necesidades de ese nuevo nivel de conciencia, llegará a ser inconscientemente competente en ese nivel, es decir, ya habrá interiorizado las habilidades que necesita y éstas se habrán convertido en su segunda naturaleza. Ya puede responder automáticamente y satisfacer la necesidad sin pensarlo de forma consciente.

Los siete niveles de consciencia organizacional

Las organizaciones crecen y se desarrollan de la misma manera que los individuos, a través del desarrollo en la maestría de sus necesidades. Las organizaciones más exitosas son aquellas que desarrollan una consciencia

La organización impulsada por Valores

de espectro completo: con capacidad para dominar con maestría las necesidades asociadas a cada nivel de consciencia organizacional. Son capaces de responder y adaptarse adecuadamente a todos los retos que el mercado (o en el caso de una organización del sector público, el entorno institucional) les plantea.

Las siete necesidades existenciales que constituyen las siete etapas en el desarrollo de la consciencia *organizacional* se muestran en la Tabla 5.2, junto con las tareas de desarrollo asociadas. Las tareas de desarrollo representan las etapas por las que pasa una organización desde que se crea hasta que alcanza su desempeño de espectro completo (full spectrum). Estas son similares a las tareas de desarrollo asociadas a las siete etapas del desarrollo psicológico personal.

Tabla 5.2 Siete niveles de consciencia organizacional

Niveles de consciencia	*Acciones y Necesidades*	*Labores de desarrollo*
7 Servicio	Crear un futuro sostenible a largo plazo para la organización a través de tomar en consideración la humanidad y la contribución al sostenimiento de la vida en la Tierra.	*Servicio: Salvaguardar el bienestar del planeta y la sociedad para el futuro.*
6 Dejar una huella	Construir la resiliencia de la organización a través de la cooperación con otras organizaciones, y con la comunidad local en la que la organización opera.	*Colaborar:* Alinearse con otras organizaciones y comunidades de ideas afines para beneficio y apoyo mutuos.

5	Cohesión interna	Incrementar la capacidad de acción colectiva de la organización al alinear la motivación de los empleados alrededor de un cuerpo de valores compartidos y una visión inspiradora.	*Vinculación afectiva*: Crear una cultura internamente cohesiva y de alta confianza que permita a la organización satisfacer su Propósito.
4	Transformación	Incrementar la innovación al permitir que los empleados tengan voz en el proceso de decisión y permitiéndoles asumir la responsabilidad sobre su futuro y el éxito conjunto de la organización.	*Consciencia del propio poder*: permitir a los empleados ser conscientes de su propio poder de participar en la toma de decisiones al conferirles libertad y autonomía.
3	Autoestima	Establecer estructuras, políticas, procedimientos y procesos que generan orden, apoyan el desempeño de la organización e incrementan el orgullo de pertenencia del empleado.	*Rendimiento*: Construir sistemas y procesos de alto rendimiento enfocados en la evolución eficiente de la organización
2	Relaciones	Resolver conflictos y construir relaciones armoniosas que crean un sentido de lealtad entre los empleados y una fuerte conexión con los clientes.	*Armonizar*: generar un sentido de pertenencia y respeto mutuo entre los empleados y prestar atención a los clientes.
1	Supervivencia	Generar estabilidad financiera, rentabilidad y cuidado de la salud y seguridad de todos los empleados.	*Sobrevivir: devenir financieramente viable e independiente*

Maestría sobre las necesidades de su organización

El foco de los tres primeros niveles de consciencia organizacional está en las necesidades básicas del negocio: la estabilidad financiera y la rentabilidad, la satisfacción de los empleados y del cliente, y los sistemas y procesos de alto rendimiento.

El foco del cuarto nivel de consciencia es la capacidad de adaptación - la renovación continua y la transformación – pasar de trabajar en silos, jerarquías y modelos rígidos autoritarios basados en el miedo a sistemas más abiertos, inclusivos, flexibles y democráticos de gobierno que permitan y potencien que los empleados operen desde la libertad, al tiempo que sienten que asumen su propia responsabilidad tanto por sus acciones como por los resultados de éstas.

El foco de los tres niveles superiores de conciencia es la cohesión organizacional, la construcción de alianzas y asociaciones mutuamente beneficiosas, y la salvaguarda del bienestar de la sociedad en su conjunto.

Las organizaciones que se centran *exclusivamente* en la satisfacción de sus necesidades básicas no suelen ser líderes en el mercado. Pueden tener éxito en su nicho específico, pero en general están demasiado enfocadas en su funcionamiento interno y absortas en sí mismas, o son demasiado rígidas y burocráticas para ser innovadoras en sus campos. Son lentas a la hora de adaptarse a los cambios del mercado y no reconocen a sus empleados su propio poder y capacidades. Hay poco entusiasmo entre su personal y han suprimido la innovación y la creatividad. Los niveles de implicación del personal son relativamente bajos. Estas organizaciones están dirigidas por líderes autoritarios que operan a través de la generación de una cultura del miedo. No son lugares emocionalmente sanos para trabajar. Los empleados se sienten frustrados o impotentes y se suelen quejar de estrés.

Las organizaciones que se centran *exclusivamente* en la satisfacción de las necesidades superiores carecen de las necesarias habilidades básicas de negocio para un desempeño eficaz y rentable. Son ineficaces y poco prácticas al tratar asuntos financieros, no están orientadas al cliente y carecen de los sistemas y procesos necesarios para generar alto rendimiento. Simplemente no se enraizan, no se sustentan en la realidad del negocio.

Las tareas de desarrollo

La primera tarea cuando se crea una organización es encontrar la manera de sobrevivir económicamente. Si no es capaz de sobrevivir, de conseguir un flujo de ingresos superior al de sus gastos, se irá a la quiebra o desaparecerá.

Una vez se ha conseguido una fuente de ingresos sostenible, el siguiente paso es centrarse en la gestión de las relaciones –gestionar los conflictos internos, crear una armonía interna y garantizar que los clientes se sientan atendidos y sean felices con los productos o servicios que usted ofrece. Si no se llega a alcanzar la armonía, surgirán fricciones, frustraciones y conflictos que socavarán el desempeño de la organización. Si además sus clientes no están contentos van a migrar rápidamente a otros proveedores.

La siguiente tarea del desarrollo es crear orden y eficiencia en la estructura y las operaciones de su organización, centrándose en valores como la excelencia, la calidad y la profesionalidad. ¿Quiere ser productivo, y desea que sus empleados sientan un sentido de orgullo de pertenencia en la organización? Necesita entonces desarrollar una reputación de fiabilidad y agilidad para responder a las necesidades del mercado.

Para ser receptivo a todas estas demandas, es necesario innovar. Para innovar, es necesario comprometer las mentes de sus empleados. Para activar la mente de sus empleados, tiene que involucrarlos en la toma de decisiones otorgándoles un sentido de propiedad.

Una organización no puede pasar a la fase de desarrollo de la transformación si no da a sus empleados voz en el proceso de toma de decisiones. Esto significa potenciar a sus empleados, dándoles libertad de manera responsable, es decir, permitiéndoles que se sientan personalmente responsables de su contribución a la organización. Esta etapa de desarrollo depende fundamentalmente del grado en el que el equipo de líderes decide abrazar principios democráticos. El recuadro 5.1 proporciona un ejemplo de los principios de la democracia organizativa promovida por WorldBlu.[5]

Propósito y visión: una organización democrática tiene claro por qué existe y lo que espera lograr (su visión). Ambos actúan como su

La organización impulsada por Valores

verdadero norte, ofreciendo orientación y disciplina a la dirección de la organización.

Transparencia: digamos adiós a la mentalidad de "sociedad secreta". Las organizaciones democráticas son transparentes y abiertas con sus empleados acerca de su salud financiera, su estrategia y el proyecto de la organización.

Diálogo y escucha: en lugar de un monólogo de arriba hacia abajo o el silencio disfuncional que caracteriza a la mayoría de los lugares de trabajo, las organizaciones democráticas se comprometen a tener conversaciones que propician nuevos niveles de significado y conexión.

Ecuanimidad y dignidad: las organizaciones democráticas están comprometidos con la ecuanimidad y la dignidad, no tratan a algunas personas como *"Álguienes"* y a otras personas, como "Don nadies".

Rendir cuentas: las organizaciones democráticas señalan con el dedo, no para subrayar la culpa sino para liberar la asignación y la asunción de responsabilidades. Son muy claras acerca de quién es responsable ante quién y para qué.

Individual y colectivo: en las organizaciones democráticas, el individuo es tan importante como el todo, los empleados se valoran tanto por su contribución individual, como por lo que hacen para ayudar a alcanzar los objetivos colectivos de la organización.

Elección: las organizaciones democráticas prosperan dando a los empleados opciones de valor y elección con sentido.

Integridad: la integridad es la clave, y se encuentra por doquier en las empresas democráticas. Ellas entienden que la libertad no sólo requiere disciplina sino también hacer lo que es moral y éticamente correcto.

Descentralización: las organizaciones democráticas se aseguran de que el poder está debidamente compartido y distribuido entre las personas de la organización.

Reflexión y evaluación: las organizaciones democráticas están comprometidas con el desarrollo continuo y la retroalimentación constante, y están dispuestas a aprender del pasado aplicando lecciones para mejorar el futuro.

Creo que es importante reconocer que no se puede transformar una organización mientras se está operando desde el Nivel 3 de la conciencia. Este era el problema por ejemplo, con la moda de la reingeniería de procesos de finales del siglo pasado. No se logró producir un cambio duradero y profundo, porque se impulsó de arriba hacia abajo, desde la jerarquía. No incluía a los empleados en el proceso de toma de decisiones y muchos empleados perdieron sus puestos de trabajo en la búsqueda de la eficiencia. Hay que aceptar los valores del nivel de transformación para tener éxito en cualquier tipo de proceso de cambio.

Una vez que haya responsabilizado a sus empleados, dándoles libertad responsable, el siguiente paso es conseguir que todo el mundo vaya en la misma dirección y se alinee en torno a los mismos valores compartidos. Para ello, es necesario crear una visión compartida que dé claridad al propósito, y un conjunto de valores que guíen la toma de decisiones. La visión debe abarcar un propósito ambicioso, un propósito que apoye el bienestar de la humanidad y/o del planeta. Los valores deben ser valores que resuenen en los corazones y las mentes de los empleados.

Sólo cuando la organización haya logrado un fuerte sentido de cohesión interna (una cultura de alta confianza) será capaz de moverse con éxito a la siguiente etapa de desarrollo: la colaboración con otras organizaciones afines, socios y comunidades para el bienestar y la ayuda mutua. El propósito de esta etapa de desarrollo es asegurar la capacidad de resiliencia a largo plazo de la organización.

Finalmente, la última etapa del desarrollo es apoyar a la sociedad. La organización debe convertirse en un ciudadano global responsable, haciendo lo que puede para apoyar y crear un futuro sostenible para las comunidades locales en las que opera, y para la humanidad en general, ayudando a los pobres y desfavorecidos y protegiendo los ecosistemas del planeta.

Cada una de estas tareas de desarrollo corresponde a un nivel diferente de conciencia; el foco de cada uno de estos siete niveles de conciencia organizacional se explica a continuación.

Consciencia de supervivencia

La primera y más básica necesidad de todas las organizaciones es asegurar su supervivencia financiera. Sin beneficios o acceso a fondos, las organizaciones perecen rápidamente. Toda organización necesita hacer de la estabilidad financiera una preocupación de primer orden.

La organización impulsada por Valores

Una condición previa para el éxito en este nivel de conciencia es un enfoque saludable acerca del flujo de caja y el beneficio. Cuando las empresas se obsesionan en exceso por la conciencia de supervivencia desarrollan un enfoque poco saludable centrado en el valor a corto plazo para el accionista. En tales situaciones, las cifras trimestrales pasan a ocupar casi totalmente las mentes de los líderes, que se centran en satisfacer las necesidades de los mercados financieros, y olvidan casi por completo los demás factores clave, incluidas las necesidades de los empleados. Este tipo de gestión lleva a un control excesivo, a la microgestión, a la alta prudencia y a la aversión al riesgo.

Los negocios que operan desde la consciencia de supervivencia no están interesados en alianzas estratégicas, las adquisiciones son más su juego. Compran una empresa para deshacerse de sus bienes. Ven a las personas y al planeta como recursos a ser explotados en su beneficio. Cuando se le exige cumplir con las regulaciones, hacen lo mínimo. Muestran una actitud de receloso cumplimiento.

La clave del éxito en el primer nivel de la conciencia se basa en un sólido desempeño financiero y en enfocarse en la salud y seguridad de los empleados. Sin ganancias, las empresas no pueden invertir en sus empleados, crear nuevos productos o construir relaciones sólidas con sus clientes y las comunidades locales en las que trabajan.

Consciencia de relaciones

La segunda necesidad básica para todas las organizaciones es crear relaciones interpersonales armoniosas y buenas comunicaciones internas. Sin buenas relaciones con empleados, clientes y proveedores, se verá comprometida la supervivencia de la compañía. La cuestión fundamental en este nivel de consciencia es crear un sentido de lealtad y pertenencia entre los empleados, y un sentido de cuidado, preocupación, comprensión y conexión entre la organización y sus clientes y proveedores. Las condiciones básicas para la creación de un sentido de pertenencia son: comunicación abierta, respeto mutuo y reconocimiento de los empleados. Las condiciones necesarias para generar ese vínculo de cuidado con clientes y proveedores son: amabilidad, capacidad de respuesta y capacidad de escucha. Cuando todo ello está presente, la lealtad y la satisfacción de los empleados y los clientes serán altas. Las tradiciones y los ritos pueden ayudar a consolidar estos lazos.

Los temores sobre la pertenencia y la falta de respeto conducen a la fragmentación, la disensión y la deslealtad. Cuando los líderes se reúnen a puerta cerrada, o no se comunican abiertamente, los empleados sospechan lo peor: se forman camarillas y el chisme se convierte en la norma. Cuando los líderes están más centrados en su propio éxito más que en el éxito de la organización, comienzan a competir entre sí o cuando los líderes muestran comportamientos territoriales, florece la búsqueda de culpables, la competencia interna y el politiqueo dentro de la organización. Las empresas familiares con frecuencia operan desde el segundo nivel de consciencia, ya que son patriarcales, se han construido sobre los lazos familiares y les cuesta confiar los puestos directivos a personas ajenas a la familia.

Consciencia de autoestima

El foco del tercer nivel de consciencia organizacional se encuentra en los resultados, la excelencia, la calidad y la profesionalidad. Se trata de mantener un ojo siempre pendiente de todos los indicadores clave de rendimiento de la compañía. En este nivel de consciencia, la organización se centra en ser ágil, en convertirse en la mejor empresa posible a través de la adopción de las mejores prácticas centrándose en la productividad y la eficiencia. Existe una alta orientación a sistemas y procesos y las estrategias se desarrollan para lograr los resultados deseados. La reingeniería de procesos, Seis Sigma y la gestión de la Calidad total son típicas propuestas a problemas de rendimiento en este nivel de consciencia. El objetivo de todas estas iniciativas es la mejora continua del rendimiento. Una condición necesaria para la mejora continua del desempeño es el estímulo y la recompensa de la excelencia.

Las organizaciones que operan desde el tercer nivel de consciencia tienden a ser estructuradas jerárquicamente para mantener centralizado el control. La toma de decisiones se produce fundamentalmente de arriba hacia abajo. La estructura jerárquica ofrece oportunidades para gratificar a aquellas personas que se centran en su propio éxito individual. Las jerarquías con gran distancia de niveles a menudo no tienen otro propósito que el de atender a las necesidades de reconocimiento, estatus y autoestima de los gerentes. Para mantener centralizado el control, las organizaciones que operan desde el tercer nivel de consciencia, tienden a formular normas para regular y poner orden en todos los aspectos de su negocio. Las empresas que se centran principalmente en este nivel de consciencia pueden degenerar fácilmente en silos basados en el poder o en rígidas burocracias autoritarias. Cuando esto sucede, el fracaso o colapso será su destino a menos que la organización pueda evolucionar al siguiente nivel de consciencia.

Consciencia de transformación

El foco del cuarto nivel de consciencia organizacional es la adaptabilidad, la potenciación de los empleados, la renovación continua y el aprendizaje continuo. La cuestión fundamental en este nivel de conciencia es cómo estimular la innovación con el fin de desarrollar nuevos productos y servicios para responder a las oportunidades del mercado. Para ello es necesario que la organización sea flexible y asuma riesgos. Para responder plenamente a los desafíos de este nivel de consciencia la organización debe recoger activamente las ideas y opiniones de los empleados. Todos deben sentir que se les está escuchando. Esto requiere que los gerentes y líderes admitan que no tienen todas las respuestas e inviten a la participación de los empleados. Para muchos líderes y gerentes se trata de una nueva función que requiere nuevas habilidades. Por ello es importante desarrollar la inteligencia emocional de los directivos. Ellos deben ser capaces de ser facilitadores de alto rendimiento en grandes grupos de personas que buscan igualdad y la libertad responsable. Los empleados quieren asumir su propia responsabilidad, no desean ser supervisados en cada acción, ni controlados en cada momento del día.

Uno de los peligros de este nivel de consciencia es llegar a ser excesivamente orientados al consenso. Aunque un cierto nivel de consenso es importante, finalmente hay que tomar decisiones. El exceso de consenso puede ser la sentencia de muerte de la innovación.

Una condición previa para el éxito en este nivel de conciencia es animar a todos los empleados a pensar y actuar como emprendedores. Se concede una mayor responsabilidad personal a todo el mundo y de este modo, las estructuras devienen menos jerárquicas. Se fomenta el trabajo en equipo y se presta más atención al desarrollo personal y de las habilidades relacionales. La diversidad es vista como un elemento positivo en la exploración de nuevas ideas. Este cambio, que trae libertad responsable e igualdad a los trabajadores, no puede alcanzar plenamente los resultados deseados a menos que los empleados y los equipos compartan valores similares, tengan un propósito común y una visión compartida del futuro. Esto requiere un cambio hacia el quinto nivel de consciencia.

Consciencia de cohesión interna

El foco en el quinto nivel de consciencia está en la construcción de una organización cohesionada internamente que tiene capacidad para la acción colectiva. Para que esto suceda, los líderes y gerentes deben dejar de lado sus intereses personales y aprender a trabajar por el bien común. Los requisitos fundamentales en este nivel de consciencia son: una visión compartida del futuro que inspira a los empleados, un conjunto de valores compartidos que ofrecen orientación para la toma de decisiones, y un propósito de la organización que va más allá de obtener beneficios. La visión, valores y objetivos compartidos deben aclarar las intenciones de la organización con respecto a todos sus grupos de interés. Los valores deben traducirse en comportamientos para que puedan ser utilizados en la gestión del desempeño. Los valores deben reflejarse en todos los sistemas y procesos de la organización con las consecuencias apropiadas para aquellos que no estén dispuestos a cumplirlos.

Una condición previa para el éxito en este nivel de consciencia, es la construcción de un clima de confianza que genere libertad responsable. Con el fin de fomentar compromiso y entusiasmo, cada miembro de la organización debe entender cómo su contribución personal se relaciona con el éxito general de la organización. En las organizaciones que operan desde el quinto nivel de consciencia, los fracasos se convierten en lecciones, y el trabajo se convierte en diversión. La clave del éxito en este nivel de consciencia es el establecimiento de una identidad cultural fuerte, positiva y única que diferencia a la organización de sus competidores. La cultura de la organización se convierte en un reflejo de la marca. Esto es particularmente importante en las organizaciones de servicios, en las que los empleados están en contacto directo con los clientes y el público en general. En éste y los siguientes niveles de consciencia, las organizaciones generalmente preservan sus características culturales únicas promoviéndolas hacia el exterior desde su interior.

Consciencia de contribución, para marcar una diferencia

El objetivo del sexto nivel de consciencia organizacional está en profundizar el grado de conexión interna dentro la organización y expandir su conexión hacia fuera, con todos sus grupos de interés con el fin de que la organización sea más resiliente.

A nivel interno, la atención se centra en ayudar a los empleados a encontrar su propia realización personal a través de su trabajo. Hacia el exterior, la atención se centra en la creación de alianzas y partenariados de mutuo beneficio con socios del negocio, con las comunidades locales en las que opera la organización y, en determinadas circunstancias, con organizaciones no gubernamentales. La cuestión fundamental en este nivel de consciencia es que los empleados y los clientes vean que la organización está marcando una diferencia en el mundo, contribuyendo a un mundo mejor, ya sea a través de sus productos y servicios, su implicación en la comunidad local o de su voluntad de luchar por las causas que mejoran el bienestar de la humanidad y el planeta. Los empleados y los clientes deben sentir que la empresa se preocupa por ellos, su futuro y sus necesidades.

Las empresas que operan desde este nivel de consciencia hacen un esfuerzo adicional para asegurarse de que están siendo ciudadanos globales responsables. Apoyan y fomentan las actividades de los empleados en la comunidad local, proporcionando tiempo libre que poder invertir en trabajos de voluntariado y /o realizan contribuciones financieras a las organizaciones benéficas en las que participan sus empleados. En este nivel de consciencia, las organizaciones crean un entorno en el que los empleados pueden encontrar la realización personal. La organización apoya a los empleados a convertirse en todo lo que pueden llegar a ser, *tanto en* términos profesionales *como de* crecimiento personal.

Una condición previa para el éxito en este nivel es el desarrollo de líderes con un fuerte sentido de empatía. Los líderes deben reconocer que no sólo deben proporcionar orientación a la organización, sino que también deben convertirse en servidores de aquellos que trabajan para ellos. Deben crear un entorno que apoye a todos los empleados en el alineamiento de su sentido de propósito con la visión o misión de la empresa. En este nivel de consciencia los líderes se convierten en mentores, creando grupos de talento que ayudan en la planificación de la sucesión. En este nivel de consciencia al desarrollo del liderazgo se le da un énfasis significativo.

Consciencia de servicio

El foco en el séptimo nivel de consciencia organizacional es una continuación del anterior nivel de profundización en la conexión interna y expansión de la conectividad externa. Internamente, la organización se centra en la construcción de un clima de humildad y compasión. Hacia el exterior, la atención se centra en el activismo local, nacional o mundial por la construcción de un futuro sostenible para la humanidad y el planeta. La cuestión fundamental en este nivel de consciencia es el desarrollo de un profundo sentido de la responsabilidad social en toda la organización y la preocupación por la justicia social, los derechos humanos y la ecología del medio ambiente.

Una condición previa para el éxito en este nivel de consciencia es el servicio desinteresado, que se muestra a través de un profundo compromiso con el bien común y el bienestar de las generaciones futuras. Para tener éxito en este nivel de consciencia, las organizaciones deben adoptar los más altos estándares éticos en todas sus interacciones con empleados, proveedores, clientes, interlocutores, inversores y la comunidad local. Deben siempre tener en cuenta el impacto a largo plazo de sus decisiones y acciones en todos los grupos de interés.

Conclusiones

Todo el mundo ve el mundo que le rodea a través de los filtros de sus valores, creencias y temores. Su identidad (los valores que rigen su comportamiento) y su personalidad (los aspectos visibles de su personaje) son un reflejo de estos valores, creencias y temores.

Sean los que sean los valores, creencias y miedos más prominentes en su mente, determinarán los niveles de consciencia desde los que

La organización impulsada por Valores

usted opere. Lo mismo ocurre en las organizaciones. Sean los que sean, los valores, creencias y miedos más prominentes en las mentes de los líderes y directivos, determinarán los niveles de conciencia desde los que la organización opera.

Con esta comprensión de los siete niveles de conciencia personal y organizacional, exploraremos ahora cómo este modelo de los siete niveles de consciencia nos permite desarrollar un diagnóstico detallado de la cultura organizacional y diseñar una hoja de ruta para mejorar los resultados del liderazgo.

Resumen

Estos son los mensajes principales del capítulo 5:

1. Cada nivel de necesidad humana se asocia con valores específicos. Conforme las personas crecen y se desarrollan, sus valores cambian de acuerdo con sus necesidades.
2. El modelo de Siete Niveles de Consciencia se basa en la jerarquía de necesidades de Abraham Maslow y se alinea con las siete etapas del desarrollo psicológico personal.
3. El modelo de Siete Niveles de Consciencia se aplica a todas las personas y todas los estructuras de grupos humanos: equipos, organizaciones, instituciones, comunidades, naciones, etc.
4. Las personas más exitosas son aquellas que desarrollan el espectro de plena consciencia (*full spectrum*), es decir, la capacidad de alcanzar la maestría en la gestión de las necesidades asociadas a cada nivel de consciencia. Son capaces de responder y adaptarse adecuadamente a todos los retos que la vida les plantea.
5. Las organizaciones más exitosas son aquellas que desarrollan un espectro pleno de consciencia (*full spectrum*), es decir, han alcanzado la capacidad de gestionar con maestría las necesidades asociadas a cada nivel de consciencia organizacional. Son capaces de responder y adaptarse adecuadamente a todos los retos que el mercado les depara.

Notas

[1] La jerarquía de necesidades de Maslow es una teoría en psicología. La expuso en su artículo de 1943 "Una teoría sobre la motivación humana." Maslow posteriormente amplió la idea para incluir sus observaciones de la curiosidad innata de los humanos. Sus teorías son paralelas a muchas otras teorías de la psicología desarrollista.

[2] El *Ego* es un campo de la consciencia que cada uno asocia con su cuerpo y con sus necesidades emocionales.

[3] Su alma es un campo de la consciencia que existe más allá del espacio y del tiempo en el ámbito energético del campo de energía cuántica.

[4] Para una comprensión detallada del ego y el alma, y la forma en que interactúan entre ambos, recomiendo al lector leer *What My Soul Told Me: A Practical Guide to Soul Activation*, de Richard Barrett.

[5] www.worldblu.com/democratic-design/ (último acceso el 28 de marzo de 2013).

6

Las herramientas de transformación cultural

El modelo de Siete Niveles de Conciencia descrito en el capítulo anterior se ha utilizado para crear un conjunto de instrumentos de diagnóstico para trazar un mapa y gestionar los valores de las organizaciones y apoyar el crecimiento y desarrollo de líderes individuales. Colectivamente, estas herramientas de diagnóstico son conocidas como "Herramientas de Transformación Cultural" (CTT son sus siglas en inglés). El anexo 13 proporciona una lista completa de las herramientas de diagnóstico que están disponibles para trazar un mapa y medir los valores de las organizaciones.

En el momento de redactar este libro (diciembre de 2012), las herramientas de transformación cultural han sido utilizadas por más de 4.000 organizaciones (empresas, agencias gubernamentales y organizaciones no gubernamentales) en más de 50 países para mejorar su rendimiento mediante la reducción de la entropía cultural, el incremento de la implicación de los empleados y la mejora en el crecimiento de los ingresos. El éxito de las CTT se debe principalmente a su capacidad para proporcionar un diagnóstico detallado y una hoja de ruta para el cambio personal y organizacional desde factores causales.

Cada vez más líderes reconocen que la cultura de sus organizaciones es la principal fuente de su ventaja competitiva. Son ellos quienes están dedicando una cantidad significativa de tiempo y recursos a la medición y la gestión de sus valores (la monitorización de sus culturas), a través de escuchar el feedback de sus empleados. Existe un consenso creciente acerca de que el capital cultural es la nueva frontera de la ventaja competitiva: es la diferencia clave entre una buena compañía y una gran compañía, y entre el éxito a largo plazo y el fracaso a corto plazo.

La singularidad de las CTT es que hacen visible lo invisible. Permiten medir y trazar un mapa que muestra los intangibles: los factores causales subyacentes que promueven o inhiben el desempeño de una organización. Esto es debido a que el foco de las CTT se encuentra en los valores, los motivadores que reflejan nuestras necesidades.

Las herramientas CTT son utilizadas por algunas de las compañías más prestigiosas del mundo para monitorear sus culturas y gestionar sus valores aunque también son utilizadas por muchas empresas pequeñas, porque se pueden personalizar para cualquier situación. Las CTT actualmente están siendo utilizadas para diagnosticar los valores de personas, organizaciones, comunidades y naciones.[1]

Desde sus comienzos, la comprensión básica acerca de cómo usar las CTT para dibujar el mapa de los valores de individuos, organizaciones, comunidades y naciones, y las técnicas básicas necesarias para construir una organización impulsada por valores, se han enseñado a más de 4.000 consultores y agentes de cambio en seis continentes. Cuando un consultor o agente de cambio ha sido acreditado como usuario de las herramientas de transformación cultural (haciendo una formación certificada de las herramientas CTT), puede unirse a una red global de profesionales conectados a través de Linkedin, Facebook y otras redes sociales. Debido a la demanda a nivel mundial, los instrumentos y encuestas han sido traducidos a más de 30 idiomas.[2]

Antes de explicar cómo utilizar los instrumentos de las encuesta CTT e interpretar los resultados, quiero dar algunas explicaciones sobre el proceso que sigue la consulta y las diferentes formas en que clasificamos por categorías los valores. Estas clasificaciones de los valores son precisamente lo que hace únicas a las CTT, y las convierte en una poderosa herramienta de diagnóstico.

El proceso de recogida de datos

Los datos sobre los valores se recogen normalmente de forma anónima. No obstante, la recopilación de datos con nombres y apellidos es una opción útil cuando se trabaja con grupos pequeños (SGA) o equipos de liderazgo, ya que permite a los participantes revisar sus diagnósticos y diagramas individuales.

Una vez creada y abierta la consulta, los participantes inician la sesión en un sitio Web protegido por contraseña en el que se les pide que se identifiquen de acuerdo con las listas desplegables de las categorías demográficas y subcategorías personalizadas para su organización. Luego se les pide seleccionar de una lista de 80 a 100 palabras o frases:

- Diez valores/ comportamientos que caracterizan quiénes son (valores personales).
- Diez valores / comportamientos que representan el funcionamiento actual de su organización (cultura actual).
- Diez valores / comportamientos que representan lo que ellos creen que la organización tiene que hacer para lograr su más alto nivel de resultados (cultura deseada).

La encuesta se suele completar en menos de 15 minutos, y por lo general se deja abierta una o dos semanas. Se puede agregar al inicio o al final de otras encuestas que se realicen a los empleados. Se puede poner versiones en papel a disposición de las personas que no tienen acceso a un ordenador. Los informes se transmiten normalmente una semana después de la clausura de la recogida de datos. Todo el proceso se puede completar en un período de tres a cinco semanas, dependiendo del tamaño de la organización.

Las plantillas de valores / comportamientos que se utilizan en la encuesta pueden ser personalizadas para cualquier organización. Los informes se presentan en inglés, mientras que los diagramas de diagnóstico (diagramas de valores) pueden presentarse en cualquiera de los idiomas escogidos para la encuesta. Pueden añadirse preguntas adicionales al final de la encuesta en los siguientes formatos: texto libre, sí / no, elección múltiple y en escala Likert. Las respuestas a estas preguntas se proporcionan como datos en bruto, clasificados por grupo demográfico.

Valores por niveles

En la base de la tecnología de los valores de CTT está el concepto de que todos los valores y conductas están motivados por necesidades específicas, y cada necesidad está alineada con uno de los siete niveles de consciencia. En cualquier momento en el tiempo, los valores en los que nos centramos en nuestras vidas personales reflejan las necesidades de los niveles de consciencia personal desde los que estamos operando, y los valores en los que se centran nuestras organizaciones reflejan las necesidades de los niveles de consciencia desde los que los líderes de las mismas están operando.

Positivos o potencialmente limitantes

Como ya se ha indicado, los valores pueden ser positivos o potencialmente limitantes. Los valores positivos incluyen palabras tales como la honestidad, la creatividad y la integridad. Los valores potencialmente limitantes incluyen expresiones tales como culpar a otros, competir internamente y la cautela. Llamamos a estos valores "negativos", valores *"potencialmente limitantes"* porque, hasta que no hayamos llevado a cabo sesiones con grupos de empleados después de que la encuesta se haya completado, no sabremos hasta qué punto estos valores están socavando el desempeño de la organización.

Por ejemplo, toda organización necesita una cierta cantidad de burocracia para poder funcionar. Cuando el nivel de burocracia es alto, puede causar enormes ineficiencias, frustración y mermar la implicación de los empleados. Un nivel de burocracia bajo permite el buen funcionamiento de la organización. Encontrar el nivel adecuado de burocracia depende del contexto de la organización y del tipo de personas que emplea. Lo que funciona para una organización puede no funcionar para otra. En general, cuanta más confianza se deposita en su gente, menor burocracia se necesita, y mejor funcionamiento tendrá la organización.

Algunos valores potencialmente limitantes que se presentan en la encuesta de valores, como culpar a otros, por ejemplo, ya sabemos desde el principio que van a ser disfuncionales. La cuestión es cuán disfuncional es, qué grado de generalización tiene la búsqueda de culpables en la organización y en qué medida inhibe el desempeño de la misma. Las respuestas a estas preguntas se encontrarán llevando a cabo grupos de debate con una amplia cantidad del personal de la organización. Las sesiones de los grupos de debate se llevan a cabo después de conocer los resultados de la evaluación de los valores.

A los grupos de debate por lo general se les pide concentrarse en los valores potencialmente limitantes con mayor puntuación. Este ejercicio de clarificación de valores puede ser facilitado mediante cuatro preguntas básicas a sus miembros acerca de cada valor potencialmente limitante:

1. ¿Cuáles son los procesos, procedimientos y comportamientos asociados con este valor:
    a) ¿Dentro de la organización?
    b) ¿Fuera de la organización?
2. ¿Cuál es el impacto de este valor en la implicación de los empleados?
3. ¿Cuál es el impacto de este valor en el rendimiento?
4. ¿Cuál es el impacto de este valor en los resultados?

También es útil llevar a cabo un ejercicio similar con los valores positivos de alta puntuación. El objetivo de *este* ejercicio es identificar la importancia que el valor tiene en el desempeño de la organización (en qué medida contribuye o afecta a los resultados) y por lo tanto identificar en qué medida se deben asignar más recursos a la promoción de este valor.

Se pueden encontrar valores positivos (P) en todos los niveles de consciencia. Los valores potencialmente limitantes (L), en cambio, sólo se producen en los tres primeros niveles de consciencia. Esto se debe a que los valores potencialmente limitantes están asociados con las creencias conscientes y subconscientes basadas en el miedo del ego de satisfacer sus necesidades básicas.

La tabla 6.1 presenta algunos ejemplos de la asignación de valores positivos y potencialmente limitantes a los diferentes niveles de consciencia. En esta tabla, "n.a." significa "no aplica": No hay valores potencialmente limitantes en los niveles superiores de conciencia.

Tabla 6.1 Valores/Comportamientos en función de los niveles de consciencia

Niveles de consciencia		Valores/ Comportamientos Positivos (P)	Valores/ Comportamientos potencialmente limitantes
7	Servicio	Responsabilidad social, generaciones futuras, compasión, Perspectiva de largo plazo	n.a.
6	Marcar la diferencia	Conciencia de Sostenibilidad medioambiental, colaboración, desarrollo pleno del empleado, partenariados.	n.a.
5	Cohesión interna	Confianza, Compromiso, honestidad, integridad, creatividad, entusiasmo, pasión.	n.a.
4	Transformación	Adaptabilidad, asumir la responsabilidad personal, aprendizaje continuo, trabajo en equipo, crecimiento personal.	n.a.
3	Autoestima	Productividad, eficiencia, calidad, crecimiento profesional, excelencia, orden	Burocracia, confusión, acaparar información, mentalidad de silo, estatus, jerarquía

2	Relaciones	Comunicación abierta, amistad, lealtad, satisfacción del cliente, cariño-preocupación por el otro	culpar a otros, competencia interna, manipulación, celos, puñaladas por la espalda
1	Supervivencia	Estabilidad financiera, beneficio, salud y seguridad del empleado, crecimiento de la organización	Control, cautela, caos, visión de corto plazo, avaricia, crueldad

Debido a que la plantilla de la encuesta contiene valores positivos, como la confianza, la creatividad y la comunicación abierta, así como valores potencialmente limitantes, como la burocracia, culpar a otros y el control, es posible calcular el nivel de entropía cultural en una organización al dividir el número de votos emitidos de valores potencialmente limitantes, por el número total de votos emitidos a favor de todos los valores.

La entropía Cultural se define como: la cantidad de energía en una organización que no está disponible para realizar trabajo útil. *Es una medida del conflicto, la fricción y la frustración que existe dentro de una organización, debido a problemas de relación, ineficiencias del sistema y desalineación de valores.* La entropía Cultural surge de las conductas basadas en el miedo de los líderes actuales y las creencias basadas en el miedo que se han institucionalizado en las políticas y los procedimientos de la organización, o sea, del legado de los líderes del pasado.

Valores por tipología

Además de la categorización de los valores en función de los niveles de consciencia, los valores también se pueden clasificar en cuatro tipos: valores individuales (I), los valores relacionales (R), valores organizacionales (O) y valores sociales (S).

Los valores individuales son valores que se refieren principalmente a la relación con uno mismo: los principios según los que usted vive, y lo que usted considera importante para su propio interés. Valores relacionales son los valores que determinan cómo nos relacionamos con otras personas en nuestras vidas, ya sean amigos, familiares o colegas en una organización. Los valores organizacionales son valores que se relacionan específicamente con el funcionamiento de las organizaciones. Finalmente, los valores sociales hacen referencia a la forma en la que los individuos y las organizaciones se relacionan con la sociedad.

La Tabla 6.2 muestra cómo los valores listados en la Tabla 6.1 se clasifican de acuerdo con la tipología del valor IROS y su signo (positivos y potencialmente limitantes).

Tabla 6.2 Asignación de Valores/comportamientos según el tipo de valor

	Valor/ Comportamiento individual (I)	Valor/ Comportamiento Relacional (R)	Valor/ Comportamiento Organizacional (O)	Valor/ Comportamiento Social (S)
Positivos	Compromiso Honestidad Integridad Creatividad Entusiasmo Pasión Adaptabilidad Crecimiento personal Excelencia	Compasión Confianza Asumir la responsabilidad personal Trabajo en equipo Comunicación abierta Amistad Lealtad Cariño-cuidado Colaboración	Perspectiva de largo plazo Partenariado Desarrollo pleno del empleado Productividad Eficiencia Calidad Orden Estabilidad financiera Beneficio Salud/Seguridad del empleado Crecimiento de la organización Aprendizaje continuo Satisfacción del cliente Crecimiento profesional	Responsabilidad social Generaciones Futuras Conciencia de sostenibilidad medioambiental

| Potencialmente limitantes | Estatus Cautela | Culpar a otros Control Competencia interna Manipulación Celos Puñaladas por la espalda | Burocracia Confusión Avaricia Mentalidad de silos Jerarquía Caos Visión de corto plazo Aversión al riesgo, Politiqueo interno Acaparar información | |

Los valores según el foco del negocio

Una categorización de valores que utilizamos adicionalmente es según el *foco del negocio*. Hemos ampliado el concepto de Cuadro de Mando Integral, desarrollado por Kaplan y Norton,[3] para crear un cuadro de mando de seis partes conocido como Cuadro de Mando Integrado o *Business needs Scorecard* (BNS), en sus siglas en inglés. Las seis categorías de necesidades de los negocios, los principales grupos de interés involucrados en cada categoría y algunos de los valores asociados con cada categoría se muestran en la Tabla 6.3.

Tabla 6.3 Categorías del Cuadro de Mando Integrado (BNS)

Categoría	Descripción	Stakeholder (Parte implicada)
Finanzas Corporativas	Valores y comportamientos que tienen un impacto directo sobre el crecimiento, los resultados y los intereses de los inversores, como: beneficios, reducción de costes y estabilidad financiera.	Inversores

Efectividad operativa	Valores y comportamientos que tienen un impacto directo en el rendimiento, la calidad y la entrega efectiva de los productos / servicios, tales como: productividad, eficiencia o calidad.	Empleados
Relaciones exteriores de las partes interesadas	Valores y comportamientos que tienen un impacto directo en la relación con los clientes, el mercado, los proveedores y otros socios estratégicos; por ejemplo: satisfacción del cliente, colaboración con el cliente y orientación al cliente.	Clientes, proveedores
Evolución de la empresa	Valores y comportamientos que tienen un impacto directo en el desarrollo de las personas, procesos, productos / servicios y formas de pensar; ejemplos: innovación, creatividad, toma de riesgos y la perspectiva a largo plazo.	Empleados
Cultura corporativa	La cultura se desglosa a su vez en tres subcategorías: Confianza / Compromiso: valores y comportamientos que unen a las personas, fomentan la confianza mutua y alientan a los empleados a participar. Dirección / Comunicación: valores y comportamientos que guían la toma de decisiones y expresan cómo las personas se comunican e intercambian información. Entorno de apoyo: valores y comportamientos que tienen un impacto directo en cómo se trata y se cuida a las personas dentro de la organización.	Empleados

| Responsabilidad social corporativa | Valores y comportamientos que tienen un impacto directo en la relación de la organización con la comunidad local o la sociedad, tales como: conciencia ambiental, participación comunitaria y derechos humanos. | Sociedad |

La categoría de la cultura corporativa se divide en tres subsecciones: confianza y Compromiso: valores que reflejan la implicación intelectual y emocional; dirección y Comunicación: valores que reflejan la cohesión interna y ambiente de apoyo: valores que reflejan el cuidado de los empleados.

El Cuadro de Mando Integrado o BNS está estructurado de dos maneras. El primer diagrama asigna al Cuadro de Mando Integrado los diez valores más votados de la cultura actual y deseada según los datos recogidos y el segundo diagrama asigna al Cuadro de Mando Integrado *todos* los valores elegidos en la encuesta. Dos ejemplos de la utilización de esta herramienta de diagnóstico se muestran en el siguiente capítulo (véanse las Figuras 7.5 y 7.13). Las culturas de alto desempeño tienen una distribución uniforme de los diez primeros valores de la cultura actual en las seis categorías del Cuadro de Mando Integrado.

El BNS se utiliza como una herramienta de diagnóstico para identificar dónde la organización centra actualmente la energía de sus negocios (valores de la cultura actual), y en dónde los empleados les gustaría que la empresa centrase su energía a nivel del negocio (valores de la cultura deseada).

Además de utilizar el BNS como una herramienta de diagnóstico, también se puede utilizar como una herramienta para desarrollar indicadores que conduzcan a una estrategia equilibrada para el crecimiento del negocio. El anexo 14 ofrece algunas ideas sobre cómo utilizar las categorías del BNS para establecer un conjunto equilibrado de indicadores de la estrategia.

Preparación para la encuesta CVA

El proceso de configuración de la recogida de datos consiste en tres tareas principales:

1. Personalización de las plantillas de los valores.
2. Identificación de los grupos o cortes demográficos que se utilizarán en la encuesta.
3. Elección de los idiomas de la encuesta.

La personalización de las plantillas

Se utilizan dos plantillas en todas las encuestas:

- Una plantilla de valores personales.
- Una plantilla de valores de la organización.

La plantilla de valores personales se compone de alrededor de 80 palabras o frases que se clasifican como valores individuales, relacionales o sociales. Esta plantilla es utilizada por los participantes para elegir a sus valores personales. No existen valores *organizacionales* en la plantilla de valores personales. La plantilla de valores de la organización es ligeramente más grande que la de los valores personales - entre 90 y 100 valores. La plantilla organizacional contiene valores individuales, relaciones, organizacionales y sociales. Esta plantilla es utilizada por los participantes para elegir los valores que ven en la actual cultura de la organización y los valores que ellos creen que podrían ayudar a la organización a mejorar su desempeño (cultura deseada).

En las plantillas personal y organizacional, nos referimos a las palabras que utilizamos y puede escoger el participante, llamándolas "valores/ comportamientos." Hacemos esto por dos razones. En primer lugar, queremos asegurarnos de que las plantillas contienen un extracto fiable y representativo de la cultura colectiva de los empleados y que reflejan el vocabulario que se utiliza en la organización, y en segundo lugar, queremos ser también capaces de incluir los valores deseados de la organización en la plantilla. Para ello, es necesario ser flexibles y utilizar tanto valores expresados con palabras sueltas, tales como apertura y honestidad, como frases cortas, por ejemplo trabajo en equipo, equilibrio entre trabajo y vida personal, coaching/mentoring y facilidad para manejar la incertidumbre.

Muy a menudo durante la personalización de las plantillas de valores, se sugerirán nuevas palabras o frases. Estos "nuevos" valores / comportamientos tienen que ser traducidos a todos los idiomas que se utilizan en la encuesta, deben también ser clasificados como positivos o potencialmente limitantes, individuales, relacionales, organizacionales o sociales, y asignados a uno de los siete niveles de consciencia, así como a una de las seis categorías del Cuadro de Mando Integrado.

Además de elegir las palabras que van en las plantillas, el proceso de personalización también puede implicar cambiar el signo de un valor, de positivo a potencialmente limitante o viceversa. En algunas culturas, por ejemplo en América del Sur, la palabra "imagen" traducida al español es considerada como un valor positivo, mientras que "imagen" en el mundo occidental es un valor potencialmente limitante; cuando usted se centra demasiado en su imagen, puede estar tratando de proyectar una personalidad falsa. Otro ejemplo es la palabra "control". Cuando se utiliza en un contexto financiero, como en el caso de un " responsable financiero", puede ser considerado como positivo. Sin embargo, en la mayoría de los casos, la palabra "control" tiene connotaciones negativas, pues se asocia con situaciones que reflejan una falta de confianza en las capacidades de otras personas.

La identificación de los grupos demográficos

Si una evaluación de valores culturales se lleva a cabo para toda una organización (o sobre varios tipos o categorías de empleados), la riqueza de los datos recogidos se puede aumentar significativamente si se pide a los participantes que indiquen los grupos demográficos a los que pertenecen. Ejemplos de grupos demográficos típicos utilizados en las grandes organizaciones incluyen: posición (líderes, gerentes, personal), grado, unidad de negocio, ubicación, sexo, grupo de edad, etnia, antigüedad, etc. Por lo general, para equipos, grupos pequeños y pequeñas organizaciones, las categorías demográficas no son necesarias.

El ajuste de las categorías demográficas y sus subgrupos en la fase de inicio es extremadamente importante para el éxito de la encuesta.

Permite a la organización desarrollar un diagnóstico detallado de lo que funciona y no funciona para cada uno de los grupos demográficos. Siempre animo a los clientes a utilizar múltiples demografías. No tienen que pedir o utilizar los resultados de todos los datos demográficos que se encuestaron, pero una vez que se recogen los datos, no pueden volver atrás y obtener la información. No se cobra por la recogida de los datos de diferentes grupos: sólo cuando un cliente solicita los resultados de un grupo en particular se cobra el análisis.

Los resultados

Además del informe escrito, los resultados de la Evaluación de Valores Culturales se presentan también en una serie de diagramas (gráficos de datos) y tablas. El siguiente capítulo proporciona una lista de diagramas y tablas que se pueden obtener.

Conclusiones

Las Herramientas de Transformación Cultural (CTT) son unas potentes herramientas de diagnóstico para apoyar el crecimiento y desarrollo de las organizaciones y los individuos. Hacen visible lo invisible y tangible lo intangible.

La potencia del diagnóstico que ofrece estas herramientas se debe a dos factores: (a) que trabajan en el nivel causal: descubren qué necesidades están siendo satisfechas y cuáles son las necesidades que no se están cubriendo, y (b) clasifican los valores de cuatro maneras:

- Por nivel de consciencia.
- Por signo positivo o potencialmente limitante.
- Por tipología individual, relacional, organizacional y social.
- Por su foco en el negocio: procesos, relaciones con los grupos de interés externos, evolución, cultura y la contribución a la sociedad.

La organización impulsada por Valores

La fuerza transformadora de las Herramientas de Transformación Cultural (CTT) radica en su capacidad de sacar a la superficie datos que dan pie a nuevas conversaciones; conversaciones que nunca antes tuvieron lugar acerca de los valores y creencias preeminentes en la cultura de la organización. Consiguen que la gente hable de lo que es de fundamental importancia para ellos, sus valores, sus creencias y también sus miedos.

Como hemos comentado anteriormente, en el capítulo 1, este tipo de conversaciones son esclarecedoras y generan conexión. Remueven nuestro sentido humanitario y nos hacen darnos cuenta de que en lo profundo de nuestros corazones todos somos muy parecidos. No importa el nivel de consciencia desde el que operamos sino que, en última instancia, todos queremos lo mismo. Todos queremos ser felices. Nos sentimos felices cuando nos sentimos seguros y protegidos, cuando nos sentimos amados y aceptados, cuando nos sentimos seguros y respetados, cuando tenemos libertad y autonomía, cuando nos sentimos alineados con nuestro trabajo, cuando somos capaces de contribuir a mejorar el mundo y cuando somos capaces de ponernos al servicio de otra gente.

Resumen

Estos son los mensajes principales del capítulo 6:

1. Las Herramientas de Transformación Cultural (CTT en sus siglas en inglés) se basan en el modelo de los siete niveles de consciencia.
2. Las Herramientas de Transformación Cultural o CTT se utilizan para diagnosticar y gestionar los valores de las organizaciones y apoyar el crecimiento y el desarrollo de los líderes individuales.
3. El éxito de las CTT se debe principalmente a su capacidad para proporcionar un diagnóstico detallado y una hoja de ruta para el cambio personal y organizacional a nivel causal.
4. La singularidad de las CTT es que hacen visible lo invisible. Permiten medir y dibujar el mapa de los intangibles, es decir, de

los factores causales subyacentes que promueven u obstaculizan el rendimiento de una organización o de un individuo.

Notas

[1] Richard Barrett, *Love, Fear and the Destiny of Nations: The Impact of the Evolution of Human Consciousness on World Affairs* (Bath: Fulfilling Books), 2012.

[2] En el momento de escribir esto, el CVA estaba disponible en árabe, brasileño, chino, checo, danés, holandés, Inglés, finlandés, flamenco, francés, francés canadiense, alemán, griego, hindi, húngaro, islandés, indonesio, italiano, japonés, coreano, lituano, malayo, noruego, polaco, ruso, eslovaco, español, sueco, tailandés, turco y vietnamita.

[3] El Balanced Scorecard (o cuadro de mando integrado, en su traducción española) de Kaplan y Norton cuenta con cuatro categorías o perspectivas: la perspectiva financiera, la perspectiva del cliente, la perspectiva de procesos internos y la perspectiva de aprendizaje y crecimiento.

7

Dos estudios de caso longitudinales

Antes de presentar ejemplos de cómo se han utilizado las Herramientas de Transformación Cultural para apoyar el crecimiento y el desarrollo de organizaciones pequeñas y grandes, quiero describir los resultados típicos de una Evaluación de Valores Culturales (CVA) e identificar los indicadores culturales clave que se pueden encontrar en los diagramas y tablas de datos.

En un informe típico CVA hay seis diagramas de datos y dos tablas de datos. Se puede solicitar una tabla adicional, si se desea analizar los valores clave adoptados por una organización o grupo. La tabla 7.1 describe los indicadores culturales que se pueden encontrar en cada diagrama de datos y tabla de datos, y proporciona comentarios acerca del nivel necesario en cada indicador para poder equipararlo con indicadores de alto rendimiento. En el Anexo 15.1 se puede encontrar una descripción completa de cada diagrama de datos y tablas de datos.

Tabla 7.1 Indicadores culturales del CVA

Diagrama de datos	Indicadores culturales	Alto rendimiento/ comentarios
Diagrama de Valores	*Alineación de Valores*: entre los primeros diez valores, los más votados, número de valores coincidentes entre los valores personales (PV) y los de la cultura actual (CC)	Las organizaciones de alto desempeño tienen tres o más valores coincidentes entre los valores personales (PV) y la cultura actual (CC). [1]
	Alineación de la Misión: entre los primeros diez valores, los más votados, número de valores coincidentes entre los valores de la cultura actual (CC) y los de la cultura deseada (DC)	Las organizaciones de alto desempeño tienen seis o más valores coincidentes entre los valores de la cultura actual (CC) y los de cultura deseada (DC) y no tienen valores potencialmente limitantes entre los diez primeros valores de la cultura actual (CC).
Distribución de Valores	*Entropía Cultural:* proporción de valores potencialmente limitantes sobre todos los valores recogidos en la encuesta.	Las culturas de alto desempeño tienen entropía similar o inferior al 10%.
Distribución de Valores Positivos	Indica los niveles de consciencia en los que existen brechas significativas entre la distribución de los valores personales positivos (PV), los de la cultura actual (CC) y los de la cultura (DC) deseada.	Las culturas de alto desempeño tienen aproximadamente la misma proporción de valores personales (PV), de cultura actual (CC) y cultura deseada (DC) en cada uno de los niveles de consciencia.

CTS	Indica la distribución de valores personales (PV), valores de la cultura actual (CC) y de la cultura deseada (DC) entre el interés común (C) - niveles 5, 6 y 7- la transformación (T) - nivel 4 - y el interés propio (S): niveles 1, 2 y 3.	Las culturas de alto desempeño muestran una fuerte alineación entre el bien común (C), la transformación (T) y el interés personal (S) para los valores personales (PV), los de la cultura actual (CC) y los de la cultura deseada (DC).
Cuadro de Mando Integrado (BNS)	Mapea los diez principales valores (los primeros diez más votados) de la cultura actual (CC) y de la cultura deseada (DC), ubicándolos en el diagrama de cuadro de mando dividido en seis partes que incluyen: Finanzas Corporativas, -Efectividad Operativa, Relaciones exteriores con grupos de interés, Cultura Corporativa (Confianza / Involucrar, Dirección / Comunicación y ambiente de apoyo), Evolución de la empresa y Responsabilidad Social corporativa	Las culturas de alto desempeño muestran una distribución uniforme de los valores en las seis categorías del cuadro de mando para la cultura actual, y una distribución similar para la cultura deseada.
Distribución de los Valores en el Cuadro de Mando Integrado (BNS)	Indica las áreas del cuadro de mando integrado donde hay brechas significativas entre lo que la gente actualmente experimenta (CC) y su cultura deseada (DC).	Las culturas de alto rendimiento tienen una distribución de foco relativamente similar en cada área, entre la cultura actual (CC) y la cultura deseada (DC).

Informe de entropía cultural	Esta tabla desglosa la entropía cultural, según el nivel de consciencia y muestra el número total de votos que ha recibido cada valor potencialmente limitante.	Es más fácil reducir el impacto de los valores potencialmente limitantes en el nivel 3 que en el nivel 2, y a su vez, más fácil de reducir en el Nivel 2 que en el Nivel 1.
Saltos (Diferencias) en los valores	Muestra los valores que tienen un mayor salto (diferencia) de votos entre la cultura actual (CC) y la cultura deseada (DC). Estos son los valores que los participantes en la encuesta desean que estén más presentes en la organización.	Las culturas de alto desempeño tienden a tener saltos (diferencias) pequeños entre los valores de la cultura actual (CC) y deseada (DC).
Análisis de los valores adoptados por el grupo o la organización	Muestra el número de votos de cada uno de los valores centrales adoptados por la organización en la cultura actual (CC) y en la deseada (DC).	Esta tabla muestra en qué medida se viven y muestran en la cultura actual los valores centrales adoptados por la organización (CC) y en qué medida los empleados sienten que dichos valores son importantes (DC).

Estudio de Caso 1: una pequeña organización

El primer ejemplo que quiero destacar se refiere a una pequeña organización que opera desde tres países y que ha estado utilizando las Herramientas de Transformación Cultural para monitorear su cultura durante más de ocho años. Los datos presentados cubren el período de 2005 a 2012. La Tabla 7.2 muestra los indicadores clave de rendimiento durante este periodo (ingresos, número de empleados, ingreso per cápita, alineación en los valores, alineación de la misión y la entropía cultural).

Tabla 7.2 Indicadores Clave de Desempeño (KPI)

Año	Ingreso (Millones de US$)	Número de personas empleadas	Ingresos/ cápita (US$)	Alineación en Valores	Alineación en la Misión	Entropía cultural
2005	1,52	7	217.142	5	7	1%
2006	1,55	8	193.750	4	9	1%
2007	1,73	12	144.166	3	5	7%
2008	1,93	14	137.857	5	6	10%
2009	2,37	15	158.000	6	4	8%
2010	2,37	14	169.285	5	6	8%
2011	2,91	18	161.666	4	6	3%
2012	3,30	18	183.333	5	7	2%

Durante 2005 y 2006 la organización contaba con un alto nivel de ingresos per cápita y un bajo nivel de la entropía cultural. Durante los siguientes dos años el nivel de entropía cultural aumentó al 7 por ciento y después al 10 por ciento. Al mismo tiempo, el nivel de ingreso per cápita cayó en picado, al pasar de 217.142 US$ a 137.857 US$. La organización nombra un nuevo director general (CEO) y se hace un esfuerzo importante en cada uno de los años siguientes para reducir el nivel de entropía cultural y aumentar el nivel de alineación de los valores y alineación de la misión. Entre 2008 y 2012 el ingreso per cápita aumentó en un 33 por ciento.

Las figuras 7.1, 7.2 y 7.3 muestran los gráficos de los ingresos per cápita, la entropía cultural y la alineación de la misión durante este período. Los datos indican claramente que el nivel de ingresos per cápita (un indicador de productividad) está estrechamente relacionado con el nivel de entropía cultural y de alineación de la misión (indicadores causales o inductores). A medida que el nivel de entropía cultural bajó y el nivel de alineación de la misión subió, la productividad de los empleados aumentó.

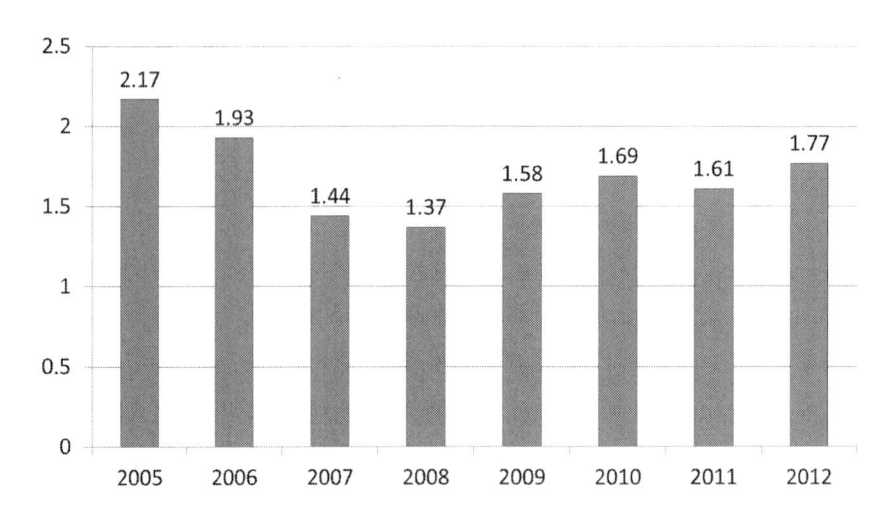

Figura 7.1: Ingreso per cápita (100.000 US$)

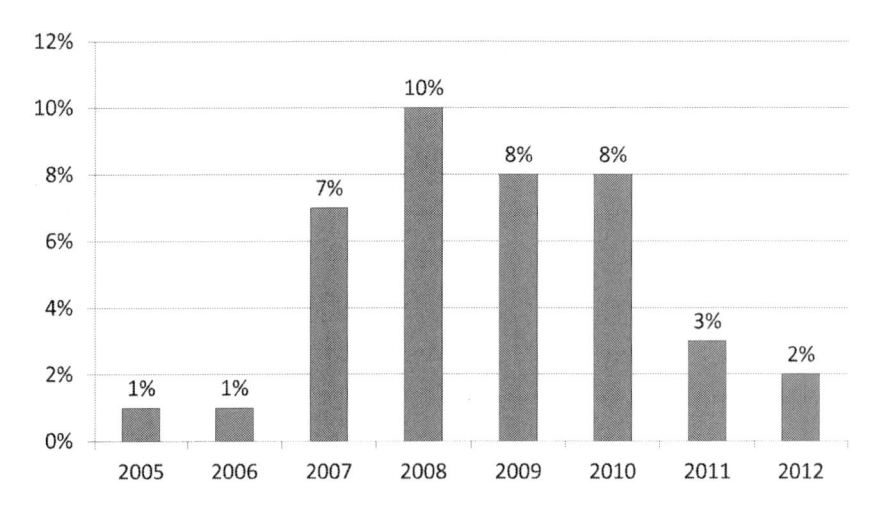

Figura 7.2 Entropía cultural

La organización impulsada por Valores

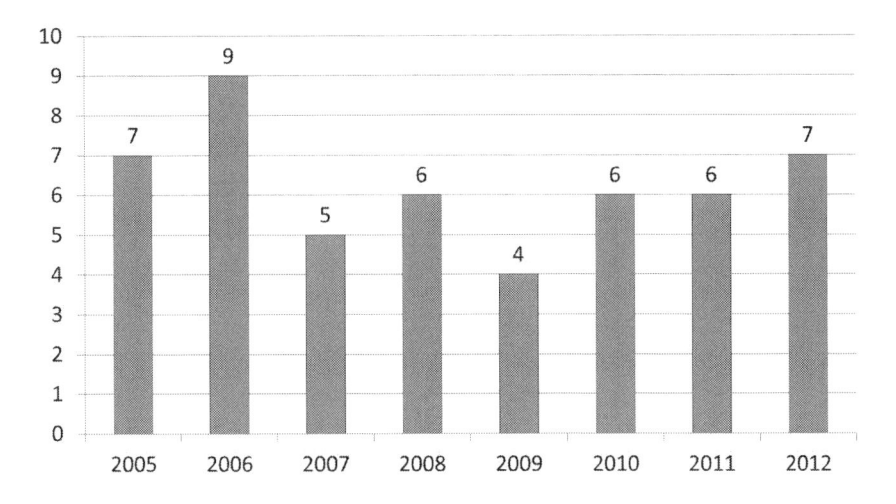

Figura 7.3 Alineación de la misión

También puede verse que durante la crisis económica mundial en 2009-10 la empresa mantuvo el mismo nivel de ingresos (muchas empresas sufrieron una reducción significativa de los ingresos) y logró aumentar tanto el número como la productividad de su personal. Durante los dos siguientes años, 2011 y 2012, la compañía demostró su resiliencia incrementando su ingresos en un 22 por ciento y un 13 por ciento respectivamente.

Uno de los factores clave en la mejora de la alineación de los valores y de la misión desde 2011 hasta 2012 (de cuatro a cinco y de seis a siete, respectivamente) fue la decisión de transformar la compañía en una empresa virtual: la oficina central se cerró y a todos los miembros de la empresa se le dio la oportunidad de trabajar desde casa.

Diagrama de Valores

Los valores del diagrama de datos para 2012, que incluye la información de 16 de los 18 empleados, se muestra en la figura 7.4.[2] Cada punto en el diagrama representa uno de los valores indicados en la tabla que está bajo los diagramas.

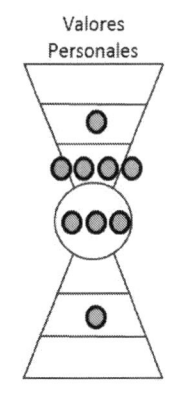

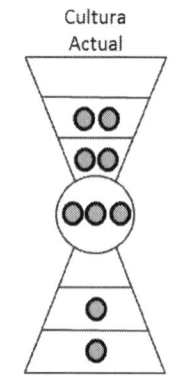

Valores Personales		Cultura Actual		Cultura deseada	
1. Marcar una diferencia	10	1. Compromiso	12	1. Asumir la responsabilidad personal	9
2. Familia	9	2. Mejora continua	10	2. Compromiso	8
3. Compromiso	8	3. Plenitud del empleado	10	3. Mejora continua	8
4. Humor/ diversión	8	4. Equilibrio (trabajo/vida personal)	9	4. Plenitud del empleado	8
5. Equilibrio (trabajo/vida personal)	8	5. Satisfacción del cliente	9	5. Humor/diversión	8
6. Aprendizaje continuo	6	6. Marcar una diferencia	9	6. Visión compartida	8
7. Integridad	6	7. Estabilidad financiera	8	7. Colaboración con el cliente	7
8. Asumir la responsabilidad personal	5	8. Humor/diversión	8	8. Satisfacción del cliente	6
9. Creatividad	5	9. Trabajo en equipo	8	9. Estabilidad financiera	6
				10. Trabajo en equipo	6

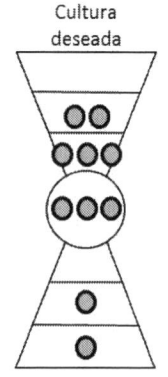

Figura 7.4: Diagrama de datos para 2012 [3]

El primer punto que se aprecia en una exploración visual rápida es la alineación de los niveles de consciencia: los valores personales, los valores de la cultura actual y los valores de la cultura deseada más votados están concentradas en el cuarto, quinto y sexto nivel de consciencia. Estos son los niveles de transformación, cohesión interna y contribución. El diagrama de distribución de valores (no mostrado) indica que el porcentaje de los valores en estos tres niveles combinados fue del 67 (valores personales), 73 (cultura actual) y 78 por ciento (cultura deseada). El porcentaje de los valores en los primeros tres niveles de consciencia era de 25 (valores personales), 24 (cultura actual) y 20 por ciento (cultura deseada). Podemos concluir de estos resultados, que la empresa ha alcanzado la maestría en la gestión de sus necesidades de subsistencia y se ha centrado en sus necesidades de crecimiento.

Otro indicador de la fuerte alineación es el número de valores entre los diez más votados que coinciden, son los mismos, tanto en los valores personales, como en la cultura actual y la cultura deseada. Cuatro son los valores coincidentes: marcar la diferencia, compromiso, humor / diversión y equilibrio (trabajo/vida personal).

Cuadro de mando integrado (BNS)

La distribución de los principales valores de la cultura actual y la deseada sobre el Cuadro de mando integrado, se muestra en la Figura 7.5.

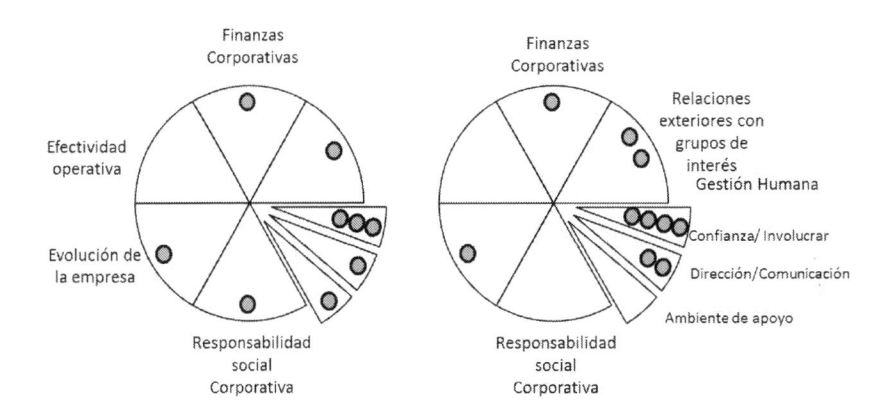

Figura 7.5 Cuadro de mando Integrado BNS

El primer punto a destacar es que los valores más votados de la cultura actual están razonablemente bien distribuidos: la cultura actual tiene valores en cada categoría y subcategoría, excepto en Efectividad Operativa. La compañía cuida a sus empleados, inversores, clientes y a la sociedad en su conjunto. Las únicas diferencias en la cultura deseada se encuentran en las categorías de procesos y contribución a la sociedad.

En la cultura actual la categoría de responsabilidad social corporativa contiene el valor de marcar la diferencia, que no aparece en la cultura deseada. Esto no significa que los empleados piensen que contribuir a un mundo mejor ya no es importante, simplemente significa que ellos creen que en este momento la empresa tiene que prestar más atención a los valores de responsabilidad, colaboración con el cliente y visión compartida, que no están presentes entre los principales valores de la cultura actual. La brecha en efectividad operativa entre la cultura actual y la deseada representa un potencial punto ciego.

Con una cultura tan relativamente bien alineada, y excelentes resultados, es posible que se pregunte cuál puede ser el próximo reto para la empresa, en términos de adaptación cultural o ajuste de su cultura empresarial. Podemos conseguir pistas sobre esto observando el análisis de valores centrales y la tabla de saltos o diferencias en los valores.

Análisis de los valores centrales adoptados por la organización

La empresa cuenta con cuatro valores centrales: compromiso, visión compartida, satisfacción del cliente y satisfacción del empleado. Tres de estos valores se viven y se encuentran con facilidad bien en la cultura actual: el compromiso es, con 12 votos, el valor más votado –el primero– de la cultura actual; la satisfacción del empleado ocupa el número tres y la satisfacción del cliente, el número cinco. El único valor central que no aparece entre los nueve primeros valores es la visión compartida. Esta es una de las áreas que debe recibir más atención.

Saltos o diferencias en los valores

Ahora vamos a echar un vistazo a la tabla de saltos en los valores (véase el cuadro 7.3). Cabe destacar que cada uno de los saltos importantes en los valores, excepto la innovación, tiene que ver con la experiencia de los empleados. Asumir la responsabilidad personal y la visión compartida ponen de manifiesto necesidades de personas que operan desde mentes auto-creativas, en proceso de creación personal. Coaching / mentoring y el desarrollo del liderazgo reflejan necesidades de personas que operan desde una mente en auto-transformación. La innovación hace referencia a la evolución futura de la empresa.

Tabla 7.3 Salto en los valores

Valores	Votos cultura actual	Votos cultura deseada	Salto en el valor
Asumir la responsabilidad personal	4	9	5
Visión compartida	4	8	4

Innovación	1	5	4
Coaching/mentoring	0	4	4
Desarrollo del liderazgo	0	4	4

El mayor salto en el número de votos de los valores, y el valor de la cultura deseada que ha recibido un mayor número de votos es el de asumir la responsabilidad personal. La visión compartida, que es el único valor central que no aparece entre los nueve valores más votados de la cultura actual, figura también entre los valores que obtienen un salto más importante en número de votos. De este análisis se desprende que asumir la responsabilidad personal y la visión compartida son dos de los valores más importantes, en los que la organización necesita concentrarse durante 2013. Otros valores que los empleados quieren ver con mayor insistencia en la organización en el 2013 son la innovación, el coaching / mentoring y el desarrollo del liderazgo.

Resumen

Los datos muestran que se trata de una organización de alto rendimiento y los empleados están altamente implicados en su desarrollo: Cinco son los valores que coinciden en la cultura personal y en la cultura actual (alineación de valores), Siete valores coinciden entre los valores de la cultura actual y la deseada (alineación de la misión), la entropía cultural es muy inferior al 10 por ciento, y el compromiso es el valor más votado, el número uno, de la cultura actual. No es frecuente encontrar un nivel tan alto de alineación en una organización.

Estudio de Caso 2: una organización grande

El segundo ejemplo que quiero destacar se refiere a una empresa sudafricana grande que ha estado utilizando las Herramientas de Transformación Cultural desde 2005. Los datos presentados cubren el período de 2005 a 2011. La Tabla 7.4 muestra los indicadores clave de rendimiento durante este periodo (ingresos, número de empleados, ingreso per cápita, alineación de valores, alineación de la misión y la entropía cultural).

Tabla 7.4 Indicadores clave (KPIs)

Año	Ingresos (millones ZAR)	Número de personas	Ingresos/cápita (miles ZAR)	Alineación de valores	Alineación de la misión	Entropía cultural
2005	15.809	22.188	713	1	3	25%
2006	18.948	24.034	788	1	4	19%
2007	22.428	26.522	846	1	4	17%
2008	22.077	27.570	801	1	5	14%
2009	21.570	27.037	798	2	6	13%
2010	23.635	27.525	859	2	6	13%
2011	28.115	28.494	987	2	7	12%

Desde que esta empresa comenzó a mapear sus valores en 2005, el nivel de entropía cultural se redujo del 25 por ciento al 12 por ciento. Al mismo tiempo, el ingreso per cápita aumentó de 713,000 ZAR a 987,000 ZAR- -un 38 por ciento de aumento - y la alineación de la misión aumentó de tres a siete (valores coincidentes entre CC y DC).

También puede señalarse que durante la crisis económica mundial en 2009-10 el nivel de ingresos sólo mostró un ligero descenso (otras empresas del mismo sector en Sudáfrica sufrieron una reducción más significativa de los ingresos). La productividad del personal también cayó, pero se recuperó rápidamente en 2010, y desde entonces ha crecido de manera significativa.

Las figuras 7.6, 7.7 y 7.8 muestran los ingresos per cápita, la entropía cultural y la alineación de la misión desde 2005 a 2011. Estos gráficos indican claramente cómo el nivel de ingreso per cápita (un indicador de productividad) está estrechamente relacionado con la reducción de la entropía cultural y el aumento de la alineación de la misión (indicadores causales o inductores). A medida que el nivel de entropía cultural disminuye y el nivel de alineación de la misión aumenta, la productividad de los empleados (ingresos per cápita) aumenta.

La organización impulsada por Valores

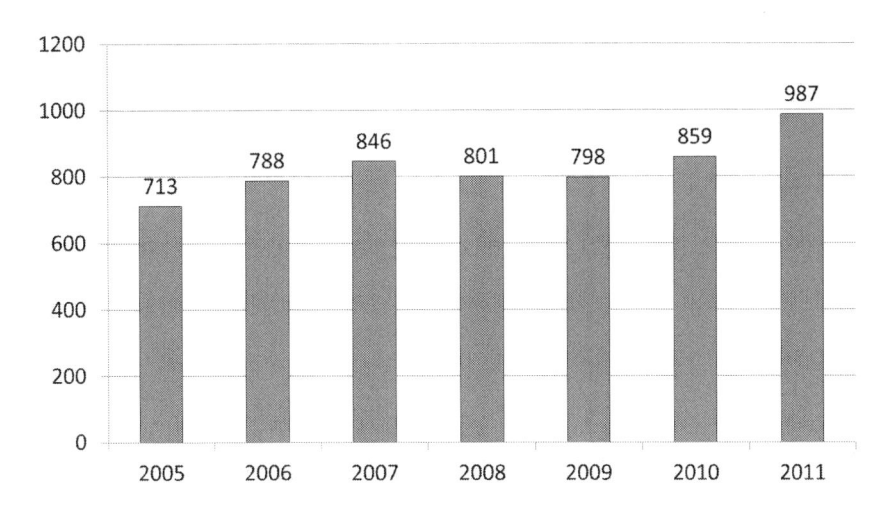

Figura 7.6 Ingresos per cápita

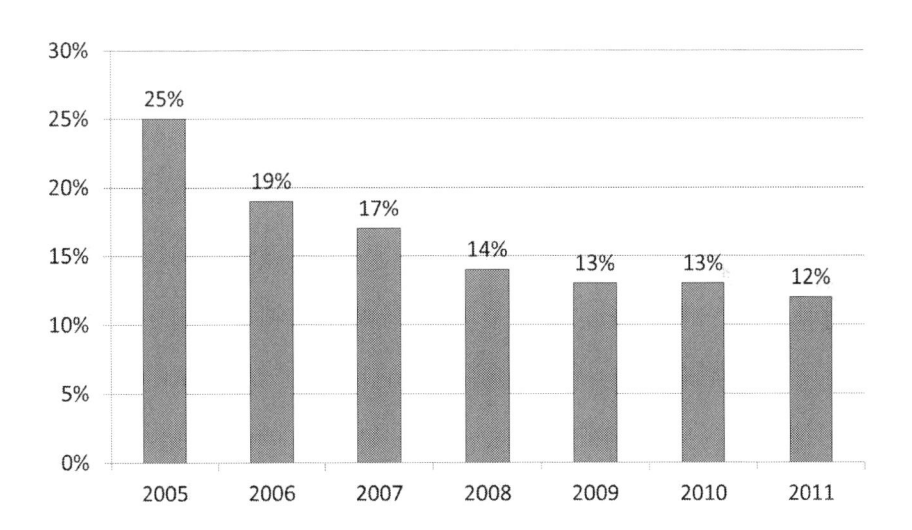

Figura 7.7 Entropía cultural

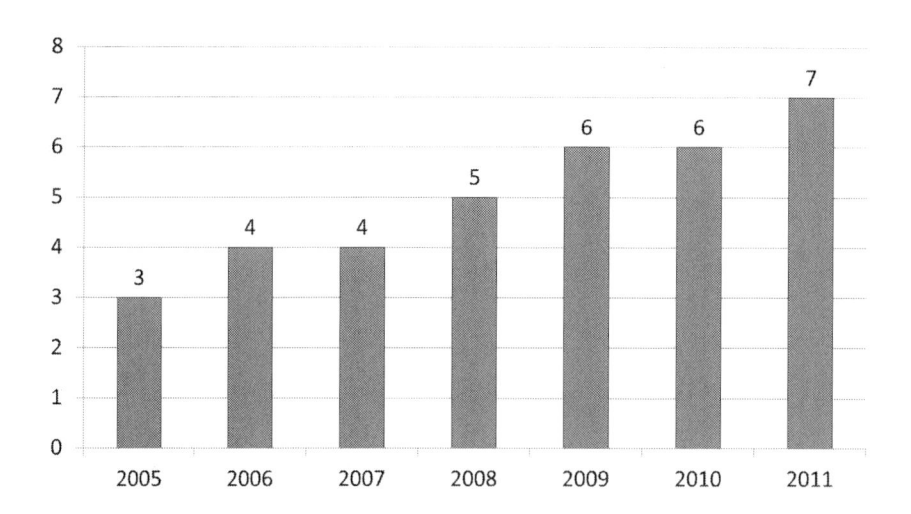

Figura 7.8 Alineación de la Misión

La organización impulsada por Valores

Diagrama de valores

Los valores del diagrama de datos para 2011, que incluye los votos de 22.102 empleados, de un total de 28.115, se muestra en la Figura 7.9.

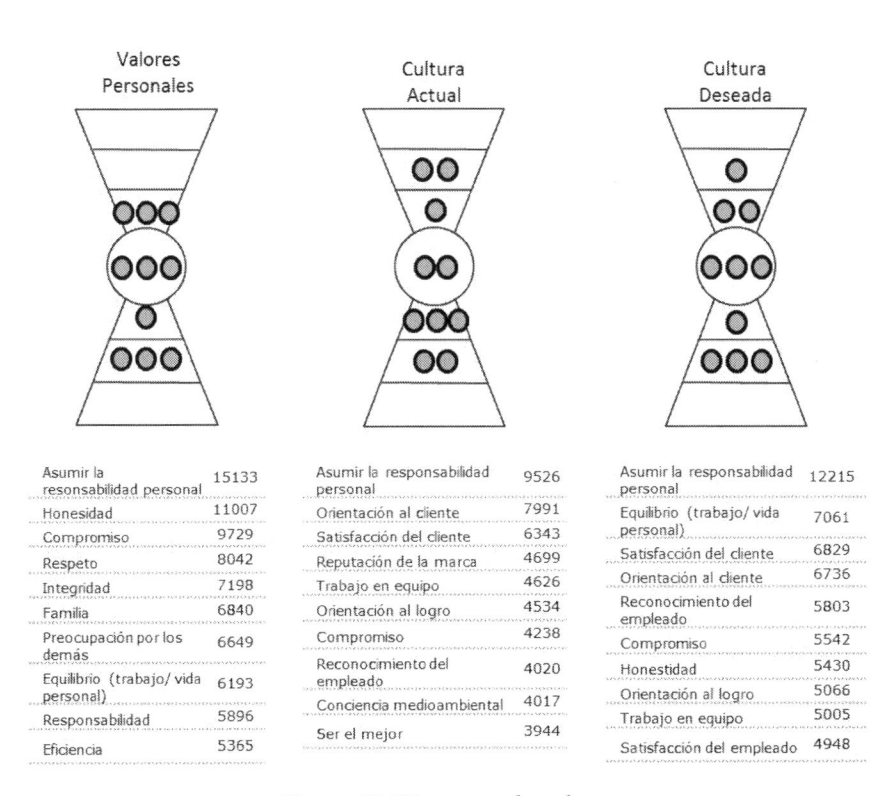

Valores Personales		Cultura Actual		Cultura Deseada	
Asumir la responsabilidad personal	15133	Asumir la responsabilidad personal	9526	Asumir la responsabilidad personal	12215
Honesidad	11007	Orientación al cliente	7991	Equilibrio (trabajo/ vida personal)	7061
Compromiso	9729	Satisfacción del cliente	6343	Satisfacción del cliente	6829
Respeto	8042	Reputación de la marca	4699	Orientación al cliente	6736
Integridad	7198	Trabajo en equipo	4626	Reconocimiento del empleado	5803
Familia	6840	Orientación al logro	4534	Compromiso	5542
Preocupación por los demás	6649	Compromiso	4238	Honestidad	5430
Equilibrio (trabajo/ vida personal)	6193	Reconocimiento del empleado	4020	Orientación al logro	5066
Responsabilidad	5896	Conciencia medioambiental	4017	Trabajo en equipo	5005
Eficiencia	5365	Ser el mejor	3944	Satisfacción del empleado	4948

Figura 7.9 Diagrama de valores

Lo primero que salta a la vista es la fuerte alineación entre los niveles de consciencia de los valores personales y los niveles de consciencia de los valores de la cultura deseada. Un factor también presente en la pequeña empresa. Sin embargo, en la pequeña empresa, los niveles de consciencia de la cultura actual también estaban alineados con los niveles de conciencia de los valores personales y de la cultura deseada. Esto no se cumple en la gran empresa. La gran empresa aún no ha llegado a alcanzar por completo el mismo nivel de alineación cultural que presenta la pequeña empresa. Es muy probable que si en esta gran empresa los líderes permanecen enfocados en la gestión de los valores de su organización, el nivel de entropía cultural se llegue a estabilizar en torno al 10 por ciento, y el nivel de alineación de los valores y de alineación de la misión fluctúen ligeramente en sus niveles actuales. Es difícil para una empresa grande como esta bajar por debajo del 10 por ciento la entropía cultural, debido a la gran diversidad existente en las etapas de desarrollo de los empleados en las grandes empresas. En empresas pequeñas basadas en el conocimiento, la diversidad de etapas de desarrollo personal es mucho menor.

Diferencias causadas por el nivel de entropía cultural

La alineación en la consciencia entre los valores personales y los valores de la cultura deseada en estos dos casos de estudio es el típico de las organizaciones con bajos niveles de entropía cultural (próximos al 10 por ciento o menos). En organizaciones con niveles medios y altos de entropía cultural, los valores elegidos para la cultura deseada tienden a concentrarse en el nivel de transformación de la consciencia (ver la figura 8.3 en el capítulo siguiente). Esto se debe a que muchos de los valores que se encuentran en el nivel de transformación de la consciencia son el remedio para los valores potencialmente limitantes que se presentan en los tres primeros niveles de consciencia. Por ejemplo, cuando la burocracia (nivel 3) y/o culpar a otros (nivel 2) aparecen entre los valores más votados de la cultura actual, asumir la responsabilidad personal (Nivel 4) se muestra con frecuencia entre los valores más votados de la cultura deseada, es decir, asumir la responsabilidad personal es un remedio para la burocracia y culpar a otros. El tema de los valores percibidos como correctores o como remedio se discute en más detalle en el siguiente capítulo, donde se presentan más casos de estudio.

Como regla general se puede decir que los empleados eligen valores correctores o remediadores (para la cultura deseada) en organizaciones de entropía media o alta y una vez que el nivel de entropía cultural llega a alrededor de 10 a 15 por ciento, un nivel de entropía cultural que los empleados pueden tolerar, eligen valores de la cultura deseada que están más en consonancia con sus valores personales.

Esto significa que la cultura ideal en una organización de baja entropía, desde la perspectiva del empleado, es aquella que se alinea con los niveles de consciencia desde los que personalmente opera, y la cultura ideal en una organización de entropía mediana o alta es aquella que consigue alinear la cultura actual con la cultura deseada.

Esto sugiere que los empleados dan prioridad a la alineación en la misión (alineación entre cultura actual y cultura deseada) en lugar de a la alineación con sus valores personales. Una vez se ha logrado la alineación de la misión, transfieren su foco a la alineación en los valores (alineación entre valores personales y cultura actual). Lo que esto significa es que por encima del 15 por ciento de entropía cultural, conforme cae la entropía, tendemos a ver mejoras en la alineación de la misión, y cuando la entropía cultural llega a alrededor del 15 por ciento o menos, tienden a aumentar tanto la alineación en los valores como la alineación de la misión. Es aquí cuando pueden verse más valores personales de los empleados mostrándose en la cultura deseada para la organización. Cuando la entropía cultural llega a alrededor del 10 por ciento, donde con frecuencia se estabiliza, especialmente en grandes empresas, en lugar de continuar disminuyendo la entropía cultural, se tiende a ver un aumento en la alineación de valores (aumento en el número de coincidencias entre valores personales y de la cultura actual) y/o en la alineación de la misión (aumento en el número de coincidencias entre valores de la cultura actual y valores de la cultura deseada).

Impacto de las etapas de desarrollo en la alineación

Otro punto digno de destacar sobre la alineación entre la consciencia personal y la consciencia de la cultura deseada en pequeñas y grandes organizaciones es lo diferentes que son. En ambos casos, hay una alineación en la consciencia entre los valores personales y los valores culturales deseados, pero los niveles de consciencia desde los que los empleados están operando son diferentes. Las figuras 7.10 y 7.11 comparan los valores personales del caso 1 (pequeña empresa) y del caso 2 (gran empresa). La figura 7.10 muestra los diagramas de valores personales, y la Figura 7.11 muestra la distribución de valores personales.

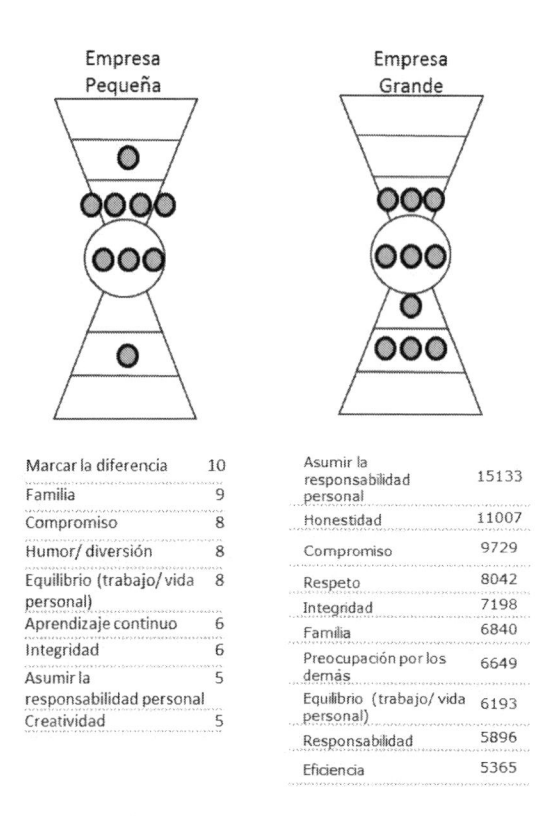

Empresa Pequeña		Empresa Grande	
Marcar la diferencia	10	Asumir la responsabilidad personal	15133
Familia	9	Honestidad	11007
Compromiso	8	Compromiso	9729
Humor/ diversión	8	Respeto	8042
Equilibrio (trabajo/ vida personal)	8	Integridad	7198
Aprendizaje continuo	6	Familia	6840
Integridad	6	Preocupación por los demás	6649
Asumir la responsabilidad personal	5	Equilibrio (trabajo/ vida personal)	6193
Creatividad	5	Responsabilidad	5896
		Eficiencia	5365

Figura 7.10 Comparación de los diagramas de valores personales en los estudios de caso 1 y 2

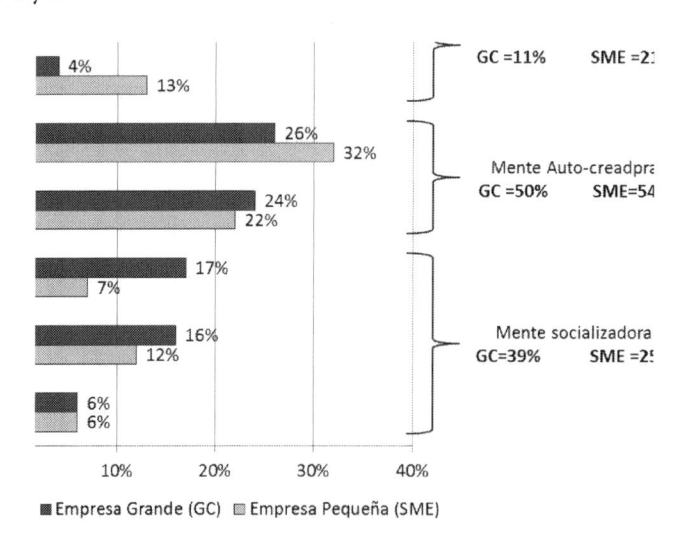

Figura 7.11 Comparación de la distribución de valores personales.

La organización impulsada por Valores

Podemos ver en la comparación de los diagramas de valores que los empleados de las dos empresas sólo comparten cuatro valores - asumir la responsabilidad personal, la familia, el compromiso y el equilibrio entre trabajo/vida personal. Las prioridades para cada uno de estos valores, a excepción del compromiso, son diferentes. El valor personal más votado en la pequeña empresa es marcar una diferencia (un valor de nivel 6), que es típico de las personas que actúan con mente autotransformadora, mientras que valor personal más votado en la gran empresa es asumir la responsabilidad personal (un valor de nivel 4), que es típico de las personas que operan desde la mente auto-creativa.

Una exploración más detallada de las diferencias se muestra en la Figura 7.11, donde se compara la distribución de valores personales (de todos los votos emitidos para valores personales) para la pequeña y gran empresa y cómo esta distribución se relaciona con los tres tipos de mente discutidas en el Capítulo 3.

Vemos en este análisis que la proporción de votos para valores que corresponden a las necesidades de la mente socializada es significativamente mayor en la empresa grande que en la pequeña empresa: 39 por ciento, en comparación con el 25 por ciento. La proporción de votos de valores que corresponden a las necesidades de la mente auto-creativa es ligeramente superior en la pequeña empresa: 54 por ciento, en comparación con el 50 por ciento de la gran empresa. Y el porcentaje de votos a favor de valores que corresponden a las necesidades de una mente auto-transformadora es significativamente mayor en la compañía pequeña en comparación con la gran empresa: 21 por ciento frente al 11 por ciento.

Estas diferencias se deben principalmente al hecho de que la práctica totalidad de las personas que trabajan en la pequeña empresa están involucradas en tareas relativamente exigentes, complejas, y orientadas al conocimiento, mientras que un número considerable de las personas que trabajan en la empresa grande están trabajando en tareas menos complejas, orientadas hacia el cliente y en apoyo administrativo. Esto significa que la empresa más pequeña requiere de personas en una etapa media de desarrollo más alta que la empresa grande; y debido a que los trabajadores se encuentran en una etapa superior de desarrollo, tienen necesidades y valores de orden superior, así como mentes más complejas.

Richard Barrett

Por lo tanto, es sumamente importante para los trabajadores de la pequeña empresa ver y sentir que sus esfuerzos en el trabajo están generando marcando una diferencia en el mundo, pues están menos preocupados por satisfacer sus necesidades de subsistencia; mientras que los trabajadores de la gran empresa prestan más atención a cumplir sus necesidades de supervivencia, relaciones y autoestima, particularmente su necesidad de sentirse aceptados y queridos (Nivel 2 - 16 por ciento de los valores elegidos), y reconocidos (Nivel 3 - 17 por ciento de los valores elegidos). No es de extrañar por tanto, que la satisfacción del empleado (Nivel 2) y el reconocimiento del empleado (Nivel 2) puntúen alto en la cultura deseada de la gran empresa.

Por supuesto, habrá muchas personas maduras en la organización grande que estén trabajando en tareas exigentes, complejas y orientadas al conocimiento, y que se encuentran en una etapa de desarrollo superior al del promedio de los empleados, pero en términos porcentuales, representan una parte relativamente pequeña del total y por lo tanto tienen menos impacto en los resultados globales. La figura 7.12, que muestra el nivel de desarrollo del equipo de alta dirección, de los directivos senior, mandos intermedios y directivos jóvenes en la empresa grande, ilustra este punto.

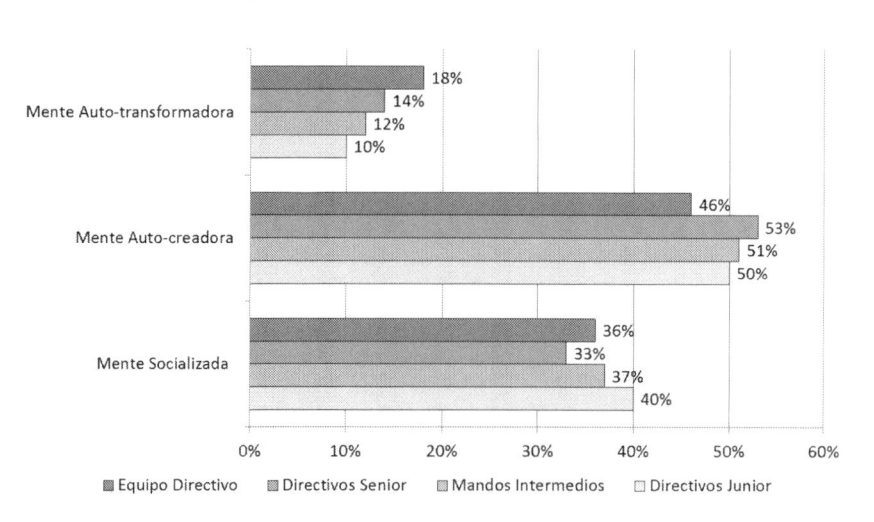

Figura 7.12 Tipos de mente por grupo directivo

La organización impulsada por Valores

Los niveles de desarrollo siguen el modelo que era de esperar: la alta dirección tiene más valores en el rango de la mente auto-transformadora (18 por ciento) que entre los directivos senior (14 por ciento), y los directivos senior tienen más valores en este rango que los mandos intermedios (12 por ciento), que a su vez tienen más valores que los directivos junior (10 por ciento). La media de todos los empleados en este rango es del 11 por ciento (ver Figura 7.11). Por el contrario los jóvenes directivos tienen más valores en el rango de mente socializada (40 por ciento) que los mandos intermedios (37 por ciento), y los mandos medios tienen más valores en este rango que los altos directivos (33 por ciento). Curiosamente, el equipo de alta dirección tiene más valores (36 por ciento) en el rango de la mente socializada que los directivos senior (33 por ciento), pero menos que los mandos intermedios y directivos junior.

Cuadro de Mando Integrado (BNS)

Otros tres puntos en la evaluación de los valores culturales de la gran empresa que son dignos de mención, se pueden ver en el análisis del cuadro de mando integrado (ver Figura 7.13).

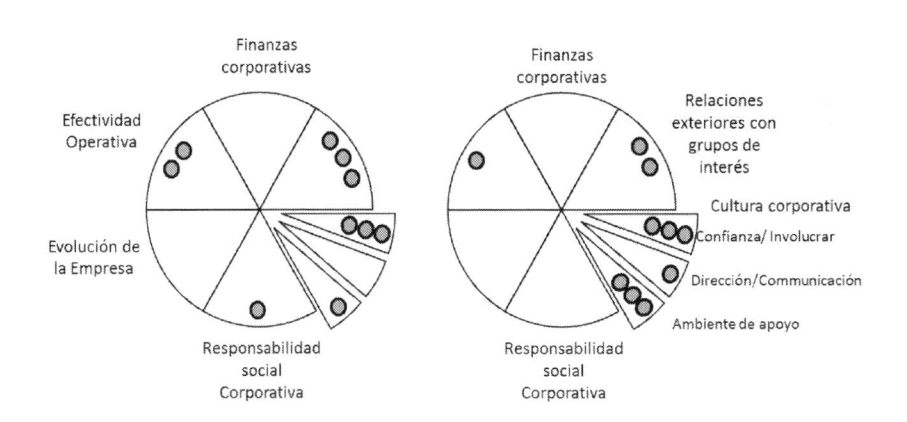

Figura 7.13 BNS Cuadro de mando integrado

El primer punto es que los valores más votados de la cultura actual están relativamente bien distribuidos: se encuentran en todos los ámbitos del BNS, excepto las categorías de evolución y finanzas. La compañía cuida de sus empleados, de sus clientes y de la sociedad.

El segundo punto es que la falta de valores en la categoría evolución parece representar un punto ciego. No hay ningún valor en esta categoría *ni* en la cultura actual *ni* en la deseada. Esto significa que la organización no está dando suficiente importancia a valores como la perspectiva a largo plazo, la creatividad y la innovación. Esto es potencialmente preocupante, sobre todo porque este punto ciego ha aparecido en varias evaluaciones consecutivas. Se podría hacer un comentario similar acerca de la categoría finanzas. Sin embargo, en este caso las evaluaciones anteriores han mostrado valores en esta categoría y la situación financiera de la empresa es bastante sólida. Esto no es tanto un punto ciego, como un área en la que la empresa ha conseguido alcanzar un alto grado de competencia: obtener beneficios no es un problema y se da por hecho.

El tercer punto a destacar es que a pesar de que la empresa cuenta con un bajo nivel de entropía cultural y un nivel relativamente alto de alineación de la misión, los empleados quieren ver aún más énfasis en las mejoras culturales: hay siete valores en la categoría de cultura en el ámbito de la cultura deseada frente a cuatro en el de la cultura actual. Los empleados quieren que la organización cree un entorno de trabajo más favorable a través de un mayor equilibrio (trabajo/vida personal), la satisfacción de los empleados y de mejorar la comunicación a través de más honestidad.

Saltos en valores

La tabla de saltos en valores nos da más indicios sobre en qué debe centrarse esta gran organización el próximo año.

Es interesante observar que cada uno de los siete saltos de valores que se muestran en la Tabla 7.5 se asocia con la experiencia de los empleados. Esto es inusual. Normalmente se esperaría ver al menos uno o dos valores centrados en las necesidades de los clientes o de la organización. Los dos saltos que más destacan – equilibrio (trabajo/vida personal) y la satisfacción de los empleados - y el sexto - reconocimiento del empleado - reflejan necesidades de personas que operan desde una mente socializada. Asumir la responsabilidad personal, ecuanimidad, honestidad y confianza reflejan necesidades típicas de personas que operan desde una mente auto-creadora. La ecuanimidad, la honestidad

La organización impulsada por Valores

y la confianza son valores de Nivel 5 que contribuyen a la cohesión interna. Asumir la responsabilidad personal es un valor de Nivel 4, que habla de autonomía y libertad.

Tabla 7.5 Saltos de valores

Valores	Votos cultura actual	Votos cultura deseada	Salto en número de votos a ese valor	Incremento porcentual
Equilibrio (Trabajo/vida personal)	2,889	7,061	4,172	144%
Satisfacción del empleado	1,846	4,948	3,102	168%
Asumir la responsabilidad personal	9,526	12,215	2,689	28%
Ecuanimidad	1,908	4,131	2,223	117%
Honestidad	3,258	5,430	2,172	67%
Reconocimiento del empleado	4,020	5,803	1,783	44%
Confianza	1,686	3,390	1,704	101%

Al profundizar en estos datos, encontramos diferencias en cada uno de los niveles de gestión. La Tabla 7.6 muestra los cinco saltos más pronunciados en la diferencia de votos por valor, expresados en número de votos para el mismo conjunto de directivos senior, mandos intermedios y directivos jóvenes incluidos en la Figura 7.12.

Tabla 7.6 Saltos de valores por niveles de gestión

Directivos senior (637)	Mandos intermedios (5,457)	Directivos Junior (9,723)
Equilibrio (Trabajo/vida personal) (148)	Equilibrio (Trabajo/vida personal) (1,477)	Equilibrio (Trabajo/vida personal) (1,915)
Asumir la responsabilidad personal (146)	**Asumir la responsabilidad personal** (1,192)	Satisfacción del empleado (1,553)

Innovación (87)	Satisfacción del empleado (1,025)	Ecuanimidad (1,433)
Satisfacción del empleado (79)	Transparencia (708)	**Asumir la responsabilidad personal** (1,082)
Adaptabilidad (73)	Ecuanimidad (691)	Honestidad (1,072)

Es interesante notar que, mientras que el equilibrio (trabajo/vida personal) es la máxima prioridad para todos los grupos de directivos, la satisfacción del empleado (en letra cursiva) es mucho más importante en los niveles más jóvenes que en el nivel medio o superior. Asumir la responsabilidad personal (en negrita) es menos importante en las categorías inferiores que en los niveles más altos. Esto es exactamente lo que uno esperaría: cuanto mayor es la influencia de la mente socializada, más gente se centra en la satisfacción (en satisfacer sus necesidades de subsistencia) y se enfoca menos en asumir la responsabilidad personal. Por el contrario, las personas con mente auto-creadora están más interesados en asumir la responsabilidad personal que en la satisfacción.

Los datos de esta gran empresa también muestran otra característica interesante que se encuentra a menudo en las grandes organizaciones: el nivel de entropía cultural de los directivos senior se reduce por debajo del nivel de la alta dirección, y la entropía cultural observada por el equipo de alta dirección es inferior a la de los directivos más veteranos (véase el Cuadro 7.7).

Tabla 7.7 Entropía cultural por nivel

Equipo alta dirección	Directivos senior (637)	Mandos intermedios	Directivos Junior
1%	14%	13%	9%

El bajo nivel de entropía cultural en el equipo de alta dirección, en este caso, se debe a: (a) que funcionan muy bien juntos, y (b) que delegan en sus directivos más veteranos. La razón por la que los directivos senior muestran el más alto nivel de entropía cultural de todos los diferentes niveles de gestión es que asumen un montón de responsabilidad (asumir la responsabilidad personal es el valor más votado de la cultura actual en

La organización impulsada por Valores

la organización); están bajo presión desde arriba para lograr resultados, y bajo la presión desde abajo para gestionar su personal y recursos. Es evidente que existe un alto nivel de compromiso de la organización (número siete entre los diez valores más votados de la cultura actual), lo cual se refleja en una necesidad sentida en todos los niveles del equipo directivo: conseguir una mejor conciliación de la vida personal/ frente a la vida profesional.

Muy a menudo, cuando el nivel de entropía cultural en una organización es alto, digamos 30 por ciento o más, el nivel de entropía cultural del primer equipo también es alto. Esto indica con claridad que existe una falta de confianza dentro del equipo de liderazgo y que se producen una gran cantidad de luchas internas. Este no es el caso en esta empresa concreta. El equipo de líderes parecen estar funcionando muy bien juntos, pero parecen estar un poco fuera de la realidad acerca de lo que está pasando con sus subordinados directos y otros altos directivos.

Análisis de los valores centrales adoptados por la organización

Sólo uno de los cinco valores centrales adoptados por esta gran organización (Tabla 7.8) aparece entre los diez valores más votados de la cultura actual y de la cultura deseada: asumir la responsabilidad personal. A excepción de *ampliar los límites*, que demuestra una caída del 20 por ciento de los votos, el resto de los valores centrales adoptados por la organización muestran un aumento en el número de votos en la cultura deseada con respecto al número de votos obtenidos en la cultura actual, de entre el 5 y el 38 por ciento.

Tabla 7.8 Análisis de los valores adoptados por la organización

Valor central	Votos cultura actual	Votos cultura deseada	Diferencia positiva
Asumir la responsabilidad personal	9,526	12,215	+28%
Integridad	3,766	4,606	+22%
Orientarse a las personas	3,371	3,548	+5%

Ampliar los límites / innovar	2,966	2,383	−20%
Respeto	3,343	4,606	+38%

Si consideramos que la honestidad, que era el quinto salto más destacado en la diferencia de votos de un valor (véase el cuadro 7.5), está estrechamente ligada a la integridad, entonces se podría considerar que la demanda de integridad en la cultura actual debe aumentar en 3.258 votos y la demanda de integridad de la cultura deseada se debe aumentar en 5.430 votos. Esto daría a la integridad un aumento de puntuación del 44 por ciento, con mucho la mayor diferencia en positivo y el mayor salto en los votos.

Índices de participación

La Evaluación de Valores Culturales da la oportunidad a los empleados de expresar las cosas que son importantes para ellos. Esto se evidencia por el aumento en el número de personas que participaron voluntariamente en la encuesta en la organización grande: se pasó del 8 por ciento en 2005 al 77 por ciento en 2011 (véase la figura 7.14).

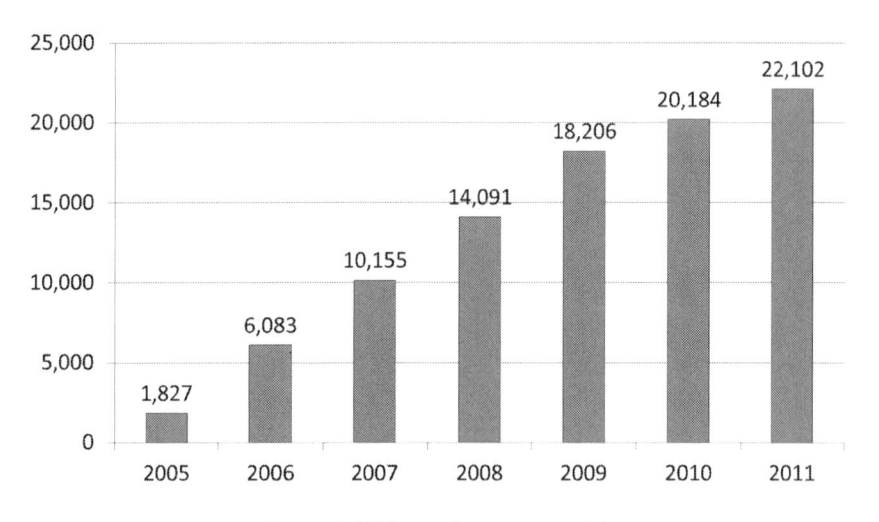

Figura 7.14 Tasas de participación

Este aumento en la participación se atribuye al hecho de que los líderes de la organización actuaron tras los resultados de la encuesta. Cada año se centraron en tres acciones que buscaban directamente disminuir el nivel de entropía cultural y/o aumentar el nivel de alineación de valores y de la misión. Sabiendo esto, y viendo que se llevaron a cabo estas acciones, más y más empleados querían participar en la Evaluación de Valores culturales cada año, con el fin de favorecer la satisfacción de sus necesidades.

Conclusiones

Este breve resumen de los estudios longitudinales de una empresa pequeña y una empresa grande que han actuado sobre los resultados de las evaluaciones de valores culturales durante un período de varios años, demuestra que los esfuerzos para gestionar sus valores han dado sus frutos. Ambos han aumentado sus ingresos y los ingresos per cápita (productividad), y debido a su foco en valores, fueron capaces de salir relativamente indemnes de la crisis económica mundial en 2009 y de recuperar rápidamente el ritmo de crecimiento.

Resumen

Estos son los principales puntos del capítulo 7:

1. En un informe tipo de CVA, hay seis diagramas y dos tablas de datos. Se puede solicitar también una tabla adicional con un análisis de los valores centrales adoptados por una organización.
2. Cuando los líderes dan seguimiento a los resultados de una evaluación de valores culturales, con acciones y cambios concretos, la tasa de participación de los empleados en la encuesta aumenta significativamente.
3. En ambos casos, el foco en la gestión de los valores ha llevado a un aumento en los ingresos, la productividad de los empleados y la resiliencia de la organización.

4. En ambos casos, los valores de la cultura actual se distribuyeron entre los cuatro grupos de interés más importantes: empleados, clientes, inversores y la sociedad.

Notas

[1] La plantilla de los valores utilizados para mapear los valores personales de los empleados es ligeramente diferente de la plantilla que se utiliza para asignar los valores de la cultura actual y la cultura deseada de la organización: no contiene valores organizacionales. En consecuencia, el número de valores coincidentes entre cultura actual organizacional y valores personales no puede ser superior a cinco, mientras que es posible tener hasta diez coincidencias entre valores de la cultura actual y de la cultura deseada de la organización.

[2] La razón por la que hay tan sólo nueve valores en los valores personales y de cultura actual es que había más de cinco valores personales que obtuvieron cinco votos, y más de cinco valores de la cultura actual que obtuvieron siete votos. Mostrar estos valores adicionales habría hecho el diagrama menos claro. Con grupos más grandes, por lo general más de 20 personas, casi siempre hay un punto de corte claro para los diez valores con mayor número de votos.

[3] Cada uno de los valores indicados está representado por un punto (o bola) en el nivel apropiado del diagrama de Siete Niveles de Consciencia.

8

Más casos de estudio

Mientras que mi intención en el capítulo 7 era demostrar el impacto a largo plazo de centrarse en la gestión de los valores utilizando el estudio de caso de dos organizaciones que han estado llevando a cabo evaluaciones de valores culturales durante un período significativo de tiempo, mi intención en el capítulo 8 es poner de relieve el poder del diagnóstico de Evaluación de Valores culturales (CVA) en situaciones específicas. Para ello, voy a utilizar diversos indicadores extraídos de las evaluaciones de Valores Culturales realizados en varias empresas. Los principales serán: la entropía Cultural, el número de coincidencias entre valores personales y valores de la cultura actual (alineación de valores), el número de coincidencias entre valores de la cultura actual y la deseada (alineación de la misión), y los resultados del Cuadro de mando integrado. También voy a indicar cómo se pueden utilizar las tipologías de valores (IROS) para obtener información sobre lo que funciona y no funciona en una cultura organizacional.

Entropía Cultural

Dado que la entropía cultural es uno de los indicadores clave de desempeño, la tabla siguiente le será útil. En la tabla 8.1 se describen una amplia gama de medidas correctivas, asociadas a diferentes niveles de entropía cultural.

Tabla 8.1 Implicaciones asociadas a diferentes niveles de entropía cultural

Entropía cultural	Implicaciones
0–10%	Saludable: se trata de un nivel de entropía cultural bajo y saludable.
11–20%	Problemas menores: este nivel de entropía cultural refleja la necesidad de hacer algunos ajustes culturales o estructurales
21–30%	Temas significativos: este nivel de entropía cultural refleja la necesidad de una transformación cultural y / o estructural y la necesidad de acompañar con coaching a los líderes.
31–40%	Problemas serios: este nivel de entropía cultural refleja la necesidad de una transformación cultural y / o estructural, así como acompañamiento y coaching para el desarrollo del liderazgo en el equipo.
41% +	Problemas graves/críticos: este nivel de entropía cultural refleja la necesidad de una transformación cultural y / o estructural, cambios selectivos en el equipo de liderazgo, y la necesidad de desarrollar y acompañar con coaching el desarrollo del liderazgo en el equipo.

En 2012, Barrett Values Centre llevó a cabo un proyecto de investigación para examinar el impacto de la entropía cultural sobre los valores de las organizaciones en 40 industrias y 36 países utilizando 1.011 evaluaciones culturales de valores realizadas durante el período de 2007 a 2011.

Las evaluaciones se dividieron en los cinco rangos de entropía cultural mostrados en la Tabla 8.1. La figura 8.1 muestra que sólo el 15 por ciento (147) de las organizaciones encuestadas tenían una puntuación de entropía cultural en el rango saludable (0-10 por ciento). El cinco por ciento (50) tenía una puntuación de entropía cultural en la zona crítica ($\geq$ 41 por ciento).

La organización impulsada por Valores

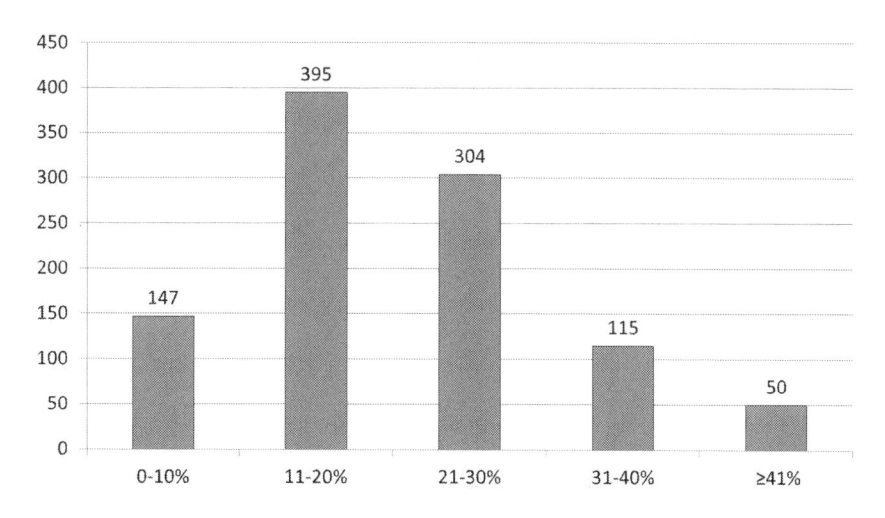

Figura 8.1 Distribución de las evaluaciones de entropía cultural clasificadas por rango (2007-2011)

Los diez valores más votados clasificados por nivel de conciencia en las 147 organizaciones saludables, y las 50 organizaciones de nivel crítico se muestran en la Figura 8.2. Junto a cada valor se muestran: (a) el porcentaje de las organizaciones en ese rango que tenían ese valor concreto entre los 10 valores más votados de su cultura actual; por ejemplo, el 58 por ciento de las organizaciones de baja entropía tenía el trabajo en equipo entre sus diez valores más votados de la cultura actual, y el 90 por ciento de las organizaciones de alta entropía tenía la burocracia entre los diez valores más votados de su cultura actual; (b) el nivel y el tipo de valor: por ejemplo, el trabajo en equipo se produce en el nivel de transformación (4) y es un valor relacional (R), y la burocracia es un valor potencialmente limitante (L), del nivel de autoestima(Nivel 3) y un valor organizacional (O). Los puntos blancos representan valores potencialmente limitantes y van seguidos de una (L). Los valores positivos se muestran como puntos grises. Esta figura también muestra los diagramas del cuadro de mando de necesidades del negocio para la cultura actual de las organizaciones con entropía baja y alta.

Baja Entropía ≤ 10%   Alta Entropía ≥ 41%

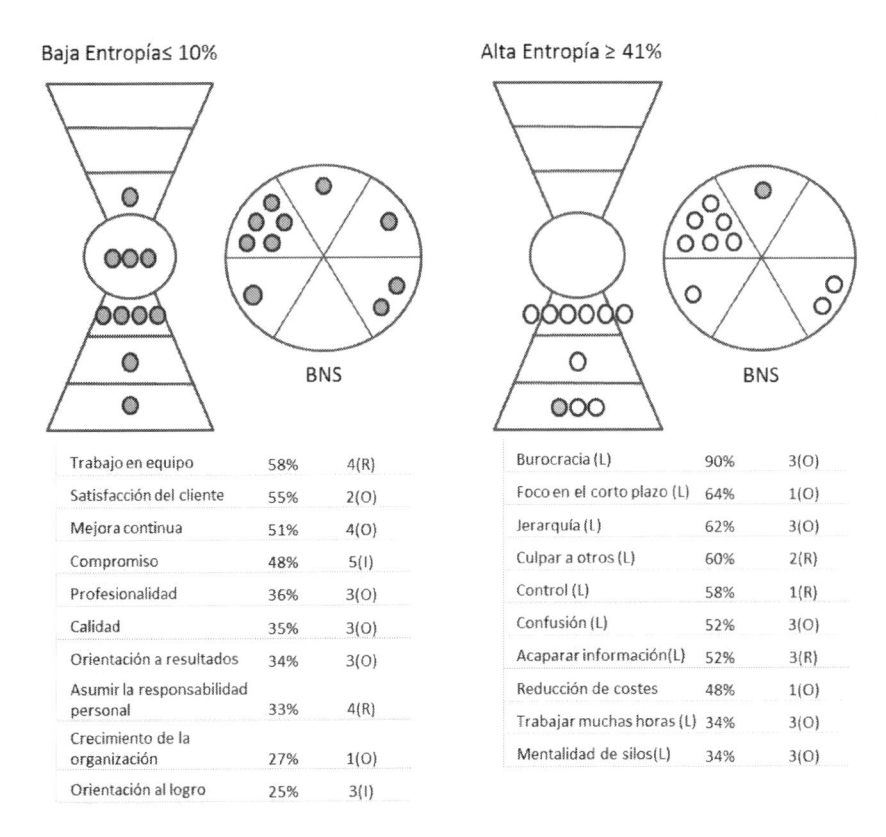

Trabajo en equipo	58%	4(R)
Satisfacción del cliente	55%	2(O)
Mejora continua	51%	4(O)
Compromiso	48%	5(I)
Profesionalidad	36%	3(O)
Calidad	35%	3(O)
Orientación a resultados	34%	3(O)
Asumir la responsabilidad personal	33%	4(R)
Crecimiento de la organización	27%	1(O)
Orientación al logro	25%	3(I)

Burocracia (L)	90%	3(O)
Foco en el corto plazo (L)	64%	1(O)
Jerarquía (L)	62%	3(O)
Culpar a otros (L)	60%	2(R)
Control (L)	58%	1(R)
Confusión (L)	52%	3(O)
Acaparar información (L)	52%	3(R)
Reducción de costes	48%	1(O)
Trabajar muchas horas (L)	34%	3(O)
Mentalidad de silos (L)	34%	3(O)

Figura 8.2 Distribución de los valores en la cultura actual y en el BNS para culturas de baja (≤10%) y alta (≥41%) entropía.

Los valores con mayor puntuación entre las organizaciones de baja entropía fueron el trabajo en equipo, la satisfacción del cliente, la mejora continua y el compromiso, todos ellos valores positivos. Los valores con mayor puntuación entre las organizaciones de alta entropía fueron la burocracia, el enfoque a corto plazo, la jerarquía y culpar a otros, todos ellos valores potencialmente limitantes.

Las organizaciones de baja entropía se centran principalmente en el nivel 3 (autoestima) y Nivel 4 (transformación). Las organizaciones de alta entropía se centran principalmente en el nivel 3 (autoestima) y Nivel 1 (supervivencia). En las organizaciones de alta entropía, los valores del nivel de autoestima son todos potencialmente limitantes. El alto nivel de control y el fuerte foco en los resultados a corto plazo en el nivel de supervivencia, son también inhibidores del buen funcionamiento

La organización impulsada por Valores

de estas organizaciones. No hay mucha autonomía ni responsabilidad personal asumida por los resultados en estas organizaciones.

Cuando analizamos el cambio de valores a través de las bandas de la entropía nos encontramos con que los valores potencialmente limitantes comienzan a aparecer entre los diez valores más votados de la cultura actual en la banda del 21-30 por ciento de entropía. Los primeros valores potencialmente limitantes en aparecer son la burocracia, la jerarquía y la confusión (Nivel 3). En la banda del 31 al 40 por ciento de entropía, encontramos también los valores de control, enfoque a corto plazo, la mentalidad de silos (o reinos de taifas) y las largas horas de trabajo(Niveles 3 y 1). En la banda más alta de entropía nos encontramos con la búsqueda de culpables (culpar a otros) y acaparar información (Nivel 2 y Nivel 3).

A partir de esta investigación, hemos sido capaces de establecer que el bajo rendimiento y la desintegración de una cultura por lo general empiezan con un bajo grado de responsabilidad personal asumida por los resultados y la ausencia de trabajo en equipo,[1] lo cual lleva a la confusión, que a su vez genera mayor burocracia y agranda las distancias en la jerarquía. Como el rendimiento empeora, y surgen problemas serios, se genera una mayor división interna (mentalidad de silos), y el miedo se establece en la compañía; ante ello la gente comienza a trabajar muchas horas para darle la vuelta a la situación. Al mismo tiempo, se le da más importancia al control, a la reducción de costes[2] y a los resultados a corto plazo. Entonces, cuando las condiciones se vuelven críticas, la gente empieza a pensar en proteger sus puestos de trabajo culpando a los demás y acaparando información.

La distribución por nivel de consciencia de los valores potencialmente limitantes que aparecen en la banda de alta entropía cultural se muestra en la Tabla 8.2. A pesar de que la reducción de costes es en esencia un valor positivo, pues puede mejorar el rendimiento financiero, en las organizaciones de alta entropía suele ser, por lo general, un valor potencialmente limitante según reconocen sus empleados. Por esta razón, se muestra entre paréntesis en la Tabla 8.2.

Tabla 8.2 Distribución de los valores potencialmente limitantes por nivel en el rango más elevado de entropía cultural

Nivel de consciencia	Valores que aparecen en el rango más elevado de entropía
Autoestima (3)	Burocracia, jerarquía, confusión, trabajar muchas horas, mentalidad de silo
Relaciones (2)	Culpar a otros
Supervivencia (1)	Foco en el corto plazo, control, (reducción de costes)

La Tabla 8.3 muestra la distribución de los diez valores más votados de las organizaciones de alta y baja entropía cultural en el Cuadro de Mando Integrado (BNS).

Tabla 8.3 Distribución de valores en las categorías del BNS en rangos de entropía medios y altos

Categoría	Baja entropía *(0-10%)*	Alta entropía *(41%+)*
Finanzas	Crecimiento de la organización	Reducción de costes
Procesos	Orientación al logro, profesionalidad, calidad, orientación a resultados	Burocracia, jerarquía, Trabajar muchas horas
Relaciones con grupos de interés	Satisfacción del cliente	
Evolución	Mejora continua	Foco en el corto plazo
Cultura	*Confianza/ compromiso*: Asumir la responsabilidad personal por los resultados, compromiso, trabajo en equipo	*Confianza/ compromiso*: Mentalidad de silos, control, culpar a otros *Dirección / Comunicación*: confusión, acaparar información
Contribución a la sociedad		

Las organizaciones con alta entropía son lentas en la toma de decisiones, que se empantanan por la burocracia y la jerarquía. Pierden el compromiso de sus empleados, que asumen muy poca responsabilidad personal por los

La organización impulsada por Valores

resultados y no hay apenas trabajo en equipo (lo que lleva a la confusión). Se olvidan de sus clientes y se centran excesivamente en los resultados a corto plazo, reducen gastos en mejora continua e inversiones para su futuro, y todo el mundo empieza a centrarse sólo en su propio interés.

La distribución por tipología de valores en las organizaciones de baja y alta entropía se muestra en la Tabla 8.4. Los valores individuales de compromiso y orientación al logro en las organizaciones de baja entropía son fundamentales en la creación de una ética de alto rendimiento. Los valores relacionales del trabajo en equipo y asumir la responsabilidad personal en los resultados garantizan que las personas trabajen bien juntas y se hagan co-responsables de los resultados. Los valores organizacionales de mejora continua, calidad y profesionalidad son los instrumentos que permiten garantizar la satisfacción del cliente. La atención a los resultados y al crecimiento de la organización mantienen a la organización enfocada en el éxito. Todos estos valores no se encuentran entre los valores más votados de las organizaciones de alta entropía que examinamos.

Tabla 8.4 Tipos de valores en organizaciones con baja y alta entropía

Organizaciones *de baja* entropía (0–10%)			
I	R	O	S
Compromiso Orientación al logro	Trabajo en equipo Asumir la responsabilidad personal en los resultados	Satisfacción del cliente Mejora continua Profesionalidad Calidad Orientación a resultados Crecimiento de la organización	
Organizaciones *de alta* entropía(41%+)			
I	R	O	S
	Culpar a los demás(L) Control (L) Acaparar información (L)	Burocracia (L) Reducción de costes (L) Jerarquía (L) Confusión (L) Resultados (L) Enfoque a corto plazo (L) Trabajar muchas horas (L)	

Richard Barrett

Una organización con alta entropía

La Figura 8.3 muestra los datos del diagrama de valores de una organización de alta entropía. Este gráfico presenta las opiniones de 80 directivos senior. Salta a la vista en la distribución de los principales valores (los puntos) que hay un desajuste significativo entre el nivel de consciencia mostrado por los valores personales de los directivos (foco en el Nivel 5), la cultura actual (con foco en los Niveles 1 y 2) y la cultura deseada (con foco en el Nivel 4 y Nivel 2). No hay coincidencia de valores entre los valores personales y los de la cultura actual (baja alineación en los valores) y sólo una coincidencia entre la cultura actual y la deseada, asumir la responsabilidad personal por los resultados (baja alineación en la misión).

Valores Personales		Cultura Actual		Cultura Deseada	
1. Compromiso	39	1. Reducción de costes (L)	64	1. Mejora continua	40
2. Honesidad	33	2. Beneficio	40	2. Satisfacción al consumidor	36
3. Marcar una diferencia	31	3. Orientación a resultados	36	3. Asumir la responsabilidad personal	29
4. Actitud positiva	29	4. Culpar a los demás (L)	34	4. Coaching/Mentoring	28
5. Orientación al logro	27	5. Exigencia (L)	32	5. Desarrollo del liderazgo	26
6. Humor/ diversión	27	6. Trabajar muchas horas (L)	29	6. Trabajo en equipo	23
7. Integridad	27	7. Asumir la responsabilidad personal.	27	7. Comunicación abierta	22
8. Ecuanimidad	26	8. Inseguridad Laboral (L)	26	8. Adaptabilidad	21
9. Eficacia	26	9. Falta de reconocimiento (L)	25	9. Reconocimiento del empleado	21
10. Iniciativa	23	10. Control (L)	25	10. Compartir información	21

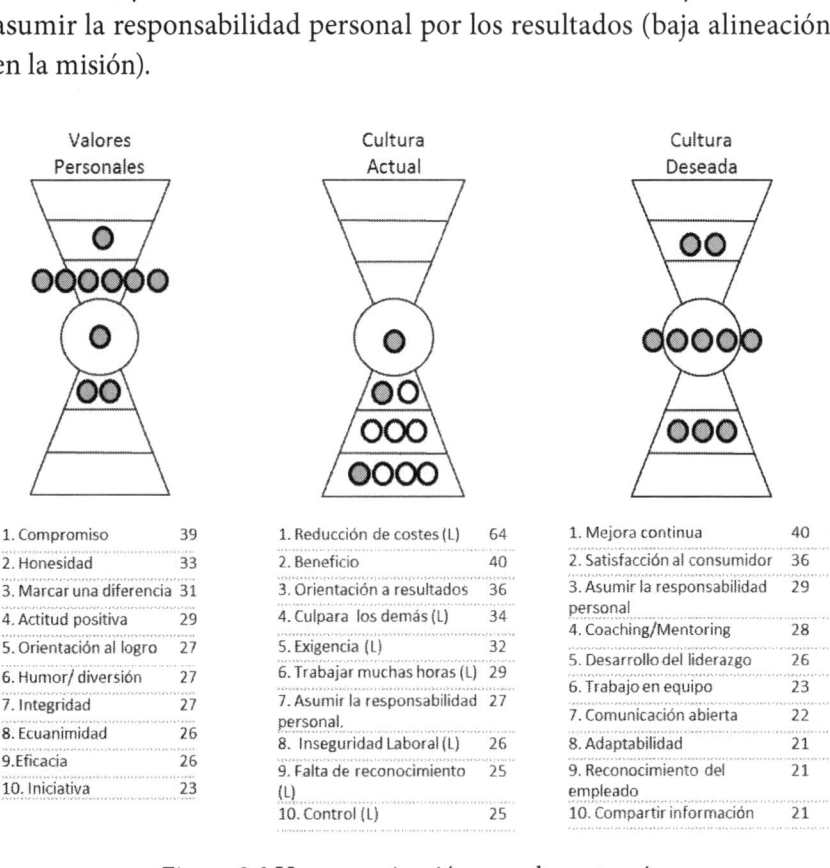

Figura 8.3 Una organización con alta entropía

Lo que es típico de este diagrama de datos, y que con frecuencia encontramos en las organizaciones de alta entropía, es que los valores de la cultura deseada se concentran en el nivel de transformación (nivel 4). Los valores de este nivel son remedios para muchos de los problemas (valores potencialmente limitantes) que surgen en los niveles 1, 2 y 3. Debido a las dificultades que están experimentando, esta empresa se enfoca en lo que sucede en su interior, y es sencillo darse cuenta de que la satisfacción del cliente no está presente entre los diez valores más votados de la cultura actual, pero es el valor número dos en la cultura deseada.

Además, hay tres valores relacionales positivos en la cultura deseada (asumir la responsabilidad personal por los resultados, comunicación abierta y reconocimiento del empleado), que actúan como contrapeso a las cuatro valores relacionales potencialmente limitantes de la cultura actual (culpar a otros, exigencia, falta de reconocimiento y control).

La Figura 8.4 muestra el diagrama de distribución de valores de la cultura personal, actual y deseada del mismo grupo de directivos senior del diagrama anterior. El nivel de entropía cultural es el 48 por ciento (en el rango crítico) y se reparte de manera relativamente uniforme entre los niveles 1 (18 por ciento), 2 (16 por ciento) y 3 (14 por ciento).

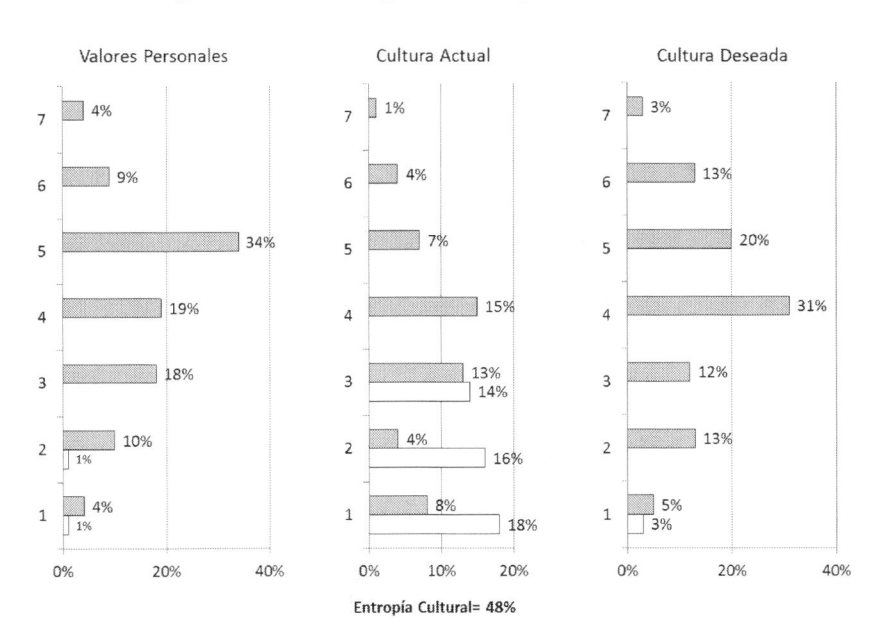

Figura 8.4 Diagrama de distribución de los valores.

Lo inquietante de este resultado es el alto nivel de entropía cultural en los niveles 1 y 2 (es más difícil reducir la entropía en los Niveles 1 y 2 que en el nivel 3). Esto sugiere que los líderes están operando con altos niveles de entropía personal, lo cual será difícil de rectificar. Esta conclusión se ve corroborada por el hecho de que el 2 por ciento de sus valores personales son potencialmente limitantes, y el 3 por ciento de sus valores culturales deseados son también potencialmente limitantes. Normalmente, no vemos ningún valor potencialmente limitante en la cultura deseada de las organizaciones con baja entropía. Quizás sea necesario incorporar savia nueva al grupo de liderazgo para corregir esta situación.

La Figura 8.5 muestra la distribución de valores positivos en los siete niveles de conciencia. Este es el mismo diagrama que el de la figura 8.4 con otra representación por niveles y sin tener en cuenta los valores potencialmente limitantes.

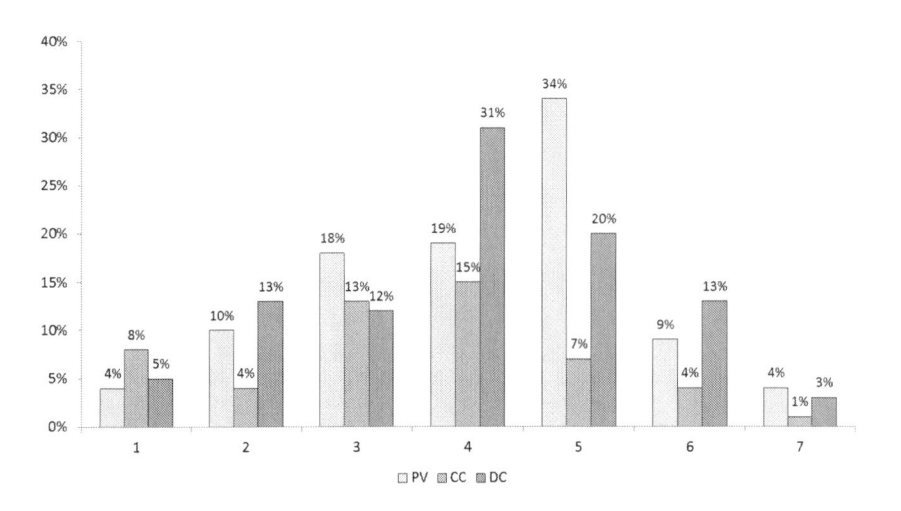

Figura 8.5 Distribución de valores positivos

Los altos directivos de esta organización quieren ver: un mayor enfoque en el Nivel 2, con valores como la satisfacción del cliente, la comunicación abierta y el reconocimiento de los empleados; una mayor atención en el Nivel 4 con valores como la mejora continua, la responsabilidad personal sobre los resultados y las propias actuaciones, el trabajo en equipo, la capacidad de adaptación, el impulso del potencial

La organización impulsada por Valores

de cada empleado y compartir información; una mayor atención en el Nivel 5 (en este nivel no hay valores específicos entre los diez más votados de la cultura deseada); un mayor enfoque en el nivel 6 con valores como coaching/mentoring y desarrollo de liderazgo, y una mayor atención en valores del nivel 7. Los únicos niveles donde hay una cobertura adecuada de los valores en la cultura actual en comparación con la cultura deseada son los niveles 1 y 3. Existe una brecha significativa entre los valores personales de los altos directivos y de la cultura actual en los niveles 2, 3, 5 y 6, y pequeñas diferencias en los niveles 4 y 7. Los valores personales no suman el 100 por ciento debido a que un 2 por ciento de estos valores son potencialmente limitantes y por tanto, no están incluidos.

La Tabla 8.5 muestra los saltos más importantes en el número de votos por valor de este grupo de 80 directivos. Se puede ver en esta tabla que la cuestión clave para esta empresa es la calidad del liderazgo. Los mayores saltos por valores incluyen coaching y mentoring, reconocimiento del empleado, comunicación abierta, compartir información, desarrollo del liderazgo el impulso del potencial de cada empleado. La responsabilidad personal asumida por los resultados no es un problema importante: hay 27 votos a favor en la cultura actual y casi el mismo (29) en la cultura deseada.

Tabla 8.5 Tabla de saltos en los valores

Valores	Votos cultura actual	Votos cultura deseada	Salto valores
Coaching/mentoring	1	28	27
Satisfacción del cliente	15	36	21
Reconocimiento de los empleados	0	21	21
Mejora continua	21	40	19
Comunicación abierta	3	22	19
Compartir información	4	21	17
Desarrollo del liderazgo	10	26	16
Impulso al potencial del empleado	3	26	16

La figura 8.6 es una representación gráfica de la Tabla 8.4, que muestra los resultados para los cinco saltos más importantes en los votos de cada valor.

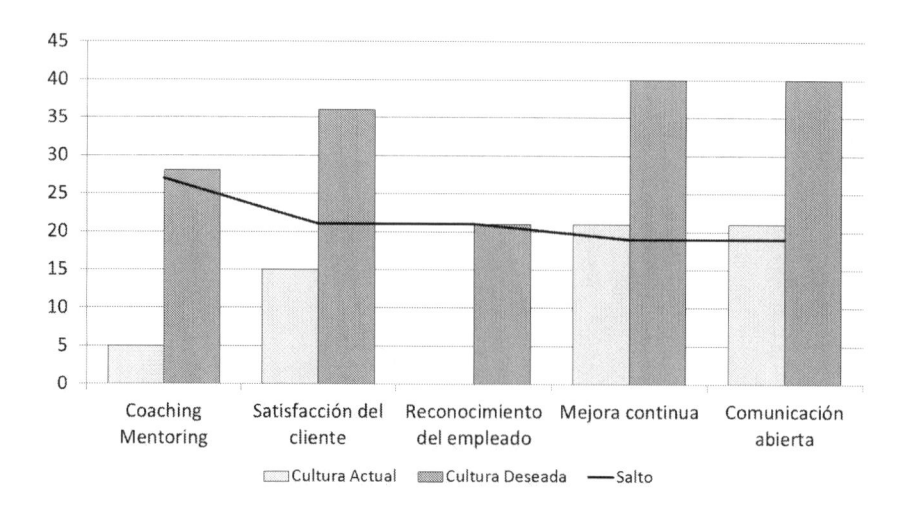

Figura 8.6 Los cinco saltos más importantes en los votos por valor.

El alto nivel de entropía cultural y los siete valores potencialmente limitantes que aparecen entre los diez primeros valores de la cultura actual, son una clara señal de que los líderes no están funcionando de forma eficaz: están dejando que sus temores dicten su comportamiento.

Culpar a los demás, la exigencia, muchas horas de trabajo, la reducción de costes y el control son señales de que el equipo de liderazgo ha perdido el rumbo. La organización se centra en los beneficios, pero no en los clientes. Tampoco está atendiendo a su gente: la falta de reconocimiento y la inseguridad laboral son valores potencialmente limitantes presentes en la cultura actual.

Los valores de la cultura deseada señalan el camino hacia la mejora de la calidad del liderazgo: Coaching/mentoring, el desarrollo de liderazgo, la comunicación abierta, el reconocimiento de los empleados y el compartir información son los valores de la cultura deseada que no aparecen entre los diez valores más votados de la cultura actual y tienen puntuaciones altas en los saltos de valores. Estos son los valores en los que el equipo de liderazgo tiene que centrarse si quiere dar la vuelta a la situación y reorientar la organización.

Disonancia cognitiva

Cuando doy feedback de un resultado como este a un equipo de liderazgo, les planteo la pregunta:

> ¿Cómo es que con este conjunto de valores personales – *y apunto a los diez valores personales con mayor número de votos*- crearon esta cultura - *y apunto a la cultura actual con sus valores potencialmente limitantes-*, cuando todos están de acuerdo en que lo que quieren es esto: *y apunto a la cultura deseada?*

Esta pregunta crea disonancia cognitiva. Disonancia cognitiva es el término utilizado para describir la sensación de incomodidad que experimentan las personas cuando se ven expuestos a sostener simultáneamente dos o más ideas que provocan conflicto entre sí. Este es un estado mental incómodo que sólo puede ser aliviado haciendo algo para reducir esa disonancia. En una situación como esta, la disonancia cognitiva apunta hacia una falta de autenticidad o de integridad entre los que toman decisiones en el grupo. Esto puede ser suficiente, a veces, para provocar un cambio en la consciencia y la voluntad del líder y la dirección del grupo para centrarse en su propia transformación personal. Es importante tener en cuenta en situaciones como ésta, que no suele ser el grupo en su conjunto (las 80 personas) las que crearon la cultura; la cultura siempre la crea el líder de la organización o los miembros clave del equipo de liderazgo. La transformación organizacional comienza con la transformación personal de estos líderes.

El informe de Evolución Cultural

El Informe de Evolución Cultural (CER) utiliza datos de las sucesivas evaluaciones de valores culturales (CVAs) para indicar claramente lo que ha cambiado en la cultura, en el período de tiempo transcurrido entre las evaluaciones de valores culturales. El cuadro de mando del CER contiene cuatro diagramas:

- Una comparación de los valores de la cultura actual entre las dos evaluaciones.
- Una comparación de la entropía cultural entre las dos evaluaciones.
- Una comparación de la distribución de los valores positivos de la cultura actual en los niveles de consciencia entre las dos evaluaciones.
- Una comparación de los valores coincidentes en las dos evaluaciones.

La Figura 8.7 muestra una comparación de los valores de la cultura actual de una misma organización entre 2007 y 2011. Hay un cambio significativo del nivel 3 al nivel 4. Hay 11 valores en los resultados de 2011 debido a que los dos últimos obtienen el mismo número de votos.

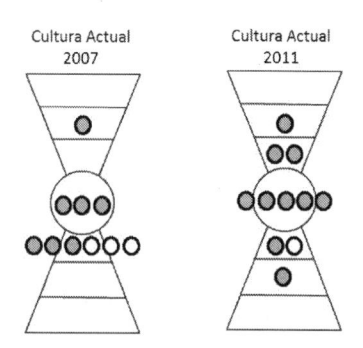

Figura 8.7 Comparación de valores de la cultura actual.

La Figura 8.8 muestra una comparación de la entropía cultural entre 2007 y 2011. La entropía cultural se redujo del 19 por ciento al 13 por ciento.

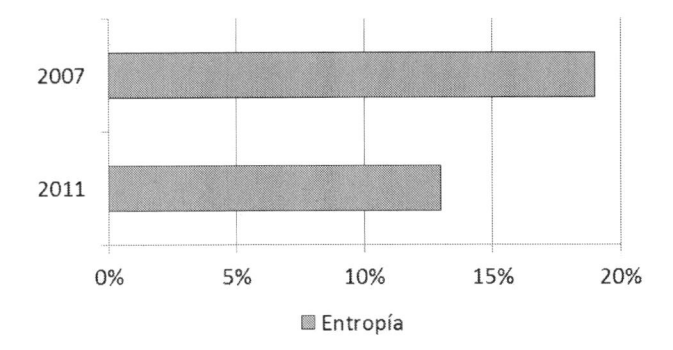

Figura 8.8 Comparación de la entropía cultural entre 2007 y 2011.

La Figura 8.9 muestra una comparación de la distribución de los valores positivos de la cultura actual en todos los niveles de consciencia. Se ha producido un salto significativo de valores en el Nivel 4 (del 27 al 31 por ciento), y en el Nivel 6 (del 7 al 11 por ciento)

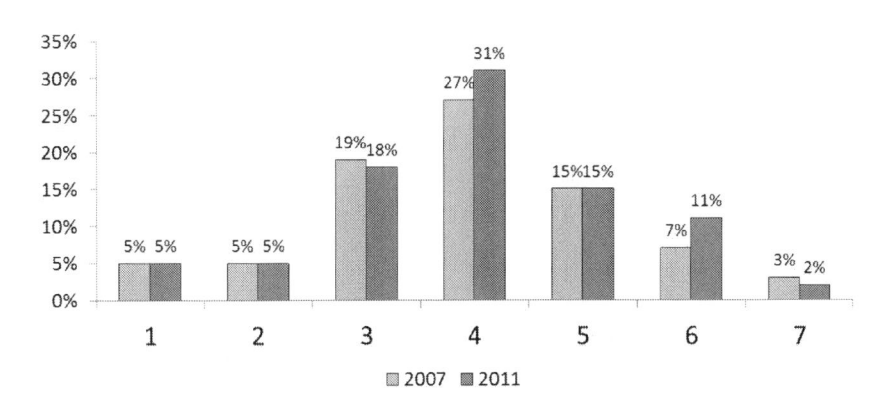

Figura 8.9 Comparación de la distribución de valores positivos por nivel de consciencia entre 2007 y 2011.

La figura 8.10 muestra una comparación de los valores coincidentes entre PV / CC (alineación de valores) y CC / DC (alineación de la misión). El número de coincidencias PV / CC aumenta de cero a tres y el número de coincidencias CC / DC aumenta de dos a cinco, lo cual supone un aumento del compromiso de los empleados.

Richard Barrett

Figura 8.10 Comparación de valores coincidentes PV/CC y CC/DC

Además del cuadro de mando ejecutivo, el CER también proporciona los siguientes diagramas y tablas:

- Una tabla que indica qué valores se han mantenido entre los 10 más votados, qué valores que ya no están entre los 10 más votados, y qué valores han entrado entre los 10 más votados, tanto valores personales, como de la cultura actual y de la cultura deseada, en el período de tiempo que media entre las dos evaluaciones de valores culturales.
- Los cambios en la tipología de valores (IROS) entre los 10 valores más votados, personales, de la cultura actual y de la cultura deseada, en las dos evaluaciones de valores culturales.
- Una comparación de la distribución de los valores por niveles en la cultura actual de las dos evaluaciones culturales, similares a la Figura 8.9, incluyendo valores potencialmente limitantes.
- Una comparación entre el porcentaje de empleados que votaron por cada uno de los valores potencialmente limitantes por nivel, en las dos evaluaciones de valores culturales.
- Una comparación del Cuadro de Mando Integrado (BNS) para las dos evaluaciones.
- Una comparación entre el porcentaje de incremento de los saltos de valores en las dos evaluaciones de valores culturales.
- Una comparación de la distribución de valores por niveles entre la cultura deseada de la primera evaluación, frente a la distribución de valores de la cultura actual y de la cultura deseada de la segunda evaluación.

- Una comparación del Cuadro de Mando Integrado (BNS) para la cultura deseada de la primera evaluación, en comparación con la cultura actual y la cultura deseada de la segunda evaluación.
- Una comparación de los resultados del análisis de valores centrales adoptados por la organización para las dos evaluaciones de valores culturales. Este es un extra opcional.

Evaluación de compatibilidad en una fusión

La Evaluación de compatibilidad para una fusión permite a los líderes anticipar y planificar los aspectos culturales que pueden surgir en una fusión, una adquisición o la unión de dos departamentos o unidades de negocio para crear una sola entidad.

El ejemplo que he elegido es de dos organizaciones de tamaño medio que no están muy evolucionadas, pero son relativamente compatibles. Cada compañía está compuesta por cerca de 1.000 empleados y tienen un número significativo de coincidencias entre valores personales, de cultura actual, y de cultura deseada.

La figura 8.11 muestra los diez principales valores personales representados en el modelo de los Siete Niveles de Consciencia. Las personas de las dos compañías comparten siete valores personales: trabajo en equipo, humor/diversión, honestidad, compromiso, actitud positiva, equilibrio (trabajo/vida personal) y la integridad. Operan desde los mismos niveles de consciencia y por lo tanto tienen necesidades muy similares.

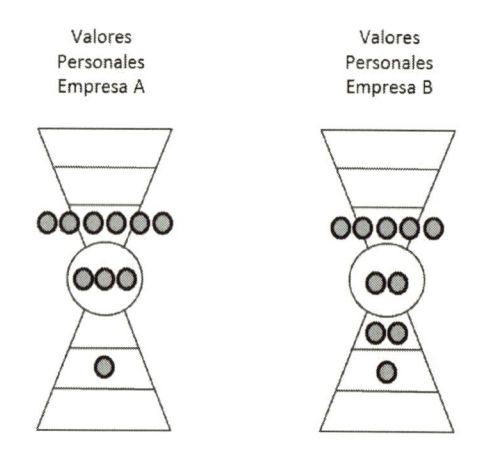

Figura 8.11 Valores personales del personal de la Compañía A y la Compañía B.

La figura 8.12 muestra la distribución de los diez valores más votados de la cultura actual de las dos empresas. Ambas empresas están muy centradas en el Nivel 3 de consciencia y comparten siete valores: orientación al cliente, profesionalidad, trabajo en equipo, trabajar muchas horas (L), excelencia, calidad y ser el mejor. La empresa A, que está en una situación apurada financieramente, también tiene la reducción de costes, el beneficio y la jerarquía en sus diez primeros valores de cultura actual. La empresa B, por el contrario, tiene la orientación al mercado, orientación al logro y las mejores prácticas.

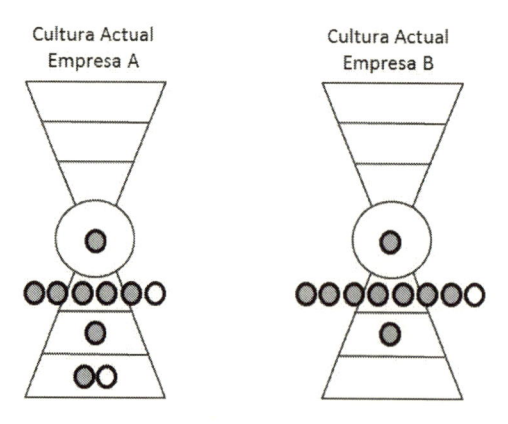

Figura 8.12 Cultura actual de la Empresa A y la empresa B.

La organización impulsada por Valores

La figura 8.13 muestra la distribución de los diez valores más votados de la cultura deseada. Los empleados de ambas empresas quieren ver un foco fuerte en los niveles 3 y 4. Comparten ocho valores deseados: orientación al cliente, trabajo en equipo, excelencia, profesionalidad, equilibrio (trabajo/vida personal), liderazgo, las mejores prácticas y la orientación al mercado. Los empleados de la empresa A también quieren ver un mayor enfoque en ser el mejor y compartir información. Los empleados de la empresa B, por su parte, quieren ver una mayor atención a la responsabilidad personal en resultados y coaching / mentoring.

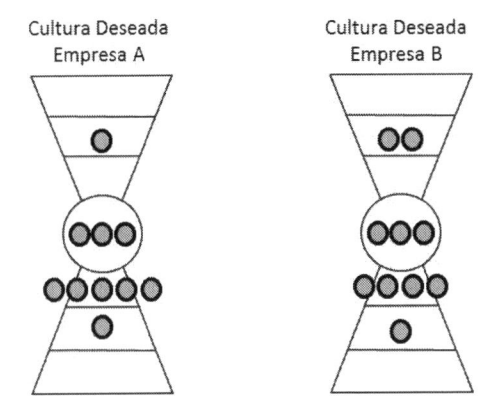

Figura 8.13 Cultura deseada de la empresa A y la empresa B.

Los resultados de este análisis de compatibilidad sugieren que estas dos empresas no deberían tener demasiados problemas culturales al fusionarse. Las personas tienen valores personales muy similares, las culturas actuales son similares, salvo que la empresa A tiene un 22 por ciento de entropía cultural, comparado con un 12 por ciento de la empresa B; y las culturas deseadas son también muy similares. Una de las principales ventajas de la fusión es que la empresa B será capaz de ayudar a la empresa A a mejorar su orientación al mercado y a mejorar sus prácticas. Estos son valores de la cultura deseada de la empresa A que la empresa B tiene en su cultura actual. Sería además una fusión oportuna para la empresa A, que está en dificultades económicas (foco en la reducción de costes y el beneficio en la cultura actual).

Una evaluación típica de compatibilidad de una fusión ofrece los siguientes diagramas y tablas:

- Una comparación de valores personales, de cultura actual y de cultura deseada de los dos grupos: qué valores son compartidos y cuáles son diferentes.
- Una comparación de los niveles de entropía cultural de los dos grupos.
- Una comparación de la tipología de valores en la cultura actual de los dos grupos.
- Una comparación de la distribución de los valores en los siete niveles de consciencia para los dos grupos.
- Una comparación del Cuadro de Mando Integrado (BNS) para los dos grupos.
- Una comparación de las fortalezas de la cultura actual de un grupo con los valores de la cultura deseada del otro grupo. Esto indica cómo los dos grupos pueden ayudarse mutuamente.

Conclusiones

Esta breve reseña de la evolución de la entropía cultural en una organización y los datos proporcionados por una Evaluación de Valores culturales (CVA) pone de manifiesto el poder de diagnóstico de las herramientas de Transformación Cultural (CTT). Este capítulo se centra específicamente en: (a) el diagnóstico de los problemas de una organización con alta entropía, (b) la comparación de la evolución cultural de una organización entre dos períodos de tiempo específicos, y (c) la evaluación de la compatibilidad cultural de dos empresas que están a punto de fusionarse.

Resumen

Estos son los principales mensajes del capítulo 8:

1. Sólo el 15 por ciento de las más de 1.000 organizaciones encuestadas entre 2007 y 2011 tenía una entropía cultural del 10 por ciento o menos. El cuarenta y seis por ciento tenía una entropía cultural del 21 por ciento o más.
2. Los valores con mayor puntuación entre las organizaciones de baja entropía son: trabajo en equipo, satisfacción del cliente, mejora continua y compromiso.
3. Los valores con mayor puntuación entre las organizaciones de alta entropía son: burocracia, enfoque a corto plazo, la jerarquía y culpar a otros.
4. En las organizaciones de baja entropía los niveles de consciencia en la cultura deseada reflejan los niveles de consciencia personal de los empleados.
5. En las organizaciones de alta entropía la consciencia de la cultura deseada tiende a centrarse en el nivel de la transformación.
6. La desintegración de una cultura suele empezar con la ausencia de responsabilidad personal por los resultados y de trabajo en equipo, lo que comporta confusión, generando mayor burocracia y jerarquías. Como los resultados empeoran y surgen problemas graves, aparece la división interna (mentalidad de silos), y la gente comienza a trabajar muchas horas para darle la vuelta a la situación. Al mismo tiempo, se le da más importancia al control, a la reducción de costes y a los resultados a corto plazo. Entonces, cuando las condiciones son muy críticas, la gente empieza a pensar en proteger sus puestos de trabajo culpando a los demás y acaparando información.
7. Las organizaciones que muestran alta entropía cultural en la cultura actual suelen encontrar las respuestas a sus problemas en el nivel de transformación de la cultura deseada.
8. El Informe de Evolución Cultural (CER) permite medir en detalle los cambios culturales que se han producido en un período de tiempo específico.

9. La evaluación de la compatibilidad de una fusión permite evaluar los problemas que puedan en el momento de fusionarse dos organizaciones o unidades.

Notas

[1] Asumir responsabilidad personal por los resultados y el trabajo en equipo son los dos principales valores culturales deseados en las organizaciones de alta entropía. También son dos de los diez valores más votados en organizaciones de baja entropía.

[2] Normalmente el valor "reducción de costes" puede ser considerado como un valor positivo. Sin embargo, hemos encontrado que con niveles entre moderados y altos de entropía cultural, la reducción de costes se convierte en un valor potencialmente limitante, que provoca un aumento en los niveles de frustración.

PARTE III

Diagnosticando los valores de liderazgo

El propósito de la Parte III de este libro es proporcionar al lector una comprensión clara de cómo medir, mapear y monitorizar los valores de líderes, directivos y supervisores, y cómo utilizar los resultados para mejorar su nivel de alineación personal, reducir su nivel de entropía personal y con ello, reducir el nivel de entropía cultural en su unidad, departamento u organización.

Como recordará del Capítulo 4, Figura 4.4 (mostrada abajo), cuatro son las condiciones necesarias para el cambio integral del sistema. Esta parte del libro se centra en la alineación personal. La alineación personal se ocupa de la coherencia entre lo que dicen y lo que hacen los líderes, directivos y supervisores: mostrarse auténticos y operar con integridad.

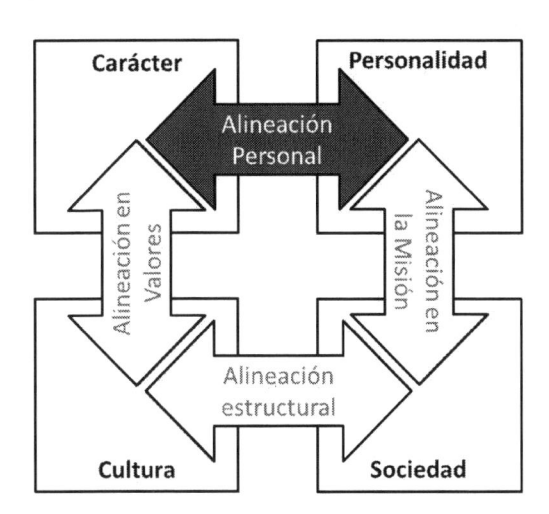

9

El rendimiento de los líderes

El objetivo general de llevar a cabo evaluaciones periódicas de valores a los líderes, directivos y supervisores es el mismo que nos lleva a la realización regular de evaluaciones de la cultura de una organización: reducir sistemáticamente el nivel de entropía cultural de la organización y por lo tanto aumentar el nivel de compromiso de sus empleados.

Al centrarse en la entropía personal de los actuales líderes, directivos y supervisores somos capaces de llegar a la principal fuente de entropía cultural de la organización. La otra fuente de entropía cultural es el legado de la entropía personal de los líderes del pasado que se ha institucionalizado en las estructuras, políticas, procedimientos e incentivos de la organización. Voy a tratar la forma de reducir la entropía institucionalizada de los líderes del pasado en la Parte IV de este libro.

El objetivo por lo tanto, de llevar a cabo evaluaciones periódicas de los valores de liderazgo de los líderes, directivos y supervisores es:

1. Controlar la evolución de su nivel de entropía personal;
2. Ayudarles a tomar medidas para reducir su nivel de entropía personal, y
3. Ayudarles y apoyarles en su crecimiento y desarrollo personal.

La reducción de la entropía personal de un líder, directivo o supervisor repercute directamente en el nivel de entropía cultural de su organización, departamento o equipo, y promover el desarrollo personal del líder, directivo o supervisor impacta directamente en su capacidad para mejorar los niveles de alineación de valores y de alineación de la misión del personal a su cargo.

El líder de una organización debe de asumir como deber personal no sólo reducir su nivel de entropía personal y aumentar su nivel de alineación de valores y alineación de la misión, sino que también debe alentar y apoyar a todos los demás líderes, directivos y supervisores de la organización a hacer lo mismo. El líder también debe encabezar la regeneración de las estructuras, procesos, políticas, procedimientos e incentivos de la organización para satisfacer con mayor claridad las necesidades físicas, emocionales, mentales y "espirituales"[1] de los empleados y del resto de grupos de interés de la organización. En este sentido, la siguiente cita de Peters y Waterman en su libro *En busca de la excelencia*, publicado en 1982, es aún muy actual: "El líder institucional debería ser ante todo un experto en la promoción y protección de los valores."[2]

¿Qué es la entropía personal?

Entropía Personal es la cantidad de energía impulsada por el miedo que una persona expresa en sus interacciones del día a día con otras personas.

Casi todo el mundo, excepto tal vez algunas almas muy evolucionadas, opera con un cierto nivel de entropía personal. El problema de la entropía personal es que, si usted no aprende a gestionarla con maestría, llega a ser contraproducente para el cumplimiento de sus objetivos individuales a corto, medio y largo plazo. Si usted es líder, directivo o supervisor, se dará cuenta de la forma en la que su entropía personal se muestra en su organización, departamento o equipo en forma de entropía cultural. Esto socavará el rendimiento de su equipo, reducirá su nivel de participación y disminuirá su nivel de implicación en el proyecto.

¿De dónde procede la entropía personal?

La entropía personal surge de sus experiencias tempranas acerca de no ser capaz de satisfacer sus necesidades de subsistencia, no ser capaz de tener lo suficiente de aquello que necesita para sentirse seguro y

La organización impulsada por Valores

protegido (nivel de desarrollo de supervivencia); no ser capaz de tener lo suficiente de aquello que necesita para sentirse amado y aceptado (nivel de desarrollo de las relaciones), y no ser capaz de tener lo suficiente de aquello que necesita para sentirse reconocido y respetado (nivel de desarrollo de autoestima). Está estrechamente relacionada con la programación parental y cultural que ha recibido mientras crecía.

Cuando, como niños pequeños no podemos, por la razón que sea, satisfacer nuestras necesidades de subsistencia, nuestra mente egoica desarrolla creencias subconscientes basadas en el miedo a no tener bastante, no ser amado lo suficiente o no ser lo suficiente. La razón por la que los niños desarrollan estas creencias es porque hasta la edad de siete u ocho años el neocórtex - la parte racional del cerebro - no está totalmente desarrollado. Sólo el cerebro reptiliano y el cerebro límbico están en funcionamiento. Estas son las partes del cerebro que procesan nuestras emociones. Por lo tanto, cuando somos pequeños, evaluamos cada situación que experimentamos en función de si nos produce placer o dolor emocional. No tenemos la capacidad de evaluar nuestras experiencias cognitivamente a través de los filtros de la lógica y la razón porque no tenemos todavía completamente a nuestra disposición esas facultades. Con la finalidad de dar significado a nuestras experiencias de niños establecemos, por tanto, creencias basadas en las reacciones emocionales que experimentamos ante las situaciones.

Los sentimientos emocionales de dolor, ira y tristeza que experimentamos en nuestra niñez en situaciones en las que no hemos podido satisfacer nuestras necesidades, se almacenan en nuestros bancos de memoria junto con las creencias aprendidas. Estas creencias se convierten en los modelos mentales que utilizamos para explicarnos a nosotros mismos cómo funciona el mundo. Cuando, en la edad adulta, una situación que estamos viviendo nos recuerda inconscientemente a una experiencia infantil, que afecta a uno o varios de estos recuerdos emocionalmente memorizados, las emociones negativas que guardamos en nuestra memoria inundan nuestra mente y nos enojamos o molestamos.

En la literatura psicológica, las creencias subconscientes basadas en el miedo aprendido durante la infancia se denominan "esquemas desadaptativos tempranos (EMS en inglés)."[3] Jeffrey Young, fundador y Director de los Centros de Terapia Cognitiva de Nueva York y el Condado de Fairfield (Connecticut), describe los EMS de la siguiente manera:

> Los esquemas desadaptativos tempranos [creencias] parecen ser el resultado de experiencias disfuncionales con padres, hermanos y con sus pares durante los primeros años de la vida de un individuo. La mayoría de estos esquemas [creencias] son causados por experiencias cotidianas nocivas y continuadas con miembros de la familia y/o pares que de manera acumulativa fortalecen dicho esquema [creencia]. Por ejemplo, un niño al que se critica constantemente cuando su desempeño no llega a las expectativas de sus padres, es propenso a desarrollar el esquema de incompetencia/insuficiencia.[4]

Una breve lista y descripción de los principales tipos de esquemas desadaptativos, incluyendo el esquema de incompetencia/ insuficiencia, se presenta en el Anexo 16.

Estas experiencias negativas tempranas se consolidan gradualmente en nuestra mente en forma de creencias limitantes. Se convierten en los modelos mentales predeterminados que utilizamos para dar sentido a nuestras experiencias y en los filtros que condicionan nuestra la realidad.

Nuestras creencias subconscientes basadas en el miedo se alinean con las tres primeras etapas de desarrollo personal: la supervivencia (no tener suficiente), las relaciones (no ser amado lo suficiente) y la autoestima (no ser lo suficiente). Por lo tanto, podemos afirmar que: *nuestra energía basada en nuestros miedos – nuestra entropía personal – surge de nuestras experiencias de la primera infancia acerca de no ser capaz de satisfacer nuestras necesidades de subsistencia.*

Las creencias limitantes de supervivencia

Las creencias limitantes en el nivel de supervivencia surgen de preocuparnos por *no tener lo suficiente para* sentirnos seguros y protegidos. Estas creencias dan lugar a la aparición de valores potencialmente limitantes como el control, la manipulación, la codicia, el exceso de prudencia, la impaciencia y por lo general resultan en una falta de confianza.

Durante la primera etapa de nuestro desarrollo psicológico, la etapa de supervivencia, nuestra tarea primaria es conseguir identificarnos como seres separados de nuestra madre, y aprender a ejercer el control sobre el entorno para conseguir satisfacer nuestras necesidades de supervivencia. Si, por cualquier razón, encontramos dificultades para llevar a cabo esta tarea, ya sea porque nuestros padres no estaban lo suficientemente atentos a nuestras necesidades, o nos dejaron solos o abandonados durante largos períodos de tiempo y/o los padres temían por su propia supervivencia, es muy probable que nuestro ego incipiente desarrolle creencias subconscientes basadas en el miedo (esquemas desadaptativos tempranos) acerca de que el mundo es un lugar peligroso y no se puede confiar en la gente. Esto nos puede llevar a querer controlar y manipular el entorno, para conseguir lo que queremos, o bien obrar con precaución excesiva y convertirnos en adversos al riesgo para asegurarnos de que no nos quitarán lo que ya tenemos.

Si, por el contrario, los padres estuvieron atentos a sus necesidades, y le protegieron de sentimientos de angustia o aflicción, usted crecerá sintiéndose seguro y desarrollará la sensación de que se puede confiar en los demás. Usted se sentirá seguro de ser capaz de satisfacer sus necesidades de supervivencia, y por tanto no invertirá mucho tiempo ni energía preocupándose por no tener lo suficiente. Sentirse seguro es la primera y más importante necesidad de la mente-egoica.

Las creencias limitantes en las relaciones

Las creencias limitantes en el nivel de las relaciones surgen de preocuparnos por *no ser amados lo suficiente* como para sentirnos aceptados o protegidos (no pertenecemos). Estas creencias dan lugar a la aparición de valores potencialmente limitantes como ser celoso, culpar a los demás y la necesidad de ser querido. Necesitar ser querido o aceptado por los demás es potencialmente limitante porque una imperiosa necesidad de ser aceptado puede hacer que mintamos o posiblemente no digamos toda la verdad para que la gente no piense mal de nosotros. El deseo de ser querido también puede conducir a la falta de honradez y a culpar a los demás. Usted miente sobre sus actos y desvía la responsabilidad de sus "fechorías" a otras personas para evitar el castigo y mantener una buena reputación. Si de niño, se le culpó constantemente por cosas que habían hecho otros, crecerá con ganas de ser tratado con ecuanimidad y se preocupará mucho por la justicia.

Durante la segunda etapa del desarrollo psicológico, la etapa de conformación o de auto-protección, la tarea principal es aprender a sentirse amado y seguro en su familia o grupo social. La adhesión a normas y rituales (concordar) se vuelve importante, porque consolida su sentido de pertenencia y mejora su sensación de seguridad. Si por alguna razón usted crece sin sentirse amado o aceptado, sin obtener el amor que le corresponde o sin sentir pertenencia, su ego puede desarrollar una creencia limitante subconsciente basada en el miedo de que no ser digno de ser amado, o aceptado, o preferido, o que es usted ajeno, extranjero. Más tarde en la vida, tal vez se encontrará a sí mismo en constante búsqueda de afecto o buscando un grupo o comunidad que le acepte y acoja tal y como es.

Si por el contrario, siempre se sintió amado sin importar lo que hiciese, si recibió un amor incondicional, entonces crecerá con un sentido de ser aceptado. Se sentirá seguro y capaz de satisfacer sus necesidades de relaciones, y por tanto no invertirá mucho tiempo o energía preocupándose por obtener el amor suficiente. Sentirse amado, aceptado y el sentido de pertenencia es la segunda necesidad más importante de la mente-egoica.

Las creencias limitantes en el nivel de auto-estima

Las creencias limitantes en el nivel de autoestima surgen de preocuparnos por *no ser suficiente* para ser respetado o sentir confianza en las propias capacidades. Estas creencias dan lugar a la presencia de valores potencialmente limitantes, como la búsqueda de estatus, la búsqueda de poder, el politiqueo interno, ser altamente competitivo y buscar ser el jefe o el mandamás.

Durante la tercera etapa del desarrollo psicológico, la etapa de diferenciación, su necesidad primaria es ser reconocidos por sus padres o compañeros por sobresalir o hacer las cosas muy bien. La tarea en esta etapa es desarrollar un sano sentido de orgullo en los logros personales y alcanzar un sano sentimiento de autoestima. Deseamos sentirnos bien acerca de quiénes somos y sentir el respeto de nuestros pares. Si, por cualquier motivo, se nos niega este reconocimiento, creceremos con la creencia subconsciente basada en el miedo de que no somos lo suficientemente buenos y siempre nos sentiremos impulsados a demostrar nuestro propio valor. Puede convertirse en un adicto al trabajo. Querrá ser reconocido por sus compañeros o por aquellos que tienen autoridad como alguien que es importante o alguien a quien hay que temer. Si su mente-egoica no consigue el refuerzo que necesita, puede crecer con la sensación de que por mucho que se esfuerce no obtendrá el reconocimiento que merece: los éxitos logrados tal vez nunca podrán ser suficientes para satisfacer sus necesidades.

Si, por otro lado, sus padres le animaron a probar cosas nuevas y elogiaron sus esfuerzos sin importar lo bien que lo hizo, usted sentirá una sensación de autoestima u orgullo por sus logros. Se sentirá seguro acerca de quién es y sus habilidades, y en consecuencia no pasará mucho tiempo preocupándose acerca de ser "suficiente". Sentir nuestro propio valor es la tercera necesidad más importante de la mente-egoica.

Objeto y sujeto de referencia

Cuando necesitamos constantemente que otros nos protejan, nos demuestren su amor y nos digan lo grandes que somos, vivimos en un estado de dependencia; nos habremos convertido en dependientes de los demás para satisfacer nuestras necesidades de subsistencia. En ese caso usted va a funcionar desde una mente socializada y va a definir quién es en función de su trabajo, sus ingresos, sus amigos y sus posesiones. Esta forma de ser se llama "ser objeto de referencia". Los líderes que se rodean de personas "sí señor" son líderes que están operando desde el objeto de referencia: sus egos deben ser adulados para sentirse bien consigo mismos.

Si, por el contrario, su experiencia de vida está determinada por lo que usted piensa acerca de sí mismo, quién cree que es, y no lo que otros creen, usted vive en un estado de sujeto de referencia con una mente auto-creativa o mente auto-transformadora. Sólo cuando llegamos a ser autosuficientes y a manejar con maestría las necesidades de subsistencia, podemos operar desde un lugar de independencia. Esos líderes aprecian el feedback constructivo y escuchan los puntos de vista de otras personas. No están casados con sus propios puntos de vista.

Si fue usted capaz de hacer una transición a través de las tres primeras etapas de su desarrollo psicológico sin traumas significativos relativos a la satisfacción de sus necesidades de subsistencia y sin desarrollar demasiadas creencias subconscientes basadas en el miedo, su nivel de entropía personal será relativamente bajo y le resultará fácil llevarse bien con la gente y encontrar su camino en la vida.

Es importante reconocer que todas las personas tienen creencias limitantes subconscientes basadas en el miedo. Si alguna vez se ha alterado, estresado, enojado o impacientado, o alguna vez se ha juzgado a sí mismo por no tener las habilidades que necesita para sobrevivir, no ser lo bastante guapo o lo suficientemente bonita para ser amada o amado, o no ser lo suficientemente eficaz para ser respetado y reconocido, es que tiene operando en su mente una creencia consciente o subconsciente basada en el miedo (creencia limitante). Sólo usted puede corregir esta situación. El proceso de liberación, la gestión o la superación de sus creencias subconscientes basadas en el miedo se llama maestría personal.

¿Qué es la maestría personal?

Yo defino la maestría personal como: *la capacidad de gestionar nuestra propia estabilidad emocional desde el nivel de existencia del ego*. Se logra la maestría personal cuando somos capaces de gestionar con éxito nuestras emociones, sintiéndonos responsables de cómo nos sentimos y dejamos de ser dependientes de los demás para satisfacer nuestras necesidades de supervivencia, relaciones y autoestima.

Para llegar a ser competente en el manejo de sus emociones, usted tiene que desarrollar la atención plena (mindfulness en inglés). La atención plena es la capacidad de dar un paso atrás y observar los procesos de pensamiento que se producen en su mente. Al convertirse en experto en la práctica de la atención plena, llegará a la conclusión de que la mayoría de sus reacciones y decepciones provienen de sus recuerdos de conflictos del pasado sin resolver por no conseguir satisfacer sus necesidades de subsistencia.

Todas las emociones que experimentamos en un momento dado, sean cuales sean, son impulsadas bien por el instinto de nuestro cerebro reptiliano, bien por las creencias basadas en el miedo de nuestra mente-egoica. Cada episodio de impaciencia, frustración, ira, rabia o juicio contra nosotros mismos es generado por uno mismo, normalmente de forma subconsciente. Las acciones o palabras de otras personas desencadenan nuestros esquemas desadaptativos tempranos. Son estos esquemas (sus miedos subconscientes) los que le hacen reaccionar negativamente, proyectan el dolor no resuelto de las cicatrices emocionales del pasado. Si desea manejar su ira, frustración y decepciones, tiene que hacerse responsable de todas las emociones, sentimientos y pensamientos que tiene. Usted debe saber que sus reacciones ante las situaciones son producto de sus necesidades insatisfechas y sus creencias limitantes. Ellas no tienen que controlarle: usted *puede* controlarlas.

El primer paso que debe dar para superar sus creencias limitantes basadas en el miedo es identificarlas y nombrarlas. Como la mayoría de las creencias basadas en el miedo son subconscientes, es posible que no sea consciente de que las tiene. Su malestar es la única pista que tiene de que existen. Un malestar es cualquier forma de reacción emocional que perturba su equilibrio energético y hace que pierda la compostura. Aparte de auto-coaching, que explicaré mejor en la siguiente sección, la mejor manera de descubrir sus creencias basadas en el miedo es obtener información de la gente que trabaja con usted o las personas con las que comparte su vida personal.

Dos de las herramientas que puede utilizar para obtener este tipo de información, y que describiré más adelante en este capítulo, son la evaluación de valores de Liderazgo (LVA) y la evaluación del Desarrollo de Liderazgo (LDR). Los resultados de estas evaluaciones los comunica un profesional con habilidades de coaching en una sesión de dos a tres horas.

Obtener ese feedback suele ser sólo el punto de partida. A continuación, tiene que hacer algo al respecto. En última instancia, si usted es riguroso en el desarrollo de sus habilidades de maestría personal y en la superación de sus creencias limitantes basadas en el miedo, podrá aprender a ser su propio coach.

En *The New Leadership Paradigm* y en *What My Soul Told Me: A Practical Guide to Soul Activation*, he esbozado un proceso de ocho pasos para el manejo y dominio de sus creencias limitantes conscientes o subconscientes. Este proceso de auto-coaching se describe en el anexo 17.

Inteligencia emocional y maestría personal

¿Qué tiene que ver la maestría personal con la inteligencia emocional? Desde que Daniel Goleman publicó su libro *Inteligencia Emocional: ¿Por qué puede ser más importante que el CI*[5] en 1996, se ha generado un gran interés en el mundo de los negocios por ayudar a los líderes a entender el papel de las emociones en sus vidas y el impacto sobre su desempeño. Podemos definir la inteligencia emocional como: *la capacidad de entender, gestionar y utilizar sus emociones para guiarle de manera acertada en la toma de decisiones*. La inteligencia emocional requiere:

- *Conciencia de uno mismo*: la capacidad de leer sus emociones y sentimientos, reconocer su impacto en usted mismo y en otras personas, y utilizarlas para guiar su toma de decisiones.
- *Autogestión*: la capacidad para manejar con maestría sus emociones y sentimientos para poder adaptarse más fácilmente a las nuevas circunstancias y satisfacer sus propias necesidades.

El proceso de feedback de una evaluación 360°, como la evaluación de valores de liderazgo (LVA) o la evaluación para el Desarrollo del Liderazgo (LDR) le permite reconocer el impacto real que tiene en los demás comparándolo con el impacto que usted cree que tiene. En otras palabras, el feedback que recibe de una evaluación de valores le ayuda a identificar los comportamientos disfuncionales, aquellos que agotan su energía (valores limitantes), sus puntos ciegos, así como sus palancas para mejorar su vida (valores positivos). Básicamente, podemos decir que *la maestría personal es el proceso mediante el cual se construye la inteligencia emocional* y el proceso de feedback de la evaluación de valores

La organización impulsada por Valores

es una de las maneras de *sacar a la luz los valores y comportamientos que están socavando su inteligencia emocional*. Una vez que usted ha incrementado su inteligencia emocional, a continuación, puede empezar a trabajar sobre su inteligencia social. Podemos definir la inteligencia social como: *la capacidad de entender y usar las emociones de los demás para guiarlo en la toma de decisiones acertadas.*

La inteligencia social requiere:

- Sensibilidad social: la capacidad de sentir, comprender y responder a las emociones de otras personas en una situación grupal.
- Gestión de las relaciones: la capacidad de inspirar, influenciar y desarrollar a otros, mientras se gestiona el conflicto.

Como la inteligencia social se centra en la comprensión de las emociones de los demás, no sólo exige fuertes habilidades de escucha, sino que también requiere un alto nivel de empatía. ¡Tienes que ser capaz de enfocarte en y de entender lo que les está pasando a los demás y no pensar en ti mismo! En consecuencia, el desarrollo de la inteligencia social viene por lo general después de desarrollar la propia inteligencia emocional.

Su capacidad para liderar a otros se ve gravemente comprometida si no es usted capaz de liderarse a sí mismo. Si intenta liderar a los demás antes de desarrollar sus habilidades de liderazgo sobre sí mismo, los miedos de su ego - su propio interés en la satisfacción de sus propias necesidades – se le cruzarán en el camino de apoyar a las personas que lidera y asegurar la satisfacción de las necesidades de esas personas. Esto es especialmente cierto si usted tiene todavía creencias subconscientes basadas en el miedo (valores potencialmente limitantes) acerca de no estar suficientemente seguro, ser lo bastante amado o no ser suficiente.

Este es el problema de los valores potencialmente limitantes: le perjudican en su trabajo con los demás. Tal vez consiguen satisfacer su necesidad de satisfacer sus propias necesidades, pero al hacerlo, alienan a otras personas y crean discordia y conflicto con las personas que le rodean en su entorno inmediato; e incluso, en función de las acciones que lleve a cabo para satisfacer sus propias necesidades insatisfechas de subsistencia, también con las personas de su entorno social más amplio. Aquellos que presentan comportamientos violentos y agresivos representan un caso extremo de este tipo de conductas. Sus acciones están de alguna manera diseñadas para satisfacer sus necesidades no satisfechas. Cuanto más arriba se encuentre en la escala o jerarquía de liderazgo, mayores serán las posibilidades de que sus valores potencialmente limitantes contribuyan a la entropía cultural del grupo del que es responsable.

¿Por qué es importante reducir la entropía personal?

La razón es que si usted no encuentra una manera de liberar, reducir o dominar su entropía personal, ésta le bloqueará su felicidad y cualquier progreso o avance que haga, tanto en su vida personal como profesional. Sus miedos subconscientes le mantendrán encadenado a los tres primeros niveles de consciencia, lo que le impedirá convertirse en todo lo que puede llegar a ser. Sus miedos subconscientes inhiben sus procesos de individuación y de actualización personal, que le permitirían alcanzar la cuarta y quinta etapas del desarrollo psicológico. A medida que libere o supere sus miedos, aumentará su capacidad de confiar, y abrirá un espacio en su mente para experimentar y manifestar el amor. El amor es el gran conector, mientras que el miedo es el gran separador.

No estoy diciendo con esto que todos los miedos deban ser juzgados como negativos. Todos tenemos miedos naturales sobre cómo mantener nuestro cuerpo fuerte y seguro. Este es el propósito del ego: mantenernos sanos y salvos. Estos son los miedos "buenos", ya que le permiten seguir con vida y mantener su cuerpo sano. Los miedos "malos", los que no le apoyan en su crecimiento y desarrollo, son los miedos conscientes e inconscientes del ego por no tener suficiente, no ser amado lo suficiente y/o no ser suficiente. Cuando estos temores están presentes, nos obligan a permanecer vigilantes: el cerebro reptiliano y el cerebro límbico evalúan constantemente el entorno en busca de amenazas u oportunidades para satisfacer las necesidades insatisfechas. Generan reacciones a situaciones diciendo a veces cosas de las que se lamentará más tarde o hacen que se centre en su propio interés sin tener en cuenta cómo sus acciones o comportamientos afectan a otras personas. Cuando esto sucede usted pierde la confianza y la lealtad de la gente de su entorno y ello le aísla. Las personas tienen miedo de estar excesivamente cerca de usted, y cuando eso ocurre, no están dispuestos a contribuir con energía discrecional en su trabajo por lo que evitan cualquier forma de compromiso, contacto o cooperación. Es entonces cuando, como líder, sus comportamientos basados en el miedo se vuelven contraproducentes tanto para sus objetivos personales como organizacionales.

Conclusiones

La entropía personal es la causa de la entropía cultural. Quién es usted como líder - qué es importante para usted y las necesidades y valores que impulsan su toma de decisiones - influye significativamente en la cultura de su organización, departamento o equipo. Si usted está comprometido con el éxito de su organización, entonces también tiene que estar comprometido con su propia maestría personal y con su propio desarrollo. Por ello, tendrá que reconocer que la entropía cultural que nota a su alrededor puede de alguna manera deberse a la entropía personal que despliega en su actividad cotidiana.

Resumen

Estos son los mensajes principales del capítulo 9:

1. La entropía Personal es la cantidad de energía impulsada por el miedo que una persona expresa en sus interacciones del día a día.
2. La reducción de la entropía personal de un líder afecta directamente al nivel de entropía cultural de su organización, y promover el desarrollo personal del líder afecta directamente a su capacidad de mejorar los niveles de alineación de valores y de alineación de la misión de las personas de su organización.

3. La entropía personal surge de las experiencias tempranas de la vida relativas a la incapacidad de satisfacer plenamente las propias necesidades de subsistencia.
4. Sólo cuando se ha alcanzado la maestría en la gestión de las necesidades personales de subsistencia se puede ser totalmente independiente (proceso de individuación).
5. La maestría personal es la capacidad de gestionar la propia estabilidad emocional en el nivel de existencia del ego. Se logra la maestría personal cuando se es capaz de gestionar con éxito las propias emociones sin depender de otros para satisfacer las propias necesidades de supervivencia, relaciones y autoestima.
6. La inteligencia emocional es la capacidad de comprender, gestionar y utilizar las emociones propias como guía en la toma de decisiones correctas.
7. La inteligencia social es la capacidad de comprender y utilizar las emociones de los demás para guiarle en la toma de decisiones acertadas.
8. Su capacidad para dirigir y liderar a otros (inteligencia social) se ve gravemente comprometida si no es capaz de liderarse a sí mismo (inteligencia emocional).
9. Si usted no encuentra una manera de liberar, reducir o alcanzar la maestría en el manejo de su entropía personal, ésta bloqueará su felicidad y su progreso o avance tanto en su vida personal como profesional.

Notas

[1] Espiritual en este contexto hace referencia a la necesidad de los empleados de encontrar un sentido a su trabajo, hacer realidad ese sentido contribuyendo a un mundo mejor y llevar una vida de servicio desinteresado.

[2] Tom Peters and Robert H. Waterman, Jr., *In Search of Excellence: Lessons from America's Best-Run Companies* (London: Profile Books), 2004, p. 281. Primera edición de Harper & Row, 1982. *"En*

    busca de la excelencia: lecciones de las empresas mejor gestionadas de Estados Unidos" Plaza y Janés, 2008

[3] Jeffrey E. Young, *Cognitive Therapy for Personality Disorders: A Schema-focused Approach*, Edición revisada (Sarasota, FL: Professional Resource Press), 1994.

[4] Ibíd., p. 11.

[5] Daniel Goleman, *Emotional Intelligence: Why It Can Matter More than IQ* (London: Bloomsbury Publishing), 1996.

10

Midiendo el rendimiento de los líderes

El modelo de Siete Niveles de Consciencia que se describe en el Capítulo 5 no sólo se ha utilizado para crear un conjunto de herramientas de estudio que ayuden a las organizaciones a gestionar sus valores, sino que también se ha utilizado para crear un conjunto de herramientas de evaluación para ayudar a los líderes, directivos y supervisores a evaluar sus valores y comportamientos, así como para medir su nivel de entropía personal. Estos instrumentos de evaluación forman parte de las Herramientas de Transformación Cultural (CTT) que se describen en el capítulo 6. En el anexo 18 se proporciona una lista de los instrumentos de evaluación CTT que pueden ser utilizados por líderes, directivos y supervisores para reducir su entropía personal, apoyar su desarrollo y evaluar el nivel de alineación de valores y de la misión. En el anexo 19 se describen los gráficos de datos asociados a cada uno de estos instrumentos.

Antes de explicar cómo interpretar los resultados de los tres principales instrumentos disponibles para estos fines: la evaluación de valores individuales (IVA), la evaluación de valores de liderazgo (LVA) y el Informe sobre el Desarrollo de Liderazgo (LDR), quisiera dar alguna explicación sobre los procesos de diagnóstico. La principal diferencia entre el IVA y el LVA y LDR es que el IVA es un instrumento de auto-evaluación. LVA y LDR son evaluaciones de feedback 360º, con un componente de auto-evaluación que se utiliza para comparar la opinión de los asesores con la evaluación que el líder hace de sus valores.

El proceso de la encuesta

Evaluación individual de Valores (IVA)

El propósito principal del IVA es ayudar a líderes, directivos y supervisores a evaluar el nivel de alineación de valores y de la misión que tienen con su organización. La evaluación de valores individuales emplea el mismo instrumento que se utiliza para recopilar información en una evaluación de valores culturales de una organización (CVA).

Una vez abierto el sitio Web de la encuesta IVA, los participantes entran usando una contraseña y se les pide que seleccionen de una lista de 80 a 90 palabras o frases:

- Diez valores / comportamientos que representan quienes son (valores personales).
- Diez valores / comportamientos que representan cómo opera su organización (cultura actual).
- Diez valores / comportamientos que representan lo que ellos creen que la organización tiene que hacer para lograr el nivel más alto de rendimiento (cultura deseada).

La encuesta se suele realizar en menos de 15 minutos. Se pueden utilizar unas plantillas estándar para los valores personales y organizacionales o bien se puede personalizar si así lo solicita la organización. Los informes se presentan en inglés, mientras que los diagramas de diagnóstico (los gráficos de valores) se pueden proporcionar en el idioma escogido para la encuesta. Los valores elegidos se analizan de la misma manera que en el CVA - por signo (positivo o potencialmente limitante), por el nivel de consciencia (del 1 al 7), por la tipología (IROS) y por el foco del negocio (BNS). El número de valores / comportamientos potencialmente limitantes que el individuo atribuye a la cultura actual es indicativo del nivel de entropía cultural en la organización.

La evaluación de los valores de liderazgo (LVA)

El propósito del LVA es obtener feedback de colegas, subordinados y superiores sobre su perspectiva de cómo te ven operar como líder y compararla con la tuya.

El proceso LVA comienza con la personalización de la plantilla de valores de liderazgo de la organización. Luego se pide al líder que entre en un sitio Web protegido por contraseña, para seleccionar los diez valores más representativos de su estilo de funcionamiento. Se le pide también que haga una lista de lo que él cree que son sus puntos fuertes y de las áreas de mejora en las que está actualmente trabajando. Entre quince y veinte evaluadores, elegidos por el líder, también visitan el sitio Web para seleccionar diez valores que representen el estilo operativo del líder, los comportamientos que creen que el líder tiene que abandonar, iniciar o mejorar, y cualquier otro comentario que deseen transmitir como retroalimentación al líder. Los evaluadores pueden optar entre firmar sus comentarios con su nombre o realizar la encuesta anónimamente. En una sesión presencial de dos o tres horas, un coach compartirá con el líder la información recogida en el LVA. En base al feedback recibido, el líder y el coach desarrollan conjuntamente un plan de acción para mejorar el desempeño del líder.

Cuando un grupo de líderes en el mismo equipo de liderazgo reciben LVA's al mismo tiempo, se puede hacer un Diagrama del Grupo de Liderazgo. Este gráfico muestra combinadas las respuestas globales recibidas por los líderes y los comentarios que han recibido todos ellos. El gráfico destaca las fortalezas comunes del grupo y los problemas comunes.

Informe de desarrollo del liderazgo (LDR)

El propósito de la LDR es el mismo que el del LVA. La principal diferencia entre el LDR y el LVA es que el LDR está automatizado. El LDR utiliza un modelo de valores de liderazgo estándar basado en los valores más comunes que se han registrado con cientos de líderes en un período de varios años. Es posible optar por personalizar esta plantilla, con un cargo adicional. Una vez abierto el sitio Web para realizar la encuesta de recogida de datos, y cuando los líderes han iniciado su sesión utilizando

La organización impulsada por Valores

una contraseña personal, se les pide que seleccionen los diez valores más representativos de su estilo operativo. Luego se les pide que se califiquen a sí mismos basándose en 26 comportamientos de liderazgo, indicando en qué medida cada una de las afirmaciones ahí recogidas representa para él o ella una fortaleza o un área de desarrollo. Después, entre quince y 20 evaluadores elegidos por el líder, visitan también el sitio Web para seleccionar diez valores que representan el estilo del líder, y los diez valores que consideran que son importantes que integre el líder en su estilo de funcionamiento. A continuación, valoran al líder con respecto a 26 comportamientos de liderazgo y proporcionan los comentarios que deseen transmitir como feedback. Los resultados del LDR, como los del LVA, los comunica por un coach en una sesión individual de feedback, de dos a tres horas de duración. Basándose en el feedback, el líder y el coach desarrollan conjuntamente un plan de acción para mejorar el desempeño del líder.

Niveles de entropía personal

Uno de los resultados clave de este proceso es el nivel de entropía personal. La siguiente tabla (Tabla 10.1) proporciona una visión general de las implicaciones asociadas a los diferentes rangos de entropía personal.

Tabla 10.1 Implicaciones asociadas a los diferentes rangos de entropía personal.

Entropía personal	Implicaciones
0–6%	*Saludable:* Se trata de un nivel bajo y saludable de entropía personal que sugiere que no son los miedos subconscientes los que dirigen la toma de decisiones.
7–10%	*Problemas menores:* este nivel de entropía personal refleja la necesidad de los líderes de examinar cómo sus comportamientos basados en el miedo están afectando a las personas que les rodean y/o a su propio equilibrio trabajo / vida personal.

11-15%	*Problemas significativos*: este nivel de entropía personal refleja la necesidad de los líderes de examinar cómo sus comportamientos basados en el miedo están comprometiendo sus relaciones con sus compañeros y subordinados, y afectan negativamente a sus metas profesionales.
16-20%	*Problemas graves*: este nivel de entropía personal refleja la necesidad de los líderes de examinar cómo sus comportamientos basados en el miedo están socavando su integridad personal y su honradez, y están afectando negativamente a sus metas profesionales y personales.
21%+	*Problemas críticos*: este nivel de entropía personal refleja la necesidad de los líderes de examinar cómo sus comportamientos basados en el miedo están comprometiendo su capacidad de inspirar y apoyar a sus subordinados y colaborar eficazmente con sus compañeros.

Valores asociados con la alta y baja entropía personal

Para permitir una comprensión plena de los valores/comportamientos de liderazgo que son consistentes con la baja entropía personal y con la alta entropía personal, hemos analizado los resultados de 100 evaluaciones de valores de liderazgo realizadas durante 2008-9 en 15 sectores de actividad en 19 países. Los países representados en este estudio incluyen: Australia, Bélgica, Brasil, Canadá, República Checa, Francia, Alemania, India, Países Bajos, Noruega, Perú, Polonia, Sudáfrica, Suecia, Trinidad y Tobago, Turquía, el Reino Unido, los EE.UU. y Venezuela.

Los resultados de esta investigación se presentan en la Figura 10.1, que muestra los diez valores más frecuentes en los líderes que están operando en el rango de entropía más bajo (0-6 por ciento) y los diez valores que con mayor frecuencia se encuentran en los líderes que están operando en el rango de entropía más alto (21 por ciento +).

La organización impulsada por Valores

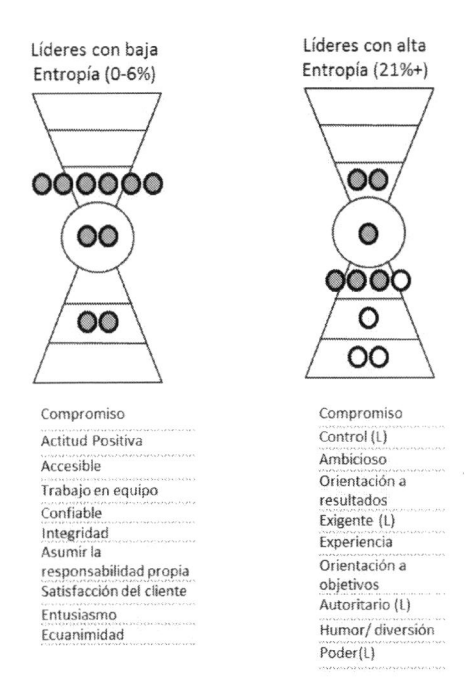

Líderes con baja Entropía (0-6%)	Líderes con alta Entropía (21%+)
Compromiso	Compromiso
Actitud Positiva	Control (L)
Accesible	Ambicioso
Trabajo en equipo	Orientación a resultados
Confiable	Exigente (L)
Integridad	Experiencia
Asumir la responsabilidad propia	Orientación a objetivos
Satisfacción del cliente	Autoritario (L)
Entusiasmo	Humor/ diversión
Ecuanimidad	Poder (L)

Figura 10.1 Valores asociados con niveles bajos y altos de entropía personal.

Sólo hay un valor coincidente entre los líderes de baja y alta entropía: están todos comprometidos; la diferencia principal es que los líderes de alta entropía emplean al menos cuatro conductas inducidas por el miedo a satisfacer sus necesidades.

Los líderes de alta entropía sienten que tienen que controlar, exigir y utilizar su poder de forma autoritaria para conseguir lo que quieren. Los líderes de baja entropía, por su parte, satisfacen sus necesidades, trabajando con su gente (trabajo en equipo), mostrándose accesibles, asumiendo la responsabilidad personal por los resultados y la satisfacción de los clientes, escuchando a sus empleados y tratándoles con equidad. Los líderes de baja entropía son dignos de confianza, entusiastas y con una actitud positiva hacia su trabajo. Los líderes de alta entropía se centran en los resultados y en los objetivos en lugar de en las personas. En promedio presentan cuatro valores relacionales potencialmente limitantes, mientras que los líderes de baja entropía muestran cinco valores relacionales positivos.

En resumen, podemos decir que los líderes de baja entropía muestran valores que generan altos niveles de compromiso de los empleados: un foco en el nivel 5 de consciencia (cohesión interna) y el Nivel 4 (transformación). Ellos permiten que las personas a su cargo sepan que son apreciados, y los apoyan para que tengan éxito. Por el contrario, los líderes con alta entropía están más preocupados por su propio éxito (logro y ambición) que por el éxito de su gente.

Conclusiones

Los líderes crecen y se desarrollan cuando obtienen feedback regularmente. LVA y LDR han sido diseñados con ese propósito. Ambos son herramientas de coaching para promover el auto-conocimiento, reducir la entropía personal y mejorar la inteligencia emocional y social. LVA y LDR comparan la percepción que tiene un líder sobre su estilo de liderazgo con la percepción de sus superiores, compañeros y subordinados. LVA y LDR revelan el grado en que los comportamientos de un líder ayudan o dificultan el desempeño de una organización, y en qué medida sus decisiones se ven influidas por los temores acerca de no conseguir satisfacer sus necesidades de subsistencia. Reducir el nivel de entropía personal (los comportamientos basados en el miedo consciente y subconsciente) de los líderes de una organización es una de las maneras más importantes de reducir la entropía cultural.

Resumen

Estos son los principales puntos del capítulo 10:

1. Hay tres herramientas principales para medir los valores de los individuos: la evaluación de valores individuales (IVA), la Evaluación de Valores del Liderazgo (LVA) y el informe sobre el desarrollo del Liderazgo (LDR).
2. El propósito del IVA es ayudar a los líderes, directivos y supervisores a evaluar su nivel de alineación de valores y de alineación de misión con su organización.

3. El propósito de LVA y LDR es obtener feedback de compañeros, subordinados y superiores acerca de qué valores son predominantes en los líderes en comparación con los valores que los líderes ven en sí mismos. LVA y LDR también miden el nivel de entropía personal.
4. Los resultados de LVA y LDR se comunican al líder, gerente o supervisor en una sesión individual de dos a tres horas de coaching. Basándose en ese feedback, el líder y el coach desarrollan conjuntamente un plan de acción para mejorar el desempeño del líder.
5. Los líderes de alta entropía sienten que tienen que controlar, exigir y utilizar su poder de forma autoritaria para conseguir lo que quieren.
6. Los líderes de baja entropía satisfacen sus necesidades trabajando con su gente, mostrándose cercanos y accesibles, centrándose en asumir la responsabilidad personal por los resultados y la satisfacción del cliente, escuchando a sus empleados y tratándolos con justicia.
7. Los líderes de baja entropía muestran valores que dan lugar a altos niveles de implicación por parte de los empleados, mientras que los líderes de alta entropía muestran valores que se traducen en bajos niveles de implicación de los empleados.

11

Casos de estudio de liderazgo

La entropía cultural de una organización es un reflejo de la entropía personal de los líderes y del legado institucional de la entropía personal de los líderes del pasado. En las próximas dos figuras muestro cómo el nivel de entropía personal de dos líderes, ambos fundadores de sus organizaciones (con lo que no existe entropía de líderes del pasado), afectaron a la entropía cultural de sus organizaciones. En ambos casos las organizaciones tenían entre 20 y 30 empleados.

La figura 11.1 muestra los resultados de una organización con baja entropía y la figura 11.2 los resultados de una organización con alta entropía. Los resultados del CVA están en la parte izquierda de la figura, mientras los resultados del LVA están en el lado derecho. Cada punto representa uno de los valores más votados por los empleados. Los valores potencialmente limitantes está representados por los puntos blancos y designados con una (L). Los valores positivos están representados con puntos grises. Se muestran también los niveles de entropía cultural y personal. El nivel de entropía cultural se midió utilizando el Diagnóstico cultural de valores (CVA). El nivel de entropía personal se midió utilizando un diagnóstico de Valores de liderazgo (LVA).

La organización impulsada por Valores

CVA Feedback Valores más votados		LVA Feedback Valores más votados	
1. Satisfacción del cliente	16	1. Aprendizaje continuo	11
2. Compromiso	11	2. Generosidad	11
3. Aprendizaje continuo	11	3. Compromiso	10
4. Marcar la diferencia	11	4. Tener una actitud positiva	10
5. Perspectiva global	9	5. Visión	10
6. Mentoring	9	6. Ambicioso	9
7. Entusiasmo	8	7. Marcar la diferencia	8
8. Desarrollo del liderazgo	8	8. Orientación a resultados	8

Entropía Cultural = 7%   Entropía Personal = 9%

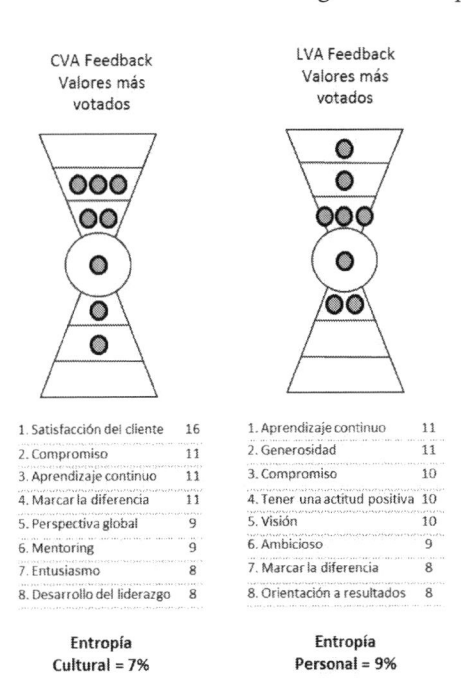

Figura 11.1 Organización con baja entropía

CVA Feedback Valores más votados		LVA Feedback Valores más votados	
1. Enfoque en el corto plazo (L)	13	1. Poder (L)	11
2. Culpar a otros (L)	11	2. Culpar a otros (L)	10
3. Manipulación (L)	10	3. Exigente (L)	10
4. Cauto (L)	7	4. Manipulador (L)	10
5. Cinismo (L)	7	5. Experiencia	9
6. Burocracia (L)	6	6. Controlador (L)	8
7. Control (L)	6	7. Arrogancia (L)	7

Entropía Cultural= 38%   Entropía Personal = 64%

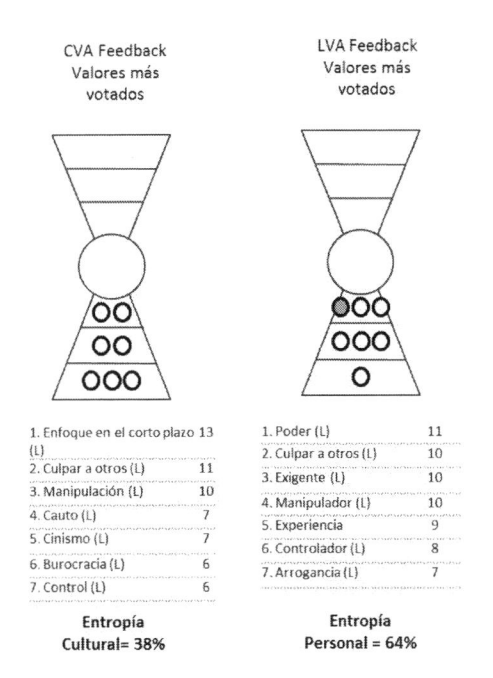

Figura 11.2 Organización con alta entropía.

Brevemente, para entender las dos figuras siguientes es necesario saber que la entropía personal se mide de manera similar a la entropía cultural. A cada persona que proporciona el feedback sobre el líder, se le pide que escoja 10 valores que reflejen cómo opera el líder. El nivel de entropía personal es la proporción de valores potencialmente limitantes que son escogidos por los evaluadores. Los valores más votados por los evaluadores y el número de votos se muestran en cada diagrama.

El punto clave a destacar en la figura 11.1 es que el nivel de entropía cultural y de la entropía personal son ambos relativamente bajos. La entropía personal de esta líder es del 9 por ciento y la entropía cultural de la organización es del 7 por ciento.

Por el contrario, en la figura 11.2 se aprecia que el nivel de entropía cultural y el de entropía personal son relativamente altos los dos. La entropía personal del líder es del 64 por ciento y la entropía cultural de la organización es del 38 por ciento.

Lo que muestran las figuras es que la entropía cultural se ve significativamente afectada por la entropía personal del líder del grupo. Por ello es importante, si quiere reducir la entropía cultural de una organización, actuar no sólo para reducirla en el ámbito organizacional, sino también enfocarse en reducir la entropía personal de los líderes al frente de los departamentos, unidades y equipos con más altos niveles de entropía cultural. El resultado de un diagnóstico cultural de valores cuando se desagrega a nivel departamental, de unidad o de equipo, indica claramente dónde se encuentran estos reductos de alta entropía y qué líderes necesitan ayuda para reducir su entropía personal.

El líder con baja entropía

La figura 11.3 muestra el diagrama de valores LVA de una líder con baja entropía. A la izquierda se muestran los valores con los que esta líder describe su estilo de liderazgo y a la derecha los valores que escogen sus 19 evaluadores. Hay cuatro valores coincidentes entre los valores seleccionados por los evaluadores y la líder: escuchar, abierto a nuevas ideas, constructor de equipos y visión. Los evaluadores ven a esta líder como alguien auténtico, con entusiasmo, que cuida a las personas y que

La organización impulsada por Valores

es coach y mentor de su equipo. Colabora con otros para contribuir a un mundo mejor, es apreciada por las personas a su cargo porque está abierta a nuevas ideas, escucha a las personas y opera con integridad.

Perspectiva del líder	Perspectiva de los 19 evaluadores	
Inspirar confianza	Preocupación por los demás	14
Coraje	Coaching/Mentoring	8
Empatía	Entusiasmo	8
Estándares altos	Colaborativo	7
Aprendizaje	Marcar la diferencia	7
Escucha	Autenticidad	6
Abierto a nuevas ideas	Integridad	6
Constructor de equipos	Escucha	6
Visión	Abierto a nuevas ideas	6
Sabiduría	Constructor de equipos	6
	Visión	6

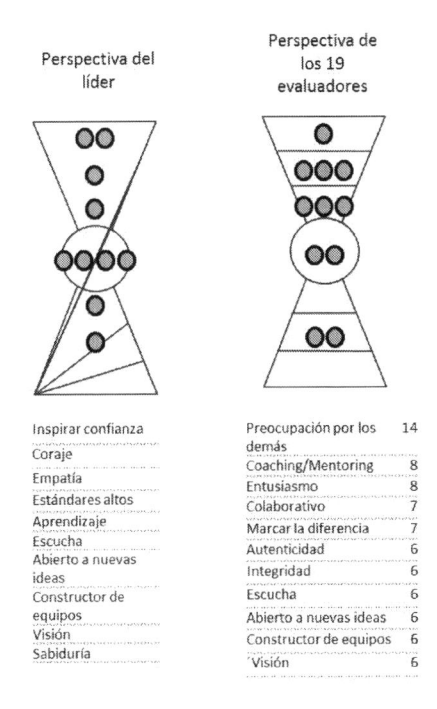

Figura 11.3 Líder con baja entropía personal

Es fácil darse rápidamente cuenta, por la distribución de los valores más votados (puntos), de que los evaluadores consideran que los valores de esta líder se concentran en los niveles 5 y 6, mientras ella se ve a sí misma operando principalmente en el nivel cuatro. Esta infravaloración de sus propias capacidades es relativamente típica en líderes que operan desde los más altos niveles de consciencia.

Si mira cuidadosamente la distribución de valores en el diagrama de los evaluadores en la figura 11.4 verá que el 27 por ciento de los valores de la líder observados por sus evaluadores se encuentran en el nivel de la mente auto-transformadora, el 43 por ciento en el nivel de la mente auto-creativa y el 30 por ciento en el nivel de la mente socializada. El nivel de entropía personal se encuentra en el rango saludable, en el 4 por ciento.

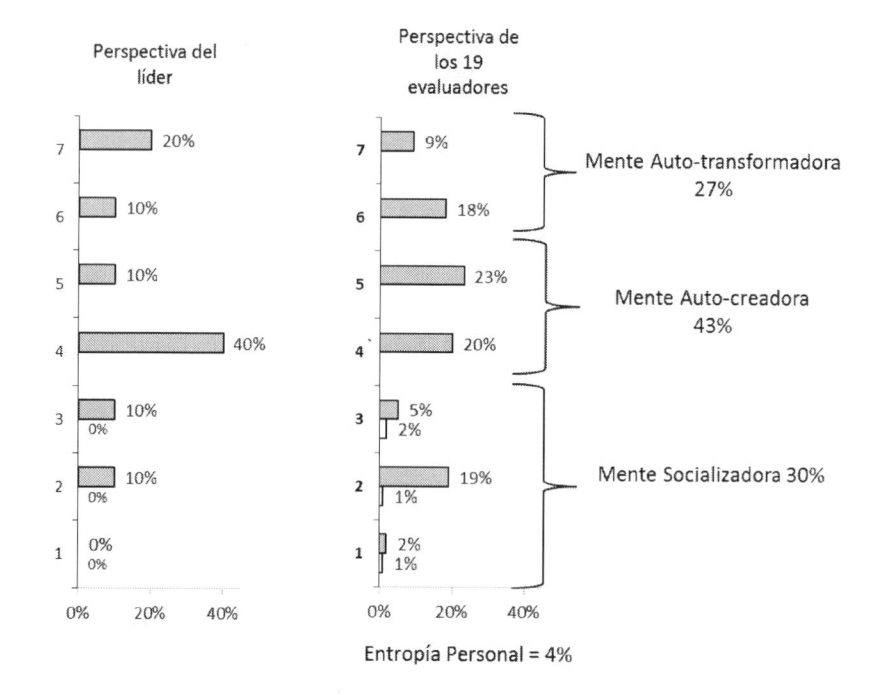

Figura 11.4 LVA Distribución de la entropía personal en un líder con baja entropía.

El líder con alta entropía

Mi ejemplo de líder con alta entropía es uno que utilizo muy a menudo. Lo llamo mi ejemplo de Darh Vader. Esta persona es la fundadora de una pequeña organización. En el momento del diagnóstico, la organización llevaba cinco años funcionando y había alcanzado un éxito moderado. Los resultados del LVA se muestran en la figura 11.5

La organización impulsada por Valores

Perspectiva del líder	Perspectiva de los 15 evaluadores
Ambicioso	Orientado al logro 12
Coraje	Autoritario (L) 10
Creatividad	Ser el mejor 8
Excelencia	Competitivo (L) 8
Integridad	Exigente (L) 8
Perspectiva de largo plazo	Determinación 7
	Excelencia 7
Pasión	Conocimiento 7
Orientación a resultados	Poder (L) 6
Alianzas estratégicas	Orientación a resultados 6
Visión	Asumir riesgos 6

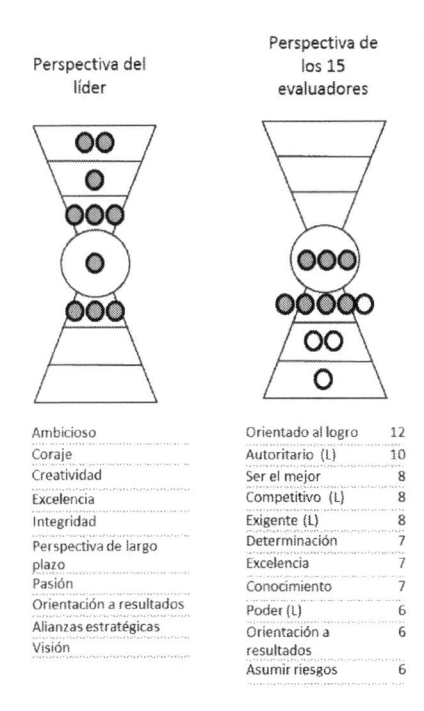

Figura 11.5 LVA: líder con alta entropía.

El primer aspecto a destacar es que las perspectivas del evaluador y del líder son muy diferentes. El líder se ve a si mismo focalizado en los niveles altos de consciencia y los asesores le ven focalizado en los niveles bajos de consciencia. Si echamos un vistazo a los valores que el líder observa en si mismo, estaremos de acuerdo en que son excelentes para poner en marcha una organización. El líder pone tanto su ambición como su pasión al servicio de su visión. Tiene coraje, es creativo y se orienta a la obtención de resultados. Construye alianzas estratégicas, opera con integridad y se centra en la excelencia. Un aspecto importante acerca de cómo es visto por los demás, es que aparte de las alianzas, no tiene más valores relacionales entre sus diez valores más votados: no está orientado a las personas.

Mientras la gente en su organización reconoce muchas de sus fortalezas, particularmente su orientación a resultados y su excelencia (valores coincidentes), lo retratan como autoritario, exigente, competitivo y que busca el poder.

Richard Barrett

Cuando miramos su diagrama de distribución de valores (figura 11.6) veremos que es una persona cuyos comportamientos están guiados por el miedo. Su fuerza proviene de su mente auto-creativa (27 por ciento de sus valores) pero utiliza los valores basados en el miedo de su mente socializadora para manipular a la gente y que haga lo que él quiere: ninguno de los valores escogidos por las personas que lo evalúan se enmarca en la categoría de la mente auto-trasformadora. El hecho de que este líder tiene poco conocimiento de sí mismo es evidente por la diferencia que existe entre los Valores percibidos por él mismo y los percibidos por sus evaluadores.

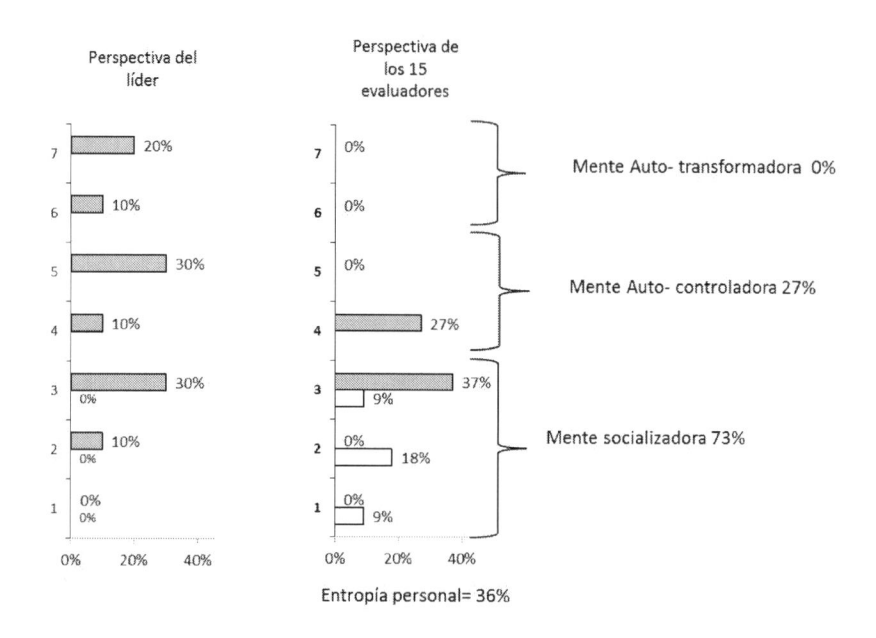

Figura 11.6 Distribución de la entropía personal de un líder con elevada entropía.

Mi consejo a esta persona es que necesitaba poner su energía, talentos y virtudes en su rol externo de constructor de negocios y delegar el rol de gestor en manos de uno de sus socios con mayor orientación a cuidar de las personas de la organización. Este feedback no fue una sorpresa para él, conocía sus limitaciones en cuanto a la gestión de personas y, aunque algo decepcionado, reconoció que su talento se encontraba en otras áreas.

Diagnóstico individual de Valores

El Diagnóstico individual de Valores (IVA) es una herramienta de coaching basada en una auto-evaluación que ayuda a la persona a valorar el nivel de alineación de sus valores y la alineación de la misión y puede ser utilizado como una introducción útil para empezar a usar las herramientas de transformación cultural en clientes potenciales. Los valores recogidos en este diagrama se organizan por orden alfabético.

Viviendo en una cultura tóxica

Mi primer ejemplo es un directivo ambicioso con una mente auto-creativa que se encuentra trabajando en una organización con alta entropía (véase la figura 11.7)

Valores Personales	Cultura Actual	Cultura Deseada
1. Adaptabilidad	1. Burocracia (L)	1. Orientación al logro
2. Compromiso	2. Confusión (L)	2. Compromiso
3. Control (L)	3. Control (L)	3. Colaboración con el clientes
4. Convive bien con la incertidumbre	4. Reducción de costes (L)	4. Satisfacción del cliente
5. Humor/ diversión	5. Construcción de imperios (L)	5. Convivir bien con la incertidumbre
6. Integridad	6. Jerarquía (L)	6. Honestidad
7. Perseverancia	7. Inseguridad laboral (L)	7. Inclusividad
8. Asumir riesgos	8. Trabajar muchas horas (L)	8. Alianzas y colaboración
9. Autodisciplina	9. Orientación a resultados	9. Profesionalidad
10. Bienestar	10. Mentaldiad de silos (L)	10. Confianza

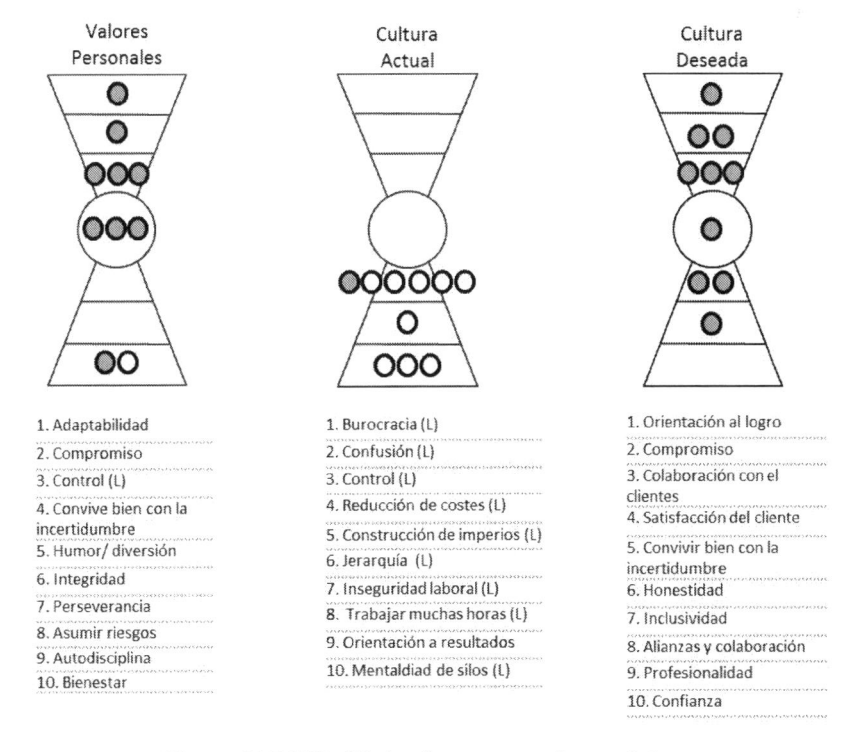

Figura 11.7 IVA: Viviendo en una cultura tóxica

Sé que esta persona es relativamente ambiciosa porque los valores personales de asumir riesgos, disciplina personal y perseverancia, junto con el valor deseado de orientación al logro sugieren que quiere obtener lo que desea. De manera significativa además, el 60 por ciento de sus valores personales están en los niveles 4 y 5, los niveles de la mente autocreativa. Busca retos y oportunidades para ponerse a prueba a sí mismo.

Quiere hacer las cosas bien, y probablemente las hará, porque entiende lo que cuesta crear un negocio exitoso – sus valores de la cultura deseada son casi de espectro completo, con más de un 50% de valores distribuidos entre los niveles 5 y 6 - y presentan una buena distribución por tipología de valores: cuatro valores individuales, dos relacionales y cuatro organizacionales. Además, siente tener equilibrio en su vida personal: el valor de bienestar sugiere que está centrado en equilibrar sus necesidades físicas, emocionales, mentales y espirituales y reconoce la importancia de la satisfacción y colaboración con el cliente al igual que es consciente de la necesidad de tejer alianzas.

Percibe la cultura actual de su organización como extremadamente tóxica: casi todo el mundo encontraría difícil trabajar en esta cultura. El hecho de haber escogido la disciplina personal y el control (un valor relacional potencialmente limitante) entre sus valores personales y no tener ningún valor positivo relacional entre sus diez valores principales – todo el resto son individuales – sugiere que podría durar más en esta cultura que alguien más orientado a las relaciones.

Uno de los principales temas que debe de preguntar el coach que entregue a este profesional sus resultados del IVA, es hasta qué punto el valor de *control* está relacionado con la *autodisciplina*. Es muy probable que los dos valores actúen juntos para ayudar a esa persona a lidiar con esta cultura tóxica. En ese caso, el valor *"control"* puede hacer referencia a un mayor control de uno mismo y no sería por tanto un valor relacional potencialmente limitante, sino un valor positivo e individual. Lo que me hace sospechar que es así, es que no es usual encontrar juntos los valores de *"control", asumir riesgos y convivir bien con incertidumbre* en los valores personales de una misma persona; *control y asumir riesgos* son extremos opuestos que normalmente no van de la mano.

La organización impulsada por Valores

Enraizarse en las necesidades básicas del negocio

Mi Segundo ejemplo de IVA, que se puede ver en la figura 11.8, es típico de algunos consultores independientes que trabajan proporcionando soporte y ayuda a los líderes que construyen organizaciones dirigidas por valores y que acompañan con su propio coaching el crecimiento en liderazgo de su equipo. Estos profesionales, muestran valores en los niveles superiores del espectro de consciencia, tienen visión, sabiduría y el deseo en cooperar con otros para marcar su diferencia en la construcción de un mundo mejor. Lo que a veces les falta son valores asociados con los tres primeros niveles de consciencia organizacional.

Valores Personales	Cultura Actual	Cultura Deseada
1. Adaptabilidad	1. Asumir la responsabilidad personal	1. Asumir la responsabilidad personal
2. Cooperación	2. Cooperación	2. Imagen de marca
3. Consciencia global	3. Excelencia	3. Excelencia
4. Humildad	4. Honestidad	4. Interdependencia
5. Humor/diversión	5. Interdependencia	5. Marcar la diferencia
6. Interdependencia	6. Escucha	6. Crecimiento de la organización
7. Escucha	7. Perspectiva a largo plazo	7. Beneficios
8. Calidad	8. Marcar la diferencia	8. Calidad
9. Visión	9. Crecimiento personal	9. Respeto
10. Sabiduría	10. Visión compartida	10. Confianza

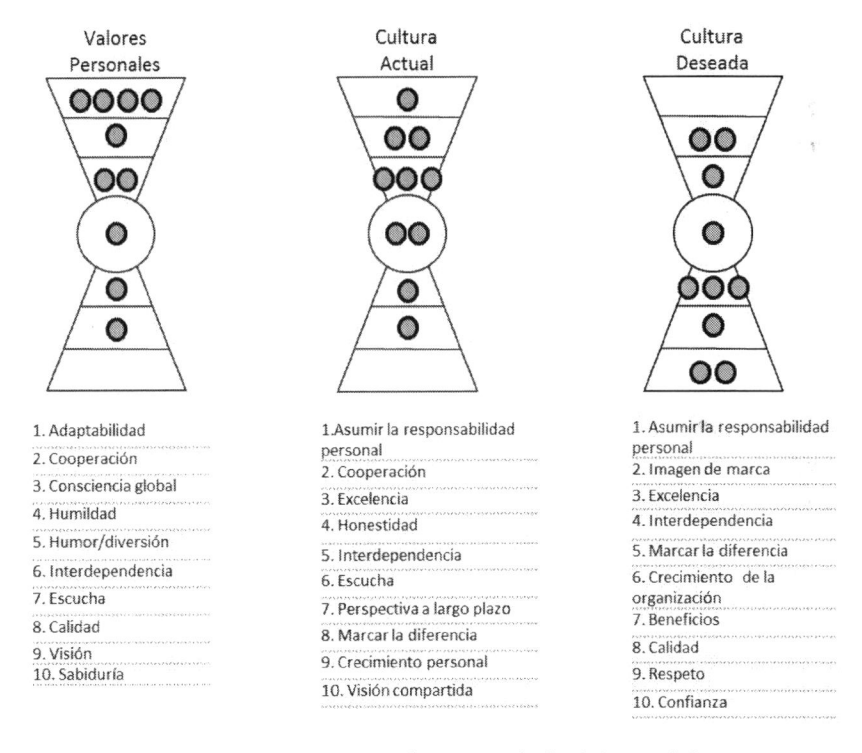

Figura 11.8 IVA: Enraizarse en las necesidades básicas del negocio.

Esta persona tiene tres coincidencias entre valores personales y valores de la cultura actual (una razonable alineación en valores) – cooperación, interdependencia y capacidad de escucha; cuatro coincidencias entre valores de la cultura actual y valores de la cultura deseada y dos coincidencias entre valores personales y valores de la cultura deseada (calidad e interdependencia) uno de los cuales – interdependencia - es común en las tres listas.

La principal diferencia entre la cultura actual y la cultura deseada son los cuatro valores de los primeros niveles que aparecen en la cultura deseada – imagen de marca, crecimiento organizativo, beneficio y calidad. Solo hay dos valores organizacionales en la cultura actual: perspectiva de largo plazo y visión común.

Intuitivamente esta persona sabe que para ser un líder espectro global en su negocio, necesita poner mucho más foco en los tres primeros niveles de consciencia organizacional. Esto le resultará difícil para él, porque no es lo que le apasiona. Ocuparse de los aspectos más básicos del negocio no es lo que le hace fluir.

Este tipo de resultados se encuentran también en personas que trabajan en organizaciones no gubernamentales (ONG's). Las personas atraídas por este tipo de organizaciones ponen tanta pasión en contribuir a un mundo mejor, que a veces descuidan poner energía en los aspectos más básicos de la organización. Esto les genera un problema pues limitan sus posibilidades de ser efectivos.

De este modo, nos encontramos con muchas organizaciones privadas a las que les faltan los valores necesarios para inspirar a su gente mientras muchas ONGs adolecen de los valores necesarios para ser efectivas y, por último, las organizaciones del sector público tienden a presentar ambos problemas.

Aquellos que están en el sector público (educación, salud…) suelen ser personas que se preocupan por los demás y quieren contribuir a marcar la diferencia en la vida de otras personas. Se sienten decepcionados por la cantidad de tiempo que deben de invertir en burocracia y completando formularios, y despliegan poco o ningún talento o energía en generar eficiencia u orden y en gestionar eficazmente a las personas. Por ello, no se sienten apreciados, sienten que no contribuyen todo lo que desearían y desarrollan una muy baja implicación con la organización. Su conexión es con la gente a la que sirven y no con su organización.

Yo creo que la razón por la cual las organizaciones del sector público tienden a convertirse en grandes burocracias es porque las personas que entran a formar parte del sector, por lo general, no son expertos en gestión de personas, ni en creación de sistemas y procesos eficientes, ni es algo que despierte su pasión: lo que realmente quieren, al inicio de su carrera en el sector público, es contribuir a mejorar las vidas personales de sus "clientes". A medida que progresan en sus carreras, son ascendidos a puestos de trabajo para los que no están preparados y crean capas de burocracia (controles) para compensar su falta de habilidad en la gestión de personas y en la gestión de recursos.

Conclusiones

El nivel de entropía personal de un líder impacta significativamente en el nivel de entropía cultural de su organización, departamento o equipo. Los líderes de baja entropía tienden a operar desde una distribución de valores situados principalmente en los niveles de consciencia asociados con una mente auto-transformadora o auto-creativa. Los líderes de alta entropía, por el contrario, tienden a operar desde valores concentrados principalmente en los niveles de conciencia asociados con una mente socializada.

Resumen

Estos son los principales mensajes del capítulo 11:

1. Los líderes con alta entropía personal tienden a crear culturas organizacionales con alta entropía cultural.
2. Los líderes con baja entropía personal tienden a crear culturas organizacionales con baja entropía cultural.

12

El líder-coach

Con el fin de crecer y desarrollarse como un líder, antes debe aprender a liderarse a usted mismo. Sólo cuando sea capaz de liderarse con éxito a usted mismo, tendrá capacidad para dirigir un equipo. Y sólo cuando haya dominado la forma de dirigir un equipo, tendrá las habilidades necesarias para dirigir una organización. Esta progresión en el desarrollo del liderazgo es uno de los temas centrales del libro *The New Leadership Paradigm*, de su sitio Web y del sistema de aprendizaje que publiqué en 2011.[1]

El primer paso en el liderazgo de uno mismo es la construcción de las propias habilidades de maestría personal: debe aprender a ser su propio entrenador (coach) si desea superar o liberar las creencias subconscientes limitantes, basadas en el miedo, que usted tiene (véase el anexo 17). El segundo paso en el liderazgo de uno mismo es la individuación y el auto-reconocimiento o auto-actualización, es decir, descubrir quién es usted realmente (sus valores y creencias guía), y encontrar un trabajo que le apasione y de sentido a su vida.[2] El tercer paso es integrar y servir, es decir, aprender a colaborar con otras personas para marcar la diferencia contribuyendo a un mundo mejor lo cual eventualmente, a medida que envejece, le conduce a una vida de servicio desinteresado.

Este proceso de desarrollo nos conduce de la dependencia a la independencia y finalmente, a la interdependencia. Es un viaje de toda una vida que no admite prisas. Se empieza por aprender a minimizar el impacto de nuestras creencias basadas en el miedo en nuestra vida personal y la de las personas que nos rodean. Sólo cuando haya hecho

La organización impulsada por Valores

eso, cuando haya encontrado un sentido o propósito, y aprendido a marcar su propia diferencia en el mundo a través de la colaboración con otras personas, será usted capaz de gestionar con éxito un equipo, y sólo cuando realmente se ponga como líder al servicio de los demás, será usted capaz de liderar con éxito una organización.[3]

Un líder al servicio de los demás es alguien que reconoce que su capacidad de lograr resultados depende de su capacidad de construir y aprovechar al máximo las capacidades y motivaciones de las personas a su cargo. En consecuencia, su prioridad es asegurarse de que las personas que dependen de ellos son capaces de satisfacer todas sus necesidades, tanto las de subsistencia como las de crecimiento. Inspiran, y sirven de mentores y actúan como coaches con su gente para que ellos puedan crecer, desarrollarse y llegar a ser todo lo que pueden llegar a ser. Nadie puede hacer esto con éxito, si no ha realizado ese viaje antes por sí mismo. Esta es la razón por la que aprender a liderarse a uno mismo es tan importante. Todo lo que aprenda sobre si mismo facilitará su trabajo en el liderazgo y acompañamiento mediante coaching de los demás. Como coach, difícilmente se puede acompañar a alguien a lo largo de un camino que no haya transitado con éxito usted mismo con anterioridad.

El cuaderno de trabajo *Leading Self (liderarse a uno mismo),* que acompaña al libro *The New Leadership Paradigm* (El Nuevo Paradigma del Liderazgo) ofrece un proceso detallado paso a paso, con 36 ejercicios, para apoyarle en el camino de la dependencia a la independencia, y finalmente a la interdependencia.[4]

El cuaderno de trabajo *Leading Others* (liderando a los demás), que acompaña al libro *The New Leadership Paradigm* ofrece un proceso detallado paso a paso, con 28 ejercicios, para evaluar y gestionar el rendimiento de su equipo y determinar las necesidades de coaching de cada miembro del equipo.[5]

El cuaderno de trabajo *Leading an Organization* (liderar una organización), que acompaña al libro *The New Leadership Paradigm* ofrece un proceso detallado paso a paso, con 33 ejercicios, para evaluar el desempeño de la organización y desarrollar un equipo de liderazgo de alto rendimiento.[6]

Si usted es el líder de una comunidad o de una nación, el libro de trabajo *Leading in Society* (liderar en la Sociedad) que acompaña al libro

The New Leadership Paradigm proporciona un procedimiento paso a paso con 30 ejercicios para evaluar el rendimiento de su comunidad / nación y desarrollar un equipo de liderazgo de alto rendimiento.[7]

Liderar a otros

Si usted se encuentra totalmente centrado en la satisfacción de sus necesidades de subsistencia, no estará lo suficientemente orientado hacia los demás como para poder centrar su atención en ayudar a los miembros de su equipo a ser lo mejor que pueden llegar a ser. Los líderes exitosos (de baja entropía) son accesibles, flexibles, se ganan la confianza de los suyos porque son buenos jugando en equipo, son buenos "coaches" y apoyan a los miembros de su equipo.

Como líder de un equipo, necesitará conocer tres formas de coaching:

- *Coaching para la evolución personal*: para ayudar a los miembros de su equipo a hacer frente a los problemas que se relacionan con su crecimiento personal, su maestría personal, y sus procesos de individuación y de autorrealización.
- *Coaching para la evolución profesional*: para ayudar a los miembros de su equipo a hacer frente a los problemas relacionados con su crecimiento profesional.
- *Coaching de alto rendimiento*: para ayudar a los miembros de su equipo a hacer frente a los problemas relacionados con la gestión de recursos para que puedan alcanzar las metas de desempeño que se propongan.

Coaching para la evolución personal

Su primera tarea como líder / coach es averiguar cuáles son los niveles de consciencia desde los que su gente está funcionando y con qué tipo de mente están operando principalmente -mente socializada, auto-creativa o auto-transformadora. Esto le dirá lo que es importante para ellos y qué clase de necesidades están buscando satisfacer a través de su trabajo. Una vez que comprenda sus necesidades, sabrá cómo crear un entorno de trabajo que optimice su nivel de implicación. Las herramientas para realizar estas evaluaciones se pueden encontrar en el libro *The New Leadership Paradigm* (El Nuevo Paradigma del Liderazgo), libro y cuaderno de trabajo para liderar a otros.

Coaching para la evolución profesional

Con gente sin experiencia que acaba de comenzar su carrera, será importante dedicar mucho tiempo en su mentoría desde un punto de vista profesional. Conforme vayan afianzándose en su profesión necesitarán menos apoyo. Su trabajo como mentor no es decirles lo que tienen que hacer cuando un tema o problema surge, sino ayudarles a elaborar por sí mismos las respuestas.

Coaching de alto rendimiento

John Whitmore, una de las principales autoridades del mundo en coaching, ha estado promoviendo durante los últimos 18 años la idea de que todo gerente debe ser un coach. En su libro más vendido, *Coaching for Performance* (Coaching: el método para mejorar el rendimiento de las personas), ahora en su cuarta edición en lengua inglesa, John dice:

> El coaching no es tan sólo una técnica que pueda ser aplicada externamente y de forma rígida en determinadas circunstancias prescritas. Es una forma de gestionar, una forma de tratar a las personas, una manera de pensar, una forma de ser. El coaching exige las más altas cualidades de un directivo: empatía, integridad y desprendimiento, así como la voluntad de adoptar un enfoque fundamentalmente diferente hacia el personal.[8]

Hay dos conceptos clave en el coaching: crear consciencia a través de ayudar a las personas a interpretar de una forma más significativa lo que están escuchando, viendo o sintiendo, y ayudar a que las personas asuman responsabilidad por su trabajo, sus acciones y sus comportamientos, cotribuyendo con ello a aumentar su sentido de orgullo en su desempeño individual y en el rendimiento colectivo del equipo.

Haga muchas preguntas

El primer principio del coaching y el mentoring consiste en hacer muchas preguntas. Su trabajo no es dar respuestas. En el nuevo paradigma del liderazgo, líderes, directivos y supervisores enseñan a su gente a pensar por sí mismos, aumentando su consciencia y siendo cada vez más responsables de sus acciones. Un hombre hambriento siempre se morirá de hambre si sólo le das pescado. Cuando usted pueda ayudarle a aprender todo el proceso de la pesca, para que lo pueda hacer por sí mismo, ya nunca más se morirá de hambre.

Escuche muy bien, escuche activamente

Además de hacer un montón de preguntas, un buen coach escucha muy bien: invierte mucho tiempo en conseguir una comprensión clara de lo que la persona a quien sirve como coach está pensando; resume con frecuencia y le da feedback según su entendimiento de lo que está diciendo; guía a las personas para que tomen sus propias decisiones, y evita decirle a la gente lo que debe hacer. No se trata de habilidades difíciles de aprender, pero son esenciales para liderar y gestionar a los demás en el nuevo paradigma del liderazgo.

Para escuchar de verdad, tiene que entrar en un espacio mental en el que suspenda por completo sus propias necesidades, y mantenga callada su mente egoica. La última cosa que quiere hacer es mostrarse asustado o emitir juicio alguno acerca de lo que se está diciendo. Tiene que olvidarse de sí mismo y conectar con las necesidades de los miembros de su equipo. Necesita mostrar empatía y compasión.

Escuchar no puede ser tan difícil, ¿verdad? Sí, sí puede serlo, especialmente si usted está haciendo coaching a un subordinado. Un coach profesional se puede desligar más fácilmente del contenido de una sesión de coaching que un directivo. Como líder, directivo o supervisor es difícil desligarse, ya que probablemente pensará que sabe las respuestas a los problemas o dilemas de los miembros de su equipo. Y debe asegurarse de que el deseo de su ego de llegar a un resultado (su impaciencia) no le tienta para decirle a su empleado exactamente lo que él o ella tiene que hacer. El coaching consiste en ayudar a las personas a llegar a sus propias respuestas.

Comprenda bien lo que se le está diciendo

Comprender la situación de la otra persona y darles soporte sobre sus problemas es una de las cosas más difíciles de hacer, especialmente si usted tiene una mente auto-creativa. Va a tener la tentación de ver su situación, problemas y dilemas a través de su propia visión del mundo. Tiene que aparcar sus propios filtros de creencias y supuestos, si usted realmente quiere ayudar a alguien a llegar a una resolución. En última instancia, se trata de ayudar al otro a encontrar un lugar de consciencia en el que sea capaz de identificar sus necesidades y superar sus miedos. Si usted puede ayudarles a tener claras sus necesidades, les ayudará a entender sus motivaciones. Si usted puede ayudarles a tener claros sus miedos, les ayudará a ver donde están atrapados.

Resuma con frecuencia

¿Cómo asegurarse de que su coaching es efectivo? ¿Cómo se asegura de que no está condicionando la situación de la persona a la que hace coaching a través de sus creencias? La respuesta a esta pregunta es asegurarse de que tiene claridad. ¿Y cómo lo sabemos? Al resumir lo que creemos haber oído, no sólo una vez, sino varias veces. Decir cosas como: "A ver si lo he entendido bien ..." o "¿Es esto lo que usted está tratando de decir ...", "Usted debe sentirse ..." Usted sabe que está en el buen camino cuando les oye decir: "Sí, eso es exactamente lo que estoy diciendo / sintiendo. Eso es exactamente lo que necesito. Eso es exactamente lo que quiero. Eso es exactamente lo que temo." Una vez tengan esta claridad sobre sus sentimientos, necesidades, deseos y temores, puede proceder a ayudarles a identificar las opciones que tienen frente a ellos.

Guiar a las personas a diferentes opciones

Independientemente de lo que esté sucediendo en nuestras vidas, siempre tenemos opciones. Nos quedamos atascados cuando nos olvidamos de que tenemos opciones o cuando no creemos que las tenemos. Muy a menudo, tenemos problemas, asuntos y se nos plantean dilemas, porque no sabemos qué opciones tenemos a nuestra disposición. Ayudar a alguien a definir sus opciones puede implicar enfrentarle a sus temores, cuestionando sus creencias y conectándole con otras personas que puedan proporcionarle la información o el apoyo que necesitan. Esto es lo que usted, como coach tiene que ayudar a hacer a la otra persona.

Siempre es muy útil conseguir que una persona perciba su situación actual desde una perspectiva más elevada o más amplia. Yo siempre digo que el mejor lugar para resolver los problemas es desde una altura de 10.000 kilómetros. No literalmente, sino metafóricamente. Necesita encontrar formas de ayudar a la persona a la que está acompañando a ver y entender desde un contexto más amplio. Por encima de todo, su trabajo es darles esperanza. Cuando creemos que no tenemos opciones, somos impotentes. Nos convertimos en víctimas de nuestra ignorancia y nuestros miedos.

Evite decirle a la gente lo que tiene que hacer

"Educación" viene de la raíz latina "educare", que significa extraer. Eso es lo que tiene que hacer. Su trabajo como coach es ayudar a la persona a la que acompaña a encontrar su sabiduría interior. En el fondo de nuestro ser, siempre sabemos qué hacer. Lo que nos impide conocerlo es nuestra falta de confianza en nosotros mismos. Su trabajo consiste en descubrir lo que está en el corazón de la otra persona, ayudarle a aislar y nombrar sus miedos, preguntarle: "¿Qué es lo peor que podría suceder?" Y luego darles opciones sobre cómo ser libre por sí mismo.

GROW

Uno de los acrónimos más conocidos y frecuentemente usados en los modelos de coaching es GROW. La G corresponde a la palabra inglesa "Goal", objetivo, un objetivo que hay que establecer. La R hace referencia a la Realidad que hay que comprobar; la O es de Opciones, las opciones que habrá que explorar, y la W es la inicial de "qué" (what) en inglés,

"¿Qué hacer?", que nos invita a trazar un plan de acción. La propia palabra GROW en inglés significa crecer.

Al iniciar su sesión de coaching debe tener claridad sobre el tema y el alcance que el coachee quiere tratar, y determinar los objetivos de la sesión. Determinar lo que la persona a la que está acompañando cree que es su nivel actual de rendimiento con respecto al objetivo que está cubriendo y comprobarlo. Luego, identificar elecciones y explorar opciones. Ayudar al coachee a ver las diferentes maneras en las que él o ella puede llegar a su meta desde su realidad actual. Después ayudar al coachee a decidir qué hacer: evaluar las opciones y tomar una decisión.

También creo que es importante, antes de la fijación de metas, hablar con la persona acerca de cuál es la necesidad subyacente que está tratando de satisfacer con respecto al tema que van a tratar; qué temores tiene que pueden estar obstaculizando su camino; qué necesidades tienen otras personas involucradas, qué miedos pueden estar sintiendo y por qué.

Al fin y a la postre, lo que usted quiere es que cada persona a la que está haciendo coaching diga: "Lo hice por mí mismo " y, si así lo sienten, que añadan: "Gracias por su ayuda."

Es importante transmitir a la persona a la que está haciendo coaching que las personas más exitosas suelen presentar cinco características evolutivas: son maestros de la adaptación; nunca dejan de aprender; son capaces de tejer buenas relaciones con los miembros del equipo; son capaces de cooperar con personas que no son del equipo, y se sienten cómodos manejando problemas complejos (y a gusto con la incertidumbre).[10]

La felicidad

En última instancia, si desea crear un alto nivel de implicación en los empleados, debe crear un ambiente en el que la gente se sienta feliz y contenta porque son capaces de satisfacer sus necesidades. Cuando *sus* necesidades sean satisfechas se sentirán felices. Cuando *tus* necesidades se cumplan te sentirás feliz.

Si está trabajando desde una mente socializada o una mente auto-creativa tal vez no desee asumir la responsabilidad de gestionar a otras personas o tal vez sienta que no es ahí donde desea invertir su energía. No hay nada peor que un directivo que se implica sólo a medias. De este modo, muchas personas se ven promocionadas a puestos directivos, no porque es lo que quieren hacer, sino porque se ven en la obligación de hacerlo con el fin de progresar en su carrera. Ellos saben que no están hechos para ese rol, saben que no van a estar haciendo lo que verdaderamente les gusta. Ser honesto consigo mismo sobre este asunto es vital si desea encontrar la plenitud a través de su trabajo.

Si su pasión procede de hacer el trabajo y no de apoyar, acompañar y guiar a otros en la realización de su trabajo, entonces poner la mira en convertirse en un líder tal vez no sea el camino más adecuado para usted, porque no será bueno en ello. En última instancia, todo se reduce a comprender lo que para usted es su propósito en la vida, qué le hace a usted fluir, dónde radica su creatividad.

En mi caso, sé que mi pasión es entender la evolución de la consciencia humana y crear modelos y herramientas para apoyar la transformación personal y cultural a nivel organizacional, comunitario y nacional. Entre mis dones se incluye la habilidad para escribir y hablar. Eso es lo que soy. Cada vez que hago este trabajo, me siento vital y vivo. Tres veces en mi vida, creé y construí pequeñas organizaciones, sólo para darme cuenta después de que mi pasión era hacer el trabajo y no gestionar a otros que estaban haciendo el trabajo.

Ese fue uno de los aspectos más agradables de mis muchos años en el Banco Mundial. Tengo que seguir mi propósito sin tener que ser responsable de otros. Eso es también lo que es agradable de mi vida actual. Después de haber pasado los últimos 12 años en la construcción de una organización exitosa, he delegado las operaciones del día a día en manos de mis colegas para poder dedicar mi tiempo a mi pasión. Como propietario, todavía estoy estratégicamente conectado con el negocio, pero ya no estoy involucrado en las operaciones del día a día. Lo que hago cada día, mi pasión y mi propósito, contribuye directamente a la reflexión de los líderes de mi organización.

Por lo tanto, si el apoyo y la gestión de otras personas en el desarrollo de su trabajo es su pasión o su posición por defecto, porque no está

La organización impulsada por Valores

seguro de qué otra cosa podría hacer con su vida, aprender a liderar a otros es probable que sea lo mejor para usted en este momento de su vida. En cualquier caso, las habilidades que aprenderá para ayudar a otros a llegar a ser lo mejor en lo que pueden convertirse, siempre serán útiles para su vida. Si desea encontrar la felicidad y llevar una vida plena necesita seguir su pasión.

En *El Arte de la Felicidad*, el Dalai Lama hace la siguiente declaración:

> Identificar el estado mental de uno mismo como el principal factor para alcanzar la felicidad, obviamente no contradice que nuestras necesidades físicas básicas de alimentación, vestido y vivienda deban ser satisfechas. Pero una vez satisfechas estas necesidades básicas, el mensaje es claro: no necesitamos más dinero, no necesitamos más éxito o fama, no necesitamos el cuerpo perfecto o la perfecta compañera; ahora mismo, en este mismo momento, tenemos una mente, que es todo y el único equipo básico necesario para lograr una felicidad completa. [11]

Cuando se le preguntó que definiera las características de una persona psicológicamente saludable o equilibrada, dio la siguiente respuesta:

> Bueno, yo consideraría a una persona compasiva y de buen corazón como la más saludable. Si usted mantiene un sentimiento de compasión, de amorosa bondad, automáticamente algo abre su puerta interior. A través de ella [esa puerta] puede comunicarse con mayor facilidad con otras personas. Y esa sensación de calor, de cordialidad, crea una especie de apertura. Se dará cuenta de que todos los seres humanos son como usted, por lo que será capaz de relacionarse con ellos más fácilmente. [12]

Por eso, cuando usted hace el trabajo de aprender a liderarse a usted mismo -a crear su propia felicidad y encontrar su propia plenitud- usted será capaz de ayudar a otros a hacer lo mismo. Tal vez tengan diferentes necesidades, pasiones y propósitos, pero las etapas de desarrollo por las que tienen que pasar son las mismas por las que usted pasó. En última instancia, todos estamos en el mismo camino de desarrollo o evolución. Sólo cuando se comprende esto es posible relacionarse con los demás con empatía y compasión.

Conclusiones

Para ser un líder eficaz debe convertirse en un coach efectivo. Primero debe aprender a liderarse a usted mismo. La medida en la que usted sea capaz de liderarse a sí mismo, determinará el grado en el que será capaz de hacerles coaching a otros. En última instancia, todo tiene que ver con la felicidad. Cuando las personas son capaces de hacer ese trabajo con el que disfrutan o por el que sienten verdadera pasión, en un ambiente en el que se sienten atendidos y son capaces de satisfacer sus necesidades, serán felices, y participarán, se implicarán y se mostrarán comprometidos con su trabajo.

Resumen

Estos son los principales puntos del capítulo 12:

1. Con el fin de crecer y desarrollarse como líder, primero debe aprender a liderarse a sí mismo.
2. El primer paso para liderarse a sí mismo es construir las habilidades de su maestría personal, es decir, aprender a ser su propio coach para superar o dejar ir sus creencias limitantes basadas en sus miedos subconscientes.
3. El segundo paso consiste en individualizarse y auto-realizarse, es decir, entrar en contacto con quién realmente eres (tus valores y creencias), y encontrar un trabajo que le dé sentido a su vida: un trabajo que le apasione.
4. El tercer paso es integrar y servir: aprender a colaborar con otras personas para marcar la diferencia en el mundo lo cual,

La organización impulsada por Valores

probablemente con el tiempo, a medida que envejece y se hace mayor, le conduce a llevar una vida de servicio desinteresado.
5. Todo lo que aprenda sobre liderarse a si mismo le permitirá hacer un mejor trabajo liderando a otros.
6. Como líder de un equipo, tendrá que familiarizarse con tres formas de hacer coaching a los demás: coaching para la evolución personal, coaching para la evolución profesional y coaching para el desempeño.
7. Su trabajo como líder/coach es ayudar a las personas a satisfacer sus necesidades y aumentar con ello su nivel de implicación, compromiso y participación.

Sólo cuando se trabaja en aprender a liderarse a uno mismo –a crear su propia felicidad y encontrar su propia realización- se es capaz de ayudar a otros a hacer lo mismo.

Notas

[1] En *The New Leadership Paradigm* el componente de liderarse a uno mismo se aborda en las páginas 131 a 219, el aspecto de liderar a los otros (un equipo) se cubre en las páginas 247 a 289, el de liderar una Organización, en las páginas 313 a 381, y el componente de liderar a la Sociedad en las páginas 405-467.

[2] Una explicación detallada de este proceso se puede encontrar en *The New Leadership Paradigm* y en *What My Soul Told Me*.

[3] El liderazgo de servicio es una filosofía y práctica de liderazgo, acuñado y definido por Robert Greenleaf y apoyada por muchos autores que escriben sobre liderazgo y gestión como James Autry, Ken Blanchard, Stephen Covey, Peter Block, Peter Sendge, Max DePree, Larry Spears, Margaret Wheatley, Jim Hunter, Kent Keith, Ken Jennings y otros. Los líderes de servicio logran resultados para sus organizaciones, prestando atención prioritaria a las necesidades de sus compañeros y a las de aquellos a los que sirven.

[4] www.valuescentre.com/resources/?sec=books__learning_modules (último acceso, 29 de marzo de 29 2013).

[5] Ibíd.

[6] Ibíd.

[7] Ibíd.

[8] John Whitmore, *Coaching for Performance*, cuarta edición (London: Nicholas Brearley Publishing), 2009, pp. 19–20. En castellano "Coaching: El Metodo Para Mejorar El Rendimiento De Las Personas", ed. Paidós o Empresa.

[9] Ibíd., capítulos 6, 7, 8 y 9.

[10] Richard Barrett, *The New Leadership Paradigm* (Asheville, NC: Fulfilling Books), 2011, pp. 63–88.

[11] Dalai Lama, *The Art of Happiness: A Handbook for Living* (London: Hodder & Stoughton), 1998, p. 25. Edición en Castellano "El arte de la felicidad", diversas editoriales.

[12] Íbid., p. 27.

PARTE IV

Alineación estructural

El propósito de la Parte IV de este libro es proporcionar al lector una comprensión clara de cómo crear una alineación estructural en una organización: la alineación de las estructuras, políticas, procedimientos e incentivos con los valores de la organización, y las necesidades y valores de los empleados.

Usted recordará del Capítulo 4, figura 4.4 (abajo), que hay cuatro condiciones necesarias para el cambio de todo el sistema. Esta parte del libro se centra en la de la *alineación estructural*.

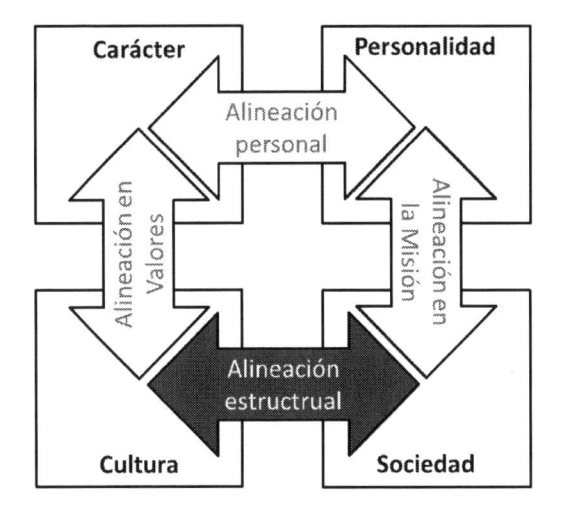

13

Seleccionando los Valores guía preconizados por la organización

Las estructuras, políticas, procedimientos e incentivos que una organización adopta son el reflejo de los sistemas de valores de la organización, los valores de los líderes actuales, y el legado institucional de los líderes del pasado. Dictan qué comportamientos son aceptables y deben fomentarse y qué comportamientos son inaceptables y deben ser desalentados. Junto con los valores y los comportamientos de los líderes, las estructuras, políticas, procedimientos e incentivos definen la cultura de la organización.

Podemos definir las estructuras, políticas, procedimientos e incentivos de una organización de la siguiente manera:

- Las estructuras son la forma en la que se disponen las partes o componentes de un sistema para configurar un todo funcional.
- Las políticas son líneas de acción que se adoptan y siguen para alcanzar propósitos específicos.
- Los procedimientos son secuencias de acciones o instrucciones que se siguen para realizar una tarea específica.
- Los incentivos son alicientes o estímulos previstos para motivar a la gente a llevar a cabo una determinada tarea o alcanzar un objetivo específico.

En resumen, las estructuras, las políticas, los procedimientos y los incentivos de una organización, tomados en su conjunto, como un todo, conforman un sistema de valores codificado para regular el comportamiento de los empleados. Representan la "constitución" o el "libro de reglas" por el que se rige la organización.

Con ellos, los líderes envían un poderoso mensaje a los empleados: "Si te alineas con las estructuras, te riges por las políticas y sigues los procedimientos, serás recompensado de acuerdo con los incentivos establecidos."

Esto significa que si usted quiere cambiar la cultura de una organización, es necesario no sólo analizar, evaluar y ayudar a los líderes a cambiar sus valores y comportamientos, tal como se expuso en la Parte III de este libro, sino también es preciso analizar, evaluar y rediseñar las estructuras, las políticas, los procedimientos y los incentivos para que se alineen con los valores guía definidos.

Por tanto, la primera tarea en el ejercicio de un reajuste estructural es elegir los valores guía que desea adoptar la organización. A tal efecto, los resultados de una evaluación de Valores culturales (CVA) junto con un análisis de los valores centrales o guía (de los actuales valores guía) le proporcionará una mejor aproximación a los valores que son importantes para los empleados en diferentes niveles de la organización, y en qué medida se viven y se desean los valores guía existentes.

Los valores guía declarados por la organización o valores centrales que se elijan deben de cumplir tres condiciones: satisfacer las necesidades de los empleados, satisfacer las necesidades de la organización, y satisfacer las necesidades de otras partes interesadas, como clientes, inversores, comunidades locales en las que opera la organización y la sociedad en general. También deben expresar el carácter único o la función de la organización. Para ello, a veces es útil designar dos tipos de valores guía: los valores centrales o fundacionales y los valores operativos.

Un valor fundacional o central es algo que todo el mundo considera de vital importancia para el funcionamiento de la organización. Por ejemplo, en una planta de energía nuclear o en una fábrica química, la seguridad de los empleados, y la protección del medio ambiente deben ser considerados como valores centrales. Un valor operacional, por el contrario, es un valor que permite el buen funcionamiento de la organización. Por ejemplo, valores como el trabajo en equipo y la confianza deben ser considerados valores operativos. La mezcla concreta de valores centrales y valores operacionales dependerá de la función o carácter único de la organización

En la Tabla 13.1, se analizan los valores del fabricante de motocicletas Harley Davidson. Como verán en este análisis, los valores están fuertemente enfocados en las relaciones de la organización con sus grupos de interés y sus empleados. No hay valores centrales: son todos valores operacionales. Harley Davidson tiene un valor que se centra tanto en las necesidades de la organización como en las necesidades de los empleados: *fomentar la curiosidad intelectual*. Este valor es importante para la innovación y la creatividad

Tabla 13.1 Valores de Harley Davidson

Valores centrales	Foco en la organización	Foco en los empleados	Foco en los grupos de interés
Decir la verdad		✓	✓
Mantener nuestras promesas		✓	✓
Respetar al individuo	✓	✓	✓
Fomentar la curiosidad intelectual		✓	
Ser justos		✓	✓

En la tabla 13.2 se analizan los valores de Google. La mayoría de los valores de Google se centran en los empleados y otros grupos de interés - principalmente clientes y la sociedad. Sólo hay tres valores que se centran en la organización, y uno de ellos puede ser considerado como valor central: *la innovación tecnológica es nuestra alma*. Este valor expresa el carácter y la función única de Google. También habla de las necesidades de los clientes y la contribución que se espera de los empleados.

Tabla 13.2 Valores de Google

Valores centrales	Foco en la organización	Foco en los empleados	Foco en los grupos de interés
Queremos trabajar con la mejor gente	✓	✓	
La innovación tecnológica es nuestra alma	✓	✓	✓
Trabajar en Google es divertido		✓	
Participa activamente		✓	
No des el éxito por sentado	✓	✓	
Haz lo correcto		✓	✓
Gana la lealtad y respeto del cliente/ usuario		✓	✓
Preocuparse y apoyar las comunidades donde trabajamos y vivimos		✓	✓
Aspiramos a mejorar y cambiar el mundo		✓	✓

Aunque no se menciona explícitamente en ninguno de estos dos ejemplos, el beneficio económico es un valor fundacional para ambas empresas (y para todas las compañías del sector privado). Lo que estas dos organizaciones reconocen implícitamente, es que la forma de generar beneficios es centrándose en las necesidades de los empleados y en las necesidades de los grupos de interés. Cuando se preocupan por sus empleados y por sus grupos de interés, se preocupan por ti.

En algunas situaciones, cuando la organización o algunas unidades específicas están experimentando altos niveles de entropía, es posible que sea preciso designar a algunos *valores de transición* por un período de tres a cinco años. Estos son valores que se ocupan de problemas específicos relacionados con los valores potencialmente limitantes más arraigados en la organización. Una vez que estos problemas se han corregido o resuelto, los valores de transición pueden ser abandonados para poner todo el foco en los valores fundacionales u operacionales.

En la tabla 13.3, una repetición de la primera parte de la Tabla 5.2, se muestran las necesidades de una organización en relación con los siete niveles de consciencia organizacional. Los valores operacionales que se elijan para formar parte de los valores declarados por la organización, deberían alinearse con estas necesidades.

Tabla 13.3 Necesidades de la organización

Niveles de consciencia		Necesidades de la organización
7	Servicio	Crear un futuro sostenible a largo plazo para la organización a través de tomar en consideración la humanidad y la contribución al sostenimiento de la vida en la Tierra.
6	Contribuir a un mundo mejor	Construir la resiliencia de la organización mediante la cooperación tanto con otras organizaciones y con las comunidades locales en las que opera la organización.
5	Cohesión interna	Incrementar la capacidad de acción colectiva de la organización al alinear la motivación de los empleados alrededor de un cuerpo de valores compartidos y una visión inspiradora.
4	Transformación	Incrementar la innovación al permitir que los empleados tengan voz en el proceso de decisión y permitiéndoles asumir la responsabilidad sobre su futuro y el éxito conjunto de la organización.
3	Auto-estima	Establecer estructuras, políticas, procedimientos y procesos que generen orden, apoyan el desempeño de la organización e incrementan el orgullo de pertenencia de los empleados.
2	Relaciones	Resolver conflictos y construir relaciones armoniosas que crean un sentido de lealtad entre los empleados y una fuerte conexión con los clientes.
1	Supervivencia	Generar estabilidad financiera, rentabilidad y cuidado de la salud y seguridad de todos los empleados.

Por ejemplo, los valores de Harley Davidson de *decir la verdad, cumplir nuestras promesas* y *ser justos* hacen todos referencia a la integridad y se alinean con la necesidad de mejorar la capacidad organizacional para la acción colectiva. El valor *respeto al individuo* se alinea con la necesidad de crear un sentido de lealtad. Los empleados no sentirán lealtad hacia la organización si no se sienten respetados.

La Tabla 13.4, que es una repetición de una parte de la Tabla 3.1, muestra las necesidades de los empleados en relación a los siete niveles de consciencia personal y de los tres tipos de mente.

Tabla 13.4 Necesidades de los empleados

Nivel de desarrollo		Tipo de mente	Necesidades de los empleados
7	Servicio	Mente auto-trans-formadora	Oportunidades de servir a los demás y / o cuidar del bienestar de los ecosistemas que sustentan la vida en la Tierra.
6	Contribuir a un mundo mejor Cohesión Externa (Marcar la diferencia)		Oportunidades para mejorar su contribución mediante la colaboración con otras personas que comparten los mismos valores y tienen un propósito similar.
5	Cohesión interna	Mente auto-creativa	Oportunidades para el crecimiento y el desarrollo personal para ayudarles en la búsqueda de su propósito de vida y en alinearlo con su trabajo diario.
4	Transformación		Oportunidades para desarrollar sus habilidades al ser considerados responsables de proyectos o procesos de importancia para sí mismos y / o para su organización.

La organización impulsada por Valores

3	Auto-estima	Mente socializada	Oportunidades para aprender y crecer profesionalmente con apoyo frecuente, feedback y coaching.
2	Relaciones		Oportunidades para trabajar en un ambiente agradable donde la gente se respeta y se preocupa por los demás.
1	Supervivencia		Un entorno de trabajo seguro y un salario y beneficios sociales que sean suficientes para atender las necesidades de los trabajadores y de sus familias.

Si usted trabaja en una organización que depende del duro trabajo de obreros o artesanos, como el sector de la minería, o los operarios de maquinaria que realizan tareas manuales o de baja complejidad, tendrá que enfocar los valores centrales declarados por su organización en el extremo inferior del espectro: las necesidades asociadas con una mente socializada. Para estas personas, salarios, beneficios, el respeto y el reconocimiento, así como las oportunidades de desarrollo profesional serán importantes.

En 2010, dos consultores de CTT, Judith Mills y Joan Shafer, que han utilizado ambos las Herramientas de transformación cultural para mapear los valores de una variedad de clientes del sector público y privado, se dieron cuenta de que el reconocimiento de los empleados aparecía con frecuencia entre los diez primeros valores de la cultura deseada de las organizaciones con las que estaban trabajando. Ante ello, decidieron investigar. Analizaron 106 evaluaciones de valores culturales (CVA), que les proporcionó el Barrett Values Centre, y encontraron que el reconocimiento a los empleados fue el valor más votado en la cultura deseada: aparecía en el 64 por ciento de las encuestas. Los datos abarcaron diez países y 21 sectores de actividad.

Como puede verse en los resultados de la gran organización de baja entropía analizada en el capítulo 7, y en los de la organización de alta entropía del capítulo 8, y tal como fue corroborado por los resultados del estudio de Mills y Shafer, el reconocimiento del empleado, aparece tanto en organizaciones de baja como de alta entropía.

Yo creo que esto se debe a que en casi todas las organizaciones medianas y grandes, siempre se encuentra una proporción significativa de empleados que deben cumplir con trabajos de baja complejidad como oficinistas, secretarias, operadores, operarios, supervisores y mandos intermedios. Estas son personas que están operando principalmente desde mentes socializadas cuyo interés se centra en la satisfacción de sus necesidades de subsistencia. Están buscando salarios y beneficios que satisfagan sus necesidades de supervivencia (nivel 1), expresiones de gratitud y aprecio por parte de sus jefes (nivel 2) y honores y reconocimiento a la excelencia o el logro que les proporcionen orgullo en su desempeño (Nivel 3). Estas son las personas para quienes el reconocimiento del empleado es importante.

Si, por otro lado, trabaja en una organización que está tratando de cambiar el mundo para mejor, que desempeña tareas de alta complejidad, entonces tendrá que enfocar los valores guía preconizados por su organización en el extremo superior del espectro de necesidades: las necesidades asociadas con la mente de auto-transformación. Para estas personas será importante contribuir a un mundo mejor y servir a los demás o al planeta.

Si usted trabaja en una organización que construye productos y vende servicios en el mundo, lo cual implica tareas de complejidad media, entonces escogerá algunos de sus valores guía en la gama media del espectro: las necesidades asociadas con la mente auto-creativa. Para estas personas, van a ser importantes los retos que ofrezcan la oportunidad de utilizar sus habilidades y talentos, den un sentido a sus vidas y les permitan alinearse con el propósito de sus vidas.

A partir de lo que hemos dicho con anterioridad, podemos afirmar que la mayoría de las organizaciones no intensivas en mano de obra (con trabajadores basados en el conocimiento y que realizan tareas con niveles medios de complejidad) deben centrar los valores guía declarados en sus organizaciones en las necesidades asociadas a los niveles 3, 4 y 5, que ofrecen a los empleados oportunidades de: (a) crecer profesionalmente, (b) utilizar sus habilidades y talentos, y (c) alinear su trabajo diario con su sentido de propósito en la vida.

Productividad, innovación y creatividad

Hay otras razones importantes por las que es importante centrar los valores guía de la organización en el espectro medio de las necesidades de los empleados: la necesidad de alcanzar mayores niveles de productividad, innovación y creatividad.

Productividad

El nivel de productividad alcanzado cuando los empleados encuentran su realización personal puede ser al menos el doble de cuando no lo hacen. Un estudio de productividad encontró que para los puestos de trabajo de complejidad baja, media y elevada, los empleados altamente motivados fueron, respectivamente, un 52, 85 y 127 por ciento más productivos que los empleados que mostraban una motivación promedio." [1]Cuando se hizo la comparación entre los empleados más motivados y los menos motivados en cada categoría de complejidad del trabajo, el nivel de productividad era de un 300 por ciento más en los puestos de trabajo de baja complejidad, un 1,200 por ciento más para los trabajos de complejidad media y tan grande que era incalculable para empleos de alta complejidad.

Lo que esto significa es que es muy posible conseguir mayores niveles de productividad de todo tipo de personas, desde las que operan desde mentes socializadas, que son más adecuadas para tareas de baja complejidad, a las que operan desde una mente auto-creativa, que son más adecuadas para tareas de complejidad media, hasta los que operan desde una mente en auto- transformación, que son más adecuadas para tareas de alta complejidad.

Otro estudio realizado sobre 14 organizaciones y 25.000 empleados, encontró que aproximadamente el 40 por ciento de la variabilidad en el rendimiento empresarial podría atribuirse a la satisfacción personal de los empleados, basándose en una serie de indicadores que se centran en diversos aspectos de la realización personal. El mismo estudio encontró que el 60 por ciento de la variabilidad en la satisfacción personal es atribuible a la calidad de la relación del empleado con su responsable directo y de las habilidades de empoderamiento de dicho responsable.[2] Este resultado tiende a confirmar que la inteligencia emocional y social, que nos permiten inspirar y motivar a los demás, es significativamente más importante que la inteligencia intelectual en la construcción de una fuerza de trabajo de alto rendimiento. La inteligencia emocional y la inteligencia social no sólo nos permiten sacar lo mejor de los demás, sino que también nos permiten ser más productivos y creativos a nosotros mismos.

Innovación y creatividad

En *Creative Work*, Willis Harman y John Hormann analizan la relación entre el sentido de nuestras vidas y la creatividad. Afirman:

> Toda la historia apoya la observación de que el deseo de crear es una necesidad fundamental para la humanidad. Fundamentalmente trabajamos para crear, y sólo accidentalmente trabajamos para comer. Esa creatividad puede estar en las relaciones, la comunicación, el servicio, el arte o productos útiles. Está cerca de convertirse en el significado central de nuestras vidas.[3]

De esta declaración se deduce que trabajar sin creatividad no tiene sentido. Si el trabajo tiene que tener un sentido, debe permitirnos expresar nuestra creatividad. Sin oportunidades para expresar nuestra creatividad es poco probable que encontremos la realización personal.

La buena noticia es que todo el mundo es creativo. Es un don que todos poseemos, pero muchos de nosotros lo pierde porque no se incentiva socialmente desde una edad temprana o no es apreciado por nuestros empleadores. El Dr. Calvin Taylor, de la Universidad de Utah descubrió que todos los niños están muy dotados y son creativos de alguna forma. Algunos son creativos en su discurso, otros en sus movimientos corporales y otros en el dibujo y la escritura. Otros están dotados en su forma de relacionarse con los demás o en la manera en que organizan las cosas.[4]

El trabajo de investigación de George Land y Beth Jarman revela que la gran mayoría de los niños son genios creativos. Ellos pusieron a resolver al mismo grupo de 1.600 niños un test de pensamiento creativo divergente durante un período de 15 años. Desde los tres a los cinco años, el 98 por ciento de los niños puntuaron en la categoría de genios. En las edades de ocho a diez años, sólo el 32 por ciento puntuaron en esa categoría. Y de los 13 a los 15 años, se había reducido sólo a un 10 por ciento. Doscientos mil adultos mayores de 25 años hicieron las mismas pruebas y sólo el 2 por ciento obtuvo calificaciones de nivel genio.[5] ¿Qué ha pasado con nuestra creatividad natural? La respuesta es que ha sido expulsada fuera de nosotros a través de la socialización. Nuestra excelencia en la expresión de nuestra creatividad disminuye al aceptar opiniones y evaluaciones de los demás de lo que es bueno y malo, correcto e incorrecto. Nuestros sistemas educativos tienen mucha responsabilidad en ello. En palabras de Jarman y Land "ese genio creativo de cinco años de edad sigue al acecho en tu interior - a la espera de liberarse. Y no está sólo en algunos de nosotros, está en todos. "

La cuestión fundamental en los negocios es cómo extraer esa creatividad. Hay dos maneras de sacar a relucir esta creatividad. El primero es la construcción de una cultura de participación de los trabajadores, dando a la gente una voz y la segunda es la institucionalización de la búsqueda de la innovación.

Participación

El camino a la creatividad comienza con la participación de los empleados. Hay cinco etapas en la participación: invitación, implicación, reflexión, escucha y ejecución. Cuando una organización pretende generar participación por primera vez, debe tener cuidado de asegurarse de que completa todos los pasos. Si se deja uno fuera, convencerá a sus empleados que no se toma en serio sus opiniones. Al principio, es importante que *todos* los empleados sepan que sus opiniones son importantes y que están invitados a compartir sus ideas.

La *implicación* comienza cuando se presenta a los empleados la información sobre la situación actual y tienen la oportunidad de hacer preguntas. La *reflexión* es necesaria para que puedan digerir la información y buscar ideas creativas. Cuando los empleados regresan con sus ideas, la gerencia debe centrarse sólo en *escucharles*. No debe haber ningún intento de justificar o defender acciones pasadas. Si los empleados perciben una actitud defensiva por parte de los que tienen autoridad o que no se les escucha, se frenará y se refugiarán rápidamente en el síndrome "nosotros" (los empleados) y "ellos" (los directivos). Deberían tenerse en cuenta y anotarse todas las ideas de todas las personas. La *ejecución* debe incluir el mayor número posible de ideas de los empleados, los resultados deben ser comunicados a todos los empleados, y aquellos cuyas ideas hayan sido escogidas deben ser felicitados y recompensados. Cuando esto se hace regularmente, los empleados comienzan a sentir que sus ideas son importantes y que la dirección realmente se preocupa por lo que piensan. Esto activa la mente, porque ven que sus ideas pueden marcar la diferencia. El lugar de trabajo se convierte en un crisol de creatividad y un motor para dar propósito al trabajo y conduce a un creciente sentimiento de implicación y compromiso. Con el tiempo, este proceso debe convertirse en una forma normal y natural de trabajar.

Se acrecienta el compromiso cuando todas aquellas personas de una misma unidad de trabajo comparten una visión y valores comunes. Los valores compartidos construyen confianza, y la confianza otorga a los empleados una libertad responsable. La libertad responsable, a su vez, libera el propósito y la creatividad. El verdadero poder no se encuentra en la habilidad de controlar, sino en la habilidad de confiar. Las personas anhelan reportar a directivos y mandos que les alienten a explorar su propia creatividad, porque al hacerlo, les están ofreciendo la posibilidad de dotar de sentido a su vida.

En *Empowered Manager*, Peter Block señala que en cada acto creativo existe la posibilidad de que se produzca un error.

> Cada acto de creación es un acto de fe. La esencia de la fe es proceder sin ninguna evidencia real de que nuestro esfuerzo se verá recompensado. El acto de fe al escoger vivir de una forma en la que creemos, da verdadero sentido a nuestro trabajo y a nuestras vidas. [6]

Como la creatividad implica incertidumbre acerca del resultado, se ve fácilmente bloqueada por el miedo. La mayoría de las organizaciones no comprenden que para que la creatividad florezca, a los empleados se les debe conceder una libertad responsable (autonomía) para expresarse a su manera, única y personal. La mayoría de ellas impiden la creatividad al generar un control excesivo y burocracia. Al hacerlo, limitan su supervivencia futura. La creatividad no florecerá en una cultura rígida que castiga el fracaso. Se requiere de una cultura de confianza que fomente la asunción de riesgos, y donde se celebren los éxitos y también los fracasos. El fracaso debe ser visto como una oportunidad de aprendizaje, si se desea nutrir la creatividad.

El modelo jerárquico tradicional de gestión impide que esto suceda. En la mayoría de las organizaciones a los trabajadores no se les paga para pensar -que es prerrogativa de la gerencia o de los directivos– sino que se les paga por hacer. Esta cita de un trabajador es un ejemplo de la cuestión: "Durante veinte años, usted ha pagado por el trabajo de mis manos. Si hubieran preguntado, por el mismo precio hubieran podido tener también mi mente y mi corazón".

Esta actitud de hacer lo que le digan que debe de hacer, que se deriva de los sistemas de gestión jerárquica, impide a las organizaciones explorar a partir del manantial de conocimiento y creatividad que existe en las mentes de sus empleados y puede llevar a un desastre como ilustra la siguiente historia.

Uno de los mayores enigmas para los primeros marinos fue la forma de medir la longitud. Los viajes al norte y al sur podían medirse fácilmente por la posición del sol y las estrellas. Los viajes al este y al oeste eran más difíciles de medir pues dependían del tiempo y de factores volátiles, como el viento, las corrientes y las mareas. Una noche en 1707, al regresar de algunas escaramuzas navales con la flota mediterránea francesa, el almirante Sir Clowdisley se encontró con su flota atrapada en la niebla. Ante el temor de que los barcos pudieran chocar con las rocas costeras, pidió a sus marineros que estimasen lo mejor que pudiesen dónde estaban. Finalmente llegaron al consenso de que estaban a salvo al oeste de Île d'Ouessant, lejos de la península de Bretaña. Para su horror descubrieron que habían calculado mal la longitud. Se dirigían directamente a las costas rocosas de las islas Sorlingas. Al menos cuatro buques de guerra tropezaron con las rocas de la costa y se perdieron. Sólo dos hombres sobrevivieron. Uno de ellos era el almirante.[7]

La noche antes de este percance, el capitán había sido abordado por un marinero que dijo haber llevado la cuenta del cálculo de ubicación de la flota. Tuvo que tener un gran coraje ese marinero para aventurarse a proporcionar esta información ya que la navegación sediciosa por parte de un inferior estaba prohibida en la Marina Real. Estaba tan seguro de sus datos, sin embargo, que estaba dispuesto a arriesgar el cuello. Y eso fue lo que hizo. Sir Clowdisley lo ahorcó en el acto. Si el almirante le hubiera escuchado, el naufragio podría haberse evitado.

Aunque el ahorcamiento de subordinados que tienen ideas diferentes ya no se tolera, la historia tiene mucha relevancia en el estado actual de nuestras organizaciones. La base del modelo jerárquico es que los directivos son la mente de las corporaciones, y los empleados son el cuerpo. En ese modelo sólo los directivos pueden pensar y ser creativos.

Las implicaciones para los gestores tradicionales son importantes. Tienen que aprender a reinventarse a sí mismos. Los directivos que asumen este desafío deben mostrar cuatro características básicas. La primera, y la parte más difícil de su transformación es que deben aprender a ser *auténticos*. La autenticidad es un requisito previo para la construcción de confianza. En segundo lugar, deben preocuparse en el *desarrollo de su gente*. Los intereses a largo plazo de la empresa están mejor servidos cuando se alienta a los empleados y se les ofrece oportunidades para llegar a ser todo lo que pueden llegar a ser. Cuanto más tiempo se invierta en ayudar a los empleados a crecer y desarrollarse, más éxito tendrá la organización. En tercer lugar, los gerentes deben considerar que su función es la de *eliminadores de barreras*. Deben eliminar las barreras existentes para que los equipos puedan ser plenamente productivos y concentrarse en lo que hacen mejor.[8] Finalmente, los gerentes deben ser *mentores y coaches* de los empleados que están bajo su mando. Los gerentes deben cambiar sus creencias acerca de su rol pasando del rol clásico de control y cumplimiento, a otro de construcción de la motivación y el compromiso.

Institucionalizar la innovación

En 1973, el economista francés Georges Anderla de la Organización para la Cooperación y el Desarrollo Económico, estimó que la humanidad duplicaba su conocimiento cada seis años. Hizo el cálculo asumiendo

La organización impulsada por Valores

que los hechos científicos conocidos en el año 1 después de Cristo representan una unidad del conocimiento humano colectivo. Se calcula que se tardó hasta el año 1500 en duplicar este conocimiento. Y volvió a duplicarse en 1750, 1900, 1950, 1960, 1967 y 1973.

Más recientemente, el Dr. Jacques Vallée ha estimado que el conocimiento mundial se duplica cada 18 meses.[9] Por lo que a los negocios se refiere, el crecimiento exponencial en el conocimiento ofrece oportunidades inestimables para la creación de nuevos productos y la creación de nuevas empresas.

El principal límite para esta expansión es la capacidad creativa de la mano de obra. Cada vez más, las empresas están descubriendo que la creatividad de su gente es su activo clave para el crecimiento y la expansión. El gurú de los negocios Peter Drucker dice: "Toda organización necesita una competencia clave: la innovación" Richard Gurin, presidente y CEO de Binney & Smith, Inc. está de acuerdo con Drucker: "Después de una larga carrera en los negocios, me he dado cuenta de que el problema básico de las empresas estadounidenses es la crisis de la creatividad. " Walt Disney consideraba la creatividad tan importante, que pagaba más a su equipo creativo que a sí mismo.

Para construir una cultura verdaderamente creativa, las organizaciones deben integrar estructuralmente la innovación en sus procesos operativos y establecer sistemas de recompensa formales para celebrar las ideas creativas de los empleados. En la mayoría de las organizaciones de alta innovación, un comité formal que reporta al equipo de dirección es el responsable de gestionar la búsqueda de ideas innovadoras. El comité debe tener la suficiente entidad y presupuesto como para configurar equipos de proyectos interdepartamentales que apoyen la exploración de las mejores ideas sometiéndolas a estudios de viabilidad. Se deben tener en cuenta tanto la innovación de proceso como de producto. El comité también debería encargarse de llevar a cabo una revisión crítica de los factores que influyen en su mercado cada año.[10] Este es un trabajo importante, ya que puede tener una influencia directa sobre la estrategia.

El comité debe incluir no sólo especialistas técnicos internos y externos, sino también a personas bien informadas sobre tendencias sociales, ambientales y económicas. El comité debe ser culturalmente diverso, consciente en temas de género e incluir representantes de diferentes grupos de edad.

En *Innovation Strategy for the Knowledge Economy*, Debra M. Amidon proporciona un breve cuestionario para determinar el grado de excelencia de la institucionalización de la innovación en la organización.[11] Este cuestionario, incluye preguntas tales como:

- ¿Se ha nombrado una persona a la que se le haya concedido la responsabilidad de gestionar el proceso de innovación corporativa de forma global?
- ¿Existen medidas de desempeño -tanto tangible como intangible- para evaluar la calidad de las prácticas de innovación?
- ¿Existe una estrategia formal que recoja sistemáticamente información empresarial y de mercado, para controlar el posicionamiento de los competidores actuales y potenciales?
- ¿Sus programas de capacitación/educación incluyen previsiones para incubar e implementar nuevos productos y negocios?

Haciendo omnipresentes los valores

Al final, sin importar cuáles son los valores que elija, para ser eficaces deben impregnar las estructuras, políticas, procedimientos e incentivos de la organización. Deben convertirse en algo siempre presente en la forma de pensar, actuar y comportarse de los líderes, gerentes, supervisores y empleados. Esto implica una re-alineación estructural.

Para llevar a cabo un ejercicio de realineación estructural debe primero identificar los valores implícitos en las estructuras, políticas, procedimientos e incentivos *existentes*. Una vez que los valores estructurales implícitos han sido identificados (explicitados), deben ser evaluados para ver en qué medida se alinean con los valores guía propuestos. La mejor manera de hacerlo es llevar a cabo una serie de reuniones de grupos de discusión (focus groups) con representantes de todas las áreas de la organización. El trabajo de estos grupos es reconfigurar las estructuras, políticas, procedimientos e incentivos para que estén alineados con los valores guía escogidos por la organización. Por ejemplo, si una organización preconiza los valores del trabajo en

La organización impulsada por Valores

equipo y la igualdad, pero calcula los bonos sobre la base de la posición o el nivel jerárquico, deberá rediseñar el sistema de bonificación para que todos los empleados los reciban en proporción equitativa.

Después de haber llevado a cabo este ejercicio, la siguiente tarea es priorizar los cambios que es preciso hacer y ponerlos en práctica. La implementación sólo tendrá éxito si: (a) los cambios propuestos se explican a todos los empleados, (b) la dirección del grupo muestra en su comportamiento los valores elegidos, (c) los procesos de toma de decisiones reflejan los valores elegidos, y (d) todos los procesos, procedimientos y sistemas de recursos humanos (contratación, recompensa, desarrollo, gestión del talento, evaluaciones del desempeño, etc.) se alinean con los valores escogidos. Es imprescindible hacer hincapié en el papel del grupo de líderes a la hora de demostrar y vivir los valores guía preconizados por la organización.

La siguiente lista ofrece ejemplos de algunas de las políticas, procedimientos y programas más importantes que tendrán que reflejar los valores escogidos por la organización. La mayoría de ellos están dentro de las competencias de recursos humanos:

- Estructuras y procesos de toma de decisiones.
- Planes de beneficios y salida.
- Selección de nuevos empleados/ ejecutivos.
- Programas de orientación para nuevos empleados/ejecutivos.
- Evaluación del desempeño para empleados/ejecutivos.
- Criterios de promoción para empleados/ejecutivos.
- Selección de talento para planes de desarrollo del potencial.
- Programas de desarrollo de liderazgo.
- Programas de formación en gestión empresarial.
- Programas de sensibilización de Valores.

En las grandes organizaciones, pueden precisarse hasta dos años para poner en práctica un programa de re-alineación estructural. En organizaciones pequeñas por lo general el proceso se puede completar en unos seis a nueve meses. La responsabilidad ejecutiva del reajuste suele recaer en la función de recursos humanos. Este paso crucial en el proceso de cambio integral del sistema, es el que se olvida con más frecuencia o se ejecuta mal. Cuando está bien hecho, ayuda a proteger y preservar la integridad de la cultura de la organización y hacerla más resiliente.

Conclusiones

Creo que es útil en este punto recordar que el propósito de la alineación estructural es aumentar el nivel de implicación en la organización para que los empleados no sólo estén dispuestos, sino que quieran invertir su energía discrecional y creativa en su trabajo. La pérdida potencial de ingresos por no centrarse en la alineación estructural puede ser enorme. La consultora Hay Group estima que las organizaciones con mejores resultados en términos de implicación y capacitación logran un crecimiento de ingresos 4,5 veces mayor que sus competidores industriales.[12]

Resumen

Estos son los principales mensajes del capítulo 13:

1. Las estructuras, políticas, procedimientos e incentivos que una organización tiene son un reflejo del sistema de valores de la organización.
2. Con las estructuras, políticas y procedimientos los directivos envían un poderoso mensaje a los empleados: "Si te alineas con las estructuras, suscribes las políticas y sigues los procedimientos, serás recompensado de acuerdo con los incentivos establecidos."
3. Si desea cambiar la cultura de una organización, no sólo debe analizar, evaluar y ayudar a los líderes a cambiar sus valores y comportamientos, también debe analizar, evaluar y rediseñar las estructuras, políticas, procedimientos e incentivos de la organización para alinearlos con los valores preconizados por la organización.
4. Los valores guía que elija deben hacer tres cosas: satisfacer las necesidades de los empleados, satisfacer las necesidades de la

organización, y satisfacer las necesidades de otros grupos de interés, como clientes, inversores , la sociedad , etc.
5. Los Valores también deben expresar la función o el carácter único de la organización.
6. Para este fin, a veces es útil designar dos tipos de valores: guía o fundacionales y operativos.
7. Para que el trabajo tenga un sentido para cada persona, debe permitirle expresar su creatividad. Sin oportunidades para expresar nuestra creatividad es poco probable que encontremos la realización personal.
8. Hay dos maneras de generar esta creatividad. La primera es la construcción de una cultura de participación de los trabajadores (dar voz a la gente) y la segunda es la institucionalización de la búsqueda de la innovación.
9. Independientemente de los valores que elija, para ser efectivos deben impregnarse en las estructuras, políticas, procedimientos e incentivos de la organización.

Notas

[1] Michael Cox y Michael E. Rock, *Seven Pillars of Leadership* (Toronto: Dryden), 1997, pp. 10-13.
[2] Estudio de desempeño empresarial, satisfacción del empleado y liderazgo de la Corporación Wilson Learning. "Study of Business Performance, Employee Satisfaction, and Leadership, Wilson Learning Corporation, http://wilsonlearning.com/wlpc/press_release/press_release_040907/ (último acceso el 4 de abril de 2013).
[3] Willis Harman y John Hormann, *Creative Work* (Indianapolis, IN: Instituto de Ciencias Noéticas), 1990, p. 26.
[4] George Land y Beth Jarman, *Breakpoint and Beyond* (San Francisco, CA: Harper Business), 1993, p. 153.
[5] Íbid., p. 153.
[6] Peter Block, *The Empowered Manager* (San Francisco, CA: Jossey-Bass), 1987, p. 195.

7. Dava Sobel, *Longitude: The story of a Lone Genius who Solved the Greatest Scientific Problem of his Time* (New York: Penguin Books), 1995, pp. 11-13.
8. Sobre el papel de los directivos véase *Managing in the High Commitment Workplace* de Kim Fisher (New York: Self-Managed Teams, American Management Association), 1994, pp. 27-41.
9. Peter Russell, *The White Hole in Time* (San Francisco, CA: Harper), 1992, p. 28.
10. Sobre prácticas de innovación véase Managerial Practices that Enhance Innovation, de André L. Delbecq y Peter K. Mills, *The Creative Edge* (New York: American Management Association), 1994, pp. 39-47.
11. Debra M. Amidon, *Innovation Strategy for the Knowledge Economy: The Ken Awakening* (Boston, MA: Butterworth-Heinemann), 1997, pp. 62-63.
12. www.haygroup.com/EngagementMatters/research-findings/regional-overview.aspx (último acceso el 29 de Marzo de 2013).

14

La democracia de la organización

Lo que queda claro a partir de mi investigación es que dondequiera que actúen las personas en su vida cotidiana, ya sea en el trabajo, en su hogar o en sus comunidades locales, lo que quieren es vivir con valores que se alineen con principios democráticos. Permítanme que les recuerde las palabras que utilicé al principio de este libro:

> En este punto de nuestra historia colectiva como humanidad, estamos asistiendo a un cambio sin precedentes en los valores humanos. Millones de personas por todo el mundo reclaman que se les escuche, no sólo con respecto a la forma en la que son gobernadas nuestras naciones, sino también en la forma en la que se gestionan las organizaciones. Desean equidad, ecuanimidad, apertura y transparencia; desean ser responsables y asumir la responsabilidad en sus propias vidas; desean confiar y ser tenidos por confiables. También desean trabajar en organizaciones consideradas éticas y que hacen lo correcto a ojos de la sociedad. Desean sentirse orgullosos de la organización para la que trabajan.

En términos de la historia de las organizaciones modernas, este desarrollo es muy nuevo. La mayoría de las organizaciones funcionaban en el siglo XX con estructuras jerárquicas de poder de arriba hacia abajo que evitaban dar voz a sus empleados. Los líderes y gerentes representaban la élite. Daban órdenes. Los empleados eran los trabajadores. Obedecían esas órdenes.

Aunque estas organizaciones todavía existen en todas partes del mundo, las organizaciones de mayor éxito en el siglo XXI, tal como señalé en el capítulo 3, son las que alinean sus estructuras, políticas, procedimientos e incentivos con las necesidades de sus empleados. Colectivamente, son conocidas como las mejores empresas para trabajar, practican un cierto grado de capitalismo consciente, y adoptan principios democráticos. Estas empresas tienen éxito no sólo por la forma en que hacen sentir a sus empleados, sino por el impacto que estos sentimientos tienen sobre la productividad y la creatividad de los empleados.

En la segunda parte de mi libro, *Love, Fear and the Destiny of Nations: The Impact of the Evolution of Human Consciousness on World Affairs (Amor, Miedo y el destino de las naciones: El impacto de la evolución de la consciencia humana en los Asuntos Mundiales)*, hablo de la evolución de la democracia como *un viaje desde la libertad a la confianza*. La democracia comienza con la libertad y evoluciona a través de la igualdad, la asunción de responsabilidades personales, la equidad, la apertura y la transparencia, hacia la confianza. Cada paso de este viaje, en otras palabras, cada valor, es un pilar fundamental en el desarrollo del siguiente valor, y si se desea cosechar todos los beneficios que ofrece la democracia, no podemos saltarnos ningún paso. Sin igualdad, sin asumir la responsabilidad personal, equidad, apertura y transparencia no puede haber confianza, y sin libertad (autonomía), la gente no se puede individualizar y auto-realizar.

En otras palabras, el viaje de la libertad a la confianza no sólo es el camino de la evolución de la democracia, es también el camino de la evolución de la consciencia humana desde el comienzo de la transformación (nivel 4) hasta el final de la cohesión interna (Nivel 5), y el camino del desarrollo psicológico desde el principio de la individuación a el más elevado grado alcanzable de autorrealización.

En *Love, Fear and the Destiny of Nations*, hay un capítulo completo sobre cada uno de estos siete valores: libertad, igualdad, asumir la responsabilidad personal, imparcialidad, apertura, transparencia y confianza.[1] Para el propósito de este libro, voy a proporcionar un párrafo descriptivo de la importancia de cada uno de estos valores en el contexto de la organización.

Libertad (autonomía)

La gente trabaja mejor cuando se les proporciona una meta u objetivo y luego se les permite seguir avanzando hacia ella, sabiendo que tienen un coach o mentor al que pueden consultar si se encuentran con dificultades. Las personas con mente auto-creativa disfrutan de este tipo de oportunidades. Sin embargo, existe un peligro. En un entorno organizativo es preciso tener mucho cuidado en la elección de las personas que reciben este tipo de oportunidades y el nivel de supervisión que reciben. Tienen que ser personas equilibradas y responsables. En los últimos años, ha habido varios casos judiciales de alto nivel donde profesionales bancarios relativamente jóvenes han sido escasamente supervisados y han causado el colapso de un banco o han provocado pérdidas enormes que han afectado la viabilidad financiera de un banco. Para dar a la gente la oportunidad de operar con autonomía en una organización, se debe empezar poco a poco, dejar que la gente demuestre su valía en las tareas que no exponen a la empresa a un riesgo financiero importante, y luego a medida que demuestren su valía, darles más responsabilidad y exigirles dicha responsabilidad personal a nivel de resultados. Si cometen errores, hay que celebrarlos. Cometer un error es la mejor manera de aprender. Visto desde esta perspectiva, nuestras vidas están llenas de aprendizaje.

Igualdad

Las personas trabajan mejor cuando sienten que operan a la par que los demás y que reciben el mismo trato. La igualdad reconoce que todas las personas, sin importar quiénes son o lo que hacen, tiene una contribución que hacer. No hay privilegios en las organizaciones que adoptan la igualdad. Nadie consigue una oficina más grande que otra persona, a menos que haya una razón funcional. Nadie obtiene una plaza de aparcamiento *asignada* cerca de la entrada. Las mujeres y los hombres reciben el mismo trato. No hay divisiones raciales o de género relacionadas con las funciones operativas. Mientras que la gente puede tener diferentes salarios en función de sus años de experiencia y talento, los bonos de beneficios se reparten por igual entre todos los miembros del equipo. La igualdad es un requisito previo esencial para la creación de un equipo de alto rendimiento. Donde hay desigualdad hay miedo, desconfianza y sentimientos de injusticia.

Asumir la responsabilidad personal por las propias actuaciones y en los resultados

Cuando le das a alguien la autonomía, también debes permitir que asuman su propia responsabilidad por sus acciones y en los resultados. La autonomía sin rendición de cuentas, es una receta para el caos: la gente llega a hacer lo que quiere sin llegar a sentir responsabilidad por lo que le sucede a la organización. Además, es importante subrayar la distinción entre la responsabilidad –responsibility en inglés- y la responsabilidad personal asumida –accountability en inglés-. No son sinónimos, al menos en inglés, aunque en muchos idiomas, como en castellano, sí lo son o no existe una palabra diferente que nos permita diferenciarlas.

La responsabilidad personal asumida por los resultados se confunde con frecuencia con la responsabilidad. Uno puede tener responsabilidad sin rendir cuentas por ello, sin asumir su responsabilidad personal por los resultados; pero en la mayoría de los casos usted no podrá asumir su responsabilidad en los resultados y rendir cuentas por ellos sin sentir responsabilidad. Por ejemplo, yo soy responsable de cómo llevo mi vida, pero mientras mis acciones y conductas no dañen a otros, afecten negativamente al bien común o violen la ley, yo no asumo ninguna responsabilidad personal (ni debo responder) ante nadie, aparte de mí mismo: tengo responsabilidad sin tener que rendir cuentas (ante terceros).

Si, por el contrario, soy responsable de conseguir algo o de alcanzar un resultado que alguien me ha encomendado, entonces asumo la responsabilidad de conseguirlo o de obtener ese resultado ante esa

La organización impulsada por Valores

persona. Asumo mi responsabilidad personal en la tarea y me comporto con responsabilidad para lograr el resultado.

Asumir la responsabilidad personal por los resultados supone que:

1. Hay un cierto nivel de relación jerárquica o funcional entre la persona que es responsable y la persona o grupo de personas que han delegado la tarea.
2. Se ha acordado un resultado u objetivo, y un plazo concreto, en el que la persona que ha asumido la responsabilidad por dicha tarea, se comportará de forma responsable con el fin de cumplir dicha tarea u objetivo rindiendo cuentas ante la persona o grupo de personas ante las que es responsable.
3. A la persona que ha asumido su propia responsabilidad en el resultado se le da o se le concede una posición de autoridad (y los recursos que necesita), por parte de la persona o grupo ante los que tiene que rendir cuentas, proporcional al resultado que se espera lograr (las facultades delegadas son suficientes para lograr el resultado u objetivo).

Cuando usted es un líder, director o supervisor que trabaja en un marco de principios democráticos, no sólo deberá rendir responsablemente cuentas por los resultados, sino que también deberá asumir la responsabilidad personal de asegurar que los que trabajan para usted tienen la autonomía necesaria para hacer su trabajo.

La responsabilidad es uno de los cinco principios operativos de la empresa Mars. Esta es la forma en que describen la responsabilidad y la responsabilidad personal asumida por los resultados:

> Como individuos, exigimos total responsabilidad sobre nosotros mismos; como asociados, apoyamos las responsabilidades de los demás.
>
> Elegimos ser diferentes de aquellas corporaciones en las que muchos niveles de gestión diluyen la responsabilidad de la persona. A todos los asociados se les pide que asuman responsabilidad directa por los resultados, que ejerzan su propia iniciativa y juicio y

que tomen decisiones cuando sea necesario. Al reclutar personas éticas, adecuadas a sus puestos de trabajo y al confiar en ellos, les pedimos a los asociados que se hagan responsables de rendir cuentas por los propios estándares elevados que han hecho suyos. [2]

Justicia o equidad

Se podría argumentar que del mismo modo que el concepto de equidad sólo tiene sentido cuando hay un compromiso de conceder libertad a las personas, la justicia sólo tiene sentido cuando existe el compromiso de tratar a las personas por igual. Sin libertad no tiene mucho sentido preocuparse por la equidad, y sin equidad no tiene sentido preocuparse por la justicia. La libertad, la equidad y la justicia conforman un proceso. De este modo, la igualdad, es una medida de libertad y la justicia o equidad es una medida de igualdad.

La equidad tiene también un vínculo importante con la justicia. John Rawls, uno de los filósofos políticos más importantes del siglo XX, argumentó con éxito en A *Theory of Justice* (1971) que "los principios más razonables de justicia son aquellos que todo el mundo acepta y en los que está de acuerdo a partir de una posición ecuánime." [3]

La gente quiere ser tratada con justicia. Cuando no lo son, se sienten amargados y resentidos. Dejan de implicarse. La justicia es fundamental para la creación de una cultura de alto rendimiento. Cuando las organizaciones que practican la justicia reducen costes, reducen los salarios de todo el mundo en lugar de despedir personas. Algunas incluso reducirán los salarios de los trabajadores mejor pagados más que los de los trabajadores con salarios más bajos.

Con las crecientes presiones para crear un mundo sostenible para las generaciones futuras, un nuevo tema basado en la justicia ha salido a la palestra: el problema de la equidad intergeneracional.

La cuestión de la equidad intergeneracional, desde una perspectiva ecológica, comenzó a atraer la atención del público poco después de que el Informe Brundtland fuera publicado en 1987. Este informe encargado por la Asamblea General de la ONU proporciona estrategias de desarrollo a largo plazo para lograr un desarrollo ecológico sostenible. La Comisión Brundtland definió el desarrollo sostenible de la siguiente manera: "El desarrollo sostenible es el desarrollo que satisface las necesidades del presente sin comprometer la capacidad de generaciones futuras para satisfacer sus propias necesidades".

Contenía en su formulación dos conceptos clave:

- El concepto de "necesidades", en particular, las necesidades esenciales de los pobres del mundo, a los que se debe dar prioridad absoluta.
- La idea de las limitaciones impuestas por el estado del arte en la tecnología y por las organizaciones sociales sobre la capacidad del medio ambiente de satisfacer las necesidades presentes y futuras.

Cada vez más, estos conceptos se utilizan para evaluar el impacto ambiental y social de las decisiones y acciones de las organizaciones. Como expliqué en el prólogo, el mundo de los negocios es una compañía filial cuya propiedad total pertenece a la sociedad y la sociedad es una filial cuya propiedad total pertenece al medio ambiente. Si no podemos mantener nuestro medio ambiente, entonces la humanidad tiene un futuro muy sombrío.

Apertura

La definición de la apertura que más me gusta es "tener el interior accesible de inmediato." En este sentido, la apertura es uno de los requisitos fundamentales para la autenticidad, que a su vez es un requisito clave para la confianza.

La apertura, en términos de "tener el interior accesible de inmediato," requiere una ausencia de miedo. Las personas no se abren a los demás si tienen miedo, si tienen el temor de que lo que digan podría ser usado en su contra, si tienen miedo a represalias o castigos, o tienen dificultades para manejar conflictos personales. La apertura nos obliga a alcanzar la maestría sobre estos temores. Nos apoyamos en el alivio de los temores a nivel *social* con el compromiso con los principios democráticos. Nos apoyamos en el alivio de los temores a nivel *individual* a través del compromiso con nuestro crecimiento personal.

Si sentimos que tenemos algo que ocultar, algo por lo que nos sentimos culpables, o algo que sentimos profundamente vergonzoso, no vamos a estar abiertos. Ser dueño de la propia culpa y vergüenza, y estar dispuesto a mostrarse abiertamente, requiere un gran coraje y una gran honestidad, el sello de la verdadera autenticidad.

La apertura facilita el valor de la justicia, ya que requiere a los que ostentan la autoridad revelen completamente sus motivaciones al tomar decisiones. Sólo cuando se dan a conocer las motivaciones, se pueden disipar las sospechas y establecer la equidad.

Transparencia

Hay mucha confusión entre la apertura y la transparencia. Voy a tratar de disminuir esta confusión mediante la definición de estos dos términos. La apertura es "tener el interior accesible de inmediato", mientras que la transparencia es "el grado en que usted es capaz de ver a través de algo." La apertura es relacional y se nutre de las motivaciones. La transparencia es factual y se nutre de procesos e información.

Es evidente que, en un entorno organizativo, la transparencia total podría poner a una empresa en situación de riesgo, sobre todo cuando se trata de compartir los detalles de las innovaciones de los productos o servicios que se están barajando, o al declarar los planes de expansión antes de tiempo. En algunas empresas, la plena transparencia también puede plantear problemas relativos a la divulgación de los salarios y los pagos de bonus. Sin embargo, es mucho lo que se puede hacer para aumentar la transparencia, y que no se está haciendo. Por ejemplo, las prácticas de gestión de cuentas abiertas, donde se proporciona información financiera mensual a los empleados para que sepan lo bien que lo está haciendo la empresa. Esto permite que los empleados sepan que se puede confiar en ellos al darles dicha información, y les permite ver cómo los resultados de sus esfuerzos están impactando en los resultados. También ayuda a entender por qué en tiempos difíciles las reducciones de costes pueden ser necesarias.

El problema de la transparencia, como el de la apertura, es que cuando falta se crean sospechas. Las organizaciones deben someter sus políticas en materia de transparencia a examen y divulgar toda la información que les sea posible a los empleados.

Confianza

Finalmente llegamos a la confianza. La confianza es un valor "final". Todos los demás valores indicados arriba son los "medios" para llegar a este fin. Sin ellos, la confianza es imposible. Sin confianza no hay cohesión interna. La idea de que la cohesión interna, basada en lazos fuertes, construye estructuras de grupos humanos de éxito no es nueva. El filósofo del siglo XIV Ibn Jaldún se dio cuenta de que las tribus de mayor éxito en el norte de África operaban con *asabiya*, que se puede traducir como "la capacidad para la acción colectiva." Se dio cuenta, además, de que en los grupos más resilientes, el nivel de *asabiya* era más fuerte en los niveles más altos de liderazgo. Operaban con un alto nivel de confianza y cohesión interna. [4]

> En *Trust: The Social Virtues and the Creation of Prosperity*, Francis Fukuyama afirma: "Como regla general, la confianza surge de manera que crea expectativas de comportamiento regular y honesto. Hasta cierto punto, el carácter particular de estos valores es menos importante que el hecho de que se compartan."[5]

En *The New Leadership Paradigm* escribí:

> La confianza es el pegamento que mantiene a la gente unida y el lubricante que permite que la energía y la pasión fluyan. La capacidad de mostrar y generar confianza corresponde al quinto nivel de la consciencia personal. La confianza aumenta la velocidad a la que el grupo es capaz de cumplir tareas y disminuye la burocracia en la comunicación.[6]

En *"La velocidad de la confianza: el valor que lo cambia todo"*, Stephen Covey afirma que la confianza significa confidencia, y lo contrario de la confianza (desconfianza) significa sospecha. En otras palabras, la confianza genera conexión. Cuando confiamos en alguien, sabemos que él o ella tendrán nuestros intereses en su corazón. La sospecha, por otra parte, genera separación. Cuando sospechamos de alguien, no vamos a revelar nuestros pensamientos más íntimos. Desaparece la apertura. Escondemos las cosas. Evitamos conectar con alguien en el que no confiamos. "La confianza siempre afecta a los resultados: velocidad y coste. Cuando la confianza sube, la velocidad también subirá, y los costes bajarán. Cuando la confianza se cae, la velocidad también baja, y los costes suben."[7]

Conclusiones

Para prosperar en el siglo XXI, los líderes de nuestras organizaciones tendrán que adoptar principios democráticos. Tendrán que dar voz a sus empleados; escuchar lo que dicen, tratarles de manera justa y darles autonomía. Tendrán que crear una cultura de la confianza basada en la igualdad, la equidad, la apertura y la transparencia. Y tendrán que hacerlo, porque es la única forma en que serán capaces de atraer a la gente con más talento, que deseen asumir la responsabilidad personal de su propio futuro y del futuro de la organización.

Resumen

Estos son los principales puntos del capítulo 14:

1. Dondequiera que las personas operen en su vida diaria, quieren experimentar valores que se alineen con principios democráticos.
2. La democracia comienza con la libertad, y evoluciona a través de la igualdad, la responsabilidad personal por los resultados, la equidad, la apertura y la transparencia, hacia la confianza.
3. Cada valor en este viaje constituye la base esencial para el desarrollo del siguiente valor.

4. Si desea obtener todos los beneficios que ofrece la democracia no debe de saltarse ningún paso.
5. Sin igualdad, responsabilidad personal por los resultados, equidad, apertura y transparencia no puede haber confianza, y sin libertad (autonomía), la gente no puede individualizarse y autorrealizarse.
6. La gente trabaja mejor cuando se les da una meta u objetivo, y luego se les deja avanzando hacia ella, sabiendo que tienen un coach o mentor al que consultar si se encuentran con dificultades.
7. Cuando le das a alguien la autonomía, también debes exigirle que asuma su responsabilidad personal en los resultados.
8. La responsabilidad personal asumida por los resultados se confunde con frecuencia con la responsabilidad. Uno puede tener responsabilidad sin asumir su propia responsabilidad personal en el resultado y sin rendir cuentas, pero en la mayoría de los casos no podrá asumir su responsabilidad personal sobre los resultados sin actuar con responsabilidad.
9. Sin libertad no tiene sentido preocuparse por la igualdad, y sin igualdad no tiene sentido preocuparse por la justicia. La libertad, la igualdad y la equidad se suceden naturalmente.
10. La apertura es "tener el interior accesible de forma inmediata." En este sentido, la apertura es uno de los requisitos fundamentales para la autenticidad, que a su vez es un requisito clave para la confianza.
11. La apertura, en términos de "tener el interior accesible de forma inmediata," requiere ausencia de miedo.
12. La transparencia es "el grado en que usted es capaz de ver a través de algo." La apertura es relacional y se ocupa de las motivaciones. La transparencia es factual y se ocupa de los procesos y la información.
13. La confianza es un valor "final". Todos los demás valores - la libertad, la igualdad, la responsabilidad personal por los resultados, la justicia, la apertura y la transparencia - son los "medios" para ese fin. Sin ellos, la confianza es imposible.

14. La confianza siempre afecta a los resultados. Cuando la confianza sube, la velocidad también subirá, y los costes bajarán. Cuando la confianza cae, la velocidad también bajará, y los costes subirán.

Notas

[1] Richard Barrett, *Love, Fear and the Destiny of Nations: The Impact of the Evolution of Human Consciousness on World Affairs* (Bath: Fulfilling Books), 2012, pp. 195-302.
[2] Ver www.mars.com/uk/en/the-five-principles.aspx (último acceso el 2 de abril de 2013).
[3] John Rawls, *A Theory of Justice* (Cambridge, MA: Harvard University Press), 1971.
[4] Peter Turchin, *Historical Dynamics: Why States Rise and Fall* (Princeton, NJ: Princeton University Press), 2003.
[5] Francis Fukuyama, *Trust: The Social Virtues and the Creation of Prosperity* (New York: Free Press), 2005, p. 53.
[6] Richard Barrett, *The New Leadership Paradigm* (Asheville, NC: Fulfilling Books), 2011, p. 73.
[7] Stephen M.R. Covey, *The Speed of Trust: The One Thing That Changes Everything* (New York: Free Press), 2006, p. 13. *La velocidad de la confianza: el valor que lo cambia todo* (Empresa).

15

Incorporando la cultura

Una de las mejores maneras de crear cohesión interna en el contexto de una organización, al mismo tiempo que salvaguardamos y promovemos su cultura, es a través del desarrollo de un grupo de embajadores culturales internos -agentes internos de cambio y campeones de los valores- que viven los valores de la organización y creen profundamente en el propósito de la organización. En los últimos 15 años, nos hemos encontrado con muchas organizaciones que han desarrollado una capacidad interna para el mantenimiento y la renovación cultural sostenibles. Algunos ejemplos de las prácticas que han utilizado para mejorar la cultura de sus organizaciones se describen brevemente a continuación.

ANZ

El primer ejemplo que quiero destacar es ANZ. ANZ es un gran banco multinacional con sede en Melbourne, Australia. En el año 2000, se estableció un grupo de la central denominado "Breakout" (Éxito) para apoyar la organización en su viaje cultural.

A la cabeza del Grupo de Breakout, Sonia Stojanovic, dependía directamente del CEO de ANZ, y dirigían conjuntamente el viaje cultural de ANZ. El "Equipo breakout", como llegaron a ser conocidos, se constituyó inicialmente un grupo de proyectos para trabajar en conjunto para con Mckinsey and Company (consultores) en un programa de renovación de la organización. Desde que se puso en marcha la implantación, pronto se hizo evidente que el banco necesitaría establecer un área permanente de renovación cultural sostenible. Esta función le fue encomendada al equipo de Breakout.

Durante un corto periodo de tiempo el equipo Breakout fue financiado desde la central. Muy pronto, sin embargo, se convirtió en un centro de beneficios interno que generaba 10 millones de dólares australianos de ingreso procedente de los servicios que ofrecía a las unidades de negocio y departamentos del banco de 31.000 personas. La labor del equipo Breakout era el desarrollo de una cultura de alto desempeño y establecer ANZ como el Banco con rostro humano.

De un grupo inicial de tres personas, el Grupo Breakout se convirtió en una unidad operativa con un equipo de consultoría y gestión de proyectos, un equipo de Comunicación Interna, un equipo de Capital Humano, un equipo de Relaciones con los Medios, un equipo de Marketing y Branding y una Dirección de Relaciones con Inversores y un equipo de Asuntos Corporativos. Se diseñaron una serie de talleres de transformación desarrollados internamente con el objetivo de cambiar la mentalidad y desarrollar las habilidades interpersonales de acuerdo con la nueva cultura. También se estableció una "academia" de coaching interna.

Dirigido por el equipo Breakout, ANZ desarrolló varias iniciativas culturales, incluyendo alianzas con otras unidades de ANZ para garantizar la completa alineación de valores: unidades y funciones tales como capital humano, comunicaciones grupales, relaciones con los medios, marketing y marca, relaciones con los inversores y asuntos corporativos. Una de las innovaciones más importantes fue la creación de los campeones: campeones del éxito, campeones de comunicación y campeones de los valores. Las personas designadas como "campeones" eran voluntarios procedentes de todos los niveles de la organización. Cada uno de ellos sentía pasión por el propósito de la organización y estaba alineado con su visión. La idea principal era conseguir que el mayor número de personas posible a lo largo de toda la organización se hicieran personalmente responsables de la nueva cultura, la mantuvieran viva y presente en el día a día, haciéndola de este modo más resiliente y sostenible.

El seguimiento y la medición del progreso fue fundamental para el equipo Breakout. Se utilizaron una serie de diferentes diagnósticos, incluyendo herramientas de Transformación Cultural de Barrett Values Centre.

Volvo IT

El segundo ejemplo que quiero destacar es Volvo IT. Volvo IT es una compañía global de 6.000 empleados con sede en Gotemburgo, Suecia. Su función principal es proporcionar servicios de Tecnologías de la información (TI) así como apoyo a la red global de las industrias Volvo.

El enfoque utilizado por Volvo fue desarrollado por Tor Eneroth, ex director de Cultura en Volvo IT y ahora director de la red de Barrett Values Centre. Durante un período de diez años Tor desarrolló el "Programa Embajador Cultural" en toda la compañía, a dicho programa se le encomendó la protección, la salvaguarda y el apoyo a la cultura de Volvo IT.

La función principal de Tor como director de cultura era construir una masa crítica de embajadores culturales para apoyar la evolución cultural de Volvo IT. Antes de describir la red de embajadores culturales, creo que es importante tener claro el papel del Director de Cultura.

La función principal del Director de Cultura es ser el "guardián " de la cultura; no el diseñador de la cultura, ni el principal promotor de la cultura, sino la persona que realiza un seguimiento de lo que está sucediendo con la cultura, y desarrolla programas e intervenciones específicas que afectan a toda la organización y permiten a la cultura crecer y desarrollarse en consonancia con las cambiantes necesidades de la organización, los empleados y otros grupos de interés. El Director de Cultura debe reportar directamente al líder de la organización y participar en las reuniones del equipo que la lidera.

En Volvo IT, el Director de Cultura y el jefe de recursos humanos (RRHH) trabajan estrechamente juntos para proteger, mantener y hacer crecer la cultura. El Director de Recursos Humanos se centra principalmente en la alineación estructural y el Director de Cultura se centra principalmente en la alineación personal de los líderes, directivos y supervisores y en la alineación de valores del personal. El Director de RRHH y el Director de Cultura colaboran entre sí para construir la alineación de la misión.

La tarea de *diseñar* la cultura debe corresponder al líder y el equipo que lidera la organización. La tarea de *promover* la cultura debe ser responsabilidad de todas y cada una de las personas de la organización. En este sentido, cada empleado y cada líder es un embajador de la cultura, independientemente de si son conscientes de ello o no. En Volvo IT cada líder ha sido entrenado para ser un embajador cultural.

Uno de los deberes más importantes del Director de Cultura es entrenar y apoyar a los líderes de la organización para que desempeñen su papel de embajadores culturales. Además, el Director de Cultura tiene que ser un modelo a seguir en los valores de la organización, y un defensor, coach y maestro de los embajadores culturales. El Director de Cultura en Volvo IT es apoyado por un grupo de "navegantes" culturales.

Los "navegantes culturales" son esencialmente agentes internos de cambio (profesionales de la organización y el desarrollo). Sus principales tareas consisten en facilitar la alineación personal de los líderes, directivos y supervisores; mejorar la alineación de valores y la alineación de la misión de los empleados, y capacitar y apoyar a los embajadores culturales, proporcionándoles herramientas prácticas, metodologías e instrumentos para la protección, salvaguarda y apoyo a la cultura de la organización. Los navegantes culturales también deben ser modelos a seguir en los valores de la organización y apoyar al Director de Cultura en sus funciones.

Otro papel importante de los navegantes culturales es facilitar el feedback de las evaluaciones culturales de Valores (CVA) de los equipos de dirección de los departamentos y divisiones de la organización. También deben ser expertos en dar feedback de las Evaluaciones de los Valores de Liderazgo (LVA) e Informes sobre Desarrollo de Liderazgo (LDR).

Mientras que el Director de Cultura y los navegantes culturales se dedican a tiempo completo a sus funciones, los embajadores culturales son miembros regulares del personal que se han ofrecido voluntarios para recibir una formación especial que les permita intervenir en aquellas situaciones en las que detecten que los líderes no viven realmente los valores de la organización. Los embajadores culturales son los guardianes de la cultura, son los ojos y los oídos del Director de Cultura. Ellos también, al igual que el Director de Cultura y los navegantes culturales, deben ser modelos a seguir en cuanto a los valores de la organización. El papel principal de los embajadores culturales es hacer que la cultura sea tangible y visible, manteniendo la visión, la misión y los valores guía preconizados por la organización así como los comportamientos en un primer plano y en el centro de todas las operaciones diarias de la organización. Iniciar una iniciativa de cambio cultural es relativamente fácil en comparación con su mantenimiento. Este es el trabajo de los embajadores culturales, que ven apoyado su trabajo por el proceso de alineación estructural que suele ser responsabilidad de Recursos Humanos o de la función de gestión de personas.

¿Cuántos embajadores culturales?

Como regla general, en organizaciones grandes con más de 2.000 empleados, debe de haber un embajador cultural por cada 50 a 75 empleados - aproximadamente 13 a 20 embajadores culturales por cada 1.000 empleados. También se necesitará aproximadamente un navegador cultural por cada 500 empleados. En base a estos números, una organización de 20.000 empleados necesitaría un Director de Cultura, de 30 a 40 navegantes culturales y de 300 a 400 embajadores culturales.

En organizaciones de tamaño medio (entre 500 y 2.000 empleados) el Director de Cultura puede tener que asumir también el rol de navegador cultural. Además, es posible que necesite uno, dos o tres más navegantes culturales y de diez a 40 embajadores culturales.

Formación

La formación inicial de los embajadores culturales debe ser de dos a tres días de duración. La formación comienza con el descubrimiento personal, por parte de cada participante de sus valores más importantes y la comprensión de cómo esos valores influyen en sus comportamientos. Con este fin, la Evaluación Valores Personales (PVA) que se comentó en el capítulo 1 se podría utilizar junto con el ejercicio sobre los valores, creencias y comportamientos que se presenta en el anexo 3 como punto de partida para esta conversación. Al mismo tiempo, los participantes aprenden sobre la historia de la organización, el compromiso de ésta con los valores así como sus principales desafíos. También se familiarizan con el lenguaje de la consciencia y la transformación, y cómo se aplica en su entorno organizativo. Si la empresa está utilizando las herramientas de transformación cultural (CTT), entonces será importante que los participantes aprendan el modelo de Siete Niveles de Conciencia y reciban una breve visión de conjunto de las herramientas de transformación cultural.

El segundo día de la formación se centra en asuntos más prácticos: cómo aprende la gente, cómo pasar de los resultados de una evaluación de valores a las acciones a realizar, en el ámbito tanto individual como colectivo; y se profundiza en la comprensión de los participantes sobre el concepto de alineación de valores y alineación de la misión a través del trabajo con los resultados de sus propias evaluaciones individuales de valores (IVA). Una vez entiendan la forma en la que ellos mismos como individuos ven la cultura, entonces pueden empezar a trabajar con una evaluación de grupo (CVA) bien de toda la organización o sólo del grupo de participantes que se sometieron al entrenamiento de embajadores culturales.

En el tercer día de la formación, los participantes aplican lo que han aprendido en los dos días anteriores a la situación de los grupos en los que trabajan, y diseñan intervenciones específicas que van a emprender en los siguientes seis a doce meses. Diseñan estas intervenciones teniendo en cuenta las cuatro condiciones necesarias para lograr el cambio integral de todo el sistema: alineación personal, alineación de valores, alineación de la misión y alineación estructural.

Parte de la función de los embajadores culturales es mantener diálogos frecuentes con los empleados sobre los valores y comportamientos que son necesarios para apoyar los cambios en la estrategia de la organización. Para ello, los embajadores culturales requerirán de un conjunto de herramientas que el Director de Cultura y los navegantes culturales deben desarrollar, proveer y capacitar a los embajadores culturales para su uso.

Muchas de las herramientas que se utilizan para estos fines se pueden encontrar en los diarios/libros de trabajo para Liderarse a uno mismo, liderar a otros y liderar una organización, que forman parte de los materiales de aprendizaje asociados con el libro *El nuevo paradigma del liderazgo (New Leadership Paradigm)*[1] y su Web. Otra fuente de herramientas para facilitar la transformación cultural es el libro *"Get Connected"*, que se puede descargar libremente desde www.valuescentre.com/getconnected.

Old Mutual Group

El tercer ejemplo que quiero destacar es el de Grupo Old Mutual.

Old Mutual es un grupo líder en ahorro internacional a largo plazo, inversión y protección. Tres de las marcas más conocidas de Old Mutual en el momento de escribir este libro son Nedbank, Old Mutual y Skandia, todas ellas usuarias de las herramientas de transformación cultural (CTT).

La transformación de la cultura a través de todos los negocios de Old Mutual comenzó con Nedbank en 2005, y pasó a expandirse para todo el grupo cuando la aspiración de convertirse en "socio más confiable de nuestros clientes" se articuló como parte de la visión del grupo en 2010. Se trabajó con los equipos de liderazgo ejecutivo para aumentar la consciencia de sí mismos, fomentar la confianza en las relaciones y desplegar en cascada una práctica de comunicación estratégica a través de historias (*Story telling*). Las estructuras y procesos organizativos continuaron alineadas para apoyar el desarrollo de la cultura deseada desde arriba hacia abajo, incluyendo el modelo operativo del grupo, la gestión del desempeño, la evaluación en la selección del personal, el desarrollo del liderazgo y, más recientemente, se incorporaron los niveles de entropía culturales en el plan de incentivos a largo plazo para los ejecutivos. Así, al personal no le ha quedado ninguna duda de que la organización está tomando en serio sus valores y cultura.

Reconociendo que el trabajo con el equipo de alta dirección no sería suficiente para catalizar y sostener el cambio en los equipos de todo el mundo, Old Mutual comenzó a integrar la capacidad para el cambio cultural en el negocio a través de la introducción de los líderes de cultura, primero en sus negocios de gestión de capitales en el Reino Unido y más adelante en los negocios de mercados emergentes con sede en África del Sur. El papel de los líderes de cultura, que en su mayoría son altos directivos con experiencia, es patrocinar activamente la transformación de sus unidades de negocio y estimular conversaciones profundas en torno a cómo vivir los valores. Los líderes de Cultura tienen formación en un conjunto más profundo de habilidades para apoyar la transformación en sus equipos. Synnova, una consultora boutique con sede en los Países Bajos, apoyó a Old Mutual en la construcción de esta capacidad de transformación interna, trabajando con los equipos de más alta dirección, formando a los líderes de la Cultura, co-diseñando un conjunto de herramientas para apoyar la transformación y trabajando en las evaluaciones de liderazgo.

El "Toolkit"[2] (o caja de herramientas) para la Transformación Cultural de Old Mutual incluye secciones sobre: construcción de enfoques mentales y capacidades; la transformación de tu liderazgo; la celebración de reuniones de equipo con Sentido; interpretación de los resultados anuales del Diagnóstico de Barrett; trabajo con los resultados de evaluación de la organización; y trabajo con diagnósticos de liderazgo.

Los líderes de cultura son expertos en hacer realidad el cambio "sobre el terreno" en su unidad de negocio. Un aspecto importante de su función es la de apoyar y desafiar a los miembros del Comité Ejecutivo para impulsar la agenda del cambio y llevar a cabo esa agenda, o "historia del cambio", a niveles más profundos en la organización. De este modo, el cambio cultural se embebe, se impregna, en los múltiples niveles del negocio. He aquí algunos comentarios de los miembros del equipo de dirección del grupo Old Mutual sobre sus experiencias.

Un alto ejecutivo de Old Mutual hablando del trabajo de los líderes del cambio cultural: "Es extremadamente útil tener a mis líderes del cambio cultural a mi lado. Me ofrecen asesoramiento y mucho apoyo. Y lo más importante es que son un muy buen conducto para medir el estado de ánimo del personal y solicitar feedback de las personas."

Uno de los líderes de Cultura describió su experiencia de la siguiente manera: "Mi mayor aprendizaje ha sido tomarme tiempo, hacer una pausa, considerar lo que estamos descubriendo. Creo que tendemos a

La organización impulsada por Valores

correr para cumplir los plazos y planes de acción: en realidad sentarse y tomarse un tiempo para profundizar en nuestra comprensión de los temas clave es realmente importante. Me pareció un reto personal."

Pleuntje van Meer, desde Synnova, que ha ayudado a facilitar la transformación organizacional en el Grupo Old Mutual y muchas otras organizaciones en la última década, comenta sobre el proceso de cambio cultural:

> En primer lugar, es vital que los líderes vivan su compromiso. Una intervención en el equipo de líderes es necesaria para cambiar los modos de pensar de la organización. En segundo lugar, el Departamento de Recursos Humanos y los responsables de la estrategia necesitan asociarse plenamente con el equipo de liderazgo en la co-creación de la "historia de cambio" de la cultura. En tercer lugar, la transformación requiere tiempo. En cuarto lugar, es necesario un poco de magia para que una transformación tenga lugar. No se produce a través de un proyecto con plazos y entregables. Se trata más bien de un inspirador proceso de aprendizaje emergente. Por último, el éxito requiere de claridad en la dirección y conexiones saludables, basadas en la confianza. Sólo cuando esto ocurre las personas de la organización sienten que pueden acudir al trabajo aportando toda su plenitud.

Julian Roberts, CEO de Old Mutual PLC, lo expresa así:

> Cuando pienso en Old Mutual y en qué debemos hacer para seguir teniendo éxito en este nuevo mundo, dos factores son primordiales:
> En primer lugar, entendemos a nuestros clientes, satisfacemos sus necesidades y superamos sus expectativas en los mercados en los que elegimos estar; y, en segundo lugar, nuestro comportamiento es

responsable y transparente para ganar la confianza de todos nuestros grupos de interés.

En 2010, pusimos el foco en el cliente de forma explícita en nuestra visión, y desde entonces hemos estado invirtiendo en programas para impulsar el desarrollo productos y servicios enfocados en los clientes; y estamos adoptando métricas reconocidas externamente para monitorear el progreso e identificar las áreas en las que aún necesitamos mejorar.

En términos de comportamiento, tenemos absolutamente claro qué comportamientos son aceptables y cuáles no lo son en nuestro negocio. Contamos con un sólido conjunto de valores y comportamientos que hemos comunicado a toda la organización. Yo creo que la cultura de nuestra empresa es fundamental para su éxito.

Hacemos un seguimiento de nuestra cultura mediante un proceso anual de compromiso e implicación con todas las personas de nuestra organización: la evaluación cultural de Valores de Barrett. A los directivos de toda la organización se les ha encomendado la tarea de abordar las cuestiones que van surgiendo; y los resultados afectan a la retribución de los directivos. Nedbank implementó por primera vez esta metodología en 2005 como parte de su programa de reconversión, y creo firmemente que ha desempeñado un papel importante en el cambio de tendencia del banco. De hecho, las estadísticas muestran que las empresas que tienen la cultura adecuada superan al mercado en el retorno para sus accionistas.

Entendemos y creemos en la importancia de poner a nuestros clientes en el centro de nuestro negocio, y en la creación de una cultura y unos comportamientos adecuados para apoyar nuestra visión de convertirnos en el socio más confiable de nuestros clientes. Esto seguirá siendo fundamental para nuestro éxito mientras seguimos nuestro camino hacia el futuro.

Conclusiones

En última instancia, lo que se desea es que todos los que trabajan en su organización sean embajadores de la organización, en particular los que tienen roles externos en contacto con los clientes, el público en general y otros grupos de interés primarios. No puede haber mejor publicidad para su organización que tener empleados que no sólo son respetados por sus compañeros de trabajo, sino también respetados por las personas con las que interactúan fuera de la organización.

Resumen

Estos son los puntos principales del capítulo 15:

1. Una de las mejores maneras de proteger y promover la cultura de una organización es el desarrollo de un grupo de embajadores culturales internos - agentes internos de cambio y campeones de valores- que viven los valores de la organización y sienten pasión por el propósito y la visión de la organización.
2. La función principal de un embajador cultural es hacer tangible y visible la cultura, manteniendo la visión, misión y valores y comportamientos bien visibles en el centro de las operaciones diarias de la organización.
3. Toda persona que trabaja en una organización necesita ser un embajador de la organización, no sólo los que tienen papeles externos en contacto con los clientes, el público en general y otros los grupos de interés primario, sino también aquellos que desempeñan papeles más internos, particularmente los que trabajan en el ámbito de Recursos Humanos.
4. Si está utilizando las Evaluaciones de valores culturales de Barrett para gestionar los valores de su organización, será importante crear un grupo de navegantes culturales -agentes internos de cambio- que estén formados en el Modelo de Siete Niveles de Conciencia y en las herramientas de transformación cultural.

Notas

[1] Ira www.valuescentre.com/resources/?sec=books__learning_modules (último acceso 2 de abril 2013).
[2] El kit de herramientas se puede descargar desde www.synnova.com/files/OMG%20Toolkit.pdf (último acceso el 2 de abril de 2013).

16

La organización del siglo XXI

En el prefacio de este libro, indiqué que había dos cuestiones centrales que quería abordar: "¿Cuál es el origen de nuestro compromiso?" y "¿Cómo los líderes crean las condiciones que generan altos niveles de compromiso en sus empleados?"

Si usted ha leído la totalidad de este libro hasta este punto, creo que habrá encontrado la respuesta a estas preguntas. Permítanme resumir lo que creo que habrá aprendido.

1. El compromiso con una persona, organización o una causa surge cuando la persona, organización o causa le proporciona oportunidades para satisfacer sus necesidades. Cuando una persona, organización o causa no le apoyan en la satisfacción de sus necesidades, usted no siente un sentido de compromiso.
2. El compromiso es la clave para la implicación de los empleados. Los empleados se sienten comprometidos cuando la organización les proporciona oportunidades para satisfacer sus necesidades personales.
3. La clave para la implicación de los empleados es *la alineación de valores* – sentir que los valores personales se alinean con los valores vividos por la organización-, y la alineación de la misión - encontrar un sentido personal a través de su trabajo al comprender cómo lo que haces contribuye al éxito de la organización, y creer en la organización y en lo que está tratando de hacer.

4. El compromiso con la organización se ve reforzado cuando los líderes, directivos y supervisores adoptan principios democráticos, te tratan como a un igual, escuchan lo que tienes que decir, tratan con usted de manera justa, y le dan oportunidades y desafíos para crecer y desarrollarse tanto profesional como personalmente.
5. Su compromiso con la organización es aún mayor cuando cree que los líderes, directivos y supervisores se preocupan por usted, se preocupan por la organización, y se preocupan por la comunidad local y la sociedad en la que vive.
6. Aumentará su compromiso con la organización cuando usted sienta que puede confiar en que la organización, sus líderes, directivos y supervisores siempre harán lo correcto.

La conclusión sobre el compromiso es este: cualquier persona, organización o causa con la que se sienta comprometido, es porque se identifica con ella; y todo aquello con lo que una persona se identifica es porque le importa. Sin embargo, sólo sentirá ese compromiso con la persona, organización o causa si siente también que ello le apoya en la satisfacción de sus necesidades personales.

¿Cómo se demuestra el compromiso?

Se puede reconocer el compromiso en una organización de las siguientes maneras.

En el primer nivel de consciencia (supervivencia), el compromiso se manifiesta como la voluntad de hacer lo necesario para asegurar la estabilidad financiera y la salud de la organización, y la salud y seguridad de sus empleados.

En el segundo nivel de consciencia (relaciones), el compromiso se presenta como una lealtad profundamente arraigada -la firme creencia en la organización y en sus líderes, y en lo que están tratando de hacer- y una profunda y sentida conexión y camaradería entre los empleados.

En el tercer nivel de consciencia (autoestima), el compromiso se manifiesta como la voluntad por parte de los empleados de hacer un

La organización impulsada por Valores

esfuerzo adicional cuando sea necesario. Cuando los empleados se comprometen, aportan su energía discrecional a su trabajo.

En el cuarto nivel de consciencia (transformación), el compromiso se manifiesta como la disposición a adaptarse y cambiar, dejar de lado los viejos hábitos y cambiar quién eres, cómo operas, y cambiar la forma *cómo* hace lo que hace para el beneficio de uno mismo, sus subordinados y la organización. El compromiso también se presenta en este nivel de consciencia como un deseo de probar nuevas ideas, asumir riesgos e innovar.

En el quinto nivel de consciencia (cohesión interna) el compromiso se muestra como pasión por su trabajo y una mayor creatividad.

En el sexto nivel de conciencia el compromiso aparece como un deseo profundamente arraigado de marcar la diferencia en el mundo, contribuir para un mundo mejor.

En el séptimo nivel de consciencia, el compromiso aparece como devoción al servicio desinteresado, un profundo sentido de interconexión, un enfoque en el bien común, y el deseo de dejar un legado.

Conclusiones

Si bien todos estos aspectos del compromiso son importantes, lo más importante es la capacidad y voluntad de adaptación: la transformación continua. Los organismos y especies más exitosas siempre han sido los que aprendieron a adaptarse a sus entornos cambiantes. La evolución nunca ha sido un ejercicio de largo plazo, de planificación estratégica; siempre ha sido un ejercicio de aprendizaje emergente.[1] El aprendizaje emergente junto con la predilección y facilidad de adaptación se encuentran en el núcleo de toda evolución exitosa y transformación cultural.[2,3]

Los organismos exitosos siempre han evolucionado haciendo ajustes continuos en tiempo real en su modo de ser y de estar basándose en el feedback que les proporciona su entorno interno y externo. Esta es la razón por la que las organizaciones que muestran un alto nivel de cohesión interna son capaces de sobrevivir y prosperar con mayor facilidad que aquellas que no lo tienen. La conexión interpersonal que surge desde la cohesión interna, hace que una organización pueda actuar como un solo organismo, facilitando de este modo su aprendizaje emergente, la adaptación y agilidad. El factor clave en la creación de la cohesión interna es la confianza interpersonal. La confianza se construye a través de seis valores: autonomía, igualdad , asumir responsabilidad personal en el resultado, equidad, apertura y transparencia, siendo cada uno de ellos un componente estratégico de los principios democráticos universales.[4]

Esto significa que las organizaciones más exitosas del siglo XXI serán aquellas que no sólo entiendan cómo se construye la cohesión interna a través de la alineación de los valores y la misión, sino que además sean estructuralmente lo bastante ágiles para adaptarse a las necesidades cambiantes de la sociedad y del mercado. Trabajarán con formas libres, estructuras organizacionales flexibles que generarán altos niveles de implicación en los empleados y permitirán a las personas enfocar su energía en la innovación y la renovación continua.

El papel de los líderes, directivos y supervisores, será la creación de una cultura impulsada por valores basados en los principios democráticos y crear las condiciones de trabajo que ayuden a los empleados a satisfacer tanto sus necesidades de subsistencia como de crecimiento, generando altos niveles de implicación en los empleados. Cuando la cultura y las condiciones de trabajo son las adecuadas, los empleados "traen" sus corazones y sus almas a su trabajo y liberan su energía creativa y discrecional.

Además de preocuparse por las necesidades de los empleados, la organización exitosa del siglo XXI también se preocupará por las necesidades de los grupos de interés externos (stakeholders): clientes de la organización, proveedores, inversores y las comunidades locales y las sociedades en las que operan.

Para lograr todos estos objetivos, el líder de la organización deberá : (a) construir una visión inspiradora y una misión con propósito para la organización, más allá de hacer dinero; (b) gestionar los valores de la organización recabando feedback periódico de los empleados, clientes, proveedores y la sociedad en general acerca de cómo la organización puede satisfacer sus necesidades; (c) gestionar su forma de ser y operar al obtener información periódica de sus colegas y subordinados directos sobre cómo puede cambiar su forma de ser y operar para mejorar el desempeño de la organización; y (d) exigir a los directores, directivos y supervisores de la organización que hagan lo mismo .

En resumen, con el fin de tener éxito en el siglo XXI, los líderes de nuestras organizaciones tendrán que adoptar un nuevo paradigma de liderazgo, un cambio en el enfoque del "yo" al "nosotros"; desde *"lo que es mejor para mí"* a *"lo que es mejor para el bien común"*; y de *"ser el mejor del mundo"* a *"ser el mejor para el mundo"*.[5]

Notas

[1] Marilyn Taylor, *Emergent Learning for Wisdom* (New York: Palgrave Macmillan), 2010.

[2] Véase George E. Vaillant, *Adaptation to Life* (Cambridge, MA: Harvard University Press), 1977, que sigue la historia de 100 graduados de Harvard para determinar los factores clave que llevaron a su éxito o fracaso en la vida.

[3] Véase también Richard Barrett, *The New Leadership Paradigm* (Asheville, NC: Fulfilling Books), 2011, p. 21 con respecto a los resultados del estudio de los graduados de Harvard, citado en la referencia anterior.

[4] Véase Richard Barrett, *Love, Fear and the Destiny of Nations: The Impact of the Evolution of Consciousness on World Affairs* (Bath: Fulfilling Books), 2012, pp. 195–302.

[5] Richard Barrett, *The New Leadership Paradigm* (Asheville, NC: Fulfilling Books), 2011, pp. 13–22.

ANEXO 1

Las siete etapas de desarrollo psicológico

Las siete etapas del desarrollo psicológico se producen en orden consecutivo durante toda nuestra vida. Comenzamos el viaje aprendiendo a sobrevivir, y completamos el viaje aprendiendo a servir. Comenzamos nuestra vida adulta bajo la consciencia del ego; y si completamos el recorrido, terminamos nuestra vida adulta bajo la consciencia del alma.

Sobrevivir

La lucha por la supervivencia comienza tan pronto como nace un bebé humano. El lactante sabe instintivamente que debe establecerse como una entidad viable si quiere permanecer en el mundo físico. En esta etapa, el niño es totalmente dependiente de otros para satisfacer sus necesidades. Durante la primera etapa de desarrollo psicológico el niño tiene que establecer su propio sentido como identidad separada y aprender a ejercer el control sobre su entorno para poder satisfacer sus necesidades de supervivencia.

Si por cualquier razón, el niño no es capaz de llevar a cabo estas tareas, porque sus padres no están lo suficientemente atentos a sus necesidades, o si el niño se queda a solas o abandonado durante largos períodos de tiempo, es muy probable que el ego naciente del niño desarrolle creencias basadas en miedos subconscientes (esquema desadaptativo temprano) de que el mundo es un lugar peligroso y de que no se pude fiar de otras personas.

Si, por otro lado, los padres del niño están atentos a sus necesidades y son sensibles a sus señales de angustia, entonces el niño crecerá sintiéndose seguro y desarrollará la sensación de que se puede confiar en los demás. Sentirse sano y seguro es la primera y más importante necesidad de la mente egoica.

Ajuste o conformidad

Durante la siguiente etapa de desarrollo psicológico, la conformación o etapa de auto-protección, los niños aprenden que la vida es más agradable y menos amenazante si viven en armonía con los demás. La tarea en esta etapa del desarrollo es aprender a sentirse amado y seguro en su grupo familiar. La adhesión a las reglas y rituales (conformidad) llega a ser importante, ya que consolidan su sentido de pertenencia, y mejoran su sensación de seguridad.

En esta etapa, los niños también aprenden creencias y comportamientos que les permiten maximizar el placer y minimizar el dolor. Si el castigo se utiliza para asegurar la conformidad, entonces el niño puede adoptar una estrategia de culpar a otros para evitar las reprimendas. Si el niño cree que las normas o las reprimendas son injustas, puede desarrollar un punto de rebeldía.

Si, por cualquier razón (por lo general debido a una paternidad deficiente), crecen sintiéndose no amados o que no pertenecen, su ego puede desarrollar creencias basadas en el miedo subconsciente de que no es digno de ser amado. Más tarde en la vida puede encontrarse en constante búsqueda de afecto y el deseo de encontrar un grupo o comunidad que le acepte tal como es. Sentirse amado y sentir la pertenencia a un grupo o comunidad es la segunda necesidad más importante de la mente-egoica.

Diferenciación

Durante la siguiente etapa de desarrollo psicológico, la etapa de la diferenciación, el niño busca ser especial -reconocido por sus padres por sobresalir o hacer bien alguna cosa. La tarea en esta etapa es desarrollar un sano sentido de orgullo por sus logros y un sentimiento de autoestima. Quiere sentirse bien acerca de quién es y quiere sentirse respetado por sus pares.

Los padres son fundamentales en esta etapa de su desarrollo para proporcionar la retroalimentación positiva que necesita. Si no consigue obtener este feedbak, crecerá con el miedo basado en la creencia subconsciente de que no es lo bastante bueno. Se sentirá impulsado a probar su propio valor. Puede llegar a ser muy competitivo, tratando de buscar el poder, la autoridad o el status para ser reconocido por sus pares o por los que tienen autoridad como alguien importante o alguien a quien temer. Si la mente egoica no consigue el refuerzo que necesita, puede crecer con la sensación de que no importa cuánto se esfuerce, el reconocimiento se le escapa y los éxitos que obtiene nunca parecen ser suficientes. El correcto sentido de autoestima u orgullo por sus logros es la tercera necesidad más importante de la mente-egoica.

Si fue capaz de hacer la transición con éxito a través de estas tres primeras etapas de desarrollo psicológico sin traumas significativos y sin desarrollar demasiadas creencias subconscientes basadas en el miedo, el sujeto encontrará relativamente fácil ser un adulto viable independiente, suponiendo que pueda encontrar las oportunidades que necesita para ganarse la vida y satisfacer sus necesidades de supervivencia. Empezará a pasar de un estado de dependencia a un estado de independencia.

Individuación

Durante la siguiente etapa de desarrollo psicológico -la etapa de individuación- que usualmente se produce una vez nos hemos convertido en adultos, empezamos a trascender nuestra dependencia física y emocional de nuestros padres y de la familia, o el grupo cultural en el que nos criamos, a través de la liberación de las creencias basadas en el miedo que hemos desarrollado con relación a la satisfacción de nuestras necesidades de supervivencia, de relaciones y de autoestima.

Aprender a reducir el impacto de las creencias basadas en el miedo aprendidas durante las tres primeras etapas de desarrollo puede requerir un compromiso a largo plazo de maestría personal: la comprensión y la liberación de las creencias basadas en el miedo subconsciente (esquemas des-adaptativos tempranos) aprendidas durante las etapas de supervivencia, conformidad y diferenciación de su desarrollo psicológico. Descubrir y adoptar sus *propios valores* y creencias exige establecer su propia independencia y buscar su propio camino en el mundo.

Esto puede ser especialmente difícil si usted creció en un tipo de parentesco o cultura tribal, donde las personas son dependientes el uno del otro para sobrevivir, y donde es intensa la presión para que usted sea "conforme al grupo". Hay miles de millones de personas en el planeta que viven en condiciones que hacen que sea difícil para ellos individuarse: o bien viven en la pobreza, en una cultura de conformidad o dependen de otros para satisfacer sus necesidades.

Si, por el contrario, creció en un país rico con padres auto-realizados, que se ocupaban de sus necesidades básicas y siempre le trataban como un adulto joven, enseñándole a ser responsable y a rendir cuentas de su vida y sus emociones, entonces el proceso de individuación le será relativamente fácil.

Una vez que ha aprendido a dominar sus necesidades básicas, y se ha establecido como individuo viable e independiente, es posible que, después de un cierto periodo de tiempo, sienta una atracción natural hacia la próxima etapa de su desarrollo psicológico: la auto-realización.

Auto-realización o auto-actualización

La etapa de auto-realización del desarrollo psicológico implica aprender a alinearse y satisfacer las necesidades de su alma: aprender a llevar una vida impulsada por valores, y aprender cómo vivir una vida con propósito.

Llevar una vida impulsada por valores significa dejar ir las modalidades de toma de decisiones del ego (creencias) y abrazar las modalidades de toma de decisiones del alma (los valores). El progreso que realice en este sentido dictará la medida en la que será capaz de manifestar el propósito de su alma. Tendrá que aprender a vivir con confianza, empatía y compasión, si quiere actualizar plenamente el propósito de su alma.

Encontrar el propósito de su alma -su llamada o vocación- por lo general comienza con una sensación de malestar o aburrimiento con el trabajo del que depende para su sustento. Puede ser que su trabajo ya no le esté desafiando. Puede sentirse bloqueado en su progreso, incapaz de crecer y desarrollarse.

Al comenzar a descubrir el propósito de su alma, usted sentirá una atracción hacia una nueva actividad o un nuevo interés en su vida más significativo para usted personalmente. Descubrir el propósito de su alma y su sentido de misión le brindará pasión y creatividad de nuevo en su vida, y dará un profundo sentido a la misma. Encontrar su vocación y embarcarse en una vida impulsada por valores representan el primer nivel de activación del alma.

Integración

La integración implica cooperar con otros que comparten un propósito o misión similar al tuyo para aprovechar y generar un mayor impacto en el mundo. La gente con la que colabora serán personas con las que empatiza y resuena: personas que comparten sus valores y su sentido de misión o propósito: gente que opera desde un nivel de consciencia similar.

La tarea principal en esta etapa del desarrollo es encontrar la manera de concretar su sentido de propósito de marcar una diferencia en el mundo. Se da cuenta de que al unir fuerzas con otros en esfuerzos colectivos, se puede lograr mucho más de lo que podría lograr sólo por su cuenta. Para que este cambio ocurra tendrá que pasar de la independencia a la interdependencia. Así, empieza a darse cuenta de que la contribución que puede hacer y su nivel de logro se incrementan debido a la calidad de las conexiones que mantiene con el grupo con el que está trabajando. Integrarse con otras personas para hacer un mundo mejor representa el segundo nivel de activación del alma.

Servicio

La etapa final de desarrollo psicológico implica el reconocimiento de la unidad e interdependencia de todas las cosas; modificar su conducta para aliviar el sufrimiento de la humanidad y preservar los sistemas que apoyan la vida en el mundo para las futuras generaciones: personificar la compasión y vivir de manera sostenible en todo lo que haces.

La tarea en esta etapa del desarrollo es llevar una vida de servicio desinteresado alineada con el propósito de su alma. Puede encontrar que su profesión y su lugar de trabajo se han vuelto demasiado pequeños para que usted pueda cumplir con su vocación. Es posible que tenga que buscar un nuevo y mayor rol para usted en la sociedad: puede ser un anciano en su comunidad; convertirse en un mentor para quienes se enfrentan a desafíos de la vida; cuidar de enfermos o moribundos; encontrar maneras de apoyar a los niños pequeños o adolescentes en el manejo de las dificultades de crecer. No importa lo que haga, si su objetivo es apoyar el bienestar de su comunidad o de la sociedad en la que vive. En lo más profundo, usted comenzará a comprender que todos estamos conectados, y que al servir a otros se está sirviendo a sí mismo. El servicio desinteresado representa el tercer nivel de activación del alma.

Para una descripción más detallada del proceso de desarrollo psicológico lea *What My Soul Told Me: A Practical Guide to Soul Activation (Lo que mi alma me dijo: una guía práctica para la activación del alma)* de Richard Barrett.

ANEXO 2

Los seis modos de toma de decisiones

Hay seis modos de toma de decisiones a disposición de los seres humanos -los instintos, las creencias subconscientes, las creencias conscientes, los valores, la intuición y la inspiración. Su principal modo de toma de decisiones –el que usted utiliza con mayor frecuencia- depende de su nivel de desarrollo psicológico y del nivel de conciencia desde el que esté operando. Los seis modos de toma de decisiones se muestran en la Tabla A2.1, junto con los niveles de conciencia desde los que principalmente operan.

Tabla A2.1 Modos de toma de decisiones y niveles de consciencia

Niveles de consciencia		Modos de toma de decisiones
7	Servicio	Inspiración
6	Marcar la diferencia	Intuición
5	Cohesión interna	Valores
4	Transformación	Creencias conscientes
3	Auto-estima	Creencias subconscientes
2	Relaciones	
1	Supervivencia	Instintos

La toma de decisiones basada en el instinto

La toma de decisiones basada en el instinto se lleva a cabo a nivel atómico/celular debido a que las acciones que se plantean se basan en las respuestas aprendidas desde el ADN, principalmente asociadas con cuestiones de supervivencia. Por ejemplo, los bebés saben instintivamente cómo amamantar, cómo llorar cuando no se están satisfaciendo sus necesidades y cómo sonreír para obtener la atención que necesitan. Nadie les enseñó cómo hacerlo. Está codificado en su ADN.

En la vida adulta, la toma de decisiones basada en el instinto se activa para ayudar a sobrevivir y evitar situaciones peligrosas. También se encuentra en la raíz de las respuestas que escogen "lucha o huida", común en todos los animales. En ciertas situaciones, nuestros instintos pueden provocar que pongamos nuestra vida en riesgo para salvar la vida de otro. El instinto es el principal modo de toma de decisiones por el que operan todas las criaturas. (En criaturas de orden superior, como los mamíferos, encontramos también procesos de toma de decisiones basados en creencias conscientes e inconscientes). Las principales características de la toma de decisiones basada en el instinto son:

- Las acciones siempre preceden al pensamiento. No hay pausa para la reflexión entre la búsqueda del significado de una situación y la toma de una decisión que precipita una acción.
- Las decisiones que se toman se basan siempre en experiencias pasadas - lo que la historia de nuestra especie nos ha enseñado acerca de cómo sobrevivir y mantenerse a salvo.
- No hay ninguna oportunidad de reflexionar sobre su decisión antes de actuar, la reacción es automática.
- Cuando se vea involucrado en una toma de decisiones basada en el instinto, no controlará conscientemente sus palabras, acciones y comportamientos. Son ellos los que le controlan.

Toma de decisiones basada en las creencias subconscientes

En la toma de decisiones basada en creencias subconscientes, también se produce una reacción sin reflexión a lo que está sucediendo en su mundo, sin embargo, la base son sus recuerdos personales en lugar de los recuerdos de su especie encapsulados en su ADN. En este modo de toma de decisiones, la acción también precede al pensamiento y a menudo acompaña a la acción una liberación de carga emocional.

Usted sabe que las creencias basadas en miedos subconscientes están dominando su toma de decisiones cuando siente resistencia, impaciencia, frustración, malestar, ira o rabia. Cada vez que usted experimenta estos sentimientos, se trata de una necesidad de subsistencia insatisfecha que no se ha resuelto. Sus reacciones y emociones están siendo activadas por una situación actual que le hace recuperar recuerdos de una situación del pasado, en la que usted no pudo satisfacer sus necesidades emocionales.

Cuando se dispara una emoción de carga positiva, como la felicidad, está subconscientemente reviviendo recuerdos de su pasado en los que satisfizo sus necesidades. Por ejemplo, una foto de alguien a quien no has visto en mucho tiempo, o el sonido de su voz, pueden dar rienda suelta a lágrimas de felicidad. Sus reacciones y emociones están siendo provocadas por una situación presente que evoca un recuerdo con contenido emocional positivo del pasado. Las principales características de la toma de decisiones basada en las creencias subconscientes son:

- Las acciones siempre preceden al pensamiento. No existe una pausa para la reflexión entre la búsqueda del significado de una situación y la toma de una decisión que precipita una acción.
- Las decisiones que se toman se basan siempre en las experiencias del pasado, lo que su historia personal le ha enseñado acerca de maximizar el placer y minimizar el dolor, en el marco de la existencia de su infancia. Este historial se almacena en su memoria personal.
- Usted no controla sus acciones.
- Usted no tiene ninguna oportunidad de reflexionar sobre su decisión antes de actuar: su reacción es automática.
- Cuando usted se ve involucrado en una decisión basada en creencias subconscientes, no es usted quien controla sus acciones y comportamientos. Ellos le controlan a usted.

En este modo de toma de decisiones, la única manera en que usted puede conseguir de nuevo el control consciente sobre sus acciones es, o bien liberar, o bien reprimir sus emociones. Liberarlas le ayuda a regresar a la racionalidad; reprimirlas acumula presión emocional que tendrá que ser liberada en algún momento en el futuro, por lo general en forma de enfado o en casos extremos en forma de rabia.

La toma de decisiones basada en miedos subconscientes es una fuente de entropía personal y siempre está relacionada con la satisfacción de necesidades de subsistencia insatisfechas.

Toma de decisiones basada en creencias conscientes

Si desea tomar decisiones racionales, deberá dejar atrás la toma de decisiones basada en creencias subconscientes y pasar a tomar decisiones basándose en creencias conscientes. Tiene que incorporar una pausa entre el evento que desencadena su creencia subconsciente y su respuesta al mismo. La pausa le permite un tiempo de reflexión, en el que poder usar la lógica para entender lo que está pasando y luego tomar una decisión sobre cómo responder. Incorporar una pausa, también le concede tiempo para hablar de la situación con los demás y obtener consejos sobre la mejor manera de satisfacer sus necesidades. Las principales características de la toma de decisiones basada en creencias conscientes son:

- El pensamiento precede a la acción. Inserta una pausa entre un evento y su respuesta al mismo para que pueda usar la lógica y obtener consejos con el fin de determinar la mejor manera de satisfacer sus necesidades.
- Las decisiones que se toman se basan en las experiencias del pasado y lo que su historia personal le ha enseñado sobre el mantenimiento de la estabilidad interna y el equilibrio externo en su infancia y en la edad adulta. La decisión la toma, basándose en lo que usted cree que sabe.
- Usted controla sus acciones y comportamientos.
- Usted puede consultar con otros para recibir apoyo y mejorar su toma de decisiones.

La toma de decisiones basada en creencias conscientes tiene una cosa en común con la toma de decisiones basada en creencias subconscientes y la toma de decisiones basada en el instinto: utiliza la información del pasado -personal o creencias propias de la especie- para tomar decisiones sobre el futuro. Puesto que está utilizando creencias o suposiciones del pasado, el futuro que crea a través de la toma de decisiones basada en creencias conscientes supone por lo general sólo una mejora incremental con respecto a las decisiones que usted tomaba en el pasado.

Toma de decisiones basada en valores

El cambio de la toma de decisiones basada en creencias conscientes a la basada en valores no es fácil. Hay que individualizarse (convertirse en viable e independiente, física y emocionalmente, en su marco de existencia) antes de conseguir que la toma de decisiones basada en valores sea plena y natural para usted.

La razón por la cual el cambio de la toma de decisiones basada en creencias a la toma de decisiones basada en valores requiere la individuación, se debe a que antes de la individuación, damos sentido a nuestro mundo a través de nuestras creencias aprendidas. La mayoría de estas creencias se asocian a nuestra educación personal y cultural. Las creencias son hipótesis que adoptamos como certezas. Puede que no sean ciertas, pero suponemos que lo son. El proceso de individuación implica el examen de estas creencias y dejar ir las que no son útiles y las que consideras, a partir de nueva información, que ya no son ciertas. El proceso de reflexión sobre tus creencias se abre a un nuevo sistema mucho más potente: los valores personales profundamente arraigados. Los valores son el sistema de guía universal del alma, mientras que las creencias son el sistema de orientación contextual del ego. Cuando se pasa a una toma de decisiones basada en valores, es posible acabar con los libros de reglas. Cada decisión que tome procederá de lo que usted considera que es "la acción correcta": lo que es profundamente significativo para usted y aquello que facilita la conexión en lugar de la separación.

La toma de decisiones basada en valores le permite crear un futuro que resuena profundamente con quién realmente es usted. Crea las condiciones que permiten que la autenticidad e integridad prosperen. Esto no quiere decir que no haya lugar para la toma de decisiones basada en creencias conscientes en la lógica o en el pensamiento racional. Claro que lo hay. Sin embargo, enseguida se dará cuenta de que todas las decisiones importantes que necesita hacer en su vida deben pasar la prueba de sus valores. Si la decisión parece lógica, pero va en contra de sus valores, no querrá proceder.

Las principales características de la toma de decisiones basada en valores son los siguientes:

- El pensamiento precede a la acción. Reflexiona sobre los valores que usted cree que le permitirán satisfacer sus necesidades y toma sus decisiones en consecuencia.
- Las decisiones adoptadas no se basan en la historia. Se basan en el futuro que quiere experimentar. Son un reflejo directo de sus necesidades.
- Usted está al mando, controla sus acciones y comportamientos.
- Usted puede consultar con otros para apoyar y mejorar su toma de decisiones.

Se toman decisiones basadas en valores para poder crear conscientemente el futuro que se desea experimentar. Por ejemplo, si valora la confianza, tomará decisiones que le permitirán mostrar confianza. Si valora la responsabilidad personal asumida por los resultados, tomará decisiones que le permitan mostrarla en su día a día. La calidad de la energía que pone en el mundo a través de su toma de decisiones es la calidad de la energía que obtiene de vuelta. Si usted transmite amor y confianza, obtiene de nuevo amor y confianza.

Toma de decisiones basada en la intuición

El cambio de la toma de decisiones basadas en valores a la toma de decisiones basadas en la intuición, se desarrolla con el tiempo a medida que el centro de gravedad de su desarrollo psicológico pasa de satisfacer sus necesidades de subsistencia a la satisfacción de sus necesidades de crecimiento. Aunque la intuición puede surgir en todas las etapas de desarrollo, no es hasta que comience a centrarse en la satisfacción de sus necesidades de crecimiento cuando capta su atención y comienza a florecer. Se llega a este nivel de desarrollo psicológico después de haber progresado en su cohesión interna y de haberse convertido en un individuo auto-realizado. La intuición le permite acceder a su inteligencia más profunda y la inteligencia colectiva de un grupo más amplio.

Las principales características de la toma de decisiones basadas en la intuición son las siguientes:

- La consciencia se expande a través de un cambio en su sentido de identidad/consciencia.
- El juicio se suspende. No hay que buscar sentido, ni inconsciente ni conscientemente.
- La mente está vacía, en blanco. Se suspenden los pensamientos, las creencias y las obligaciones.
- La mente es libre de sumergirse profundamente en el espacio del inconsciente colectivo y emerger con un profundo conocimiento.
- Los pensamientos que surgen reflejan sabiduría y se alinean con sus valores más profundos.

En la toma de decisiones basada en la intuición, no hay un intento consciente o inconsciente de buscar el significado de una situación, y no hay foco ni en el pasado ni en el futuro. Usted acepta lo que es, sin juicios. La decisión intuitiva surge más allá de su presencia en el momento actual: en el espacio de la mente sin prejuicios que ha creado. A pesar de que la toma de decisiones basada en la intuición puede parecer ilógica, es nuestra principal fuente de ideas revolucionarias. Cuando trabajamos con otros para crear un espacio mental colectivo, carente de juicio, la intuición puede llegar a ser mucho más poderosa. Esta es la base de la *Teoría U*, utilizada para la toma de decisiones colectivas, descrita por Otto Scharmer en el libro del mismo nombre[1]. Cuando estamos totalmente presentes en una situación sin pensamientos, creencias o juicios previos, creamos las condiciones que permiten a nuestras mentes reconocer intuitivamente lo que realmente quiere emerger.

Toma de decisiones basada en la inspiración

Inspiración es el término que utilizo para describir los impulsos basados en el alma que entran en nuestras mentes. La inspiración es siempre muy personal y directiva. Es un pensamiento persistente que no desaparece o el siguiente paso que tiene que tomar en una actividad centrada en el alma. Además, continuará urgiéndole para que tome medidas hasta que haga algo al respecto. Se trata de lo que *usted* tiene que hacer. El propósito de la inspiración es apoyarle en el cumplimiento del propósito de su alma.[2]

La inspiración es diferente a la intuición. La intuición no es directiva. La intuición es una idea o visión que surge de la nada en un momento indeterminado, que proporciona una solución o una pista para resolver un problema que está en su mente. La intuición puede ser descrita como un *momento Eureka*, mientras que la inspiración se describe mejor como una *guía para mantenerse en estado de flujo*.

Cuando usted recibe con insistencia un pensamiento impulsado por su alma sobre una acción o dirección que debe tomar, y no sigue las instrucciones, en algún momento tendrá que lidiar con las consecuencias emocionales. Por ejemplo, cuando usted permite que los temores de su ego sobre la satisfacción de sus necesidades de subsistencia prevalezcan continuamente sobre el cumplimiento de las necesidades de crecimiento de su alma, puede encontrarse cada vez más y más deprimido, sofocado y no alineado.

Las principales características de la toma de decisiones basada en la inspiración son las siguientes:

- El pensamiento parece surgir de la nada.
- El pensamiento es persistente.
- El pensamiento está vinculado a acciones que debe tomar.
- Hay consecuencias por no seguir su inspiración.

En el prefacio de *El Nuevo Paradigma de Liderazgo (The New Leadership Paradigm)*, hablé acerca de mi llamada a escribir un libro sobre liderazgo. Para mí, eso fue inspiración en acción. Cuando empecé a escribir el libro, a menudo me sentí en estado de flujo. Las ideas y reflexiones inundaban mi mente. Cada vez que me quedaba bloqueado en la escritura, buscaba la ayuda de mi ser superior. Entonces las palabras fluían hacia mi conocimiento consciente sin necesidad de editarlas. En esos momentos, yo estaba experimentando un estado de flujo.

Notas

[1] Otto Scharmer, *Theory U: Leading from the Future as it Emerges* (San Francisco: Berrett-Koehler), 2009.

[2] Para una relación completa sobre la toma de decisiones basada en la inspiración consultar Richard Barrett, *What My Soul Told Me: A Practical Guide for Soul Activation* (Bath: Fulfilling Books), 2012.

ANEXO 3

El ejercicio de valores, creencias y conductas

El siguiente ejercicio le ayuda a explorar y clarificar sus valores y, al mismo tiempo, le ayudará a entender la diferencia entre valores, creencias y comportamientos. Este ejercicio es muy poderoso cuando se hace con miembros de la familia o con las personas que trabajan en su mismo equipo.

Tome un lápiz o bolígrafo y dibuje una matriz de tres por tres (tres filas y tres columnas) en un pedazo de papel. En la primera columna, anote tres valores que son importantes para usted. Deben ser palabras simples, como por ejemplo "familia", "educación" y "respeto". En la segunda columna, escriba una frase que describa por qué los valores de la primera columna son importantes. Estos representan las creencias que tiene usted sobre esos valores. En la última columna, anote las conductas que demuestren cuando está usted viviendo los valores que ha enumerado en la primera columna. La tabla A3.1 proporciona un ejemplo de este ejercicio que realicé para mí mismo.

Tabla A3.1 Ejercicio de valores, creencias y conductas

Mis tres valores más importantes	Mis creencias sobre estos valores	Los comportamientos con los que los demuestro
Claridad	La claridad aporta foco a mi toma de decisiones.	Exploro el mayor número de datos posible, buscando patrones y explorando lo que es común y lo que es diferente
Amistad	La amistad me produce una sensación de pertenencia, y me hace sentir conectado con la gente.	Busco personas con las que resueno; personas con las que puedo tener conversaciones significativas sobre cuestiones que considero importantes
Creatividad	Mi creatividad me ayuda a aportar mis dones al mundo.	Organizo mi vida y mi trabajo para poder dedicar tanto tiempo como sea posible a pensar y escribir

La claridad es importante para mí porque creo que aporta foco a mi toma de decisiones. Para encontrar la claridad, exploro el mayor número de datos posible, buscando patrones y explorando lo que es común y lo que es diferente. La amistad es importante para mí porque me produce una sensación de pertenencia y me ayuda a sentirme conectado con la gente. Con el fin de establecer amistades, busco personas con las que resueno; personas con las que puedo tener conversaciones significativas sobre cuestiones que considero importantes. La creatividad es importante para mí porque me ayuda a aportar mis virtudes al mundo. Con el fin de experimentar la creatividad, organizo mi vida y mi trabajo para poder dedicar tanto tiempo como sea posible a pensar y escribir.

ANEXO 4

Las 40 compañías que cotizan en bolsa consideradas las mejores para trabajar en América del Norte

Adobe Systems Inc.
Aflac Inc.
Amazon.com Inc.
American Express Co.
Autodesk Inc.
Build-A-Bear Workshop Inc.
Capital Trust Inc. Class A.
Chesapeake Energy Corp.
Devon Energy Corp.
Dreamworks Animation SKG Inc.
EOG Resources
FactSet Research Systems Inc.
General Mills Inc.
Goldman Sachs Group Inc.
Google Inc. Class A.
Hasbro, Inc.
Intel Corp.
Intuit Inc.
Marriott International Inc. Class A
Mattel Inc.
Medical Properties Trust Inc.

Men's Wearhouse
Microsoft Corp.
National Instruments Corp.
NetApp Inc.
Nordstrom Inc.
Novo Nordisk, A/S ADR
Nustar Energy, L.P.
Publix Super Mkts, Inc.
Qualcomm Inc.
Rackspace Hosting Inc.
Salesforce.com Inc.
Southern Michigan Bankcorp.
St Jude Medical, Inc.
Starbucks Corporation
Stryker Corporation
SVB Financial Group
Ultimate Software Group, Inc.
Umpqua Holdings Corporation
Whole Food Markets, Inc.

ANEXO 5

Empresas que enamoran (Firms of Endearment)

*Amazon.com Inc.
*Best Buy Co Inc.
BMW
*CarMax Inc.
*Caterpillar Inc.
*Commerce Bankshares Inc.
Container Store
*Costco Wholesale Corporation
*eBay Inc.
*Google Inc. Class A.
*Harley-Davidson Inc.
*Honda Motor Co.
IDEO
IKEA
*Jet Blue
*Johnson & Johnson
Jordan's Furniture
L.L. Bean
New Balance
Patagonia
Progressive Insurance
REI

*Southwest Airlines Co.
*Starbucks Corporation
*Timberland Inc.
*Toyota Motor Corp.
Trader Joe's
*UPS Inc.
Wegmans
*Whole Foods Markets, Inc.

* *Empresas que enamoran (Firms of Endearment)* cuyos datos financieros de operaciones en América del Norte estaban disponibles.

ANEXO 6

Empresas que sobresalen (Good to Great)

Abbott Laboratories *Circuit City **Fannie Mae Gillette Company	Kimberly-Clark Kroger Co. Nucor Corp. Philip Morris International Inc.	Pitney Bowes Inc. Walgreen Company ***Wells Fargo & Co.

* Ya no cotiza
** Involucrada en un escándalo de hipotecas.
*** Recibió 25 mil millones de dólares de rescate a través del Programa de alivio para activos con problemas (TARP), como parte de la respuesta del gobierno de los Estados Unidos ante la crisis de las hipotecas subprime de 2008.

ANEXO 7

La cantidad de energía disponible en una organización

Podemos estimar la cantidad de energía disponible en una organización para trabajos de valor añadido o útiles utilizando la siguiente fórmula:

$E_o = E_i + E_d - E_n - EC$

E_o es la energía disponible en una organización para hacer trabajos de valor añadido (energía de salida).

E_i es la cantidad normal de energía que los empleados llevan a su trabajo (energía de entrada).

E_d es la cantidad de energía discrecional que los empleados aportan a su trabajo cuando se sienten altamente motivados y comprometidos.

E_n es la cantidad normal de energía de los empleados necesitan para mantener el funcionamiento de la organización, cuando todo va bien (la energía estructural que no se dedica a actividades de valor añadido, sino a labores de estructura y funcionamiento).

EC es la cantidad de entropía cultural (energía necesaria para superar disfunciones, conflictos, fricciones e ineficiencias en una organización).

Por lo tanto la cantidad de energía disponible para una organización: la energía que genera una contribución positiva al desarrollo y entrega de productos y servicios (energía de valor añadido), es igual a la cantidad de energía que los empleados llevan a su trabajo (E_i más E_d) menos la cantidad de energía necesaria para mantener el funcionamiento de la organización (E_n) y la energía necesaria para superar las disfunciones, conflictos, fricciones e ineficiencias (EC) internas. La cantidad de energía necesaria para mantener el funcionamiento de la organización en condiciones normales (E_n) es la energía que se requiere para las funciones generales y centrales, tales como la contabilidad, los recursos humanos, asuntos legales y así sucesivamente, o sea, la energía que no añade un valor significativo a la entrega del producto o servicio.

Cuando el grado de disfunción, desorden, conflictos o ineficiencia (entropía cultural) en una organización es alta, debido a factores tales como el control excesivo, la alta precaución, la confusión, la burocracia, las jerarquías, la competencia interna, culpabilizar a los demás, la mentalidad de silo, el pensamiento de corto plazo y demás, la cantidad de energía que los empleados dedican a actividades de valor añadido disminuye. Esto hace que sea difícil para los empleados hacer su trabajo. Lleva a la baja implicación del empleado, disminuye su compromiso y reduce el nivel de energía discrecional que las personas aportan a su trabajo.

Por otro lado, cuando el grado de disfunción, desorden, fricción, e ineficiencia (entropía cultural) es baja, debido a la presencia de factores tales como la autonomía, la confianza, la integridad, la honestidad, la apertura y cooperación, se incrementa la cantidad de energía que los empleados pueden dedicar a tareas de valor agregado. Esto facilita a los trabajadores el desarrollo de su trabajo. Produce implicación en el empleado e incrementa el nivel de energía discrecional que las personas aportan a su trabajo.

ANEXO 8

El Proceso de "Los Cuatro Para qué"

El Proceso de los Cuatro Para qué es un constructo metodológico para la creación de afirmaciones de misión y visión. El proceso es distinto de otros métodos porque (a) permite distinguir entre las motivaciones internas y externas de una organización, (b) toma en consideración las necesidades del personal, los clientes y la sociedad y (c) construye una conexión entre las motivaciones de los empleados y las motivaciones de la organización. El objetivo del proceso es crear cuatro declaraciones que recojan la misión y la visión internas, y la misión y la visión externas (véase la tabla A8.1). La misión interna se coloca en la casilla 1, la visión interna en la 2, la misión externa en la 3 y la visión externa se coloca en la casilla 4

Tabla A8.1 Esquema general del proceso de los "Cuatro Para Qué"

	Motivación interna	*Motivación Externa*
Visión	**(2) Visión Interna** Realización Organizacional	**(4) Visión Externa** Impacto en la sociedad
Misión	**(1) Misión Interna** Desarrollo organizacional	**(3) Misión Externa** Impacto en los clientes

La declaración que figura en la casilla 1 describe las ideas clave que guiarán el desarrollo interno de la organización. La declaración recogida en la casilla 2 describe el aspecto que tendrá la organización en el futuro, si se adhiere y es fiel a las ideas contenidas en la casilla 1. La declaración de la casilla 3 describe las ideas clave relativas a lo que la organización desea hacer por sus clientes. La declaración de la casilla 4 describe el impacto que tendrá sobre la sociedad, si la organización permanece fiel a la búsqueda de aquello que ha expresado en la casilla 3.

Declaración de Misión

La declaración de Misión hace dos cosas. Mantiene la energía de los empleados enfocada en el corazón de su negocio, en su negocio principal, y comunica a los grupos de interés externos el objeto de la organización.

Las declaraciones de Misión deben ser concisas, inclusivas y debe ser sencillo memorizarlas, al tiempo que dejan espacio para que la organización se expanda por áreas asociadas o cercanas a su negocio principal. Por ejemplo, Steelcase, un proveedor de mobiliario de oficina tiene la siguiente misión: *contribuir a que las personas trabajen con mayor efectividad*. Es concisa, fácil de memorizar, y deja espacio para la expansión en diferentes líneas de productos y servicios de oficina.

Declaración de Visión

Una declaración de visión recoge la intención que la organización desea materializar en el futuro. Las declaraciones de visión son una afirmación inspiradora sobre lo que la organización desea conseguir. La declaración de misión es el "medio" y la declaración de visión es el "fin". En otras palabras, la declaración de misión te dice cómo vas a crear el futuro que deseas experimentar (la visión).

La tabla A8.2 proporciona un ejemplo de las cuatro declaraciones que fueron desarrolladas para Barrett Values Centre en el momento de su creación, en 1997.

Tabla A8.2 Declaraciones de Misión y Visión de Barrett Values Centre

	Motivación interna	*Motivación Externa*
Visión	**(2) Visión Interna** Ser un recurso global para la evolución de la consciencia humana	**(4) Visión Externa** Crear una sociedad impulsada por valores
Misión	**(1) Misión Interna** Construir una comunidad global de agentes de cambio comprometidos con la transformación cultural	**(3) Misión Externa** Apoyar a los líderes en la creación de organizaciones impulsadas por valores

El proceso suele comenzar con la construcción de la declaración de Misión interna. Para conseguir redactar esta primera declaración deben plantearse dos preguntas importantes: (1) *¿Cuál es nuestro negocio principal?* Y (2) *¿Qué necesitamos para crecer y desarrollarnos como organización?* Ambas cuestiones hacen referencia a aspectos internos. La respuesta a la primera pregunta nos permite definirnos: es el foco principal de nuestro trabajo. La respuesta a la segunda pregunta proporciona la dirección de nuestro crecimiento y desarrollo. Estamos en el negocio de la *transformación cultural*: este es nuestro negocio principal, y vamos a crecer y a desarrollarnos a través de la *creación de una comunidad mundial de agentes de cambio*. La afirmación "construir una comunidad global de agentes de cambio comprometidos con la transformación cultural", proporciona una declaración clara para nuestros empleados con respecto al negocio en el que estamos y nuestras intenciones con respecto a cómo vamos a impulsar nuestro crecimiento y a desarrollar la empresa.

El siguiente paso es redactar una declaración de visión interna. Formulamos esta declaración preguntando "¿para qué?" a nuestra misión interna. La respuesta representa un nivel más profundo de motivación. Cuando formulamos la pregunta "*¿Para qué queremos crear una comunidad mundial de agentes de cambio comprometidos con la transformación cultural?* Nuestra respuesta fue "*Para ser un recurso global para la evolución de la consciencia humana.*" Ese es el futuro que deseamos crear para nuestra organización: *ser un recurso global.*

Si ahora preguntamos "¿cómo?" a la visión interna, deberíamos ser capaces de regresar a la declaración de la misión interna. "¿Cómo vamos a convertirnos *en un recurso global para la evolución de la consciencia humana*?" La respuesta es "*creando una comunidad mundial de agentes de cambio comprometidos con la transformación cultural*". Si estas declaraciones se alinean y resuenan con la directiva e inspiran a los empleados, habremos conseguido completar la misión y la visión internas.

Es entonces cuando pasamos a descubrir la misión externa. Es una declaración inspiradora que describe el servicio que brindamos a nuestros clientes. Si preguntamos una vez más "¿Para qué?" a la misión interna, pensando en términos de nuestro cliente, "¿para qué deseamos *construir una comunidad global de agentes de cambio comprometidos con la transformación cultural*?", llegamos a la respuesta "*para apoyar a los líderes en la creación de organizaciones impulsadas por valores.*" Una vez más, si preguntamos nuevamente ¿Cómo? A la misión externa, deberíamos ser capaces de regresar a la declaración de misión interna, a la pregunta de "¿Cómo vamos *a apoyar a los líderes en la creación de organizaciones impulsadas por valores?*" La respuesta es "a través de *la creación de una comunidad global de agentes de cambio comprometidos con la transformación cultural.*"

Finalmente abordamos la visión externa. Esta es una declaración que describe el impacto que deseamos tener sobre la sociedad. Si preguntamos "¿Para qué?" a la misión externa, pensando en términos de la sociedad, "¿Para qué deseamos *apoyar a los líderes a crear organizaciones impulsadas por valores*?" llegamos a la respuesta "*para crear una sociedad impulsada por valores.*" Una vez más, si preguntamos "*¿Cómo?*" a la visión externa, deberíamos ser capaces de regresar a la declaración de la misión externa, "¿Cómo vamos a *crear una sociedad impulsada por valores*?" La respuesta es "*apoyando a los líderes a crear organizaciones impulsadas por valores.*" Si estas declaraciones se alinean, y resuenan con la directiva e inspiran a los empleados, entonces, hemos completado la misión y la visión externas.

Ahora podemos realizar una nueva comprobación para ver si las declaraciones se alinean pensando en la visión externa y preguntando "¿Para qué" a la visión interna. Deberíamos ser capaces de encontrar una respuesta en la visión externa. Cuando preguntamos "¿Para qué deseamos *ser un recurso global para la evolución de la consciencia humana?*", la respuesta que obtenemos es "para *crear una sociedad impulsada por valores.*" Estas declaraciones se alinean, están en sintonía, de forma que podemos estar seguros de que las declaraciones de misión y visión son coherentes e íntegras.

Los cuatro pasos del proceso se muestran en los siguientes diagramas:

Tabla A8.3 El primer "¿Para qué?"

	Motivación interna	*Motivación Externa*
Visión	**Visión Interna** Ser un recurso global para la evolución de la consciencia humana ⬆	**Visión Externa**
Misión	**¿Para qué?** … construir una comunidad global de agentes de cambio comprometidos con la transformación cultural	**Misión Externa**

Tabla A8.4 El segundo "¿Para qué?"

	Motivación Interna	*Motivación externa*
Visión	**Visión Interna** Ser un recurso global para la evolución de la consciencia humana	**Visión Externa**
Misión	**¿Para qué?** … construir una comunidad global de agentes de cambio comprometidos con la transformación cultural ➡	**Misión Externa** Para apoyar a los líderes en la creación de organizaciones impulsadas por valores

Tabla A8.5 El tercer "¿Para qué?"

	Motivación Interna	*Motivación Externa*
Visión	**Visión Interna** Ser un recurso global para la evolución de la consciencia humana	**Visión externa** Crear una sociedad impulsada por valores
Misión	**Misión Interna** Construir una comunidad global de agentes de cambio comprometidos con la transformación cultural	**¿Para qué?** … apoyar a los líderes en la creación de organizaciones impulsadas por valores

Tabla A8.6 El cuarto "¿Para qué?"

	Motivación Interna	*Motivación externa*
Visión	**¿Para qué?** …ser un recurso global para la evolución de la consciencia humana	**Visión Externa** Crear una sociedad impulsada por valores
Misión	**Misión Interna** Construir una comunidad global de agentes de cambio comprometidos con la transformación cultural	**Misión Externa** Apoyar a los líderes en la creación de organizaciones impulsadas por valores

Aquí se recogen algunas de las preguntas que se me hacen con frecuencia acerca de los Cuatro Para Qué y las declaraciones de Misión y Visión en general:

- ¿Para qué necesitamos una visión y misión internas? ¿No basta con tener una misión y visión externas?
- ¿Quién debe participar en la creación de las declaraciones de misión y visión?
- ¿Cómo sabes cuándo has terminado con el Proceso de los Cuatro Para Qué?
- ¿Hay que iniciar el proceso en la misión interna?

¿Por qué es importante tener una misión y visión interna y externa?

Está claro que todo el mundo desea tener unas declaraciones de misión y visión que digan a sus clientes o compradores cuál es su intención con respecto a los servicios o productos que proveen; por tanto la cuestión es *¿para qué necesito además una misión y visión internas?*

Si su empresa tiene un tamaño medio o grande, participarán en ella un número significativo de personas que no están involucradas en la producción y entrega de los productos o servicios. Se trata de recursos humanos profesionales de carácter indirecto, de soporte interno, que actúan de cara al interior de la empresa, contables, secretarias y oficinistas, cuyo foco principal se encuentra en el trabajo interno eficiente de la organización. Estas personas necesitan sentir la misión y visión de su trabajo al igual que sus compañeros que actúan de cara la parte externa de la organización. Necesitan saber cómo la organización va a crecer y a desarrollarse, cuáles son sus intenciones a largo plazo, en qué dirección avanza la organización. Si bien tal vez no sea necesario tener una visión y misión internas en una organización pequeña, el proceso de pensar qué aspecto tendrá la organización en el futuro y cómo va a crecer y desarrollarse, es extremadamente útil.

¿Quién debe participar en la creación de las declaraciones de misión y visión?

Es importante que la misión y la visión de una organización sirvan de inspiración a las personas que: (a) se hallan más involucradas en el éxito a largo plazo de la organización; (b) que constituyen su capital intelectual clave; y (c) tienen una comprensión y una visión más amplia del negocio.

Por estas razones, creo que la visión y la misión deben ser diseñadas por el grupo senior de líderes con aportaciones por parte de los escalafones superiores de directivos.

Sin embargo, la selección de los valores guía preconizados por la organización, debe involucrar al mayor número de trabajadores posible.

¿Cómo sabes cuándo has terminado con el Proceso de los Cuatro Para Qué?

Si estás facilitando un Proceso de Cuatro Para qué, sabrás que has terminado cuando la energía de la sala pase a vibrar en una frecuencia más alta, cuando se produzca la resonancia. A veces puede llevar dos días diseñar las declaraciones de misión y visión. El proceso es extremadamente iterativo, comporta discusiones hacia delante y hacia atrás, con constantes preguntas de "para qué" y de "cómo". Cuando percibas que la gente de la sala empieza a sentirse más y más excitada, es cuando sabrás que te estás acercando a la clausura del proceso. La excitación de la resonancia es una reacción energética que surge de la alineación del propósito interno de las personas de la sala con las declaraciones que se han diseñado.

¿Hay que iniciar el proceso en la misión interna?

No, no tienes que comenzar el proceso en la misión interna. Puedes comenzar en cualquiera de las cuatro casillas. Si, por ejemplo, hubiéramos empezado por la visión externa, hubiéramos preguntado *"¿Cómo vamos a crear una sociedad impulsada por valores?"* y luego hubiéramos ido hacia la misión externa. La respuesta es *"apoyando a los líderes en la creación de organizaciones impulsadas por valores"*. Entonces hubiéramos vuelto a preguntar, *"¿Cómo vamos a apoyar a los líderes en la creación de organizaciones impulsadas por valores?"* La respuesta es: *"para encontrar nuestra misión interna."* Y así sucesivamente. Cada *"¿Para qué?"* te lleva a lo largo de las cuatro casillas en una dirección, y cada *"¿Cómo?"* te lleva a recorrerlas en sentido inverso.

ANEXO 9

Guía para escoger los valores y desarrollar las declaraciones de Misión y Visión

Hay dos factores clave para conseguir escoger y redactar de forma "correcta" los valores, y las declaraciones de misión y visión para su organización: el primero de ellos es la "resonancia", el segundo el "contexto".

Resonancia

Resonancia es un término que se aplica a la energía. La resonancia se produce cuando dos sistemas energéticos, que tienen frecuencias vibratorias similares, se encuentran o se funden. Al fundirse se provoca un incremento en la amplitud de la vibración de la frecuencia energética. Este incremento en la vibración energética se puede sentir y se conoce con el nombre de Resonancia.

Muchas personas están familiarizadas con el hecho de que un cantante de ópera pueda hacer estallar un cristal al emitir una nota en la misma frecuencia que la frecuencia resonante del cristal. El cristal estalla debido al incremento en la amplitud de la vibración.

Todo aquello que tiene masa física está conformado por energía en vibración, incluidos los seres humanos. La frecuencia resonante de los seres humanos depende del nivel de consciencia desde el que están operando; lo cual a su vez refleja su nivel de desarrollo psicológico.

Al crecer y evolucionar en la consciencia, la persona va dejando ir a algunos de sus amigos y conectando con otros. Todo ello se debe a la resonancia. Se dejan ir a los amigos con los que ya no se resuena, y se forman nuevas amistades con personas con las que resuenas, con personas que tienen frecuencias vibratorias similares a las tuyas, personas que operan en niveles similares de consciencia a tu nivel de consciencia. Son personas con valores similares e intereses similares a los tuyos en el mundo.

Las palabras y las frases (los valores y las declaraciones de misión y visión) también tienen frecuencias resonantes. Cuando, por ejemplo, se te solicita que escojas qué valores son los más importantes para ti, como hicimos en el ejercicio descrito en el anexo 3, o cuando escoges los diez valores personales dentro de una Evaluación de Valores Culturales (CVA), los valores declarados tienen una frecuencia resonante que es la misma o muy similar al nivel de consciencia desde el que estás operando. Y esta es la razón por la cual, en el capítulo 7, la alineación de valores en la empresa se encontraba en un nivel de consciencia diferente, de la alineación de valores de la empresa de mayor tamaño. La media de la frecuencia resonante de la vibración de los empleados era distinta.

Esto tiene implicaciones significativas a la hora de escoger los valores guía declarados por una organización, o al diseñar las declaraciones de misión y visión. Cuando se escoge el grupo de valores guía que va a preconizar una organización, se debe involucrar a todos los empleados. Lo que se desea es escoger unos valores con los que resuenen la mayor parte de los empleados.

Dado que en una organización grande encontraremos personas en diferentes niveles de conciencia –habitualmente una proporción relativamente grande se hallarán operando desde una mente socializada en los tres primeros niveles de consciencia, una menor proporción estará operando desde mentes auto-creadoras en los niveles 4 y 5, y un grupo todavía menor operará desde una mente auto-transformadoras en los niveles 6 y 7, usted tendrá que escoger un grupo de valores que se alineen con diversos niveles de conciencia, preferiblemente en los niveles 2, 3, 4 y 6.

Si la organización está enfocada en marcar una diferencia en el mundo y tiene una proporción mayor de personas de "elevada consciencia" que operan desde una mente auto-transformadora, los valores deberán también distribuirse por los niveles 6 y 7. Por ejemplo, una organización de conciencia más elevada escogería *"desarrollo pleno del empleado"* como valor guía adoptado, mientras que una organización en un nivel de consciencia menor, escogería *"reconocimiento del empleado"*.

Nada está bien y nada está mal, no hay nada mejor o peor en estas elecciones. Lo que deseo precisar es que para alcanzar el más alto nivel de implicación en los empleados, que será el factor que les lleve a comprometer el mayor grado de energía discrecional en el proyecto, tendrá que escoger valores que resuenen con los niveles de consciencia desde el que estén operando sus empleados.

Este mismo principio es aplicable a la redacción de las declaraciones de misión y visión. Sin embargo, tal como he explicado en el anexo 8, estas declaraciones las preparan preferiblemente los escalafones más elevados de la directiva, que son quienes tienen una visión global del negocio. Esto significa que ese estamento normalmente, aunque no siempre, refleja qué es importante para las personas que operan desde los niveles 4 a 7, aquellos que operan desde mentes auto-creadoras y auto-transformadoras.

Una declaración de misión interna típica del nivel 1 iría en esta línea: *Nuestro propósito principal es el crecimiento rentable.*

Una declaración de misión interna típica del nivel 2 iría en esta línea: *Promover fuertes lazos de lealtad con la empresa.*

Una declaración de visión interna típica del nivel 3 iría en esta línea: *Ser el proveedor número uno de [descripción del servicio o producto de la empresa] en el mundo.* Este tipo de declaración busca ser "el mejor del mundo". Es decir, se trata de autoestima.

Una declaración de visión interna típica del nivel 4 iría en esta línea: *Respetar la iniciativa individual y el crecimiento personal.*

Una declaración de visión interna típica del nivel 5 iría en esta línea: *Respetar y alentar la pasión y la creatividad de cada persona.*

Una típica organización de conciencia más elevada, digamos de nivel 6 tendría una declaración de visión externa en la línea de: *Desarrollar el mejor y más adaptado [descripción del servicio o producto de la empresa] para contribuir al bienestar de la humanidad.*

Una declaración de visión externa típica del nivel 7 sería: *Nuestro negocio se enmarca en el sector de la conservación de los sistemas ecológicos del planeta y de la mejora de la vida humana.*

Contexto

La segunda consideración para escoger los valores y las declaraciones de misión y visión "correctas" para su organización, es el contexto. Los valores que usted escoge para guiar su proceso de toma de decisiones depende de en qué sector o área de negocio opera, en qué punto de su ciclo de vida se encuentra su organización, y en qué punto de su desarrollo evolutivo se encuentran las comunidades y grupos sociales con los que interactúa, desde qué niveles de consciencia están operando.

Si usted trabaja en los sectores petro-químicos, energía nuclear o en cualquier otra industria en la que si las cosas van mal pueden producirse serios daños en la salud de las personas, la *conciencia medioambiental*, la *seguridad* y la *salud del empleado*, deberán encontrarse entre las prioridades de su agenda como valores guía fundacionales. En el mundo de los medios, la *creatividad* será un valor importante en el que enfocarse. En consultoría, ámbito legal y cuerpos policiales, la *honestidad* e *integridad* deben obtener preponderancia. En servicios de salud, la *atención y preocupación por el paciente* debe ser lo principal. Si usted trabaja en una profesión que le exige realizar proyectos de corto plazo para los clientes, entonces el *trabajo en equipo* y la *colaboración* serán valores importantes a tomar en consideración. Si se trata de banca, donde hay poco espacio para la diferenciación en producto, el *servicio al cliente* y el *implicación con la comunidad* son valores importantes. Y así en cada sector.

El momento del ciclo de vida en el que se encuentre su organización, también puede influir en los valores que escoja y declare. Jóvenes empresas Start-up desearán necesariamente enfocarse en *innovación* y *creatividad*. Conforme las empresas crecen y empiezan a dar empleo a más gente, la *estabilidad financiera* y el *reconocimiento del empleado* pueden cobrar importancia. Las empresas maduras que ya se han establecido en el mercado desearán enfocarse en el *trabajo en equipo* y la *colaboración*.

Finalmente, deberá tomar en consideración las necesidades básicas de las comunidades y sociedades en las que opera: en qué momento de su desarrollo evolutivo se encuentran, en qué nivel de consciencia. Las personas que viven en sociedades pobres, donde la supervivencia es difícil, tendrán una gran orientación hacia la posibilidad de permitirse económicamente pagar sus productos y servicios. Para ellos, el *coste* y la *fiabilidad* serán importantes. En esas situaciones, los negocios que contribuyan a las comunidades locales apoyando las necesidades básicas de sus miembros, como instalaciones de educación, o clínicas y consultorios de salud, encontrarán el favor de sus clientes. En sociedades económicamente más avanzadas, la *calidad*, el *servicio de atención postventa* y la *sostenibilidad medioambiental* obtendrán mayor favor por parte de los clientes que el coste bajo o las contribuciones a la comunidad.

No importa qué grupo de interés tome en consideración: empleados, clientes, colaboradores o inversores, los valores que escoja deben ayudarles a satisfacer sus necesidades. Por lo que respecta a la sociedad en su conjunto, los valores que escoja deberán contribuir a crear una sociedad segura y resiliente, que tome en consideración las necesidades de la población actual sin comprometer las necesidades de las generaciones futuras. Básicamente, los valores que usted adopte deberán mejorar el bienestar de las personas y contribuir a hacer del mundo un lugar mejor para vivir.

Al pensar de este modo, y aspirar a un propósito más allá que la mera generación de dinero, alcanzará mayores niveles de compromiso por parte de sus empleados, clientes, colaboradores, inversores, y de las comunidades y colectivos sociales con los que opera. En los negocios, al igual que en cualquier otro ámbito de la vida, aplica siempre la regla de oro: cuando te preocupas del bienestar de los demás, ellos se preocuparán de tu bienestar.

Dado que todos tenemos la capacidad de crecer y evolucionar, individual y colectivamente, debemos estar dispuestos a re-examinar nuestros valores regularmente. Conforme evolucionamos en nuestro nivel de consciencia, no sólo cambia nuestra forma de pensar, sino que también cambian nuestras prioridades en cuanto a los valores.

Por tanto, no tenga miedo de cambiar sus valores y los valores de su organización de tanto en tanto. Conforme usted va alcanzando maestría en la satisfacción de sus propias necesidades, conforme vamos haciéndonos competentes en la satisfacción de una necesidad concreta, ya no necesitamos enfocarnos en ese valor. En tales circunstancias, tal vez desee cambiar ese valor por un valor que refleje su nueva y más urgente necesidad. Nuestros valores –los que cada uno consideramos importantes- tienden a reflejar aquello que echamos en falta o que consideramos de fundamental importancia en nuestras vidas.

ANEXO 10

Ejercicio: la matriz de la confianza

Para construir un equipo fuerte debe existir un elevado nivel de confianza. La confianza es el pegamento que mantiene unida a la gente y es el lubricante que permite que fluya la energía y la pasión.[1] La confianza construye la cohesión interna. La capacidad de desplegar y engendrar confianza se enmarca en el quinto nivel de la conciencia personal. La confianza acelera la velocidad a la que el grupo es capaz de cumplir tareas y saca la burocracia fuera de la comunicación. Los componentes principales de la confianza son el carácter y la competencia. Véase la figura A10.1.[2]

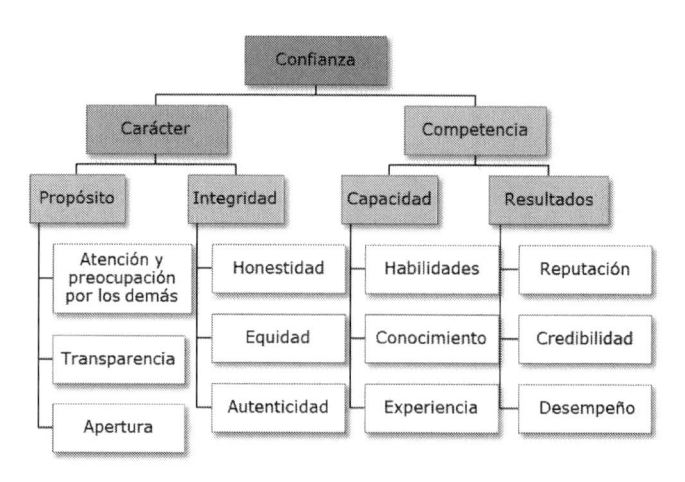

Figura A10.1 La matriz de la confianza

El carácter es un reflejo de la forma en la que es usted en su interior, del *propósito*, y del nivel de *integridad* que usted muestra en sus relaciones con otras personas. Estos dependen principalmente del nivel de desarrollo de su inteligencia emocional y de su inteligencia social. El propósito se demuestra a través de la atención y preocupación por los demás, la transparencia y la apertura; la integridad se demuestra a través de la honestidad, la equidad y la autenticidad.

La competencia es un reflejo de la forma en la que usted es hacia el exterior, de su *capacidad* y de los *resultados* que usted consigue a través del rol que usted ha adoptado. Ambos dependen principalmente del nivel de desarrollo de su inteligencia mental, de su educación y de lo que ha aprendido durante su carrera profesional. La capacidad se muestra a través de las habilidades, de la inteligencia y de la experiencia. Los resultados los demuestran la reputación, la credibilidad y el desempeño.

Aunque es importante el foco de la competencia (capacidad y resultados), se trata de habilidades que pueden ser aprendidas y acumuladas con el tiempo. Yo creo que es mucho más importante poner el foco sobre el carácter (propósito e integridad), ya que estas características son imprescindibles para crear lazos y son mucho más difíciles de desarrollar. La competencia nos habla de conseguir resultados; el carácter de cómo los consigue.

En *La velocidad de la confianza*, Stephen Covey afirma que la confianza significa confidencia y que lo opuesto de la confianza (desconfianza) significa sospecha. En otras palabras, la confianza alimenta la conexión. Cuando confiamos en alguien, sabemos que él o ella guardarán en su corazón nuestros intereses. La sospecha, por su parte, alimenta la separación. Cuando sospechamos de alguien, no le revelaremos nuestros pensamientos más profundos. Nos retraeremos. Evitamos conectar con alguien en quien no confiamos.

La confianza reduce la entropía cultural: la sospecha incrementa la entropía cultural. Covey lo dice de este modo: "la confianza siempre afecta a los resultados: a la velocidad y al coste. Cuando la confianza sube, la velocidad también sube y los costes bajarán. Cuando la confianza disminuye, también disminuye la velocidad, y los costes suben." [3] Un estudio de Watson Wyatt de 2002 demuestra que el retorno total de los accionistas en organizaciones donde hay alta confianza casi triplica el retorno de las organizaciones de baja confianza.[4]

El autor de best-seller Francis Fukuyama dice "la desconfianza extendida en una sociedad impone un tipo de impuestos sobre todas las formas de actividad económica, un impuesto que las empresas con alta confianza no tienen que pagar."[5] Este impuesto es un reflejo de la entropía cultural. La tabla A10.1 describe cada uno de los elementos de la Matriz de la Confianza con más detalle.

Los componentes de la confianza			
Carácter		*Competencia*	
Propósito	*Integridad*	*Capacidad*	*Resultados*
Atención y preocupación por los demás Estar atento al bienestar de la organización y de todos sus empleados	*Honestidad* Ser honesto y franco en todas las comunicaciones interpersonales	*Habilidades* Llevar a cabo las tareas profesionales con facilidad, rapidez y excelencia	*Reputación* Que los jefes, tus pares, tus subordinados y clientes te tengan en favorable estima.
Transparencia Ser claro acerca de las motivaciones que subyacen al proceso de toma de decisiones	*Equidad* Actuar sin preferencias, discriminación o injusticia con relación a todos los empleados.	*Conocimiento* Estar muy familiarizado y ser experto en un aspecto, asunto o materia específicos	*Credibilidad* Articular de forma consistente ideas de forma convincente y creíble
Apertura Permitir que aquellos con los que trabajas puedan ver con claridad lo que te ronda por la cabeza	*Autenticidad* Ser consistente y sincero en pensamiento, palabra y acción en todas las situaciones	*Experiencia* Acumular conocimiento práctico a través de la observación y experiencia personal	*Desempeño* Llevar a cabo las responsabilidades personales con excelencia y haciéndote responsable de los resultados.

Si usted desea evaluar el nivel de confianza en su equipo de líderes, o en cualquier otro equipo de trabajo, lleve a cabo un taller y solicite a cada miembro del equipo que identifique en qué elemento de la Matriz de la Confianza está más fuerte y cuáles son los elementos que consideraría más débiles por la forma en la que su equipo desempeña su trabajo.

Conceda a cada persona cinco puntos para que los coloque en las fortalezas y cinco para evaluar también los aspectos más débiles –puede utilizar puntos rojos para este propósito (verde para las fortalezas, rojo para las debilidades). Pueden asignar los puntos con cualquier combinación dentro de las 12 casillas de la Matriz de la Confianza. En equipos grandes, la gente puede trabajar por parejas. Cuando cada persona o pareja dice en voz alta cómo han distribuido los puntos, deben explicar al resto del grupo por qué han escogido distribuir los puntos de esa forma concreta. Cuando todo el mundo haya puesto sus puntos sobre el cuadro, sume los resultados de todo el equipo. Verá inmediatamente cuáles de los elementos de la Matriz de Confianza son los que más faltan y qué elementos tienen mayor presencia.

Basándose en esos resultados, inicie un diálogo abierto acerca de cómo construir sobre las fortalezas y cómo minimizar las debilidades que el equipo ha identificado. Al final de esta discusión, pida a cada miembro de su equipo que indique en cuál de los elementos de la Matriz de la Confianza se siente más débil y qué va a hacer para mejorarlo. Este ejercicio permite que todo el equipo asuma la responsabilidad de mejorar sus niveles de confianza.

Notas

[1] Stephen M.R. Covey *La velocidad de la confianza: el valor que lo cambia todo,* (New York, Free Press, 2006 en la edición en inglés), (Empresa, 2007 edición en castellano)

[2] La Matriz de la Confianza fue desarrollada por Richard Barrett e inspirada por el trabajo de Stephen M.R. Covey.

[3] Stephen M.R. Covey *La velocidad de la confianza: el valor que lo cambia todo,* (New York, Free Press, 2006 en la edición en inglés, Pág. 13). (Empresa, 2007 edición en castellano)

[4] Ibíd., p. 21 de la edición inglesa.

[5] Francis Fukuyama, *Trust: The Social Virtues and the Creation of Prosperity* (New York: Free Press), 2005. En castellano, *Confianza: (Trust)*, (Ed. Atlántida, 1996).

ANEXO 11

Un breve repaso de los orígenes del modelo de Siete Niveles de Conciencia

Creé el modelo de Siete Niveles de Conciencia para aportar una mayor definición y comprensión de las motivaciones humanas. El modelo se basa en la jerarquía de necesidades detectadas por Abraham Maslow. Tenía claro que la investigación de Maslow y su forma de pensar se habían adelantado a su tiempo. Abraham Maslow murió en 1970 a la edad de 62 años, mucho antes de que el movimiento de consciencia se hubiera siquiera iniciado. Vi que, con cambios menores, su jerarquía podía trasladarse al marco de la consciencia. En 1996, comencé a realizar estos cambios transformando la jerarquía de necesidades en un modelo de consciencia. El Modelo de los Siete Niveles de Conciencia y los cambios realizados por mi se resumen en la Tabla A11.1 y en la figura A11.1.

Tabla A11.1 De Maslow a Barrett

Maslow	*Barrett*	
Jerarquía de Necesidades	*Niveles de Conciencia*	
Auto-realización	7	Servicio
	6	Marcar una diferencia
	5	Cohesión interna
Conocimiento y comprensión	4	Transformación

Autoestima	3	Autoestima
Pertenencia	2	Relaciones
Seguridad	1	Supervivencia
Necesidades psicológicas		

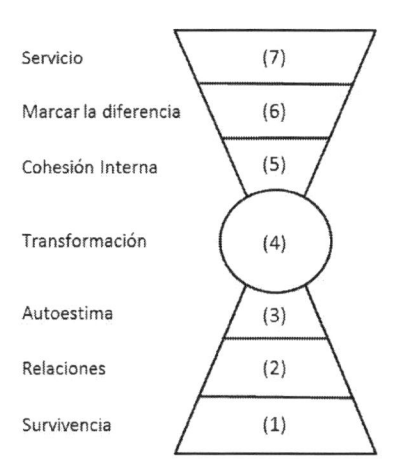

- Servicio (7)
- Marcar la diferencia (6)
- Cohesión Interna (5)
- Transformación (4)
- Autoestima (3)
- Relaciones (2)
- Survivencia (1)

Figura A11.1 El Modelo de Siete Niveles de Conciencia.

El cambio de las necesidades a la consciencia

El primer cambio que realicé sobre el modelo de Maslow fue pasar de enfocarme en las necesidades a enfocarme en la consciencia. Para mí era evidente que cuando la gente abriga ansiedad o miedos subconscientes acerca de su propia capacidad para satisfacer cualquiera de sus necesidades básicas que motivan por carencia -supervivencia, relaciones y autoestima-, sus mentes conscientes o subconscientes permanecen enfocadas en encontrar la forma de satisfacer esa necesidad.

Por ejemplo, cuando una persona está convencida de una creencia basada en el miedo con relación a su nivel de conciencia de supervivencia, no importa cuánto dinero gane, siempre tendrá la urgencia de ganar más. Para esa persona suficiente nunca es suficiente... Esas personas pueden permanecer enfocadas en el nivel de conciencia de la supervivencia durante toda su vida, aunque hayan conseguido la maestría en algunas de sus otras necesidades, por ejemplo, tal vez tengan una relación amorosa y hayan conseguido satisfacer todas sus necesidades en ese nivel.

Aquellos que abriguen ansiedad o miedo subconsciente con respecto a la pertenencia, a ser aceptados o a ser amados, operarán de forma subconsciente desde el nivel de conciencia de las relaciones. Tienen una fuerte necesidad de experimentar el afecto o afiliación que no les fue proporcionada durante su infancia. De adultos, pueden incluso comprometer su propia integridad para conseguir satisfacer estas necesidades. Desean gustar a los demás, o desean ser amados. Consideran muy difícil enfrentarse a los conflictos y tal vez utilicen el humor para reducir las tensiones y aportar armonía a la situación. Tienen miedo de no ser amados o aceptados. Dependen de los demás para sentir el amor que ansían.

Aquellos que abriguen ansiedad o miedos acerca de su desempeño o de su estatus en las relaciones con sus pares, operarán de forma subconsciente desde el nivel de conciencia de la autoestima. Tienen una fuerte necesidad de reconocimiento, de que los demás reconozcan su valía, una necesidad que no consiguieron satisfacer en su infancia. Como adultos buscarán el poder, la autoridad o el estatus para conseguir satisfacer esas necesidades. Nunca consiguen suficientes alabanzas o reconocimiento. En consecuencia, se vuelven perfeccionistas, adictos al trabajo, sobre-cualificados. A pesar de los premios, galardones o reconocimientos, siempre se quedan con ganas de más.

Estas consideraciones me llevaron a reconocer que nuestros esquemas desadaptativos tempranos (creencias inconscientes basadas en el miedo) influyen de forma directa en los niveles de consciencia desde los que operamos y pueden bloquear o minar nuestra capacidad de pasar a los niveles de conciencia de transformación (individuación) y cohesión interna (auto-realización). Se hacen presentes en nuestra vida como valores negativos (potencialmente limitantes), valores como codicia, control, echar la culpa a los demás, búsqueda de estatus, etc.

Expandiendo el concepto de la autorrealización

El segundo cambio que realicé fue expandir el concepto de Maslow de autorrealización. Deseaba proporcionar mayor definición a las necesidades de nuestra alma (a las que a veces se hace referencia como necesidades espirituales). Conseguí alcanzar este objetivo al integrar los conceptos asociados con los estados de conciencia descritos en la filosofía védica -conciencia alma, conciencia cósmica, conciencia Dios, conciencia de unidad- en el modelo de Siete Niveles de Conciencia.

De acuerdo con la filosofía védica, nuestras mentes multidimensionales tienen la capacidad de experimentar siete estados de conciencia. Las tres primeras: caminar, dormir y sueño profundo, forman parte de la vida cotidiana de las personas.

En el cuarto estado de conciencia (conciencia alma), comienzas a reconocer que eres más que un ego y que un cuerpo físico. Comienzas a identificarte con los valores y el propósito de tu alma y con su realidad energética. Puedes experimentar este estado de consciencia a través de la meditación. Durante la meditación, el cuerpo y sus sistemas neurológicos se relajan por completo. Al mismo tiempo tu mente disfruta en la paz que se encuentra más allá del espacio y el tiempo.

Más allá de la conciencia alma hay un quinto estado de conciencia, conocido como conciencia cósmica. En este estado de conciencia permaneces totalmente identificado con tu alma todo el tiempo, no sólo cuando meditas. Vives en un estado mental libre de miedos, en el que la mente y la fisiología funcionan de forma autónoma. En este estado satisfaces sin esfuerzo tus propios deseos mientras, al mismo tiempo, apoyas los intereses de los demás. Eres capaz de vivir tu vida en plenitud sin siquiera sentir dependencia de la aprobación de terceros. Has obtenido la maestría sobre tu destino, porque te has convertido en el sirviente de tu alma.

En el sexto estado de conciencia, conocida como conciencia Dios, te das cuenta del profundo nivel de conexión entre tu alma y las almas de los demás: queda apenas un leve atisbo de separación entre tú y los otros. Comienzas a darte cuenta de que más allá del nivel de conciencia alma ya no hay "otros": todos somos aspectos individuales de un mismo campo energético. Cuando te doy, estoy dando a otro aspecto de mi propio yo. Cuando te critico, estoy criticando a otro aspecto de mi propio yo.

En el séptimo estado de conciencia, conocido como la conciencia de unidad, te haces uno con todo lo que es. El ego se funde con el aspecto egoico de todas y cada una de las formas de la creación en unidad completa. No hay separación entre quien conoce y el objeto conocido. Hasta donde yo se, este representa el estado más elevado de conciencia que los humanos podemos alcanzar.

Conforme progresas a través de estas diferentes etapas de conciencia, experimentas un sentido de identidad crecientemente elevado y cada vez más inclusivo.

Si bien todo el mundo experimenta los tres primeros estados de conciencia: caminar, dormir y sueño profundo, prácticamente todos los días de nuestra vida, la frecuencia de nuestras experiencias de los más elevados estados de conciencia, dependen de nuestro nivel de desarrollo psicológico y de la evolución de nuestra conciencia personal en el estado de caminar: el grado en el que hayamos aprendido cómo liberar nuestros miedos conscientes y subconscientes y vivir una vida dirigida por los valores y el propósito.

Conforme avanzamos en la maestría de nuestras necesidades básicas de carácter físico y emocional, dejando ir nuestras creencias basadas en el miedo y liberando nuestras almas, ganamos un acceso más frecuente a los más elevados estados de conciencia. Reconocerás esos momentos con bastante facilidad porque te verás inundado por sentimientos de amor, alegría y gozo. Puede que sientas cómo tu energía brota y hormiguea a través de tu cuerpo en los momentos de resonancia, o tal vez sientas una profunda conexión con otra persona, o con el mundo en general. A veces estas experiencias duran un instante, otras veces segundos y si tienes suerte, pueden durar varios días.

Transformación

Lo primero que comprendí al estudiar los estados de consciencia descritos por la filosofía védica fue que el punto de partida de la consciencia del alma se correspondía prácticamente con la necesidad de Maslow de "saber y comprender" y con el concepto de Carl Jung de la "individuación". Esto es, el cuarto nivel de consciencia. Llamé a este nivel "transformación". Es un precursor esencial de la autorrealización. La transformación es el nivel de conciencia en el que comenzamos a preguntarnos por la verdadera naturaleza de quiénes somos, independientemente de la cultura y del entorno en el que hayamos crecido. En este nivel de consciencia, somos capaces de tomar la distancia y perspectiva suficientes con relación a nuestro entorno social y el de nuestros padres que han condicionado nuestras creencias, para hacer nuestras propias elecciones, de forma que podamos convertirnos en autores de nuestras propias vidas y desarrollar nuestra propia voz.

El primer nivel de la autorrealización

Creo que la conciencia cósmica se corresponde con el primer nivel de autorrealización. Yo me refiero a este nivel de consciencia llamándolo *"cohesión interna"*, el quinto de los siete niveles de conciencia. En este nivel de conciencia, encuentras tu propósito personal trascendente (el propósito de tu alma). Tu ego y tu alma se alinean energéticamente. Llegas a ser una personalidad infundida por tu alma, que desea vivir una vida dirigida por sus valores y por su propósito.

El segundo nivel de la autorrealización

Creo que la Conciencia Dios se corresponde con el segundo nivel de autorrealización. Hago referencia a este nivel de conciencia llamándolo *"marcar una diferencia"*, el sexto de los siete niveles de conciencia. En este nivel comienzas a descubrir los atributos más profundos de tu alma. Desarrollas un conocimiento que va más allá de la lógica y el razonamiento, y la intuición cobra un papel más importante en tu proceso de toma de decisiones. En este nivel de conciencia, activas por completo el propósito de tu alma al marcar una diferencia en el mundo. Aprendes con rapidez que el grado de diferencia que puedes marcar puede ampliarse significativamente a través de tu capacidad de colaborar con otros que comparten tus mismos valores y una misión, visión o propósito similares a los tuyos.

El tercer nivel de autorrealización

Creo que el estado de conciencia de unidad se corresponde con el tercer nivel de auto-realización. Llamo a este nivel de conciencia *"servicio"*, el séptimo de los siete niveles de conciencia. Alcanzamos este nivel de conciencia cuando la búsqueda para marcar una diferencia se convierte en una forma de vida. En este nivel de conciencia, nos embarcamos en una vida de servicio desinteresado. Nos encontramos cómodos con la incertidumbre y podemos beber de las más profundas fuentes de la sabiduría. Aprendemos a operar con humildad y compasión. Nos hacemos uno con nuestra alma y basamos muchas de nuestras decisiones en la inspiración de nuestra alma.

Aun cuando tengo claro que las correlaciones que he trazado entre la filosofía védica y los siete niveles de conciencia humana tal vez no sean exactas, son lo bastante próximas como para garantizar nuestra atención y proporcionar atisbos de motivación y un significado espiritual subyacente al proceso de autorrealización.

Renombrando los niveles de conciencia más básicos

El último cambio que realicé sobre la jerarquía de necesidades de Maslow fue combinar el nivel de supervivencia fisiológica con el nivel de seguridad en una única categoría. Sentí que estaba justificado hacerlo porque son nuestras células y órganos (nuestro cuerpo-mente), los que se ocupan esencialmente de las necesidades fisiológicas de nuestro cuerpo, no nuestra consciencia personal. Tan sólo en momentos de angustia o de disfunción, nuestra consciencia personal interviene en el funcionamiento del cuerpo. Por ejemplo, nuestro cuerpo envía señales a nuestra consciencia personal cuando necesita comida y agua, o cuando necesita eliminar residuos. Nuestra consciencia personal no controla estas funciones naturales. Denominé a este nivel *"conciencia de supervivencia"* porque se enfoca en asuntos relacionados con la supervivencia física, seguridad física o salud física.

También renombré el nivel de amor/pertenencia: le puse el nombre de "conciencia de las relaciones". Pensé que estaba justificado, debido a que nuestra capacidad de experimentar la pertenencia y el amor depende de la calidad de nuestras relaciones. No le cambié el nombre al nivel de autoestima. El nivel de autoestima, junto con el nivel de las relaciones, representan nuestras necesidades emocionales.

De este modo creé tres niveles de conciencia a partir de los cuatro niveles de la jerarquía de necesidades básicas de Maslow: conciencia de supervivencia (supervivencia y seguridad unidas), conciencia de las relaciones (que reemplazaba a amor/pertenencia) y conciencia de autoestima. Juntos, estos tres niveles de conciencia representan el surgimiento y el desarrollo del ego, las tres primeras etapas de desarrollo psicológico.

Con estos tres cambios al modelo de Abraham Maslow (de necesidades a conciencia, expansión de la autorrealización y nuevo nombre para las necesidades básicas), fui capaz de construir un modelo de conciencia que se corresponde con la evolución del ego humano y con la activación del alma humana. Cada nivel del modelo representa una necesidad evolutiva, inherente a la condición humana.

Las necesidades que tenemos producen la motivación, que a su vez determina nuestro comportamiento. Si no somos capaces de satisfacer una necesidad concreta, nuestra consciencia permanece enfocada en ese nivel hasta que consigues satisfacer dicha necesidad. Cuando hemos aprendido a satisfacer con maestría las necesidades de un nivel particular, pasamos automáticamente a concentrar nuestra conciencia y motivaciones en satisfacer nuestra próxima necesidad más importante, habitualmente una necesidad que se origina en el siguiente nivel superior de conciencia.

ANEXO 12

Definir la consciencia

Filósofos y científicos tienden a escribir sobre la consciencia como si fuera... un misterio. Para mí, la consciencia es algo muy práctico. Defino consciencia como *conciencia o conocimiento con propósito*. Sea como individuo, como parte de un grupo o estructura humana, una organización por ejemplo, una comunidad o una nación, el propósito asociado a nuestro conocimiento es siempre el mismo: *conseguir, mantener y mejorar la estabilidad interna y el equilibrio externo.*

Si como individuo, o si la estructura grupal a la que pertenecemos, no son capaces de mantener la estabilidad interna y el equilibrio externo en el marco de su existencia, pereceremos. Si puedes alcanzar y mantener la estabilidad interna y el equilibrio externo, continuaremos sobreviviendo. Si conseguimos mejorar la estabilidad interna y el equilibrio interno, prosperaremos. Este principio se cumple en todas las criaturas vivientes, y en todas las células, moléculas y átomos que los conforman.

Cada año miles de empresas entran en bancarrota porque: a) no son capaces de mantener la estabilidad interna debido a los bajos niveles de implicación de los empleados y los altos niveles de entropía: burocracia excesiva, politiqueos internos, culpas a otros, foco en el corto plazo y falta de una clara dirección, o b) porque no son capaces de mantener el equilibrio externo, debido a deficientes relaciones con sus clientes, colaboradores, sindicatos de trabajadores, accionistas, grupos de interés o la sociedad.

Para sobrevivir y prosperar (mantener la estabilidad interna y el equilibrio interno) como individuo o como organización, necesitarás ser capaz de satisfacer tus/vuestras necesidades físicas, emocionales, mentales y espirituales (véase la figura A12.1).

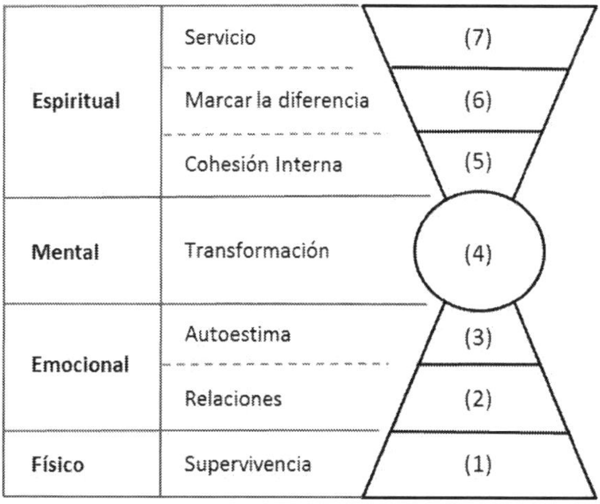

Espiritual	Servicio	(7)
	Marcar la diferencia	(6)
	Cohesión Interna	(5)
Mental	Transformación	(4)
Emocional	Autoestima	(3)
	Relaciones	(2)
Físico	Supervivencia	(1)

Figura A12.1 Modelo de Siete Niveles de Conciencia

Los individuos mantienen la estabilidad interna y el equilibrio interno, en primer lugar aprendiendo a satisfacer sus necesidades físicas: ganar el salario suficiente para cubrir sus necesidades, así como creando espacios seguros y a salvo en los que vivir; luego aprenden a satisfacer las necesidades emocionales: a construir relaciones de amistad y fuertes vínculos familiares, al tiempo que van desarrollando un sentimiento de orgullo por aquello que son y el trabajo que desempeñan; después aprenden a satisfacer sus necesidades mentales: desarrollando el coraje de expresarse y explorando quiénes son realmente; y finalmente, aprenden a satisfacer sus necesidades espirituales: encontrando sentido a sus vidas, marcando una diferencia en el mundo y sirviendo a los demás.

Las organizaciones mantienen su estabilidad interna y su equilibrio externo de forma similar: primero aprenden cómo satisfacer sus necesidades físicas: ingresos suficientes para cubrir costes e invirtiendo en el crecimiento de la empresa; después aprenden a satisfacer sus necesidades emocionales: a construir relaciones fuertes con sus empleados y clientes, mientras abrazan la excelencia y la calidad, de forma que los empleados puedan desarrollar un sentimiento de orgullo por su desempeño; con posterioridad, aprendiendo a satisfacer sus necesidades mentales: empoderando a sus empleados al darles voz y al alentarles a innovar; y finalmente, aprendiendo a satisfacer sus necesidades espirituales, marcando una mayor diferencia en el mundo a través de la colaboración con sus Partners –colaboradores, compañeros...- y sirviendo a las comunidades y sociedades en las que operan.

Basándonos en este enfoque, podemos definir siete etapas en el desarrollo de la consciencia de la persona y de los grupos. Cada una de esas etapas se enfoca en una necesidad existencial concreta, que es inherente a la condición humana, y se corresponde con las etapas de nuestro desarrollo psicológico. Las siete necesidades existenciales son las principales fuerzas de motivación en todos los asuntos de los seres humanos.

Los individuos se desarrollan aprendiendo cómo ejercer con maestría la satisfacción de sus necesidades. Los individuos (y las organizaciones) que aprenden cómo satisfacer con maestría las siete necesidades, sin dañar o perjudicar a otros, operan desde un espectro completo de consciencia. Tienen la capacidad de responder de forma apropiada a todos los retos de la vida (y de los mercados).

ANEXO 13

Lista de las Herramientas de Transformación Cultural (CTT©) para mapear los valores de las organizaciones

La Tabla A13.1 proporciona una lista de los instrumentos de evaluación que están disponibles para mapear los valores de las culturas organizativas, desde la perspectiva del empleado y del cliente. Para una información más detallada, puede dirigirse a www.valuescentre.com/products__services/ (último acceso 2 de abril de 2013).

Tabla A13.1 CTT instrumentos de evaluación para mapear y gestionar los valores de las organizaciones.

Nombre del instrumento	*Propósito*
CVA Evaluación de valores culturales	Se utiliza para obtener un diagnóstico comprensivo de la cultura de una organización o de un grupo de personas con un propósito compartido. Contiene diagramas de valores y un informe de análisis completo. Mide la alineación en valores, en la misión y el grado de entropía cultural.
CDR Informe de Datos Culturales	Igual que el CVA, pero sin el informe de análisis completo. Una forma eficiente en costes de mapear los valores de un gran número de grupos demográficos para consultores CTT experimentados. Sólo proporciona los datos esenciales.

CER Informe de Evolución Cultural	Utiliza CVAs sucesivos para analizar los cambios detallados que han tenido lugar en el periodo de tiempo transcurrido entre dos Evaluaciones de Valores Culturales.
SGA Evaluación de grupo pequeño	Igual que el CVA sin el informe completo de análisis. Una forma efectiva en costes de mapear los valores de un grupo de 15 personas o menos. Utiliza templetes y formatos estándar de valores.
SOA Evaluación de pequeñas organizaciones	Lo mismo que el CVA sin el informe completo de análisis. Una forma efectiva en costes de mapear los valores de una organización cuya plantilla completa conste de 25 personas o menos. Utiliza templetes y formatos estándar de valores.
Informe Comparativo	Compara los resultados CVA de dos grupos para destacar las diferencias clave. Utiliza los mismos templetes de valores para ambos grupos.
Evaluación de fusiones/ compatibilidad	Utiliza diagnósticos CVA de distintos grupos para destacar las diferencias culturales y apoyar la integración cultural.
Evaluación de Valores del Cliente	Igual que el CVA utilizando el feedback de los clientes para evaluar el desempeño de una organización
EVA Análisis de valores propugnados por una organización	Proporciona una medida cuantificable del grado en el que los empleados se sienten alineados con los valores guía adoptados por una organización.

ANEXO 14

Utilizando el BNS (Cuadro de mando Integrado) para desarrollar un cuerpo de indicadores estratégicos

Este anexo se centra en la utilización del BNS (Cuadro de Mando Integrado) para crear una estrategia de negocio equilibrada.

La capacidad del BNS de mejorar el desempeño de una organización se incrementa significativamente cuando los objetivos y metas estratégicos de la organización están basados en la visión y la misión. El proceso de desarrollar los indicadores de un Cuadro de Mando Integrado (BNS) basado en la misión y la visión, consta de tres etapas:

Etapa 1: Desarrolle la misión y visión internas y externas utilizando el proceso de los "Cuatro Para Qué". Identifique los valores sobre los que se apoyan las motivaciones internas y externas.

Etapa 2: Para cada categoría del cuadro de mando, identifique metas alineadas con la misión y visión de la organización. Defina objetivos actuales y objetivos extendidos, para cada una de esas metas. Identifique para cada uno de esos objetivos, un panel de indicadores que puedan ser actualizados mensual o trimestralmente.

Etapa 3: Identifique los valores que son necesarios para alcanzar los objetivos en cada una de las categorías del cuadro de mando. Compare esos valores con los valores propugnados por la organización. Ajuste los valores de la organización, o de los departamentos, en función de esta identificación.

Este enfoque en tres etapas asegura la alineación aproximada de las metas y objetivos del Cuadro de Mando Integrado (BNS), con el propósito de la misión, la visión y los valores de la organización. A continuación se describen las seis categorías del Cuadro de Mando Integrado (BNS) y los indicadores clave en cada una de las categorías.

Finanzas

El desempeño o rendimiento en esta categoría del BNS se mide a través de indicadores financieros. Los indicadores escogidos deben reflejar las metas financieras. Habitualmente son indicadores estacionales o de tendencia. Una Start-up, por ejemplo, centrará sus indicadores en la obtención de capital. Una empresa ya establecida, deseará medir el beneficio, el retorno sobre activos y las reservas de caja, y una empresa que cotiza en bolsa, deseará medir el precio de su acción en el mercado. A lo largo del tiempo, conforme cambian las metas de la estrategia financiera, los indicadores de preferencia se ven modificados. Los indicadores clave de resultado incluyen lealtad de marca y cuota de mercado.

Efectividad organizacional

El rendimiento en esta categoría del BNS se mide a través de indicadores relacionados con la mejora continua, tiempo del ciclo productivo, la calidad, la productividad y la eficiencia. Los indicadores escogidos deben reflejar las metas de la organización con respecto a la mejora de los procesos operativos. En dichos procesos, los más importantes son aquellos que tienen un impacto sobre los clientes y las finanzas. Por tanto, todo lo relacionado con el tiempo del ciclo productivo y con el ciclo de recepción de pagos por parte del cliente, suelen acaparar los principales objetivos relativos a la efectividad organizacional. Otros procesos importantes de mejora incluyen: el ciclo desde la generación de la idea al desarrollo del producto, y aquello que hace referencia al ciclo completo de servicio. Las mejoras en los procesos con frecuencia se consiguen a través de la reingeniería o a través de la gestión de la calidad total. Los indicadores de rendimiento en esta categoría tienden a enfocarse en mediciones científicas de tiempos y cantidades. Suelen ser indicadores clave de resultados: mejoran los ingresos. Los mejorados deben mostrarse como resultados que a su vez mejoran la satisfacción del cliente y su fidelización, lo cual mejora el cash-flow: que son indicadores estacionales o de tendencia.

Relaciones con clientes y proveedores

El desempeño en esta categoría del BNS se mide a través de indicadores relacionados con la eficacia de la organización en la creación de alianzas estratégicas con sus clientes, proveedores y socios. Los indicadores deben hacer referencia a las metas relacionadas con las alianzas estratégicas y la construcción de relaciones con sus socios y grupos de interés. Los indicadores de resultado en esta categoría deben medir la calidad de las relaciones, el grado de la colaboración y los valores compartidos con los socios, proveedores y clientes externos. Se puede utilizar un diagnóstico adaptado de CVA para obtener feedback de clientes, proveedores y socios acerca de la calidad de las relaciones externas de la organización. Los indicadores clave de tendencia o estacionales desde la perspectiva del cliente incluyen lealtad a la marca, fidelización de clientes y satisfacción de clientes. Los indicadores clave de tendencia con los proveedores incluyen, costes generados por el proveedor, eficiencia y mejoras en la innovación de producto.

Evolución

El rendimiento en esta categoría del BNS se mide a través de indicadores que tienen en cuenta la eficacia de la organización en la innovación de productos y procesos: identificación de nuevos mercados, vigilancia de los competidores, creación de nuevos productos y servicios, adaptación de los productos y servicios existentes a los cambios y tendencias del mercado y la generación de ideas que mejoran procesos internos. Los indicadores escogidos deben reflejar las metas de la organización en materia de investigación, aprendizaje e innovación. Los indicadores de desempeño en esta categoría tienden a ser cualitativos. Los indicadores clave de resultado serán aquellos que mejoren la creatividad: desarrollo del empleado, formación de los profesionales, compartir información y conocimiento y la frecuencia y calidad de los mecanismos de feedback externos. Los indicadores clave estacionales o de proceso serán aquellos que midan la innovación del producto y la innovación de los procesos.

Puede utilizarse la Evaluación de Valores Culturales (CVA) junto con cuestionarios específicos, para medir las mejoras en esta categoría. Los valores que promueven la evolución deben aparecer entre los diez valores más votados de la organización. Debe también existir una fuerte concentración de valores en el nivel de transformación de la conciencia de la empresa. Una de las mayores ventajas de la Evaluación de Valores Culturales (CVA) es que permite proporcionar información tanto cualitativa como cuantitativa, que además puede ser comparada periódicamente en el tiempo.

Cultura

El desempeño en esta categoría del BNS se mide a través de tres bloques de indicadores: Confianza/Implicación -indicadores que reflejan la implicación intelectual y emocional-; dirección/comunicación –indicadores que reflejan la cohesión interna-; y ambiente de apoyo –indicadores que reflejan el cuidado y preocupación por los empleados.

Tradicionalmente, los indicadores de desempeño en esta categoría han sido cualitativos. La Evaluación de Valores Culturales (CVA) modifica esta situación. Proporciona tanto mediciones cualitativas como cuantitativas de la cultura corporativa. La Evaluación de Valores Culturales (CVA) hace que sea muy fácil medir los cambios en los índices, la distribución de la consciencia y el orden de los valores. Mediciones frecuentes de muestreo permiten a una organización mantenerse en estrecho contacto con la evolución de la cultura corporativa.

Los indicadores de resultado en esta categoría deben centrarse en el liderazgo y en la formación de los profesionales, así como en las mejoras que permitan a los empleados encontrar su realización personal en el trabajo. Los indicadores estacionales o de proceso incluyen alineación de la cultura con los valores guía adoptados por la organización, el grado de confianza, y la innovación y creatividad de los empleados.

Contribución a la Comunidad y a la Sociedad

El rendimiento en esta categoría del BNS se mide a través de indicadores que hacen referencia a la eficacia de la compañía a la hora de convertirse en un miembro respetado de la comunidad y en un buen ciudadano global. Los indicadores escogidos deben hacer referencia a las metas de responsabilidad social y medioambiental de la organización. Los indicadores de resultado en esta categoría deben medir las donaciones de fondos y las horas de voluntariado. Los indicadores de proceso pueden medir la benevolencia de la organización con relación a la sociedad y el impacto que está teniendo en grupos objetivo de su comunidad local y de la sociedad en su conjunto, tanto en términos cuantitativos como cualitativos.

ANEXO 15

CVA tablas y diagramas de datos

La tabla A15.1 proporciona una lista de los diagramas de datos y tablas de datos que forman parte de los resultados de un diagnóstico de valores culturales CVA.

Tabla A15.1 Diagramas y tablas incluidos en el informe CVA

CVA diagramas y tablas	Descripción
Página resumen	Destaca los resultados de los indicadores clave: alineación personal, alineación cultural y nivel de entropía cultural, junto con una pequeña descripción de lo que éstos significan.
Diagrama gráfico de valores	Mapea los diez valores más votados: los personales, los de la cultura actual y los de la cultura deseada, ubicándolos en el Modelo de Siete Niveles de Conciencia. Revela las motivaciones personales de los empleados (valores personales), los valores que perciben en la organización (valores actuales), y los valores que consideran necesarios para convertirse en una organización de alto rendimiento (cultura deseada).

	Otros indicadores culturales incluyen: • Número de valores personales coincidentes con la cultura actual, entre la cultura actual y la cultura deseada, y entre los valores personales y la cultura deseada: alineación de valores y de misión. • Ratio de valores por tipo Ratio (IROS)— individuales, relacionales, organizacionales y sociales. Las culturas de alto rendimiento no muestran valores pontencialmente limitantes entre los diez valores más votados de la cultura actual, muestran tres o más valores coincidentes entre los valores personales y de la cultura actual, y seis o más valores coincidentes entre la cultura actual y la cultura deseada.
Tabla informe de entropía	Desglosa la entropía cultural por nivel de conciencia y muestra cuántos votos ha obtenido cada uno de los valores limitantes.
Tabla de salto de votos en los valores	Lista los valores que presentan las mayores diferencias o saltos en votos entre la cultura actual y la cultura deseada. Estos son los valores que los participantes consideran que deben tener más presencia en la organización.
Diagrama de distribución de valores positivos	Muestra la distribución de todos los valores positivos personales, de la cultura actual y de la cultura deseada, escogidos por los participantes a lo largo de cada nivel del Modelo de Siete Niveles de Conciencia. Destaca los niveles de conciencia en los que hay desfases significativos entre la distribución de valores de cultura personal, actual y deseada. Las culturas de alto rendimiento presentan una distribución bastante similar de valores personales, de cultura actual y de cultura deseada en cada uno de los niveles de conciencia.

Cuadro de Mando Integrado (BNS) diagrama y tabla	Proporciona un enfoque empresarial a los principales valores de cultura actual y deseada. Mapea los diez valores más votados de la cultura actual y de la cultura deseada colocándolos en un diagrama de cuadro de mando dividido en seis partes que incluyen: finanzas, efectividad operativa, relaciones exteriores de las partes interesadas, evolución de la empresa, cultura corporativa y responsabilidad social corporativa. El área de cultura corporativa tiene tres subsecciones: confianza/implicación, dirección/comunicación, ambiente de apoyo. Las culturas de alto rendimiento presentan una distribución homogénea de valores en las seis categorías del cuadro en la cultura actual.
Cuadro de Mando Integrado (BNS) distribución de valores	Muestra el porcentaje de distribución de los valores positivos y potencialmente limitantes en las distintas áreas del BNS y subraya las áreas en las que existen desfases significativos con los valores deseados positivos seleccionados por los participantes.
Tabla de análisis de los valores propugnados por la organización	Proporciona una medida cuantificable del grado en el que los participantes se sienten alineados con los valores guía de una organización y la medida en la cual ellos piensan que esos valores son necesarios o deseados. Esta tabla debe escogerse como opción adicional.

ANEXO 16

Breve descripción de los principales esquemas desadaptativos

Los esquemas desadaptativos tempranos se encuentran en el corazón de las creencias del ego basadas en el miedo, y son el origen de la mayor parte de los traumas emocionales y disfunciones personales que experimentamos en nuestras vidas. Si el trauma asociado con un esquema concreto es significativo, necesitará consultar con un psicoterapeuta. Si el trauma es "normal" (todos los tenemos en un grado u otro), entonces tal vez pueda lidiar con él a través del aprendizaje de técnicas de maestría personal que incluyen mindfulness, meditación y auto-coaching (véase el anexo 17).

Young y Klosko[1] identifican 11 trampas vitales comunes (esquemas negativos o creencias limitantes). A continuación se citan estas trampas vitales separadas en tres grandes epígrafes: los tres primeros niveles de conciencia.

Seguridad material y emocional (percibir que no tenemos suficiente)

Abandono

Si usted sufre la trampa vital del *abandono*, percibirá que las personas que ama le van a dejar, y que terminará emocionalmente aislado para siempre. Esto le lleva a aferrarse a las personas.

Desconfianza y abuso

La trampa vital de la *desconfianza y el abuso* consiste en esperar que las personas le van a dañar o que van a abusar de usted de cualquier modo: que le van a engañar o a mentir para manipularle, humillarle, hacerle daño físicamente o de cualquier otro modo, para aprovecharse de usted. Se esconderá tras un muro de desconfianza para protegerse.

Dependencia

Si se ve atrapado en la trampa vital de la *dependencia*, se sentirá incapaz de gestionar su vida cotidiana de forma competente. Utilizará a otros como muleta. Necesitará apoyo constante.

Vulnerabilidad

Si usted padece la trampa vital de la *vulnerabilidad*, vive con miedo a un desastre –natural, criminal, médico o financiero- que está a punto de golpearle. No se siente seguro en su mundo.

Relaciones y pertenencia (no ser amado lo suficiente)

Privación emocional

Si usted se encuentra atrapado en la trampa vital de la *privación emocional*, usted cree que su necesidad de amor jamás será satisfecha adecuadamente por parte de los demás. Siente que nadie se preocupa verdaderamente por usted.

Exclusión social

Si usted padece la trampa vital de la *exclusión social*, se siente separado, aislado, diferente. Se siente excluido y no bienvenido.

Subyugación

Si usted se siente atrapado en la trampa vital de la *subyugación*, sacrificará sus propias necesidades y deseos para agradar a los demás, o para satisfacer las necesidades de los demás. Lo hace bien por sentirse culpable de herir a otras personas al poner sus necesidades personales en primer lugar, o bien porque teme ser castigado o abandonado si desobedece.

Autoestima (no ser lo bastante bueno)

Sentirse defectuoso

Si usted padece la trampa vital de *sentirse defectuoso*, se sentirá internamente "tarado" o "roto". Creerá fundamentalmente que no es digno de amor o que no vale lo suficiente como para que ser respetado.

Fracaso

Si padece la trampa vital del *fracaso*, se sentirá inadecuado en ámbitos donde los logros son importantes, como en la escuela, en el trabajo o en los deportes. Usted creerá que ha fallado frente a sus pares.

Estándares implacables

Si su trampa son los *estándares implacables*, se esforzará continuamente para alcanzar unas expectativas extremadamente altas de sí mismo. Pondrá un excesivo énfasis en el estatus, en dinero, los logros, la belleza, el orden o el reconocimiento a expensas de la felicidad, el placer, la salud, de las relaciones plenas y satisfactorias.

Privilegio

El derecho o *privilegio* se asocia con la incapacidad de aceptar unos límites realistas en la vida. Las personas atrapadas en esta trampa vital se sienten especiales y esperan ser capaces de hacer, decir o tener sus necesidades de forma inmediata. No tienen en cuenta lo que los demás consideran razonable.

Nota

[1] Jeffrey E. Young y Janet S. Klosko, *Reinventing Your Life: How to Break Free From Negative Life Patterns and Feel Good Again* (New York: A Plume Book), 1994, pp. 18-24. Edición en castellano *Reinventa tu vida: Cómo superar las actitudes negativas y sentirse bien de nuevo (Paidós colección Divulgación-Autoayuda, 2001)*

ANEXO 17

El proceso de auto-coaching para la Maestría Personal

En *The New Leadership Paradigm* y *What My Soul Told Me* propongo un proceso de auto-coaching en ocho pasos para gestionar o alcanzar la maestría en el dominio de nuestros miedos conscientes e inconscientes. En la tabla A17.1 se presenta un resumen esquemático del proceso.

Tabla A17.1 Etapas para la gestión de los miedos conscientes e inconscientes.

Pasos	*Acción*	*Explicación*
Paso 1	Libera tus emociones	Si percibes cualquier energía emocional o daño reprimido, primero permítete disiparlo.
Paso 2	Implica a tu testigo interior	Emplea el mindfulness –conciencia plena– para asomarte al balcón y observar lo que está sucediéndote en el patio de tu vida.
Paso 3	Identifica tus sentimientos	Pon nombre a tus sentimientos, descríbelos para ti mismo en detalle y escríbelos.
Paso 4	Identifica tus pensamientos	Date cuenta de en qué estás pensando: escribe tus pensamientos, tus asunciones y juicios.
Paso 5	Identifica tus miedos	¿Qué miedos se encuentran debajo de tus pensamientos? ¿Qué temes que pase? Escribe tus miedos.
Paso 6	Identifica tus necesidades	¿Qué necesidades tienes que no están satisfechas? Esas necesidades no satisfechas son el origen de tus miedos. Escribe tus miedos.

| Paso 7 | Identifica tus creencias | Desarrolla la formulación de tus creencias relativas a: a) qué echas de menos; y b) qué crees que necesitas. |
| Paso 8 | Cuestiona tus pensamientos/ creencias | Diferencia entre tus percepciones acerca de lo que está sucediendo y tu realidad. Pregúntate, ¿son ciertas estas creencias? Tal vez quieras realizar una comprobación sobre la realidad preguntando a tus amigos más cercanos acerca de sus opiniones. Una vez hayas terminado, reflexiona, redefine tus pensamientos y creencias, reevalúa tus necesidades. |

Sabes que tienes algún miedo consciente o subconsciente cuando te sientes molesto o decepcionado. Hay muchos niveles. Todos ellos involucran emociones. En todos los casos, te encuentras gestionando un desequilibrio energético que está comprometiendo tu estabilidad interna y, por tanto, tu capacidad para ser feliz. Estás permitiendo que sea el temor, en lugar del amor, el que domine tu motivación. Entre los distintos niveles de molestia o decepción que puedes experimentar, se encuentran la resistencia, la ansiedad, la impaciencia, la frustración, el enfado y la rabia.

Resistencia

Experimentas *resistencia* cuando alguien desea que hagas algo que no deseas hacer, o cuando alguien tiene una idea que te afecta de algún modo pero que no está alineada con tu idea. En cuanto experimentas la resistencia, te sientes fuera de tu centro, desalineado. A veces, es difícil sentir por qué sientes esa resistencia. El reto al que te enfrentas tras sentir la resistencia es expresar lo que tienes en la cabeza sin miedo, sin sentir que estás comprometiendo tu relación con la persona ante la que experimentas resistencia. Decir algo del estilo de: "necesito decirte que por alguna razón siento un cierto nivel de resistencia ante esta idea. No estoy seguro de por qué." La verdad del asunto es que estarás comprometiendo tu relación si no expresas lo que sientes. Si no dices nada, es casi seguro que la otra persona percibirá tu resistencia, así que es mejor dejarla salir al exterior y ser transparente.

Ansiedad

Experimentas *ansiedad* cuando te aferras a creencias basadas en el miedo con respecto a no ser capaz de soportar o de hacer frente a la tensión que supone satisfacer tus necesidades de carencia. Las personas con fuertes creencias subconscientes basadas en el miedo, viven en un estado constante de ansiedad. La ansiedad es un estado básico subyacente de molestia o decepción que continúa hasta que seas capaz de dominar con maestría tus miedos subconscientes. Todas las demás molestias o decepciones (resistencia, impaciencia, frustración, enfado o rabia) se producen en un momento concreto y son situacionales. Una vez más, si puedes hacerlo, siempre es mejor decir cómo te estás sintiendo, algo así como: "no estoy seguro de la razón, pero desde hace algún tiempo esta situación me provoca ansiedad."

Impaciencia

Experimentas *impaciencia* cuando no eres capaz de conseguir lo que deseas, cuando lo deseas; no eres capaz de vivir sin satisfacer tus necesidades de forma inmediata. La impaciencia es un indicio de que piensas que tus necesidades son más importantes que las de otras personas, o que no tienes compasión o muestras comprensión hacia la persona que está tratando de satisfacer tus necesidades.

Frustración

Si no puedes resolver una situación –conseguir lo que necesitas cuando lo deseas- tu impaciencia se transforma en *frustración*. Experimentas frustración (una insatisfacción intensa) cuando por cualquier razón te resulta imposible satisfacer tus necesidades. Empiezas a tomarte la situación de forma personal. Piensas para ti mismo: "¿Por qué esta gente no reconoce lo importantes que son mis necesidades?" El miedo de no conseguir satisfacer tus necesidades se empieza a incrementar.

Enfado

La frustración continuada, puede llevar al *enfado*. Experimentas enfado cuando percibes injusticia o falta de equidad en la forma en la que estás siendo tratado por otras personas, o en una situación que te frustra de algún modo, al sentirte incapaz de satisfacer necesidades que percibes insatisfechas. Si en la frustración tus emociones basadas en el miedo borboteaban, ahora, con el enfado, se desatan. Cuando el enfado crece, nos lleva a la beligerancia. Cuando reprimes el enfado durante un largo periodo, puede llegar a emerger como *rabia*.

Rabia

La rabia es un enfado incontrolable que toma posesión de tu mente y de tu cuerpo. Cuando estás rabioso, estás fuera de control. La rabia, al igual que el enfado que puedes sentir, nunca hace referencia a la situación o acontecimiento que estás viviendo. La situación o acontecimiento es sólo el gatillo que dispara emociones inexpresadas que has estado almacenando en tu mente durante muchos años, acerca de no satisfacer tus necesidades. La rabia estalla cuando los miedos se vuelven viscerales.

Estés en el punto en el que te encuentres del espectro del descontento (entre la resistencia y la rabia), si deseas mejorar la situación, debes seguir el proceso de maestría personal mostrado en la Tabla A17.1. Normalmente, la cantidad de tiempo invertido en liberar la energía de la resistencia será muy inferior a la cantidad de tiempo invertido en liberar la energía de la rabia: las creencias basadas en el miedo asociadas a la rabia habitualmente se remontan muchos más años atrás y están profundamente arraigadas.

Examinemos ahora en detalle cada uno de los pasos que intervienen en el proceso de aprendizaje para gestionar los miedos conscientes y subconscientes de tu ego.

El proceso de auto-coaching

Paso 1: *Libera tus emociones*

En el momento en el que reconozcas que estás molesto o decepcionado, dilo en cuanto te sea posible. No es el momento de pasar a la acción. Es el momento de detenerse, hacer una pausa y liberar la energía asociada con el dolor o el daño que estés experimentando. Se ha apoderado de ti. Tu mente racional ya no tiene el control. No hay forma de que consigas satisfacer tus necesidades, si te encuentras en ese lugar.

Por tu propio bien, minimiza el daño que puedes hacer al decir o hacer cualquier cosa. Haz una pausa, toma una respiración profunda, excúsate y encuentra una forma de liberar tus emociones. Vete a dar un paseo. Vete a hacer ejercicio. Habla con un amigo. Grita tan fuerte como puedas. Sácale las tripas a golpes a un cojín. Si estás conduciendo, encuentra un lugar en el que puedas detenerte a hacer una pausa. Saca la energía y, repito, mientras te encuentres en ese estado de molestia o decepción, no hagas nada de lo que puedas arrepentirte más tarde.

Paso 2: *Implica a tu testigo interior*

En cuanto te hayas calmado, entra en el espacio del testigo interior y recuérdate que sea lo que sea que acabes de sentir, lo has creado de forma subconsciente a partir de tus creencias. La otra persona no crea tus emociones. Eres tu quien las crea. Nadie tiene sobre ti el poder o el control suficiente. El o ella han hecho saltar tu molestia o decepción emocional, el enfado o la resistencia. Ellos no lo han provocado, sencillamente lo han disparado sin saberlo. Tan pronto como puedas, hazte las siguientes preguntas:

- ¿Qué siente mi cuerpo ahora mismo? ¿Tengo sensaciones físicas como tensiones en la garganta, un nudo en el estómago o una aguda sensación de alarma?
- ¿Qué piensa o siente mi ego ahora mismo? Me siento amenazado, asustado, inadecuado, ignorado, apartado, que no se me toma en consideración, poco amado o abandonado?
- Puedes utilizar la lista de sentimientos que figuran en la tabla A17.2 para ayudarte.

Tabla A17.2 Ejemplos de sentimientos generados por la mente-cuerpo, la mente-egoica y la mente-alma

	Sentimientos de la mente-cuerpo	*Sentimientos de la mente-egoica*	*Sentimientos de la mente-alma*
Ligereza y alineación	Vigoroso Animado Rejuvenecido Renovado Descansado Revivido	Entusiasmo Amistoso Feliz Orgulloso Satisfecho Seguro	Dichoso Centrado Compasivo Pleno Alegre Confiado
Pesadez y desalineación o falta de centro	Exhausto Letárgico Apático Adormilado Cansado Agotado	Temeroso Ansioso Aburrido Impaciente Celoso Angustiado	Afligido Deprimido Distante Desconsolado Preocupado Introvertido

El mejor momento para desarrollar la consciencia de tu testigo interior es cuando tu vida va bien. Practica haciéndote esta pregunta: "*¿Qué es lo que vive hoy en mi?*"

Observa la respuesta que llegue. ¿Qué es lo primero que te viene a la mente? ¿Es algo que te mantiene excitado por alguna cosa que vaya a sucederte pronto? ¿Es algo que te lleva preocupando varios días? Sea lo que sea, eso es precisamente aquello en lo que tu consciencia está centrada. Obsérvalo durante unos pocos minutos. Si lo necesitas, busca una forma de calmarte o de aliviarte.

Incluso cuando comprendes el proceso de la maestría personal y sabes cómo introducirte en tu testigo interior, tal vez no puedas hacer nada para detener las emociones y sentimientos que se te desmandan en el cuerpo y en la mente.

La mayor parte de las personas no se dan cuenta de que pueden observar sus sentimientos. Los pensamientos que circulan por su mente, les hipnotizan por completo. Se pasan la vida juzgándose a sí mismos y a los demás. Ya tengan un conflicto real o imaginario con alguna persona, sus mentes ensayan una y otra vez lo que le van a decir a esta persona la próxima vez que le vean, o la próxima vez que hablen con ella por teléfono…

Cuando te comportas de este modo, te sentirás y te comportarás como una víctima de tus circunstancias. Utilizarás palabras y frases que sugieren a los demás que no eres responsable de las desgracias de tu vida. Probablemente buscarás algo o a alguien a quien culpar. Este es un indicio seguro de que no estás tomando posesión o control de tus pensamientos, sentimientos y emociones. No te estás sintiendo responsable de la realidad que estás creando. Probablemente ni siquiera te has dado cuenta de que has sido tu mismo quien ha creado tu malestar o descontento.

Paso 3: Identifica tus sentimientos

Para acostumbrarte a utilizar a tu testigo interior, debes aprender a darte cuenta del flujo y reflujo de los sentimientos sutiles y no tan sutiles (energías) que generan tus emociones y los pensamientos que les acompañan. Para hacerlo, debes desarrollar tu vocabulario de sentimientos.

La siguiente tabla proporciona un breve léxico de los sentimientos que experimentan tu cuerpo, tu ego y tu alma. Los sentimientos que provocan ligereza están dirigidos por la alineación (energía de amor, conexión o de exaltación de la vida). Los sentimientos que provocan pesadez están dirigidos por la desalineación o la falta de centro (energía de miedo, separación, o de agotamiento de la vida).

Algunos de los sentimientos y sensaciones del cuerpo están dirigidos por el estado de tu mente egoica, y algunos tal vez por tu mente alma. Por ejemplo, cuando yo siento una profunda sensación de conexión desde el alma con una persona, un pensamiento o una idea, sentiré cómo la energía fluye a través de mi cuerpo, una especie de hormigueo. Cuando esto ocurre, se que mi alma se encuentra en un estado de resonancia con esa persona, pensamiento o idea.

Paso 4: Identifica tus pensamientos

Date cuenta de los pensamientos que atraviesan tu mente. Habitualmente son pensamientos de juicio, culpa, vergüenza o que buscan la culpa fuera de ti. Escribe tus pensamientos en cuanto puedas. No te contengas.

Sácalos fuera. Tu ego crea esos pensamientos para justificarse y protegerse. Son pistas que necesitas para identificar tus miedos.

Paso 5: Identifica tus miedos

Para poder trabajar con tus miedos, no sólo tienes que identificarlos; también tienes que ponerles nombre. Debes sacarlos de la oscuridad de tu subconsciente a la luz de tu conocimiento consciente. Sólo cuando alcanzan tu conocimiento consciente son maleables a la razón y la lógica. Cuando experimentes un pensamiento, un sentimiento o emoción negativos, piensa: "[Incorpora tu nombre con el que tu alma te habla], estoy percibiendo que estás enfadado/molesto/impaciente/frustrado/triste/celoso [escoge una palabra para ese sentimiento negativo que describa lo que está sucediendo en tu interior]. ¿[Incorpora tu nombre], a qué miedo te estás sujetando, que te produce este pensamiento, sentimiento o emoción negativa?"

Una de las cosas que puedes hacer para ayudarte en este proceso, es llevar un inventario de tus miedos. Hazte las siguientes tres preguntas sobre tu vida privada y luego acerca de tu vida laboral:

- ¿Qué miedos tengo con respecto a la seguridad/ la estabilidad/ el dinero / la protección/ la supervivencia en mi vida privada/ laboral?
- ¿Qué miedos tengo con respecto a la amistad/ la aceptación/ la conexión / el amor / la pertenencia/ el respeto en mi vida privada/laboral?
- ¿Qué miedos tengo respecto a la aceptación/ el reconocimiento /el apoyo /la autoridad / el poder / el estatus en mi vida privada/ laboral?

Cuando haya terminado su inventario, haga una lista de sus miedos.

Paso 6: Identifica tus necesidades

Finalmente, toda desalineación energética que experimente puede ser rastreada hasta una de sus necesidades insatisfechas. Si ha identificado sus miedos utilizando las tres preguntas indicadas con anterioridad, estará muy cerca de haber identificado sus necesidades insatisfechas. Pregúntese:

- ¿Qué necesidades insatisfechas se encuentran en el origen de mis miedos relativos a la seguridad/ la estabilidad/ el dinero / la protección/ la supervivencia en mi vida privada/laboral?
- ¿Qué necesidades insatisfechas se encuentran en el origen de mis miedos relativos a la amistad/ la aceptación/ la conexión / el amor / la pertenencia/ el respeto en mi vida privada/laboral?
- ¿Qué necesidades insatisfechas se encuentran en el origen de mis miedos relativos a la aceptación/ el reconocimiento /el apoyo / la autoridad / el poder / el estatus en mi vida privada/laboral?

Cuando haya terminado su inventario, haga una lista de sus necesidades insatisfechas.

Paso 7: Identifica tus creencias

Casi todos sus miedos están basados en sus creencias conscientes o subconscientes relativas a la satisfacción de sus necesidades que motivan por carencia. Hay tres tipos de creencias basadas en el miedo que se corresponden con las necesidades que motivan por carencia:

- No tengo suficiente seguridad/ estabilidad/ dinero / protección para satisfacer mi necesidad de supervivencia y seguridad.
- No tengo suficiente atención/ conexión / amistad / contacto físico para satisfacer mi necesidad de amor y pertenencia.
- No tengo suficiente aceptación/ apoyo/ atributos positivos/ poder/ autoridad/ estatus para satisfacer mi necesidad de respeto y reconocimiento.

Si usted experimentó una carencia de protección en su infancia y no fue capaz de resolver la situación expresando sus necesidades, habrá almacenado la ansiedad y la emoción que sintió en esa época con respecto a sentirse vulnerable o abandonado. Esta creencia subconsciente basada en el miedo, se manifestará en su vida adulta como una carencia de confianza hacia los demás y posiblemente con una predisposición a desear controlar lo que está sucediendo a su alrededor, o tal vez deseando esconderse del mundo. Tal vez le empujará a buscar constantemente consuelo.

Si usted experimentó una carencia de amor en su infancia y no fue capaz de resolver la situación expresando sus necesidades, habrá almacenado la ansiedad y la emoción que sintió en aquella época con respecto a no sentirse aceptado, o a sentir que no pertenecía. Esta creencia subconsciente basada en el miedo se manifestará en sus relaciones adultas como una necesidad de afecto o la necesidad de gustar a los demás.

Si experimentó una carencia de atención en su infancia, y no fue capaz de resolver la situación expresando sus necesidades, habrá almacenado la ansiedad y la emoción que sintió en esa época con respecto a sentir que no vale lo suficiente. Esta creencia subconsciente basada en el miedo, se manifestará posteriormente en su vida adulta como una necesidad de reconocimiento o de aceptación y una predisposición a buscar el estatus o a superar cualquier expectativa de logro.

En este punto tal vez desee recordarse a sí mismo los esquemas desadaptativos tempranos que figuran en el anexo 16. Lea la lista que le proporcioné e identifique qué esquema es el que más se manifiesta en su vida. Si es honesto en su búsqueda, tal vez desee preguntarle a su esposa o a sus amigos, cuál de esos esquemas ven ellos en su vida.

Ahora, tome la lista de miedos que redactó en el paso 5 y la lista de necesidades obtenida en el paso 6 y construya alrededor de esas palabras unas declaraciones de creencias.

- No consigo el suficiente *control* para satisfacer mi necesidad de seguridad.
- No consigo el suficiente *amor* para satisfacer mi necesidad de pertenencia.
- No consigo el suficiente *reconocimiento* para satisfacer mi necesidad de autoestima.

Reemplace las palabras en cursiva con aquellas que más reflejen sus necesidades. Las declaraciones de creencias a las que llegue deben afirmar aquello de lo que usted no está obteniendo lo suficiente, y qué necesidad no consigue satisfacer.

Si su pensamiento basado en el miedo es "nadie me quiere", transfórmelo en una declaración de creencia diciendo, "no consigo la suficiente atención para satisfacer mi necesidad de aceptación". La siguiente tabla proporciona algunos ejemplos típicos de pensamientos que se han transformado en declaraciones de creencias.

Tabla A17.3 Declaraciones de creencias

Pensamiento	*Declaraciones de creencia*
Nadie me ama	Yo no tengo suficientes conexiones íntimas para satisfacer mi necesidad de amor.
Nadie me quiere	Yo no consigo suficiente atención para satisfacer mi necesidad de pertenencia.
Yo no soy lo bastante bueno	No obtengo el suficiente reconocimiento de los demás para satisfacer mi necesidad de autoestima.
A mi me ignoran	No se me escucha lo suficiente para satisfacer mi necesidad de respeto.
Yo soy un fracaso	Yo no consigo el suficiente reconocimiento para satisfacer mis necesidades de autoestima.
Nadie me escucha	Yo no consigo la atención suficiente para satisfacer mi necesidad de reconocimiento.

Paso 8: Cuestiona tus pensamientos/creencias

La mejor técnica que yo he encontrado para cuestionar la realidad de tus pensamientos/creencias, se conoce como "El Trabajo (*The Work*)" y fue ideada por Byron Katie Reid.[1] Byron Katie, tal como se le conoce, descubrió, después de mucho sufrimiento, que cuando creía sus pensamientos, sufría, pero cuando no se los creía, no sufría. Esto se cumple en todos los seres humanos. En otras palabras, sufrir es opcional. Cambiando la actitud hacia nuestras creencias, podemos encontrar la libertad. Ella aprendió a separarse de sus pensamientos y a convertirse en su propio testigo interior.

El método de Byron Katie de cuestionamiento personal se basa en cuatro preguntas y en un proceso llamado "invierte el pensamiento *(turnaround)*". Empiezas por identificar un pensamiento o creencia relacionado con un asunto que te provoca ansiedad o infelicidad. Las cuatro preguntas son:

1. ¿Es cierto este pensamiento/creencia?
2. ¿Puedes saber con absoluta seguridad que este pensamiento/creencia es cierto?
3. ¿Cómo reaccionas, qué sucede cuando crees que este pensamiento/creencia es cierto?
4. ¿Quién serías sin este pensamiento/creencia?

Puedes utilizar este método contigo mismo o con otra persona. Puedes escribir las respuestas cuando estés solo o comentarlas en voz alta cuando estés con otra persona.

Así, si tienes el pensamiento, "yo soy un fracaso", pregúntate, "¿es cierto este pensamiento?" ¿Puedes tener la absoluta certeza de que este pensamiento es cierto? Cuando te das cuenta de que el fracaso es un constructo artificial de la mente, sin otra realidad que la realidad que tú mismo le confieres, eres libre de denominarlo de otro modo, con una palabra que sea menos emotiva o que implique menos juicio. Por ejemplo, podrías reemplazar el pensamiento "fracaso" por "yo soy una persona que acepta gustosa los retos y nunca se rinde".

Invertir el pensamiento requiere tomar el pensamiento e invertirlo, darle la vuelta. Por ejemplo si su pensamiento fue: "a mi jefe no me aprecia", al invertirlo el pensamiento cambia a "mi jefe me aprecia". O cámbielo a una afirmación sobre usted mismo, como "no me gusto" o "no me gusta mi jefe". El propósito de invertir el pensamiento es ver si puede usted también considerar verdadero alguno de estos nuevos pensamientos. Si pueden ser ciertos, entonces inmediatamente tendrá una perspectiva que antes no habría tenido en cuenta, y que hace que el pensamiento original pierda credibilidad.

Al explorar "mi jefe me aprecia", piense en todas las veces en las que su jefe ha conectado con usted o le ha ayudado. Cuando explore "no me gusto", piense en todas las veces que se ha criticado usted a sí mismo, o las formas en las que te niegas a ti mismo. Cuando explore "no me gusta mi jefe", examine qué es lo que no le gusta de su jefe. Vea si tiene relación de algún modo en aquello que usted cree que su jefe no aprecia en usted.

Invertir el pensamiento realmente nos ayuda a identificar nuestras proyecciones, los juicios que nuestro ego no está dispuesto a aceptar sobre sí mismo, que se le atribuyen a otra persona, de forma que el ego puede sentirse bien. Sea lo que sea que te moleste de tu mundo exterior, con frecuencia está relacionado de algún modo en algo que te molesta de ti mismo.

Le sugiero que utilice esta metodología porque funciona. Es una herramienta realmente excelente para el auto-coaching. Funciona porque puedes utilizarla para cuestionar tus pensamientos, asunciones y creencias, y te ayuda a darte cuenta de que tal vez tengas una antigua creencia que ya no te sirve y que tal vez te des cuenta de que ya no es verdad.

Nota

[1] Byron Katie, *Loving What Is: Four Questions That Can Change Your Life* (New York: Three Rivers Press), 2002. *Amar lo que es: cuatro preguntas que pueden cambiar tu vida,* 2009 edición de Books4pocket.

ANEXO 18

Herramientas para mapear los valores de individuos y de líderes

La Tabla A18.1 proporciona una lista de los instrumentos de diagnóstico disponibles para mapear a los individuos, los líderes, los directivos y supervisores. Para información más detallada, puede dirigirse a www.valuescentre.com/products services/ (último acceso 2 de abril de 2013).

Tabla A18.1 CTT instrumentos de diagnóstico para mapear y gestionar los valores de los individuos y de los líderes.

Nombre del instrumento	Propósito
LVA Evaluación de Valores de Liderazgo	Se utiliza para comprender cómo los valores/comportamientos del líder apoyan o dificultan el desempeño de su organización, departamento o equipo. Contiene diagramas de valores y un informe escrito completo. Mide el nivel de entropía personal y la medida en la que la percepción del líder acerca de su forma de actuar, coincide con la percepción de sus superiores, pares y subordinados. Resume las fortalezas del líder y sus áreas de desarrollo.

LDR Informe de Desarrollo del Liderazgo	Una versión más automatizada del LVA. En lugar de permitir a los asesores que escriban respuestas libres sobre las fortalezas y áreas de mejora del líder, el LDR pide a los asesores que evalúen al líder con respecto a una lista preestablecida de 26 comportamientos que nuestras investigaciones han demostrado que son significativos. El LDR proporciona un informe totalmente automático, mientras el LVA proporciona un informe elaborado y evaluado por uno de nuestros consultores de evaluación de BVC. El LDR utiliza un templete estándar de valores, mientras que el LVA utiliza un templete a medida para reflejar los atributos culturales de la organización. El LDR es una forma económicamente más ajustada de llevar a cabo un gran número de evaluaciones de liderazgo con feedback.
IVA Evaluación Individual de Valores	Se utiliza para evaluar el grado en el que un individuo se encuentra alineado con la cultura de su organización (alineación de valores y de misión). Este es el mismo instrumento de diagnóstico que se utiliza en la preparación de un CVA.
PVA Evaluación de Valores Personales	Un diagnóstico sencillo y gratuito que se realiza online para proporcionar a las personas una comprensión más profunda de sus valores. También proporciona algunos ejercicios.

ANEXO 19

Diagramas de datos y tablas, IVA, LVA y LDR

En la Tabla A19.1 encontrará una lista de los diagramas de datos que forman parte de los resultados de un IVA, un LVA y un LDR.

Tabla A19.1 Diagramas y tablas incluidos en los informes de evaluación IVA, LVA y LDR

IVA Diagramas de datos	Descripción
Diagrama gráfico de valores	Mapea los diez valores más votados en el ámbito personal, en la cultura actual y en la cultura deseada colocándolos en el Modelo de Siete Niveles de Conciencia. Revela las motivaciones personales del individuo (valores personales); los valores que él o ella percibe en la organización (cultura actual); y los valores que considera necesarios para que su organización alcance el más alto nivel de desempeño (cultura deseada). Otros indicadores culturales incluyen: • Número de valores coincidentes entre los valores personales con la cultura actual, entre la cultura actual y la cultura deseada, y entre los valores personales y de la cultura deseada –alineación en valores y en la misión.

	• Ratio de valores por tipo (IROS)—individuales, relacionales, organizacionales y de contribución social. Si el individuo se encuentra fuertemente alineado con la cultura no habrá valores potencialmente limitantes en los diez valores más votados de la cultura actual; tres o más valores coincidentes entre los valores personales y de cultura actual, y seis o más valores coincidentes entre la cultura actual y la cultura deseada.
Cuadro de Mando Integrado (BNS) diagrama y tabla	Proporciona un enfoque de negocio, a los principales valores de la cultura actual y deseada escogidas por el individuo. Mapea los diez valores más votados de las culturas actual y deseada en el diagrama de valores de seis divisiones que incluyen: Finanzas corporativas, efectividad operativa, relaciones exteriores de las partes interesadas, cultura corporativa, evolución de la empresa y responsabilidad social corporativa. El área de cultura corporativa está dividida en tres subsecciones: confianza/ involucrar, dirección/comunicación, ambiente de apoyo.
LVA *Diagramas de datos*	*Descripción*
Diagrama gráfico de valores	Mapea la percepción del líder sobre sus diez valores/ comportamientos más votados y la percepción de los asesores acerca de los valores/comportamientos más importantes del líder.
Diagrama de distribución de valores	Mapea la percepción del líder distribuidos en el modelo de Siete Niveles de Conciencia (igual que el diagrama gráfico de valores), la distribución de los valores/ comportamientos que representa la percepción que los asesores tienen del líder distribuida en el Modelo de Siete Niveles de Conciencia. También calcula el nivel de entropía personal del líder, basándose en los valores/ comportamientos escogidos por los asesores.

LDR *Diagramas de datos*	*Descripción*
Diagrama gráfico de valores	Mapea la percepción del líder de sus valores/comportamientos, la percepción de los asesores sobre los valores/comportamientos del líder, y los valores/comportamientos requeridos que a los asesores les gustaría ver en el desempeño del líder.
Diagrama de distribución de valores	Muestra la distribución de la percepción del líder de sus valores/comportamientos, la distribución de la percepción de los asesores sobre los valores/comportamientos del líder, y la distribución de los valores/comportamientos requeridos así como el nivel de entropía personal percibido por el líder y por sus asesores.
Tabla de saltos en valores	Muestra los valores que han experimentado los mayores incrementos en el número de votos entre los valores/comportamientos observados y los valores/comportamientos requeridos.
Diagrama/tabla de valores positivos	Muestra el porcentaje de valores/comportamientos positivos en cada nivel escogidos por el líder y el porcentaje de valores/comportamientos observados y requeridos escogidos por los asesores, distribuidos por niveles.
Tabla de entropía	Muestra, distribuidos por nivel, el número de votos de valores potencialmente limitantes escogidos por los asesores.
Análisis por nivel	Muestra, distribuidas por niveles, la percepción de los asesores acerca de las fortalezas y áreas de mejora del líder. La lista estándar de 26 valores/comportamientos se evalúan como: fortaleza existente, necesita algo de mejora, necesita una mejora significativa y no es relevante para el puesto.

INDEX

Adaptación 182
Afirmaciones de comportamiento 53
Alineación 39–40, 44; cambio cultural 46–7, 48; interno 6; personal xxiv–xxv, 46, 49, 54–5, 56, 57, 119; estructural xxiv–xxv, 47, 49, 55–6, 57–8, 153–84; cambio integral del sistema 46–8, 49–50, 55–6, véase también alineación de misión; alineación de valores
Alineación de la misión xxiv–xxv, 40, 44, 181; estudios de caso 84–6, 88, 91–2; IVA 139; mapeo 59; cambio integral del sistema 47, 48, 49–50, 55–6, 57–8
Alineación en valores xxiv–xxv, 44, 181; estudios de caso 91; IVA 139; mapeo 59; cambio integral del sistema 47, 48, 49–50, 55, 57–8
Alineación estructural xxiv–xxv, 153–84; cambio integral del sistema 47, 49, 55–6, 57–8
alineación interna 6
Alineación personal xxiv–xxv, 119; cambio integral del sistema 46, 49, 54–5, 56, 57
Alma 62

Amazon 27–8
Amidon, Debra M. 164
Análisis por nivel 241
Anderla, Georges 163
Ansiedad, maestría personal 231–2
ANZ 174–5
AON Hewitt 23
Apertura 171, 172–3
Aprendizaje emergente 182
Asumir la responsabilidad personal por los resultados 101, 106–11, 118; democracia organizativa 67, 169–70, 172–3; saltos en valores 90–1, 99–100; diagrama gráfico de valores 94, 96
Autenticidad 163, 171, 173
Auto-coaching 145, 151, 231–8
Auto-gestión 127
Autonomía 9, 20, 32, 162; democracia organizacional 168, 169, 172–3
Autorrealización 187, 216–19

Balanced Scorecard /Cuadro de Mando Integrado 79
banks xv–xvi
Beneficio 156–7
Benevolencia xiii–xvi, xix, xx, 21, 225
Block, Peter 162
Boston Consulting Group (BCG) 25

Burocracia 76
Cambio integral del sistema 43-58
Cambio, desarrollo humano 36-7
Capitalismo consciente 26, 27
Carácter: sistemas humanos 45; Matriz de la Confianza 211-13
Centrado en el empleado 24-6
Centro en los grupos de interés 26-8, 30
Ciclo de vida 209
Circunstancias de la vida 9-10
Clowdisley, Admiral Sir 162-3
Coaching 54, 163, 168, 173, 176; líderes 145-54; auto-coaching 145, 151, 231-8; saltos en valores 90-1
Coaching de evolución profesional 146, 147, 152
Cohesión interna 32, 53-4, 62, 63, 77, 174, 183, 217; compromiso 182; organizaciones 65, 68, 70-1
Collins, Jim xix, 26, 28-9, 51
Competencia, Matriz de la Confianza 211-13
Complejidad del rol o del puesto 37-9
Complejidad: desarrollo humano 37-9; navegación xvi-xvii, xx
Compromiso xxiv, 12, 181-2; participación del empleado 161
Concepto del erizo 29
Conciencia de Dios 217
Conciencia de unidad 218
Conciencia personal 127
Conciencia social 127
Condicionamiento cultural 61
Confianza xiv-xv, 9; cohesión interna 53-4, 183; democracia organizacional 171-3
Consciencia cósmica 217
Consciencia personal, Modelo de Siete Niveles 61-73, 74, 82, 130, 177, 185-8, 214-19

Consciencia: cósmica 217; definición 220-1; evolución xii-xiii, xx; espectro completo 7-8, 63, 64, 72-3; Dios 217; unidad 218, véase también Modelo de Siete Niveles de Conciencia
Construcción de equipos 56
Contento 11-12
Contexto 209-10
Contribución social 225
Covey, Stephen xiv, 172, 211-12
Creatividad 166; valores adoptados por la organización 159, 160-4
Creencias basadas en el miedo 128-9, 186; proceso de toma de decisiones 190-1; esquema desadaptativo 228-30; maestría personal 126, 231-3, 235-6; auto-coaching 145
Creencias limitantes 15-16
Creencias: identificación 236-8; vs. Valores 13-14
CTS 85
Cuadro de Mando Integrado de Necesidades del Negocio (BNS) 79-80, 81, 85, 89-90, 98-9, 223-5, 227, 240; estudios de caso 105, 107, 115
Cuerpos especiales Implicación para el éxito en UK - UK Engage for Success Task Force 23-4
Cultura 28-30; BNS 225; cambio 46-9; embeber, impregnar 174-80; sistemas humanos 45

Dalai Lama 150-1
Declaraciones de misión 52; guía para su formulación 207-10; Proceso de los Cuatro Para Qué 202-6

Declaraciones de visión 52; guía para su desarrollo 207-10; Proceso de los Cuatro Para Qué 202-6
Democracia organizacional 66, 67, 167-73
Democracia xi-xii, xx; organizativa xi-xii, 66, 67, 167-73
Desarrollo del niño 122-5, véase también desarrollo humano
Desarrollo humano 41, 122-5; cambio 36-7; complejidad 37-9
Desarrollo personal 47-8
Desarrollo psicológico 9, 12, 33-6, 41, 61, 122-5, 185-8
Desarrollo sostenible xviii, 170
Desempeño, coaching 146, 147, 152
Desempeño,: entropía cultural 106-7; implicación del empleado 22-6; indicadores clave 43-4, 69, 84, 86, 91; liderazgo, 121-9; liderazgo, medición 130-4; medición 43-4; impacto de los valores 19-31
Diagrama de valores 85, 87-9, 93, 96, 226, 240-1
Diferencia: marcar una 62, 63, 77, 217; organizaciones 65, 71
Dirección jerárquica 162, 163
Directores culturales 175-6
Disciplina 29
Disney, Walt 163
Disonancia cognitiva 112
Distribución de valores 85, 89; diagrama 241
Drucker, Peter 29, 163

Eficiencia organizativa, BNS 224
Ego xix, 62-3, 77, 123-9, 185-7, 216-18, 234-5, 238
Ejercicio de la Matriz de Confianza 54, 56, 211-13

Ejercicio de Valores, Creencias y Comportamientos 177, 195-6
El volante 29
Embajadores culturales 175-7, 180
Emociones, maestría personal 233-5
Empleados: empoderamiento 66-7; participación 161-3; lo que ellos desean 32-42
Empresas que enamoran 26-7, 30, 198
Energía basada en el miedo 15-16, 21, 37, 48, 58, 77, 122; niños 122-3
Energía discrecional 19-20, 32, 41
Energía: disponible 200-1; resonancia 207-8
Eneroth, Tor 175
Enfado, maestría personal 233
Entropía cultural xiv, 19, 21-2, 26, 30, 40-1, 44; estudios de caso 84-7, 91-5, 100-1, 104-12, 117-18; CTT 77; energía disponible 200-1; liderazgo, estudios de caso 135-44; desempeño del liderazgo 121-2; entropía personal 128-9; informe 86; cambio integral del sistema 48-9, 50, 57-8
Entropía personal 15-16, 44, 49, 109, 128; liderazgo, estudios de caso 135-44; liderazgo, medición 132-4; liderazgo, desempeño, 121-5
Equidad 170, 172-3
Escucha: coaching 147-8; participación del empleado 161; democracia organizacional 172
Espectro completo de consciencia, individual 7-8, 63, 72
Espectro completo de consciencia, organizaciones 64, 72-3
Esquema desadaptativo 228-30
Esquema negativo 228-30

Esquemas desadaptativos tempranos - Early Maladaptive Schemas (EMS) 122-3
Estructuras 155, 165
Estudios de caso 84-103, 104-18; liderazgo 135-44
Estudios de caso longitudinales 84-103
Etapa de adaptación 185-6
Etapa de autoestima 62, 63, 77, 105-6, 122, 218; compromiso 182; creencias limitantes 124-5; organizaciones 65, 66, 69
Etapa de diferenciación 61, 186
Etapa de individuación 61, 186-7, 217
Etapa de servicio 62, 63, 77, 188, 218; compromiso 182; organizaciones 65, 68, 71-2
Etapa de supervivencia 62, 63, 77, 105, 122, 185, 218; compromiso 182; creencias limitantes 123-4; organizaciones 65, 66, 68
Etapa de transformación 62, 63, 77, 93-4, 105, 108, 217; compromiso182; organizaciones 65, 66, 67, 69-70
Etapas en las relaciones 62, 63, 77, 122, 218; compromiso 182; creencias limitantes 124; organizaciones 65, 66, 68-9
Ética xv-xvi, 72, 170
Evaluación de grupos pequeños - Small Group Assessment (SGA) 44, 56, 75, 222
Evaluación de pequeñas organizaciones - Small Organisation Assessment (SOA) 44, 56, 84-91, 222
Evaluación de Valores Culturales - Cultural Values Assessment (CVA) 44, 49-51, 52-3, 54, 56-7, 80-1, 155-6, 180, 222; BNS 225; estudios de caso 84-103, 104-18; embajadores culturales 177; navegadores culturales 176; diagramas gráficos de datos y tablas 226-7; liderazgo estudios de caso 135-7; resonancia 207
Evaluación de Valores del Cliente - Customer Values Assessment 222
Evaluación de Valores Individuales - Individual Values Assessment (IVA) 130-1, 134, 139-44, 177, 239, 240-1
Evaluación de Valores Personales - Personal Values Assessment (PVA) 55, 177, 239
Evolución 182; BNS 224-5; consciencia xii-xiii, xx
Evolución personal, coaching 146, 152
Existencia basada en la dependencia 63, 125

Felicidad 10-12; coaching 149-51, 152; lo que quieren los empleados 41
Filosofía védica 216
Foco del negocio 79-80
Focus groups 76
Formato de valores personales 80-1
Frustración, maestría personal 232
Fukuyama, Francis xiii-xiv, 172, 212
Fusión/Informe de compatibilidad 115-17, 118, 222

Gafni, Marc 7-8
Gallup 22
Gebler, David xv
George, Bill xv
"Get Connected" 177
Gestión de la Calidad total 69, 224

Gestión de las relaciones 39, 127
Goleman, Daniel 126
Good to Great empresas – Empresas que sobresalen xix, 26-7, 29, 51, 199
Google 27-8, 156-7
Great Place to Work Institute 24
Grupos de interés: BNS 224; selección de valores 209
Guías Culturales 178
Gurin, Richard 163

Harley Davidson 156, 157
Harman, Willis xvii
Hay Group 165
Herramientas de Transformación Cultural - Cultural Transformation Tools (CTT) 43-4, 61, 74-83, 130, 157-8; estudios de caso 84-103, 104-18; embajadores culturales 177; valores de los individuos y de los líderes 239; lista 222; Old Mutual 178
Herramientas para derribar barreras 163

Identidad cultural 70-1
Igualdad, democracia organizacional 168, 172-3
Impaciencia, maestría personal 232
Implementación, participación del empleado 161
Implicación del empleado 19-22, 30, 181, 183; alineación 39-40; energía discrecional 41; desempeño, 22-6; cambio integral del sistema 48, 50
Implicación emocional 39-40
Implicación intelectual 39-40

Implicación: participación del empleado 161, véase también implicación del empleado
Incentivos 155, 165
Indicadores causales 43-4
Indicadores Clave de Desempeño - Key Performance Indicators KPIs 43-4, 69; estudios de caso 84, 86, 91
Indicadores de proceso 43-4
Indicadores de resultado 43-4
Indicadores financieros, BNS 223
Informe Brundtland xviii, 170
Informe Comparativo 222
Informe de datos culturales (CDR) 222
Informe de Evolución Cultural (CER) 112-15, 118, 222
Ingreso per capita, estudios de caso 84, 86-7, 91-2
Innovación 166; valores guía adoptados por la organización 156, 159, 160-4; saltos en valores 90-1
Institucionalización de la innovación 163, 166
Integración 187-8
Inteligencia emocional 70, 126-8, 129, 160, 211
Inteligencia social 127, 129, 134, 160, 211
"Invierte el pensamiento" - "turnaround" 238
Invitación, participación del empleado 161
IROS 104, 114, 131, 226, 240

Jaques, Elliott 37-8
Jarman, Beth 160-1
Jerarquía de necesidades 61, 72, 214-15, 218

Johnson, Luther 29
Jung, Carl 217

Kanter, Rosabeth Moss xiii
Kaplan, Robert S. 79
Kegan, Robert 33-4, 36
Khaldun, Ibn 172
Klosko, Janet 228

La velocidad de la confianza - The Speed of Trust 211-12
Lahey, Lisa Laskow 33-4
Land, George 160-1
Las principales 40 mejores empresas en las que trabajar. 24-5, 197
Lealtad 12
Leeson, Nick xvi
Libertad responsable 161-2
Libertad, democracia organizacional 168, 172-3
Líder servidor 145
Liderando a otros cuaderno de trabajo146
Liderando la sociedad cuaderno de trabajo 146
Liderándose a uno mismo cuaderno de trabajo 146
Liderazgo, Evaluación de Valores - Leadership Values Assessment (LVA) 44, 50, 54-5, 57, 126, 127, 130, 131, 132-4, 239, 240-1; navegadores culturales 176; liderazgo, estudios de caso 135-9
Liderazgo, Informe de desarrollo- Leadership Development Report (LDR) 44, 126, 127, 130, 131-4, 176, 239
Líderes/liderazgo: estudios de caso 135-44; como coach 145-54; cambio cultural 47-9; desarrollo 36, 90-1, 111-12; empresas que sobresalen o Good to Great 29; cohesión interna 53-4; mapear valores 119-52; tipos de mente 34, 36; desempeño, 121-9; desempeño, medición 130-4; entropía 44; Yo Único 8; visión y misión 52; cambio integral del sistema 51, 52-8

Maestría 20, 32, véase también maestría personal
Maestría personal 125-9, 145, 151, 186-7; proceso de auto-coaching 231-8
Mapeo: valores de liderazgo 119-52; valores de la organización 59-118
Marks and Spencer 23
Mars 169-70
Maslow, Abraham 6, 7, 61, 72, 214-15, 218
Medida de línea base 52
Mejores empresas en las que trabajar 24, 27, 30
Mente auto-creadora 33-6, 37, 38-9, 41; liderazgo, 150; liderazgo, estudios de caso 137, 138, 140, 144
Mente auto-transformadora 33-6, 37, 38-9, 41, 97, 125; liderazgo, estudios de caso 137, 144
Mente egoica 122-6, 147-8, 185-6, 234-5
Mente socializada 33-7, 38-9, 41, 97-8, 125; liderazgo, 150; liderazgo, estudios de caso 137, 139, 144
Mentores 163, véase también coaching
Mercados de alimentos integrales 27-8

Mills, Judith 157, 159
Mindfulness 126
Misión externa 202–6
Misión interna 202–6, 208
Modelo de Siete Niveles de Conciencia 61–73, 74, 82, 130, 185–8; embajadores culturales 177; orígenes 214–19
Modelo GROW 149
Motivación 10–11, 32; implicación del empleado 20; valores guía adoptados por la organización 159–60; lo que los empleados quieren 41
Motivación extrínseca 20
Motivación intrínseca, implicación del empleado 20

Navegadores culturales 176, 180
Necesidades 5–17, 30; emocional 62, 221; jerarquía de 61, 72, 214–15, 218; identificación 236; mental 62, 221; personal 63–4; Modelo de Siete Niveles de Conciencia 61–73; espiritual 62; lo que los empleados quieren 32–5, 41, véase también necesidades básicas; necesidades de crecimiento
Necesidades básicas 6–7, 10, 30, 32, 36–7, 183, 187, 209; ego 62, 63; organizaciones 64–6, 68
Necesidades de carencia véase necesidades básicas
Necesidades de crecimiento 6–7, 12, 30, 32, 37, 183; consciencia personal 63
Necesidades del ser, véase necesidades de crecimiento
Necesidades emocionales 62, 221
Necesidades espirituales 62

Necesidades mentales 62, 221
Necesidades personales, maestría 63–4
Nedbank 178
Norton, David P. 79

Old Mutual Group 177–80
Organizaciones "libro guía" 155
Organizaciones del sector público 143–4
Organizaciones non-gubernamentales (ONGs) 143

Página resumen de CVA 226
Participación 161–3
Personalidad, sistemas humanos 45
Peters, Tom xvi, 20, 121
Pink, Daniel 20–1, 32
Políticas 155, 165
Procedimientos 155, 165
Proceso de los Cuatro Para Qué 52, 202–6
Proceso de toma de decisiones basado en creencias conscientes 191
Proceso de toma de decisiones basado en creencias subconscientes 190–1
Proceso de toma de decisiones basado en el instinto 189–90
Proceso de toma de decisiones basado en la inspiración 193–4
Proceso de toma de decisiones basado en la intuición 192–3
Proceso de toma de decisiones basado en los valores 191–2
Proceso de toma de decisiones, seis formas 189–94
Productividad: implicación del empleado 23–4; valores guía adoptados por la organización 159–60

Propósito 20

Rabia, maestría personal 233
Rawls, John 170
Re-ingeniería 66-7, 69, 224
Realización personal 159-60, 166
Recursos humanos 175
Reflexión, participación del empleado 161
Reid, Byron Katie 237-8
Resiliencia xiii-xvi, xix, xx, 11, 24, 26, 30, 68, 86, 102
Resistencia, maestría personal 231
Resonancia 207-8
Responsabilidad 169
Resumen, coaching 148
Revista Fortune 24, 28
Roberts, Julian 179

Sainsbury 23
Saltos en valores 86, 90-1, 99-102, 111, 226, 241
Scharmer, Otto 193
Sentido 11-12
Shafer, Joan 157, 159
Sheth, Jagdish 26
Siedman, Dov xv
Siete niveles de conciencia en la organización 64-73
Sisodia, Raj 26
Sistema de identificación personal a través de objetos 125
Sistema de identificación personal a través del sujeto 125
Six Sigma 69
Skandia 178
Sociedad, sistemas humanos 45
Starbucks 27-8
Steelcase 202
Stojanovic, Sonia 174
Synnova 178

Tabla resumen de la entropía 226, 241
Tareas de desarrollo, organizaciones 66-8
Tecnologíaa, aceleradores 29
Teoría U 193
Testigo interno 233-4, 237-8
The New Leadership Paradigm xxiii, 36, 126, 145, 146-7, 172, 177, 194, 231
"The work" 237
Tipos de valores (IROS) 104, 114, 131, 226, 240
Trampa vital de dependencia 228
Trampa vital de exclusión social 229
Trampa vital de la desconfianza y el abuso 228
Trampa vital de la privación emocional 229
Trampa vital de la subyugación 229
Trampa vital de la vulnerabilidad 229
Trampa vital de los estándares implacables. 229-30
Trampa vital de sentir que tienes derecho 230
Trampa vital de sentirse defectuoso 229
Trampa vital del abandono 228
Trampa vital del fracaso 229
Transparencia 171, 172-3

Vallée, Dr Jacques 163
Valores compartidos 161-2
Valores de la organización 78; formato 80-1
Valores de transición 157
Valores fundacionales 156, 166
Valores guía 156, 166
Valores guía adoptados por la organización 52-3, 55; escoger los 155-66; resonancia 208

Valores guía adoptados
    por la organización
    Análisis – Espoused Values
    Analysis (EVA) 84, 86, 90, 101,
    102, 156, 222; tabla 227
Valores individuales 78
Valores operacionales 156, 166
Valores positivos: estudios de
    caso 105, 109; CTT 76-7;
    distribución 85, 227, 241
Valores potencialmente limitantes
    14-16, 76; estudios de caso
    105-9, 112; maestría personal
    127-8
Valores relacionales 78
Valores situacionales 10
Valores sociales 78
van Meer, Pleuntje 179
Visión 55-6; externa 203-6,
    208; interna 203-6, 208;
    organizaciones 67-8
Visión compartida 39, 67-8, 70,
    90-1, 142
Visión externa 203-6, 208
Visión interna 203-6, 208
Volvo IT 175-7

Waterman, Robert xvi, 20, 121
Watson, Thomas J. Jr. 41
Whitmore, John 147
Wolfe, David 26
World Federation of People
    Management Federations
    (WFPMF) 25
WorldBlu, democracia organizacional
    xi-xii, 66, 67
Wyatt, Watson xiv, 212

Yo Único 7-8
Young, Jeffrey 122-3, 228

Made in the USA
Middletown, DE
20 January 2023